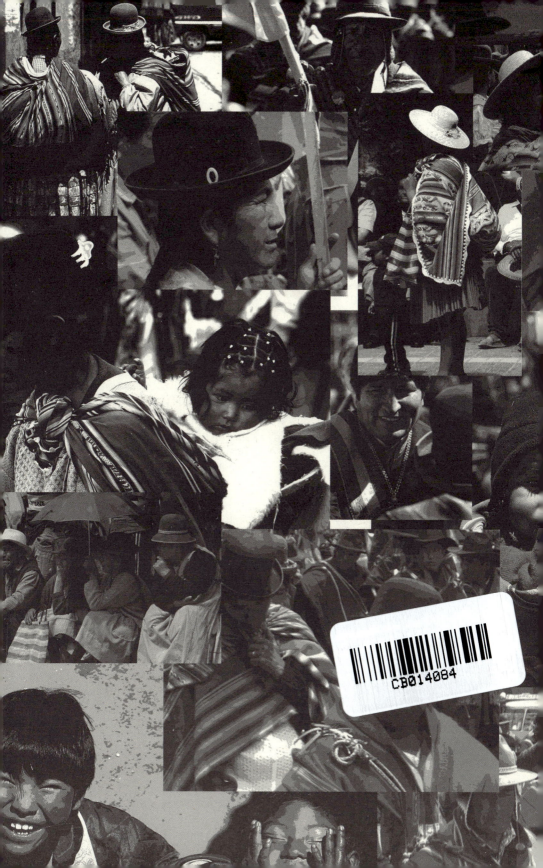

A POTÊNCIA PLEBEIA

# Bolívia

- ▢ Capital
- ● Cidade
- —— Rodovia
- ✛ Aeroporto
- ⌁ Divisão administrativa
- ┼┼┼ Ferrovia
- ★ Bases militares

*Fonte:* Emir Sader e Ivana Jinkings (coords.), *Latinoamericana: enciclopédia contemporânea da América Latina e do Caribe* (São Paulo, Boitempo, 2006), p. 190.

ÁLVARO GARCÍA LINERA

A POTÊNCIA PLEBEIA

Ação coletiva e identidades indígenas,
operárias e populares na Bolívia

Organização e prefácio
Pablo Stefanoni

Tradução
Mouzar Benedito
Igor Ojeda

Copyright desta edição © Boitempo Editorial, 2010
Copyright © Álvaro García Linera, 2010

*Coordenação editorial* Ivana Jinkings
*Editora-assistente* Bibiana Leme
*Assistência editorial* Ana Lotufo, Elisa Andrade Buzzo
e Gustavo Assano
*Produção* Livia Campos
*Tradução* Mouzar Benedito e Igor Ojeda
*Preparação* Thaisa Burani
*Revisão* Baby Siqueira Abrão
*Diagramação* Acqua Estúdio Gráfico
*Capa* David Amiel
sobre fotografias de Daniel Noll/uncorneredmarket.com
(Joy – Political Rally in Tupiza, Bolivia, frente); e Hideki
Naito (Women in Bolivia 05, verso)

CIP-BRASIL CATALOGAÇÃO NA FONTE
(Sindicato dos Editores de Livros, RJ)

---

G199p –
García Linera, Álvaro, 1962-
A potência plebeia : ação coletiva e identidades indígenas, operárias e populares
na Bolívia / Álvaro García Linera ; organização e prefácio Pablo Stefanoni ; tradução
Mouzar Benedito e Igor Ojeda. - São Paulo : Boitempo, 2010.

Tradução de: La potencia plebeya
ISBN 978-85-7559-153-6

1. Sindicatos – Bolívia. 2. Sindicalismo – Bolívia. 3. Índios da América do Sul
– Bolívia . 4. Índios da América do Sul – Bolívia – Política e governo. I. Stefanoni,
Pablo. II. Título.

09-5178 CDD: 331.880984
CDU: 331.105.44(84)

---

É vedada a reprodução de qualquer
parte deste livro sem a expressa autorização da editora.

1ª edição: novembro de 2010
1ª reimpressão: junho de 2022

BOITEMPO
Jinkings Editores Associados Ltda.
Rua Pereira Leite, 373
05442-000 São Paulo SP
Tel.: (11) 3875-7250 / 3875-7285
editor@boitempoeditorial.com.br
boitempoeditorial.com.br | blogdaboitempo.com.br
facebook.com/boitempo | twitter.com/editoraboitempo
youtube.com/tvboitempo | instagram.com/boitempo

# SUMÁRIO

Prefácio ............................................................................................. 11
*Pablo Stefanoni*

## I. O *Manifesto Comunista* e o nosso tempo

Seria o *Manifesto Comunista* um arcaísmo político, uma recordação
literária? Quatro teses sobre sua atualidade histórica ....................... 25

   1.  O desenvolvimento planetário do capitalismo: subsunção geral do mundo
      capitalista ................................................................................. 26

   2.  O desenvolvimento tecnológico contemporâneo: o movimento da alienação
      material do trabalho .................................................................. 37

   3.  Quem são burgueses e proletários? As lutas de classes e as classes sociais
      como movimento estrutural ....................................................... 58

   4.  A determinação do trabalho sobre si mesmo: a autodeterminação social .... 81

## II. Cidadania e democracia

Cidadania e democracia na Bolívia: 1900-1998 ................................... 99

   A cidadania de casta ........................................................................ 101

   A cidadania corporativa ................................................................... 104

   A cidadania irresponsável ................................................................ 109

## III. Movimento operário

Os ciclos históricos da condição operária
mineira na Bolívia (1825-1999) ............................................. 115

   O operário artesão de empresa ....................................................... 116

   O operário de ofício de grande empresa .......................................... 118

   O operário de especialização industrial flexível ................................ 123

A morte da condição operária do século XX ....................................... 125

   A marcha mineira pela vida ............................................................ 125

   A marcha mineira de 1986 .............................................................. 127

   Os fogos da insubmissão e da mansidão .......................................... 133

   Os desígnios de uma época amarga ................................................ 145

## IV. Movimento indígena

NARRATIVA COLONIAL E NARRATIVA COMUNAL .............................................. 153
    O nacionalismo de Estado ........................................................... 154
    O socialismo de Estado ............................................................... 156
    O movimento indígena ............................................................... 160
    Comunidade e rebelião ............................................................... 163
AUTONOMIA INDÍGENA E ESTADO MULTINACIONAL ..................................... 167
    A república excludente ............................................................... 167
    Um Estado multinacional e multicivilizatório ............................ 196
    Complexidade administrativa ..................................................... 219

## V. Estruturas dos movimentos sociais

SINDICATO, MULTIDÃO E COMUNIDADE. MOVIMENTOS SOCIAIS E FORMAS
DE AUTONOMIA POLÍTICA NA BOLÍVIA ......................................................... 223
    Reformas liberais e reconstituição do tecido social ..................... 223
    Contexto, estruturas, estratégias e simbolismos da mobilização social ........... 226
    A forma sindicato ..................................................................... 228
    A forma multidão ...................................................................... 241
    A forma comunidade ................................................................. 258

## VI. Crise estatal e época de revolução

CRISE DE ESTADO E SUBLEVAÇÕES INDÍGENO-PLEBEIAS NA BOLÍVIA ............... 279
    Crise de Estado ........................................................................ 281
A LUTA PELO PODER NA BOLÍVIA ............................................................... 295
    Crise estatal, renovação de elites e ampliação de direitos ............. 295
INDIANISMO E MARXISMO: O DESENCONTRO DE DUAS RAZÕES
REVOLUCIONÁRIAS .................................................................................... 315
    O marxismo primitivo ............................................................... 317
    O indianismo ........................................................................... 320
O ESTADO EM TRANSIÇÃO: BLOCO DE PODER E PONTO DE BIFURCAÇÃO ........ 332
    Mecanismos de estabilização do poder e de mando ..................... 340

*O objetivo do governo constitucional é conservar a República:*
*o do governo revolucionário é fundá-la.*
*A Revolução é a guerra da liberdade contra seus inimigos;*
*a Constituição é o regime da liberdade vitoriosa e serena.*
*O governo revolucionário precisa de uma atividade extraordinária*
*por estar, precisamente, em guerra.*
*Vê-se submetido a regras menos uniformes e menos rigorosas,*
*porque as circunstâncias em que se encontra são tormentosas*
*e instáveis; e, sobretudo, porque se vê obrigado*
*a empregar sem descanso recursos novos e velozes*
*para enfrentar perigos novos e urgentes.*
*O governo constitucional se ocupa principalmente*
*da liberdade civil; o governo revolucionário, da liberdade pública.*
*Em um regime constitucional, basta, praticamente,*
*proteger os indivíduos dos abusos do poder público;*
*sob o regime revolucionário, o poder público deve defender*
*a si mesmo de todas as facções que o atacam.*

ROBESPIERRE

**NOTA**
As siglas N. E. B. e N. E. A. referem-se, respectivamente,
a "nota da edição brasileira" e "nota da edição argentina".

# PREFÁCIO

*Pablo Stefanoni*

> *Eu me vejo como um dos últimos jacobinos da*
> *Revolução Francesa, e vejo Evo como Robespierre.*
> ÁLVARO GARCÍA LINERA

Vice-presidente e "copiloto" de Evo Morales Ayma, Álvaro García Linera é um dos mais destacados intelectuais da Bolívia. Essa condição o coloca imediatamente no papel de intérprete do complexo processo político e social iniciado em 22 de janeiro de 2006, após o primeiro indígena chegar à presidência desta nação andino-amazônica, onde 62% dos habitantes se autoidentificam como parte de um povo originário, em sua maioria quéchua e aimará[1]. Na realidade, Evo Morales o convocou em 2005 para acompanhá-lo no binômio presidencial (depois de uma primeira tentativa de buscar um "empresário nacional") por considerá-lo uma "ponte" – um tradutor, como García Linera gosta de se apresentar – entre os camponeses e indígenas e as classes médias urbanas[2], renitentes em votar num camponês iletrado que tem um bacharelado de província como única credencial educativa, embora mais abertas a aceitar um dirigente *cocalero* acompanhado por "um homem que sabe" – como rezava um de seus cartazes durante a campanha eleitoral de 2005.

---

[1] O censo boliviano, diferentemente de outros, como o equatoriano, não utiliza perguntas sobre autoidentificação *racial*, e sim étnico-cultural. Enquanto as primeiras incluem categorias como "branco", "indígena", "mestiço", "negro" etc., as segundas se referem a um povo originário concreto: aimará, quéchua, guarani etc. Isso implica não haver contradição no fato de mais de 60% dos bolivianos se autoidentificarem como mestiços (em muitas pesquisas) e um percentual similar se considerar parte de um povo nativo, no censo.

[2] O conceito de classe média, aplicado à Bolívia, às vezes obscurece mais do que esclarece. A existência de "capitais étnicos" faz com que se considerem classes médias os brancos-mestiços (inclusive os de baixa renda) e se excluam dessa categoria os setores *cholos* (indígenas urbanos), que têm acumulado importantes capitais econômicos, fundamentalmente por meio do comércio informal.

Passados dois anos de sua chegada à vice-presidência, ninguém pode afirmar – com evidências sérias – que García Linera seja o "cérebro" do governo, mas tampouco pode ocultar que esse matemático e sociólogo autodidata, seguidor entusiasta de Pierre Bourdieu (a quem cita amiúde em entrevistas jornalísticas e acadêmicas), tenha na nova administração boliviana um perfil que o distancia daquele irrelevante que o cargo de vice-presidente historicamente costumou carregar. De fato, quase não utiliza seu gabinete na vice-presidência, desempenhando seus trabalhos num escritório mais modesto, a poucos passos do chefe de Estado, no Palacio Quemado de La Paz. São quase inexistentes as reuniões importantes do presidente boliviano sem a presença de García Linera, habitualmente vestido com terno (quase sempre sem gravata) e sobretudo preto.

O atual vice-presidente nasceu numa família mestiça de classe média em Cochabamba, no dia 19 de outubro de 1962. Começou a se interessar por política sob a ditadura de Hugo Banzer (1971-1978), e logo que esse regime caiu sentiu o efeito do grande bloqueio aimará a La Paz, organizado pela Confederación Sindical Única de Trabajadores Campesinos de Bolivia (CSUTCB)* – já fortemente influenciada pelas ideias indianistas difundidas pelo movimento katarista[3]. Pouco depois, seu interesse pelo vínculo entre política e etnicidade con-

---

\* Organização de comunidades indígenas e camponesas fundada em 1979. Partindo de algumas "células de base" – as comunidades indígenas –, articula-se em níveis local, regional e nacional, com uma grande capacidade de mobilização especialmente nas zonas de vales e no altiplano, onde existe uma centenária tradição organizativa indígena. Seu atual dirigente máximo, Felipe Quispe, propugna a indianização da sociedade boliviana e a necessidade de um governo dirigido por indígenas. (N. T.)

[3] O movimento katarista surgiu nos anos 1970, promovido por setores aimarás urbanos que tiveram acesso aos estudos superiores. Inspirado nas ideias de Fausto Reinaga, é considerado o primeiro movimento indianista contemporâneo da Bolívia. Os kataristas introduziram uma leitura da história da Bolívia como a passagem da dominação colonial ao colonialismo interno mantido pelas elites republicanas e contribuíram para a construção de uma identidade "indígena" aimará-quéchua. Apesar de sua importante influência nos sindicatos camponeses, nunca conseguiram se consolidar como movimento político. Depois de sua divisão em torno da participação política no Estado "liberal" nos anos 1990, um dos seus expoentes, Víctor Hugo Cárdenas, chegou à vice-presidência da Bolívia em aliança com o Movimento Nacionalista Revolucionário (MNR) durante sua etapa neoliberal, sob o mando de Gonzalo Sánchez de Lozada. Nesse cargo, promoveu o reconhecimento constitucional da Bolívia como um país "pluriétnico e multicultural". Contudo, o atual processo de mudança liderado por Evo Morales reconhece no katarismo uma de suas matrizes político-ideológicas. Para um estudo dessa corrente, ver Silvia Rivera, *Oprimidos pero no vencidos: luchas del campesinato aymara y quechua de Bolivia, 1900-1980* (La Paz, Hisbol/CSUTCB, 1986).

tinuou no México, onde fora cursar licenciatura em matemática na Universidade Autônoma (Unam) "porque acreditava que podia aprender sozinho as ciências 'brandas'"[4]. Lá, no contexto das campanhas de solidariedade com os movimentos armados na América Central, foi atraído pelo debate sobre a questão étnica (maia, no caso), encampado pela guerrilha guatemalteca. Segundo se recorda, começou então a passagem de uma orientação mais filosófica e abstrata vinculada ao estudo de *O capital**, da dialética de Hegel e da filosofia de Kant a uma visão mais prática que, já nos anos 1980, o levaria a leituras "mais leninistas". Caso pouco comum na intelectualidade boliviana, García Linera nunca militou na esquerda tradicional (historicamente representada pelo Partido Obrero Revolucionario e pelo Partido Comunista de Bolivia) nem nas organizações que herdaram uma ideologia cristã-guevarista, como o Movimiento de Izquierda Revolucionaria (MIR), diante das quais mostrou um certo desprezo. Com efeito, suas leituras de Marx, Lenin, Althusser e Gramsci lhe forneceram insumos na polêmica contra a "velha esquerda" e na busca de um marxismo adaptado à realidade andina, ensaiada antes pelo comunista peruano José Carlos Mariátegui. Seu regresso à Bolívia, em 1985, coincidiu com o rotundo fracasso do governo reformista da Unidad Democrática y Popular (UDP, formada originalmente pelo Movimiento Nacionalista Revolucionario de Izquierda, Partido Comunista e Movimiento de Izquierda Revolucionaria), abatido pela hiperinflação e pelas pressões cruzadas da então poderosa Central Obrera Boliviana (COB)** e dos setores empresariais conservadores.

Com o abandono antecipado do poder pela UDP, a esquerda desapareceu do cenário eleitoral – com exceção do MIR, que sobreviveu com o custo de se converter ao neoliberalismo –, ao passo que a bagagem intelectual de García Linera se centrava cada vez mais no esforço para articular "duas razões revolucionárias" em disputa naquele momento, o marxismo e o indianismo[5]:

---

[4]  Entrevista de Álvaro García Linera concedida a Franklin Ramírez Gallegos, Pablo Stefanoni e Maristella Svampa, *Las vías de la emancipación* (Cidade do México, Ocean Sur, 2009).

*  Karl Marx, *O capital: crítica da economia política* (trad. Reginaldo Sant'Anna, 22. ed., Rio de Janeiro, Civilização Brasileira, 2004, v. 1). (N. E. B.)

**  Organização de operários de grandes empresas de distintos setores produtivos que durante décadas logrou articular uma ampla frente de classes trabalhadoras da cidade e do campo. Depois dos processos de flexibilização trabalhista, fechamento de empresas e privatização, implementados desde 1985, sua base social de mobilização se reduziu a professores, trabalhadores de hospitais públicos, estudantes universitários e algumas associações urbanas. (N. T.)

[5]  O pacto militar-camponês, firmado nos anos 1970 entre o movimento camponês e o presidente militar René Barrientos, contribuiu para isolar os mineiros (massacrados pela ditadura)

Aí começa uma obsessão, que mantive durante dez anos, de rastrear aquilo que havia dito Marx sobre o tema [étnico]. Começamos então a esquadrinhar os cadernos, os textos de Marx sobre os "povos sem história" do ano [18]48 e os trabalhos de Engels, mas também começamos a revisar a leitura dos *Grundrisse*, assim como também os textos sobre a Índia e sobre a China. Depois as cartas a Vera Zasúlich[6], depois os manuscritos etnológicos e também os outros manuscritos, inéditos, que estão em Amsterdã. Viajamos até lá para buscar um conjunto de cadernos [...] sobre a América Latina; há uns oito ou dez cadernos de Marx sobre a América Latina. Começa uma obsessão, com distintas variantes, a fim de encontrar o fio condutor sobre essa temática indígena a partir do marxismo, e acreditando que o marxismo poderia dar conta de tal dimensão, do conteúdo e do potencial da demanda étnico-nacional dos povos indígenas. Isso implicava múltiplas contendas, em textos menos acadêmicos e mais polêmicos, com a esquerda boliviana, para a qual não havia índios, mas sim operários, camponeses ou classe média. Tratava-se de uma polêmica marginal porque éramos um grupo de pessoas que não influíam em lugar nenhum, nos dedicávamos a distribuir nossos panfletos, nossos textinhos, nossos mimeografados de cinquenta páginas, nas marchas, nas minas. Mas aí se inicia uma polêmica...[7]

Entre tais polêmicas encontra-se o breve texto "América", em que García Linera polemiza com José M. Aricó em relação à aproximação de Marx da América Latina, em grande medida expressa em seu discutido texto sobre Simón Bolívar, publicado na *The New American Cyclopedia**.

Esse processo está inserido num contexto de contrarreformas neoliberais que conduziram à derrota da Marcha por la Vida (Marcha pela Vida) dos mineiros. Derrota que, ante o cerco militar organizado por Víctor Paz Estenssoro e a queda internacional dos preços do estanho, provocou um recuo e uma posterior debandada da qual o movimento operário boliviano e a COB nunca se recuperaram – nem no cenário atual, em que a Bolívia vive uma nova "primavera popular" liderada por camponeses e indígenas, iniciada com a "guerra do gás" de setembro e outubro

---

e gerou um longo período de desconfiança operária em relação aos camponeses, o que foi agravado pela suposta "traição" destes ao guerrilheiro argentino-cubano Ernesto Che Guevara. Esses estigmas foram revertidos parcialmente com o crescimento do katarismo e com a nova aliança operário-camponesa a partir do final dos anos 1970. Desde 2003, são os camponeses que se consideram a "vanguarda" do processo de mudança liderado por Evo Morales.

[6] Proveniente do populismo (*narodniki*), Vera aderiu posteriormente ao marxismo e fez parte do Grupo de Emancipação do Trabalho, fundado por Plekhanov.

[7] Pablo Stefanoni, Franklin Ramírez Gallegos e Maristella Svampa, *Las vías de la emancipación*, cit.

[*] *The New American Cyclopedia: a Popular Dictionary of General Knowledge* (Nova York, D. Appleton and Company, 1862). (N. E. B.)

de 2003. Mas a crise operária era expressão de um fenômeno de maior magnitude: o fim do capitalismo de Estado impulsionado pela Revolução Nacional de 1952, cuja extrema-unção em 1985-1986 ficou paradoxalmente a cargo do próprio caudilho desse levantamento de operários, camponeses e policiais, que nacionalizou as minas, decretou a reforma agrária e impôs o voto universal: o doutor Paz, como era chamado popularmente, transformado em um convicto impulsionador das "reformas estruturais" promovidas pelo Consenso de Washington.

Nesse contexto de retrocesso operário, junto com teorizações expressas em livros como *Las condiciones de la revolución social en Bolivia* (baseado na leitura de Lenin) e *De demonios escondidos y momentos de revolución. Marx y la revolución social en las extremidades del cuerpo capitalista*[8], aproximou-se de camponeses ex-kataristas, cujo líder era Felipe Quispe Huanca, e grupos mineiros de base. Todos eles apostavam em uma repolitização – e "reinvenção" – do mundo popular mediante a ativação de uma identidade étnica amiúde oculta atrás da identidade operária ou camponesa, fortalecida tanto pela esquerda marxista quanto pelo nacionalismo revolucionário – que concebia a *bolivianidad* como sinônimo de mestiçagem. Essa constelação de intelectuais (que incluía seu irmão Raúl García Linera e sua esposa, a intelectual mexicana Raquel Gutiérrez), camponeses e (ex-)operários deu lugar à Ofensiva Roja de los Ayllus Tupakaristas e a seu braço armado, o Ejército Guerrillero Túpac Katari (EGTK), cujos "marcos interpretativos" da realidade boliviana – diferentemente do foquismo clássico de matriz guevarista – davam ênfase à organização militar e ao armamento das comunidades[9]. Apesar de seu precoce fracasso militar, a atividade do EGTK se estabeleceu num imaginário – como indicam os nomes das organizações – associado à memória histórica da rebelião do caudilho aimará Túpac Katari no século XVII, afogada em sangue pelas tropas coloniais espanholas[10]; essa "guerrilha aimará" acabou mostrando certo êxito na formação de quadros indígenas. Alguns camponeses do norte do lago Titicaca até estabeleceram vínculos com o grupo guerrilheiro peruano Sendero Luminoso (em suas escolas de quadros), mas regressaram decepcionados com a invisibilidade do índio por parte desse grupo messiânico de ideologia maoista passada pelo crivo das teses, com momentos delirantes, do "presidente Gonzalo" – como seu líder, Abimael Guzmán, era chamado pelos militantes senderistas. Em termos programáticos, a Ofensiva Roja defendia o direito à autodeterminação – incluindo sua separação do "Estado burguês boliviano" – das "nações"

---

[8]  Álvaro García Linera, *De demonios escondidos y momentos de revolución. Marx y la revolución social en las extremidades del cuerpo capitalista* (La Paz, Ofensiva Roja, 1991).

[9]  Ver Jaime Iturri Salmón, *EGTK: la guerrilla aymara en Bolivia* (La Paz, Vaca Sagrada, 1992).

[10]  Ver S. Thompson, *Cuando sólo reinasen los indios. La política aymara en la era de la insurgencia* (La Paz, Muela del Diablo, 2006).

aimará e quéchua[11]. Não obstante os esforços para articular marxismo e indianismo, como mostram os próprios panfletos do grupo armado, a ênfase nas posições indianistas – com os *q'aras*[12] como inimigos, ou marxistas, que destacavam em sua análise a dimensão de classe – variava conforme o autor de cada pronunciamento. Enquanto em algumas declarações do grupo falava-se dos partidos de esquerda como portadores de ideologias forâneas "transplantadas da Europa", Qhanachiri[13] (pseudônimo de García Linera) dedicou centenas de páginas a esquadrinhar Marx, Engels e Lenin para encontrar respostas ao problema nacional – ou comunitário-camponês. De todo modo, a ideia de "governo índio" aparece nuns e noutros. Ao contrário da esquerda clássica, os *egetecos* – como eram chamados popularmente – outorgavam aos camponeses um papel revolucionário, e até comunista, e imaginavam um socialismo baseado no *ayllu*\*[14]. É notável que García Linera tenha mantido até a atualidade essa ideia de lutar para que um indígena chegasse à presidência da República, inclusive quando já havia abandonado sua posição socialista (ao menos em termos ortodoxos, isto é, de mudança do capitalismo para uma economia estatizada e planificada).

Depois de alguns atentados com dinamite contra torres de alta tensão e polidutos, todos os integrantes da direção do EGTK foram detidos. García Linera, preso em 10 de abril de 1992 em Tranca de Senkata, na cidade de El Alto, vizinha de La Paz, posteriormente denunciou ter sido torturado pela polícia. Não obstante, passada a pior parte dos interrogatórios, inaugurou uma etapa intelectualmente produtiva, com leituras de antropologia andina, etno-história e economia agrária.

---

[11] Jaime Iturri Salmón, *EGTK: la guerrilla aymara en Bolivia*, cit.

[12] Termo depreciativo que significa literalmente "desnudo", usado pelos indígenas para referir-se aos brancos mestiços ("brancoides").

[13] "Aquele que esclarece as coisas", na língua aimará.

\* Forma de comunidade familiar típica da região andina cujos integrantes possuem um descendente comum e trabalham coletivamente a terra, de propriedade igualmente coletiva. (N. T.)

[14] Diz Felipe Qujispe: "A nossos opressores de sempre caberá obedecer nossas leis naturais [mas] nossas leis naturais e comunitárias não serão para escravizar nem discriminar os *q'aras* brancos extracontinentais, os mestiços europeizados etc., porém nós estabeleceremos a "lei comunitária", de igualdade de direitos para todos os que vivem e trabalham com honradez em nossa pátria Quillasuyu (Bolívia). Os aimaras não estamos tomados por um cruel 'racismo índio', não propomos a luta de raças de nenhuma maneira, entendam bem: aqui ninguém está edificando um movimento racial, nossas propostas não têm nada de irracional e muito menos têm 'rasgos medulares do pensamento fascista' europeu, como alguns doutorecos intrusos manipulam para tratar de desprestigiar, enxovalhar e tergiversar o verdadeiro 'Tupakatarismo Comunitário' que chama para a luta das Nações Originárias ao lado das bandeiras da luta de classes". Citado em Franklin Ramírez Gallegos, Pablo Stefanoni e Maristella Svampa, *Las vias de la emancipación*, cit.

Com base em *O capital*, de Marx, e em textos de cronistas coloniais, empreendeu esforços teóricos que se materializaram no livro *Forma valor y forma comunidad\**, em que trabalha o tema do valor de uso, o valor de câmbio e as lógicas organizativas da modernidade para fazer um contraponto com as lógicas organizativas do mundo andino. De tal reflexão deriva a lógica da "forma valor como a lógica da modernidade capitalista", e "a forma comunidade não como movimento social, mas como lógica organizativa do mundo andino". Recorda-se, mais de uma década depois:

> Como tinha muito tempo disponível, pude aplicar certa forma de reflexão antropológica, matemática, e estudar certos espaços sociais. Foram cinco anos de prisão. Creio que é meu livro mais bem aperfeiçoado, pelo tempo que pude lhe dedicar, pela paciência que tivemos para editar as transcrições, as palavras.[15]

Imediatamente após sua saída da cadeia, Linera ingressou no mundo acadêmico, na Faculdade de Sociologia da Universidad Mayor de San Andrés. Seus debates sobre o mundo operário com a esquerda obreirista e com os que traziam à Bolívia as teses sobre o fim da classe operária se traduzem em duas pesquisas, registradas em dois livros: *Reproletarización\*\**, sobre o mundo fabril e suas mudanças organizativas e tecnológicas, e *La condición obrera\*\*\**, sobre essas mesmas mudanças em torno da "nova mineração". Trata-se de analisar o novo proletariado de microempresas, de empresas fragmentadas, desconcentradas, ou seja, mulheres e homens muito jovens, sem direitos, não levados em conta por uma entidade sindical matriz atrelada à ideia de que os mineiros continuam sendo a vanguarda do povo boliviano. Em suas próprias palavras:

> As conclusões gerais são que os operários não desapareceram, até aumentaram, mas houve uma modificação da estrutura material da condição operária, da identidade operária e da composição política e cultural da classe operária [boliviana]; daí deriva uma explicação de por que a COB se extingue como movimento social unificador do país.[16]

---

\* Álvaro García Linera, *Forma valor y forma comunidad: aproximación teórica-abstracta a los fundamentos civilizatorios que preceden al Ayllu universal* (La Paz, Chonchocoro, 1995). (N. E. B.)

[15] Pablo Stefanoni, Franklin Ramírez Gallegos e Maristella Svampa, *Las vías de la emancipación*, cit.; "La montée au pouvoir... des mouvements sociaux en Bolivia", cit.

\*\* Álvaro García Linera, *Reproletarización: nueva clase obrera y desarrollo del capital industrial en Bolivia (1952-1998)* (La Paz, Muela del Diablo, 1999). (N. E. B.)

\*\*\*Idem, *La condición obrera: estructuras materiales y simbólicas del proletariado de la minería mediana (1950-1999)* (La Paz, La Comuna/Cides-UMSA, 2001). Disponível em: <http://openlibrary.org/b/OL21161539M/condici%C3%B3n_obrera>. (N. E. B.)

[16] Pablo Stefanoni, Franklin Ramírez Gallegos e Maristella Svampa, *Las vías de la emancipación*, cit.

De todo modo, os anos 1990 não foram um bom momento para a intelectualidade crítica: a maioria dos intelectuais de esquerda foi cooptada pelo "neoliberalismo multiculturalista" de Gonzalo Sánchez de Lozada[17], sendo limitada a recepção dessas obras.

Na realidade, o salto ao debate público de García Linera e outros intelectuais reunidos em torno do grupo Comuna veio no bojo da "guerra da água" de 2000, quando os habitantes de Cochabamba se levantaram contra o aumento das tarifas por parte da empresa Águas del Tunari (Bechtel), com uma violenta revolta que terminou com a expulsão da empresa transnacional. Mas, ainda mais importante, a inesperada "guerra da água" marcou um ponto de inflexão, pondo fim a uma década e meia de derrotas populares e à ilusão – promovida pelos intelectuais neoliberais – acerca do término da política das ruas e do triunfo da democracia representativa (liberal) como o único espaço da ação política. Logo em seguida, um novo sentido comum nacional-popular e a revalorização da ação direta como forma de luta recuperaram parte da legitimidade perdida. Pouco depois, os aimarás do Altiplano *paceño*\* liderados por Felipe Quispe bloquearam massivamente La Paz, proibindo inclusive a entrada de alimentos[18]. Num contexto de novas formas de luta – mas, sobretudo, de novos atores, principalmente camponeses e indígenas, pouco compreendidos nas cidades – foi-se consolidando o papel de García Linera como *sociólogo-intérprete*, o que se reflete em sua presença constante nos meios de comunicação sob a figura da moda de "analista"; seu crescente prestígio intelectual fez com que a opinião pública se esquecesse de seu passado guerrilheiro.

Se García Linera falava bem do compromisso com os movimentos sociais – um termo que foi ganhando espaço diante da terminologia classista de outrora –, suas formas e posições políticas apareciam moderadas pelas análises sofisticadas, capazes de "traduzir" para as classes médias urbanas a "racionalidade" (cosmovisão, dirão os indianistas) da Bolívia profunda e tradicionalmente desprezada, completamente opaca aos olhos dos intelectuais hegemônicos. Nessa época, além de ler o italiano Antonio Negri (cujos textos utilizou em seus estudos sobre a "composição política da classe" e sobre o mundo operário), García Linera fez um "giro sociológico" acerca das teorias dos movimentos sociais, incorporando a sociologia histórica de Charles Tilly e a visão mais racionalista da mobilização de recursos, tomando distância de teóricos como Alain Touraine. Foi nesse momento que

---

[17] Sob o governo de Sánchez de Lozada e do vice-presidente Víctor Hugo Cárdenas – primeiro aimará a chegar a essa posição – foi reconhecido constitucionalmente o caráter multicultural e pluricultural da Bolívia.

\* De La Paz. (N. T.)

[18] La Paz encontra-se numa espécie de grande vale no alto dos Andes, o que facilita o cerco.

publicou o artigo sobre a "forma sindicato", a "forma comunidade" e, como elemento original, a "forma multidão", um dos seus textos mais inovadores para entender as transformações nos modos de agregação política e social, produto das reformas neoliberais feitas desde meados dos anos 1980. Tal artigo marca seu *momentuum* autonomista, com certa influência do Negri da "multidão", além de sua referência mais frequente, o francês Pierre Bourdieu, e do boliviano René Zavaleta[19]. Não obstante, García Linera esclarece que utiliza o conceito "multidão" num sentido diferente do de Negri, que o pôs em voga, e se refere a uma "associação de associações de várias classes e identidades sociais sem uma hegemonia única em seu interior". Nela, segundo o vice-presidente boliviano,

> [...] podem somar-se camponeses, *regantes**, estudantes, operários sindicalizados, desocupados, intelectuais, indivíduos sem vínculos, e a hegemonia se move em torno de temas, de circunstâncias, mobilizações temáticas, autonomia de cada organização em função de seus repertórios, estruturas e suas maneiras de execução; subsiste, entretanto, uma vontade de ação conjunta em torno de um tema e lideranças móveis e transitórias.[20]

O Movimiento al Socialismo (MAS) foi resultado dessa agregação de sindicatos camponeses de diversos tipos, herdeiros de uma cultura sindicalista do mundo plebeu – que historicamente costuma fazer política por meio do sindicato. Nesse contexto, em 1995 foi aprovada a "tese do instrumento político", ensinando a formação de um "partido" que permitisse a essas organizações populares dar um salto à arena eleitoral sem necessidade de alianças com os partidos legais de então (incluindo os pequenos grupos de esquerda com os quais os camponeses, sobretudo os *cocaleros* – núcleo duro do MAS – deviam se aliar na falta de registro eleitoral próprio)[21].

De maneira surpreendente, o ciclo de mobilização iniciado em 2000 teve sua expressão eleitoral dois anos depois: o dirigente *cocalero* Evo Morales, envolvido em violentos confrontos com o Estado em defesa do cultivo da folha de coca, obteve o segundo lugar nas eleições presidenciais de 2002, dois pontos percentuais menos que Gonzalo Sánchez de Lozada, o qual obteve cerca de 22% dos votos. Pouco mais de um ano depois, porém, o mandatário – que falava castelhano com

---

[19] Sociólogo nacionalista que posteriormente evoluiu para o marxismo. Desenvolveu uma profunda análise político-sociológica da Bolívia como uma "sociedade matizada".

[*] Palavra com dois sentidos: trabalhador encarregado de regar as plantações e pessoa que tem o direito de regar suas plantações com água compartilhada de um rio, poço etc. (N. T.)

[20] Pablo Stefanoni, Franklin Ramírez Gallegos e Maristella Svampa, *Las vías de la emancipación*, cit.

[21] Ver Pablo Stefanoni e Hervé do Alto, *La revolución de Evo Morales: de la coca al Palacio* (Buenos Aires, Capital Intelectual, 2006).

sotaque estadunidense – foi derrubado por uma massiva insurreição popular conhecida como "guerra do gás", que começou como uma reação contra os planos governamentais de exportar gás para México e Estados Unidos por portos do Chile (país que, na Guerra do Pacífico de 1879, se apoderou da saída da Bolívia para o oceano Pacífico), mas acabou adquirindo um novo sentido comum anticolonial e antineoliberal. García Linera começou a dividir seu tempo entre a universidade, os meios de comunicação – nos quais passou a trabalhar de forma sistemática, inclusive como analista em um programa de notícias popular – e o assessoramento aos sindicatos camponeses.

Esse perfil de intelectual vinculado aos movimentos sociais (até mesmo os aimarás mais radicais respeitam-no por ter sido preso como indianista) atraiu Evo Morales, a quem começou a assessorar de maneira mais ou menos formal. Mais tarde, em 2005, em meio a uma nova "guerra do gás", dessa vez em demanda pela nacionalização dos hidrocarbonetos, que provocou a queda do governo de Carlos Mesa e abriu caminho para eleições antecipadas, sua batalha cotidiana "pelo sentido comum" – como García Linera gosta de definir retrospectivamente sua atividade – projetou-o como complemento ideal do líder *cocalero* em seu objetivo de atrair as classes médias urbanas, temerosas do porvir do país nas mãos de um indígena formado na escola do sindicalismo agrário[22]. E o clima nacionalista que dominava a Bolívia, aliado a um forte desprestígio da direita – representada eleitoralmente pelo ex-presidente Jorge "Tuto" Quiroga –, aplainou o caminho para o triunfo eleitoral do binômio Morales-García Linera em 18 de dezembro de 2005, com inéditos 53,7% dos votos (o maior percentual obtido por uma chapa presidencial desde a restauração da democracia em 1982). Além disso, inaugurou a fase do "sociólogo vice-presidente". Continuava, assim, uma tradição boliviana – e latino-americana – de intelectuais que passaram, com êxito desigual, das "armas da crítica" à "crítica das armas" para transformar uma realidade – que, no caso boliviano, foi moldada pela incapacidade de suas elites para construir uma nação inclusiva e um projeto de país compartilhado. Ao mesmo tempo, sua candidatura vice-presidencial implicou uma ruptura definitiva com Felipe Quispe, que sempre disputou com Morales a liderança pelo controle dos sindicatos camponeses e acabou perdendo para o líder *cocalero* a luta para ser o "primeiro presidente indígena da Bolívia".

Pouco antes de ocupar um gabinete no Palacio Quemado, García Linera afirmou:

> A reflexividade sociológica é decisiva porque senão a gente se perde no bosque. É muito fácil se perder e começar a atuar intuitivamente, rodeado de uma infi-

---

[22] Em sua concepção de um "governo de poncho e gravata", a ele cabia usar esse símbolo da sociedade urbana moderna e da aculturação dos indígenas.

nidade de pequenos arbustos. Creio que boa parte do funcionamento da administração pública é assim; daí o esforço para ver o bosque em seu conjunto – mas essa não é uma tarefa fácil. Enquanto o acadêmico pode ver num processo relativamente longo a compreensão da palavra e o saber em sentido coletivo (a conversão mediada do verbo em ideologia), no governo vemos a conversão da palavra em matéria política, em fato prático institucional (a conversão do verbo em matéria mediante o maquinário burocrático). Mas é muito bonito conseguir essa combinação: um nível de especificidade inacessível para o pesquisador externo e um nível de generalidade e visão global imprescindível para te orientar em termos mais sistêmicos. Para isso se dirige meu esforço.[23]

Não obstante, essa aterrissagem na cúpula do poder poria à prova as teorizações prévias de García Linera: já não se tratava somente de atualizar o que ocorria, mas de interagir com um universo popular que, como já advertira Antonio Gramsci, contém tendências tanto disruptivas quanto conservadoras ante a ordem vigente. E isso é especialmente válido para o caso da Bolívia, onde essas tendências conservadoras – muito visíveis nos planos cultural e moral – combinam-se com fortes fidelidades corporativas, por meio das quais os setores populares leem o mundo, fazem política e se mobilizam em defesa de seus interesses. Além disso, questões mais prosaicas, como o patrimonialismo, os constantes recuos particularistas e a falta de quadros político-administrativos apareceram como os limites da original, mas não menos incerta, "revolução democrática cultural", como o governo definiu o novo rumo iniciado pela Bolívia em janeiro de 2006. Para alguns, acabava assim uma progressiva moderação das posições políticas e ideológicas do ex-matemático; para outros, essa moderação não passava de uma maquiagem que encobria uma radicalidade nunca abandonada; para sustentar essa perspectiva, basearam-se em declarações de García Linera, como as que pronunciou em Omasuyos em 20 de setembro de 2006, quando disse, num discurso de barricada, que nessa combativa região aimará próxima ao lago Titicaca "aprendemos a amar e a matar em defesa da pátria e dos recursos naturais", recordando suas andanças com um "fuzil debaixo do poncho" na época de guerrilheiro do EGTK[24]. Apesar das passageiras expressões de radicalidade, o atual vice-presidente defendeu no plano político e intelectual uma saída pactuada para a crise entre o bloco indígeno-plebeu emergente do oeste do país e o bloco oligárquico-empresarial hegemônico nos departamentos do leste boliviano. Diante da discussão – bastante obs-

---

[23] Cf. a entrevista com Álvaro García Linera por Pablo Stefanoni, "El surgimiento de um neopatriotismo indígena", *El Viejo Topo*, Mataró (Espanha), n. 225, out. 2006, p. 44-9.

[24] "García Linera llama a defensa armada de la nacionalización", *Los Tiempos*, Cochabamba, 21 set. 2006. Disponível em: <http://www.lostiempos.com/diario/actualidad/nacional/20060921/garcia-linera-llama-a-defensa-armada-de-la_ 21007_21007.html>.

cura – sobre o denominado socialismo do século XXI, promovida pelo presidente venezuelano Hugo Chávez, García Linera sustentou que na Bolívia só se pode aspirar à consolidação de um capitalismo andino-amazônico, como potencialidade e limite de um cenário pós-neoliberal. Entretanto, mais que uma "teoria", o capitalismo andino consiste em algumas propostas vinculadas a uma articulação entre as formas modernas (capitalistas) e tradicionais da economia (comunitário-microempresariais), com o Estado como artífice da potencialidade destas últimas, mediante a transferência de tecnologia e recursos. Dessa forma, não se aspiraria a modernizar de maneira homogeneizante o país (como ocorria sob o antigo desenvolvimentismo latino-americano), e sim a imaginar uma "modernização pluralista" que reconhecesse o matizamento boliviano. O centro da política "pós-neoliberal" passa na prática por uma recuperação parcial do desenvolvimentismo dos anos 1950, que no plano econômico se estruturou na recuperação do controle estatal dos hidrocarbonetos (mediante a nacionalização de 1º de maio de 2006), o que obrigou as empresas transnacionais a firmar novos contratos com a estatal Yacimientos Petrolíferos Fiscales Bolivianos (YPFB) e a pagar impostos maiores.

Talvez a evolução político-ideológica mais significativa de García Linera seja a passagem – com escassas mediações – de suas posições "autonomistas" para uma defesa quase hegeliana do Estado, como síntese da "vontade geral". Mas deixemos que o próprio vice-presidente explique essa evolução:

> Nas mobilizações [desde 2000] havia recolhido um enorme potencial comunitário, um enorme potencial universalista, um enorme potencial autonômico. Meus momentos de maior leitura autonomista, autogestionária e de possibilidade comunista são anteriores à mobilização social. No momento em que começam a se desdobrar as mobilizações, vemos seus enormes potenciais, mas também temos muito claras as limitações que vão aflorando. Recordo que, desde 2002, vamos tendo uma leitura muito mais clara e falamos do caráter da revolução como democrática e descolonizadora. E dizemos: "Não vemos ainda comunismo". Por doutrina, vemos a possibilidade do comunismo em um forte movimento operário auto-organizado, que hoje não existe, e que, em todo caso, poderá voltar a emergir em vinte ou trinta anos.[25]

E acrescenta:

> Nos anos 1990 produziu-se uma reconfiguração total da condição operária, que desorganizou toda a anterior e deixou micronúcleos dispersos e fragmentados de

---

[25] Maristella Svampa e Pablo Stefanoni, "Evo simboliza el quiebre de un imaginario restringido a la subalternidad de los indígenas", entrevista com Álvaro García Linera, em *Observatorio Social de América Latina*, n. 22, set. 2007.

identidade e capacidade auto-organizativa. No mundo camponês indígena vemos a enorme vitalidade em relação a transformação política, conquistas de igualdade, mas também a enorme limitação e a ausência de possibilidades de formas comunitárias de gestão e produção da riqueza. Começamos a observar isso com o tema da água em Cochabamba no ano 2000 e, mais tarde, em 2003, com as dificuldades para o abastecimento de garrafas em El Alto[26]. [...] Então, como interpretar tudo isso? O horizonte geral da época é comunista. E esse comunismo terá de ser construído a partir de capacidades auto-organizativas da sociedade, de processos de geração e distribuição de riqueza comunitária, autogestionária. Mas no momento está claro que esse não é um horizonte imediato, que se centra na conquista de igualdade, redistribuição de riqueza, ampliação de direitos. A igualdade é fundamental porque quebra uma cadeia de cinco séculos de desigualdade estrutural: esse é o objetivo da época, até onde pode chegar a força social, não porque determinamos, mas porque vemos. Entretanto, passamos a ver o movimento com olhos expectantes e desejosos do horizonte comunista. Mas fomos sérios e objetivos, no sentido social do termo, ao sinalizar os limites do movimento. E aí veio a briga com vários dos companheiros acerca de que coisa era possível fazer. Quando entrei no governo, o que fiz foi validar e começar a operar estatalmente em função dessa leitura do momento atual. Então, onde fica o comunismo? O que se pode fazer, por meio do Estado, em função desse horizonte comunista? Apoiar o mais que puder o desdobramento das capacidades organizativas autônomas da sociedade. Até aí chega a possibilidade do que pode fazer um Estado de esquerda, um Estado revolucionário. Ampliar a base operária e a autonomia do mundo operário, fortalecer formas de economia comunitária onde existam redes, articulações e projetos mais comunitaristas. Sem controlá-los. Não há um processo de cooptação nem de geração, de cima para baixo, do comunitarismo. Isso nós nunca vamos fazer.[27]

A seleção de textos que apresentamos neste volume deixa em evidência a evolução teórica e política de um intelectual cujas "agendas de pesquisa" foram ditadas, numa primeira instância, pelas necessidades da luta política (como intelectual militante). Mais tarde, e sem perder essa perspectiva, o trabalho de García Linera se inseriu de maneira mais firme no campo acadêmico, com a autonomia e as regras do jogo do qual participa (já como acadêmico comprometido), para

---

[26] Isso ficou mais claro na segunda "guerra do gás", em junho de 2005, quando as organizações sociais foram incapazes de resolver o abastecimento de garrafas e outros produtos básicos à população mobilizada, de tal modo que os bloqueios terminaram debilitando os próprios moradores de El Alto.

[27] Entrevista com Álvaro García Linera concedida a Maristella Svampa e Pablo Stefanoni, "Evo simboliza el quiebre de un imaginario restringido a la subalternidad de los indígenas", *Observatorio Social de América Latina*, cit.

finalmente penetrar na política institucional numa nova e tensa articulação entre práxis política e intelectual.

Por isso este livro tem vários códigos de leitura. Por um lado, é uma espécie de biografia intelectual do vice-presidente boliviano. Mas – e ainda mais importante – a seleção de artigos ajuda a compreender as mutações sociopolíticas (analisadas com base em registros teóricos e sociológicos) e o porvir político da Bolívia no século XXI, ao mesmo tempo que deixa entrever os debates ideológicos que atravessam a rica história política nacional: a história de um país que, parafraseando James Dunkerley, leva a rebelião nas veias.

# I. O *MANIFESTO COMUNISTA*
# E O NOSSO TEMPO*

SERIA O *MANIFESTO COMUNISTA* UM ARCAÍSMO POLÍTICO, UMA RECORDAÇÃO LITERÁRIA? QUATRO TESES SOBRE SUA ATUALIDADE HISTÓRICA

Por que ler hoje o *Manifesto Comunista*? Por que voltar a referir-se a esse pequeno texto quando 150 anos de grandes transformações, acontecimentos históricos e experiências nos separam dele? Uma primeira tentativa de resposta seria que esse é um texto fundador da doutrina marxista e, portanto, se reivindicamos o marxismo, há que se voltar a lê-lo e a "aplicá-lo".

Certamente essa é uma resposta comprometida, mas seu erro consiste não só em confirmar a leitura como um ato de fé como também em pulverizar o próprio objeto do *Manifesto*, que é a crítica radical do que existe, e não o relato litúrgico do escrito no passado. Esse tipo de exegese corresponde ao das confrarias e dos sacerdócios políticos que têm feito do marxismo um culto pseudorreligioso com credos enfadonhos, olimpos repletos, máquinas burocráticas para fazer cumprir a fé, excomungar os renegados e doutrinar os infiéis. Em sua versão mais monstruosa, esses maquinários funcionam como Estados modernos, variando simplesmente a doutrina a inculcar nos leigos (nacionalismo, fascismo, estatismo, liberalismo etc.); em suas variantes primitivas, são essas seitazinhas de devotos que assumem a militância como apostolado e que, no fundo, têm confundido suas inclinações místico-religiosas com filiações políticas. Esse tipo de encontro com o *Manifesto* evidentemente nada tem de marxista – apesar de ser feito em seu nome.

Um segundo tipo de leitura é aquele que toma o *Manifesto Comunista* como um texto histórico que talvez tenha sido revelador para a época em que foi escrito, mas que agora, diante das mudanças sociais que o mundo tem experimentado

---

\* Em Álvaro García Linera, Raquel Gutiérrez, Raúl Prada, Luis Tapia, *El fantasma insomne. Pensando el presente desde el Manifesto Comunista* (La Paz, Muela del Diablo, 1999).

com a derrubada dos "socialismos", carece de pertinência e, no máximo, é uma joia de arquivo para a etno-história. A virtude dessa posição em relação à anterior é que ao menos se vale de razões em vez de crenças hipostasiadas. Todavia, a limitação dessa postura consiste em reduzir a experiência e a criação social a um mero amontoado de atos desconexos no sobrevir histórico, sem capacidade de transcender uns aos outros. A história não é uma sucessão linear e compartimentada de eventos: é um porvir de eventos relacionados e hierarquizados em que os mais recentes se levantam sobre o campo de possibilidades, despertados pelos anteriores, e em que a própria significância de muitos acontecimentos passados só encontra sua vontade no futuro.

No caso do *Manifesto Comunista*, se é certo que sua inteligibilidade se deve às características do desenvolvimento capitalista do século XIX, estudado e criticado pelo texto, existe nele uma série de reflexões sobre os componentes fundamentais do regime capitalista que se mantêm ao longo dos distintos momentos que percorreram seu desenvolvimento, porque precisamente aí está atada a "informação genética" que viabiliza sua existência histórica, sua perdurabilidade e seu ocaso. Uma leitura marxista do *Manifesto* firma suas possibilidades de maneira precisa ao desvelar essa intimidade do texto com a extraordinária realidade capitalista atual, com seus componentes e as condições materiais de sua superação. A leitura que vamos realizar agora é precisamente para mostrar alguns veios dessa atualidade do *Manifesto* ou, se assim se preferir, da impossibilidade da época atual de transcender em termos gerais à época histórica retratada pelo *Manifesto Comunista*.

1.   O desenvolvimento planetário do capitalismo: subsunção geral do mundo capitalista

> *Pela exploração do mercado mundial, a burguesia imprime um caráter cosmopolita à produção e ao consumo em todos os países. Para desespero dos reacionários, ela roubou da indústria sua base nacional. As velhas indústrias nacionais foram destruídas e continuam a ser destruídas diariamente. São suplantadas por novas indústrias, cuja introdução se torna uma questão vital para todas as nações civilizadas – indústrias que já não empregam matérias-primas nacionais, mas sim matérias-primas vindas das regiões mais distantes, e cujos produtos se consomem não somente no próprio país mas em todas as partes do mundo. Ao invés das antigas necessidades, satisfeitas pelos produtos nacionais, surgem novas demandas, que reclamam para sua satisfação os produtos das regiões mais longínquas e de climas os mais diversos. No lugar do antigo isolamento de regiões e nações autossuficientes, desenvolvem-se um intercâmbio universal e uma universal interdependência das nações. E isto se refere tanto à produção material como à produção intelectual.*
>
> Karl Marx e Friedrich Engels, *Manifesto Comunista**

---

\*   Karl Marx e Friedrich Engels, *Manifesto Comunista* (trad. Álvaro Pina, São Paulo, Boitempo, 2010), p. 43. (N. E. B.)

Um dos argumentos preferidos das correntes liberais para desclassificar a possibilidade de um regime social alternativo ao capitalista é que a globalização econômica tornou impossíveis opções de desenvolvimento fora do mercado mundializado e da interdependência das atividades produtivas, políticas e culturais[1]. Tal argumento seria correto se pudesse haver uma via de progresso econômico à margem ou paralela à definida pelo capital. Mas, nessa hipótese, não estaríamos falando de Marx e sim das múltiplas variantes ideológicas do nacionalismo de Estado que, aproveitando o ambiente de fomento dos mercados e a industrialização interna defendida pelas políticas keynesianas, acreditaram encontrar no capitalismo de Estado uma antecipação do socialismo ou, pelo menos, uma "via própria" e inovadora de alcançar o desenvolvimento sem cair nas garras das multinacionais[2].

Hoje sabemos que a substituição de importações e a criação do mercado interno, longe de oferecer opções ante o desenvolvimento do capitalismo mundial, foram uma de suas formas históricas de desdobramento, que permitiu a docilização e o suborno de parte das classes trabalhadoras, assim como o disciplinamento cidadão de migrantes camponeses e a formação estatal de milhões de consumidores de mercadorias, com tendência a ampliar a clientela de compradores das multinacionais, uma vez reduzidas as barreiras alfandegárias. Da mesma maneira, o "socialismo realmente existente" só fez ampliar por novos meios a mercantilização estatizada da vida econômica de estruturas sociais tão matizadas como a dos países da Europa Oriental[3].

---

[1] Cf. Francis Fukuyama, *O fim da história e o último homem* (Rio de Janeiro, Rocco, 1992); e Taichi Sakaiya, *La sociedad del conocimiento* (Santiago do Chile, Andrés Bello, 1994). Uma visão crítica a respeito se encontra em Alain Touraine, *Podemos viver juntos? Iguais e diferentes* (Petrópólis, Vozes, 1998).

[2] Samir Amin, *El eurocentrismo: crítica de una ideología* (Cidade do México, Siglo XXI, 1989); Fernando Henrique Cardoso e Enzo Faletto, *Dependência e desenvolvimento na América Latina* (Rio de Janeiro, Jorge Zahar, 1981); Andre Gunder Frank, *Subdesarrollo o revolución* (Cidade do México, Era, 1973); Octavio Ianni, *A formação do Estado populista na América Latina* (São Paulo, Civilização Brasileira, 1991); Ruy Mauro Marini, *Dialética da dependência* (Petrópolis, Vozes, 2000); Menno Vellinga (org.), *El cambio del papel del Estado en América Latina* (Cidade do México, Siglo XXI, 1997); James M. Mallory, *Authoritarianism and Corporatism in Latin America* (Petesburgo, Pittsburgh University Press, 1977); Henry Kirsch, *Industrial Development in a Traditional Society* (Flórida, University of Florida Press, 1977); Jean Carrière (org.), *Industrialization and State in Latin America* (Amsterdam, Cedla, 1979).

[3] Charles Bettelheim, *A luta de classes na União Soviética* (Rio de Janeiro, Paz e Terra, 1983, 2 tomos); Bernard Chavance, *El sistema económico soviético* (Madri, Revolución, 1987); Jan Winieckie, *Las distorsiones en las economias de tipo soviético* (Barcelona, Civilización, 1989); Enrique Palazuelos Manso, *La economia soviética más allá de la Perestroika* (Madri, Ciencias Sociales, 1990); Alec Nove, *El sistema económico soviético* (Madri, Siglo XXI, 1982); Fernando Claudín, *La oposición en el socialismo real* (Madri, Siglo XXI, 1981).

Em face da especulação sobre a existência de bolhas sociais capazes de empreender formas de desenvolvimento autônomo ante e no centro do capitalismo, Marx soube desvelar a tendência imanente da lógica do capital a se universalizar – ou, em palavras posteriores, a subordinar, primeiro externamente, as estruturas econômicas, culturais e cognoscitivas não capitalistas que encontra em seu caminho para retorcê-las de acordo com seus fins de acumulação; e depois, por meio da modificação material de fato dessas estruturas, até o ponto de elas levarem a racionalidade do valor-mercantil amalgamada à sua dinâmica e coisificação[4].

O capitalismo como fato universal e universalizante é a característica básica que percorre todo o *Manifesto* e a partir do qual Marx indaga a possibilidade do comunismo. A primeira etapa dessa expansão mundial foi o "descobrimento e a circum-navegação da África", que, ao mesmo tempo que arredondou o mundo como um espaço fechado e cognoscível em toda a sua extensão, criou o embasamento da intercomunicação das atividades de qualquer pessoa com os demais seres humanos. Essas ações permitiram o surgimento de "um mercado mundial" que pôs em circulação e conhecimento os produtos do trabalho de distintos regimes socioeconômicos – embora ainda sobre meios de comunicação e transporte correspondentes às épocas dos intercâmbios locais. Essa foi a fase do predomínio do capital comercial.

Uma segunda etapa dessa mundialização do capital foi a incursão do capital na própria produção local de mercadorias, arrasando, erodindo antigas formas de trabalho. Em certas regiões, isso deu lugar ao desenvolvimento de uma produção eminentemente capitalista e à formação de uma rede material de transporte[5], produto do próprio desenvolvimento industrial (ferrovias, companhias de navegação de carga com barcos a vapor) com o qual o comércio mundial, que havia antecedido e criado potencial para a indústria, aparecia como resultado dela, uma vez que a própria indústria produzira o novo aparato técnico organizativo do comércio.

A terceira etapa da globalização do capital assinalada pelo *Manifesto*[6] é a extinção da "base nacional da indústria", que não só leva a uma expansão inusitada da forma de trabalho capitalista a um número crescente de regiões que se vinculam ao mercado mundial, como também, para manter-se como produção capitalista,

---

[4]    Karl Marx, *El capital* (Cidade do México, Siglo XXI, 1981, tomo I, seções 3, 4, 5 e 7) [ed. bras.: *O capital*, Rio de Janeiro, Civilização Brasileira, 1968]; idem, *Grundrisse, elementos fundamentales para la crítica de la economia política* (Cidade do México, Siglo XXI, 1982); idem, *El capital* (Cidade do México, Siglo XXI, 1984); Álvaro García Linera, *Forma valor y forma comunidad* (La Paz, Quipus, 1995); Alejandro Portes, *En torno a la informalidad* (Cidade do México, Flacso, 1995); idem (org.), *La economía informal* (Buenos Aires, Planeta, 1990).

[5]    Karl Marx e Friedrich Engels, *Manifesto Comunista*, cit.

[6]    Idem.

deve fazê-lo utilizando produtos industriais, matérias-primas e tecnologias elaboradas nas regiões mais diversas do globo. Essa última tendência delineada no *Manifesto* será utilizada depois por Marx para entender como foi possível a superação provisória da crise capitalista europeia de 1847-1849 pela expansão do capital industrial da Europa para o resto do mundo[7] e, inclusive, para duvidar da possibilidade de vitória de uma revolução social na Europa enquanto o capital seguisse avançando de maneira pujante num dos territórios geográficos mais extensos do mundo[8].

A "mundialização" atual do capital, longe de pôr em dúvida o pensamento crítico de Marx, é o pressuposto histórico sobre o qual ele propõe o exame das possibilidades de superá-lo. "O capital é um produto coletivo e só pode ser posto em movimento pelos esforços combinados de muitos membros da sociedade, em última instância pelos esforços combinados de todos os membros da sociedade."[9] Falar do capital é falar, então, da remodelação do mundo como um todo para seu domínio, da tendência sempre crescente – porém sempre inacabada – da superação do comércio, do transporte, da produção, do conhecimento, da imaginação, do desfrute e do consumo nos padrões do capital, em termos formais externos ou reais de sua materialidade interna[10]. Que esta seja uma ten-

---

[7] Karl Marx, "Mayo a Octubre de 1850", *Historia y Sociedad*, Cidade do México, n. 4, 1974. Um excelente estudo sobre essa obra de Marx e sua concepção da crise se encontra em Jorge Veraza, "Teoría del mercado mundial", seminário sobre *O capital* (Cidade do México, Unam, 1993). Publicado também em Eric Hobsbawm, *La era del capitalismo (1848-1875)* (Espanha, Labor Universitaria, 1989) [ed. bras.: *A era do capital (1848-1875)*, São Paulo, Paz e Terra, 2009].

[8] Karl Marx, *Las luchas de clases en Francia* (Buenos Aires, Progreso, 1979, tomo I). Ver também Karl Marx e Friedrich Engels, "El movimiento revolucionario", em *Collected Works* (Londres, Lawrence Wishart, 1985, tomo VIII). Numa carta a Engels, Marx escreve: "A missão da sociedade burguesa é o estabelecimento do mercado mundial, pelo menos em esboço, e da produção baseada no mercado mundial. Como o mundo é redondo, isso parece ter sido concluído pela colonização da Califórnia e da Austrália e pelo descobrimento da China e do Japão. O difícil para nós é isso: no continente a revolução é iminente e assumirá de imediato um caráter socialista. Não estará destinada a ser esmagada nesse pequeno rincão, se considerarmos que um território muito maior do movimento da sociedade burguesa está ainda em ascensão?" Carta de outubro de 1858, em Karl Marx e Friedrich Engels, *Correspondencia* (Cidade do México, Cultura Popular, 1977).

[9] Karl Marx e Friedrich Engels, *Manifesto Comunista*, cit., p. 52.

[10] Sobre o caráter globalizado do capitalismo desde seu início, ver Immanuel Wallerstein, *El moderno sistema mundial* (Barcelona, Siglo XXI, 1999); John Holloway (org.), *Dinero global y Estado nacional* (Cidade do México, AUP, 1994); idem, "Un capital, muchos Estados" em *Política y Estado* (Cidade do México, UAM, 1996); idem, *Globalización y Estado-nación* (Buenos Aires, Tierra del Fuego, 1996).

dência crescente porém nunca acabada deriva da ideia de que o único que estritamente é não capital, entretanto, por sua vez, consiste em sua fonte de vida, é o trabalho vivo nas suas diferentes formas corpóreas: as comunidades agrárias, mas também, e agora majoritariamente, a potencialidade trabalhista em estado de fluidez, ainda não objetivada, que desenvolve o trabalhador social para criar riqueza material e simbólica[11].

A importância e a minuciosidade tão atuais com que Marx desvela essa qualidade imanente do capital têm por objetivo fundamentar positivamente o comunismo como associação de produtores em que "o livre desenvolvimento de um será a condição do livre desenvolvimento de todos". É claro que, se a exemplo das sociedades anteriores, divididas em classes, o capital como sociedade de antagonismos, exploração e benefícios privados se levantar sobre o trabalho social universal, a possibilidade da emancipação humana como um todo deixará de ser uma nostalgia infundada para encontrar, nessa universalidade perversamente trabalhada pelo capital, a condição material de possibilidade de uma ação humana conjunta que já não parta da propriedade e do poderio privado, mas da possessão e do poderio comum universal dos próprios produtores que a engendram[12].

Que a universalização do trabalho, criada pela primeira vez na história humana pelo capitalismo, abra as possibilidades materiais de uma ação conjunta das capacidades e necessidades humanas não significa nem que o capital tenha produzido essa interdependência social deliberadamente nem que a presença dessa universalização, por si só, vá criar diretamente a iminência do comunismo. De fato, essas interpretações equivocadas estão no bojo das atitudes de numerosos partidos e de intelectuais que se proclamam marxistas e se comportam como

---

[11] "O único trabalho diferente do objetivado é o trabalho não objetivado, que ainda está objetivando, ou seja, o trabalho como subjetividade. Ou, também, o trabalho objetivado, quer dizer, como trabalho existente no espaço, pode-se contrapor enquanto trabalho passado ao existente no tempo. Uma vez que deve existir como algo temporal, como algo vivo, só pode existir como sujeito no que existe como faculdade, como possibilidade, portanto como trabalhador. [...] o trabalho, posto como não capital enquanto tal é: 1) trabalho não objetivado, concebido negativamente (também no caso de ser objetivo; o não objetivo em forma objetiva). Enquanto tal, é não matéria-prima, não instrumento de trabalho, não produto bruto: o trabalho dissociado de todos os meios de trabalho e objetos de trabalho, de toda sua objetividade; o trabalho vivo, existente como abstração desses aspectos de sua realidade efetiva (igualmente não-valor)...", Karl Marx, *Grundrisse*, cit. O capital como trabalho objetivado e o trabalho vivo, como "trabalho não objetivado", como o "único que não é capital" é o ponto decisivo do conceito marxista de revolução e de sujeito revolucionário.

[12] Sobre a comunidade universal, ver Karl Marx, idem, p. 87-90 e p. 217-9.

fervorosos aduladores do "progresso capitalista" – pois, segundo eles, isso prepararia as condições para a travessia ao socialismo[13].

O que esses aduladores do capital não levam em conta – ou melhor, escondem – é que essa interdependência universal desenvolvida pelo capitalismo não é defendida ou proposta por Marx, mas simplesmente descrita, explicada e estudada, uma vez que se desenvolve "perante nossos olhos". Contudo, a universalização *criada* pelo desenvolvimento do capitalismo *serve* a esse desenvolvimento e é *parte* desse desenvolvimento do capital; em outras palavras, a interdependência universal é uma *força produtiva do capital* que, conforme se expande e se densifica, o faz como expansão e densificação da racionalidade empresarial. O desenvolvimento histórico da universalidade é o desenvolvimento do capital, por mais que se justifique que "depois" virá o socialismo como presente histórico.

A atitude de Marx no *Manifesto*, em relação a essa globalização do capital, é entendê-la em todas as suas implicações e, sobretudo, questionar suas *contrafinalidades*, ou seja, as potências emancipativas ocultas nessa globalização, até hoje deformadas e retorcidas pela racionalidade capitalista dominante. O *Manifesto* trata a globalização sob duas dimensões: a concreta, a globalização criada por e para o capital como mecanismo de acumulação ampliada; e a abstrata, despertada mas permanentemente reprimida pela primeira, que fala dessa interdependência positiva dos seres humanos em escala planetária e cuja transcendência vai muito além dessa miserável e frustrante maneira com que se desenvolve até hoje no capitalismo.

Essa segunda dimensão abstrata surgiu por influência daquela primeira dimensão concreta; entretanto, a primeira é apenas uma maneira estreita e mutilada do possível desdobramento da segunda; mas, além disso, para que essa segunda possa derramar-se sobre a história, são requeridas previamente a demolição e a substituição da primeira, pois ela tende unicamente para si mesma. Para que tal superação radical do modo capitalista da globalização seja factível é preciso aceitar que o capital é simplesmente fruto (alienado) do trabalho social, de maneira que esse trabalho social deverá dar lugar – por autotransformação, que não é outra coisa senão autoemancipação – a outra forma de trabalho social universal, na qual se possa reconhecer e desfrutar em comum o produto de suas capacidades, entre outras coisas.

Sendo assim, torna-se evidente que a atual "globalização" do capital pode ser entendida em sua justa dimensão e profundidade como uma nova etapa de universalização do capitalismo como surge no *Manifesto*, mas sobretudo como uma etapa cuja análise crítica deve deixar nítidos os despropósitos, as contratendências

---

[13] Na Bolívia, ver as coleções de panfletos do Partido Comunista de Bolivia (PCB) e do Partido Obrero Revolucionario (POR).

emancipativas do trabalho ante o capital que se aninham materialmente em seu seio, as quais os marxistas necessitam, precisamente, entender e potencializar por todos os meios possíveis.

Em particular, o que hoje – com ares de novidade e ignorância – os liberais chamam de globalização não é a existência de um mercado mundial, que se iniciou entre os séculos XVI e XVII[14]; talvez o específico agora seja a forte tendência à generalização das pautas de consumo e a qualidade das mercadorias cuja circulação se fomenta, como o dinheiro[15], ou se limita por meio de despóticas políticas de

---

[14] Immanuel Wallerstein, *El moderno sistema mundial*, cit. Na zona andina a produção mineral – assim como a atividade comunal, coativamente articulada a ela –, vinculou-se estreitamente ao comércio e à produção europeia, em fins do século XVI, não só em termos monetários, mas também tecnológicos. Ver Enrique Tandeter, *Mercado y coación, la minería de la plata em el Potosí colonial: 1692-1896* (Buenos Aires/Cuzco, Sudamericana/Cera, 1992); Peter Bakewell, *Mineros de la montagna roja: 1545-1650* (Madri, Alianza, 1992).

[15] Como têm assinalado os críticos do conceito de globalização, muitas das tendências que a palavra abrange não são exatamente novas. A novidade da chamada "revolução da informação" é impressionante, "mas o mesmo ocorreu com a novidade da ferrovia, do telégrafo, do automóvel, do rádio e do telefone em sua época" (David Harvey, *Espaços de esperança*, São Paulo, Loyola, 2005, p. 91). Inclusive a chamada "virtualização da atividade econômica" não é tão nova como pode parecer à primeira vista. Os cabos submarinos do telégrafo já conectavam os mercados intercontinentais desde a década de 1860, tornando possível o comércio cotidiano e a determinação de preços através de milhares de quilômetros, uma inovação muito maior do que o advento atual do comércio eletrônico. Chicago e Londres, Melbourne e Manchester foram conectadas em tempo real. Os mercados de títulos também chegaram a estar estreitamente interconectados e os empréstimos internacionais em grande escala – tanto investimentos em carteiras como diretos – cresceram rapidamente durante esse período (Joachim Hirst, *Globalización, capital y Estado*, Cidade do México, Universidad Autónoma Metropolitana Xochimilco, División de Ciencias y Humanidades, 1996, p. 3). "Com efeito, o investimento direto estrangeiro cresceu tão rapidamente que em 1913 ficou acima de 9% do produto mundial – uma proporção que ainda não havia sido superada no começo da década de 1990" (Paul Bairoch e Richard Kozul-Wright, *Globalization Myths: Reflections on Integration, Industrialization and Growth in the World Economy*, Genebra, UNCTAD 1996, p. 13). De maneira similar, a abertura ao comércio exterior – medida pelo conjunto das importações e exportações em relação ao PIB – não era notavelmente maior em 1993 do que em 1913, para os grandes países capitalistas, excetuando os Estados Unidos (Joachim Hirst, cit., p. 3-4). Seguramente, como ressaltam (a partir de perspectivas diferentes) os aportes de Eric Helleiner (1997) e Saskia Sassen (1997), a mais espetacular expansão das últimas décadas e a maior evidência no arsenal dos defensores da tese da globalização não ocorreram no investimento direto estrangeiro ou no comércio mundial, e sim nos mercados financeiros mundiais. Saskia Sassen escreve que 'desde 1980 o valor total dos ativos financeiros aumentou duas vezes e meia mais rápido que o PIB agregado de todas as economias mundiais ricas. E o volume de negócios em divisas, títulos e antecipações de capital aumentaram cinco vezes mais depressa'. O primeiro a 'se globalizar', e

protecionismo estatal, como no caso da mercadoria força de trabalho, impedida de se desenvolver livremente de Sul a Norte.

O singular da atual forma de globalização tampouco é a expansão da produção capitalista a todos os confins do mundo, pois isso se intensificou em meados do século XIX, como maneira de superação da crise capitalista vivida pela Europa. Não por acaso a atenção de Marx desde os anos 1850 se deslocou da Europa para o Oriente e a América, ou seja, para as estruturas comunais e a agricultura, pois era precisamente esse o "campo do mundo" que passou a ser objeto de subordinação formal e real pelo capital[16]. A Revolução Russa – que em geral é tomada como argumento de decadência do capitalismo, no caso dos esquerdistas, ou do fracasso de qualquer esforço revolucionário anticapitalista, no caso dos direitistas – adquire outro significado com seus resultados e à luz do *Manifesto Comunista*: nas limitações para se expandir planetariamente a fim de reforçar os embriões de autogoverno e autogestão econômica dos trabalhadores da cidade e do campo russos, a revolução proveio de uma revolução nacional burguesa que, sob formas imperiais e de capitalismo de Estado, continuou essa onda de expansão do capi-

---

atualmente 'o maior e em muitos sentidos o único autêntico mercado global' é o mercado de divisas. 'As transações por câmbio de divisas foram dez vezes maiores do que o comércio mundial em 1983; dez anos depois, em 1992, essas transações eram sessenta vezes maiores'. Na ausência desse explosivo crescimento dos mercados financeiros mundiais, provavelmente não falaríamos de globalização, e com certeza não estaríamos falando de um novo rumo do processo em marcha de reconstrução do mercado mundial produzido sob a hegemonia dos Estados Unidos como resultado da Segunda Guerra Mundial. Depois de tudo, Bretton Woods era um sistema global, então o que realmente ocorreu foi uma mudança de um sistema global (hierarquicamente organizado e em sua maior parte controlado politicamente pelos Estados Unidos) a outro sistema global mais descentralizado e coordenado mediante o mercado, fazendo que as condições financeiras do capitalismo sejam muito mais voláteis e instáveis: a globalização, a soberania estatal e a interminável acumulação do capital." Giovanni Arrighi, "Estados e soberania na economia mundial", conferência na Universidade da Califórnia, Irvine, 21 e 23 de fevereiro de 1997.

[16] Ver os escritos de Marx sobre Índia, China, América Latina, Irlanda, Turquia, Espanha, Rússia etc., publicados em diferentes periódicos desde 1852 ou presentes em suas cartas e em seus manuscritos preparatórios de *O capital*. Alguns desses trabalhos estão em Karl Marx e Friedrich Engels, "Materiales para la historia de America Latina", *Cuadernos de Pasado y Presente*, Cidade do México, n. 30, 1972; "Historia diplomática secreta del siglo XVIII", *Cuadernos de Pasado y Presente*, Cidade do México, 1987; "La cuestión nacional y la formación de los estados", *Cuadernos de Pasado y Presente*, Cidade do México, n. 69, 1980; "Sobre el colonianismo", *Cuadernos de Pasado y Presente*, Cidade do México, n. 37, 1973; *Imperio y colonia, escritos sobre Irlanda* (Cidade do México, *Pasado y Presente*, 1979); *La revolución en España* (Moscou, Progresso, 1974); *Marx contra Rusia* (Buenos Aires, 1974). Ver também o capítulo "Formas que precedem a produção capitalista", nos *Grundrisse*, cit.

talismo do centro para as "extremidades" de seu corpo geográfico mundializado. O relevante, hoje, desse processo de expansão da produção capitalista a toda a orbe, é o crescimento do abismo que separa países e companhias que controlam as condições materiais de produção, invenção e desenvolvimento das modernas tecnologias, e os países e consumidores facultados apenas para permitir o uso restrito de produtos prontos – não para produzi-los ou modificá-los. Falamos então de uma descomunal hierarquização produtiva não só globalizada, mas ao mesmo tempo tecnologizada entre indústrias, regiões e nações.

Na realidade, a atual globalização do capital daria continuidade, num nível mais complexo, a duas das três etapas relatadas como tendências históricas pelo *Manifesto*:

a) A formação de uma rede de transporte e comunicações pela indústria e para ela. Já vimos que um primeiro momento dessa subsunção real dos meios de comunicação e transporte ao capital se deu no século XIX, quando se modificou o aparato técnico e organizativo da esfera da circulação e da distribuição, que começou a se desenvolver sobre uma base tecnológica criada pela produção industrial (ferrovias, barcos a vapor etc.)[17] e em muitos casos como parte do próprio processo de produção[18]. Temos então o início da produção capitalista de uma rede material própria para o comércio mundializado por meio desses novos meios de transporte. Essa tendência avançou durante o século XX com o telégrafo, a radiocomunicação, o transporte aéreo, e agora teria entrado num novo momento com a fibra ótica, a comunicação via satélite e o uso de computadores para a interconexão simultânea em rede nos bancos, no comércio, no transporte. Se observarmos bem, o que essa nova base tecnológica faz é ofuscar a subsunção real dos meios de intercomunicação mundializados ao capital, iniciada há mais de um século. A peculiaridade desse novo momento de subordinação globalizada dos meios de comunicação e transporte é que está sendo criado um tempo *mundializado de comunicação*, homogêneo e com tendência a convergir para zero. Isso significa que a nova base tecnológica está uniformizando, de um lado, os tempos de circulação e distribuição dos produtos de uma fábrica, país ou região com os de qualquer outra

---

[17] Karl Marx, Friedrich Engels e Nikolai Danielson, *Correspondencia 1868-1895* (Cidade do México, Siglo XXI, 1981). Ver também as cartas trocadas entre Marx e Engels na década de 1850-1860, em Karl Marx e Friedrich Engels, *Correspondencia*, cit.; e Vladimir Lenin, *Anotaciones a la correspondencia entre Marx y Engels* (Barcelona, Grijalbo, 1976).

[18] Karl Marx, "Maquinaria y gran industria", em *El capital*, cit.; idem, "Cuaderno tecnológico-histórico (Londres, Extractos de la lectura B-56, 1851)", (Cidade do México, UAP, 1984).

fábrica, país e região do planeta; de outro, tende a ser zero o tempo que se leva para transladar matérias-primas, máquinas, capitais, produtos de consumo e força de trabalho, tanto para o interior de oficinas, países, como entre regiões distantes no mundo. Hoje em dia as bolsas de valores e a comunicação por satélites permitem mover capitais e investimentos de um país a outro em questão de minutos; a produção intelectual pode fluir simultaneamente ao mundo, e os produtos e pessoas podem se mover de um continente a outro em questão de horas, quando antes isso levava semanas ou até mesmo meses. Sobre essa remodelação da base de comunicação mundializada está surgindo...

b)  ... uma base mundializada da própria produção. Já vimos como o *Manifesto* desvela essa tendência com o surgimento de indústrias que não empregam nem matérias-primas nem tecnologia produzidas localmente e que, além disso, produzem mercadorias para um consumo igualmente mundializado. O novo momento dessa mundialização seria dado pelo início de um processo de trabalho imediato planetarizado, isto é, que a própria atividade de produzir um bem determinado não só requer matérias-primas, tecnologia e mercados de outras partes do planeta, mas que a própria atividade de fabricação de um só bem material ou simbólico se realiza não localmente numa só oficina, mas em múltiplas oficinas descentralizadas e localizadas em distintas partes do mundo, de acordo com a exploração das capacidades laborais, as oportunidades estatais e a concentração de meios de produção que brinda cada região para a elaboração de componentes separados, que depois serão juntados num produto final[19].

Falamos, portanto, de um *processo de trabalho direto* mundializado ou, caso se prefira, de que o mundo começa a aparecer como *espaço geográfico unificado*, no qual se desdobra a atividade completa de elaboração de qualquer mercadoria. A modificação das relações especificamente produtivas que converte o planeta numa só oficina, da qual as regiões e países são apenas zonas que produzem partes do produto final, é possibilitada pela alteração da estrutura de transporte e comunicação mundial, uma vez que, ao se reduzir enormemente o tempo de deslocamento de coisas e pessoas, processos produtivos parciais esparramados ao longo do globo podem ser colocados em funcionamento simultâneo e entrelaçado.

---

[19]  Folker Frobel, Jürgen Heinrichs e Otto Kreye, *La nueva división internacional del trabajo.* (Cidade do México, Siglo XXI, 1981); Ana Esther Ceceña e Andrés Barreda (orgs.), *Producción estratégica y hegemonía mundial* (Cidade do México, Siglo XXI, 1995); Christian Palloix, *Proceso de producción y crisis del capitalismo* (Barcelona, Blume, 1980); Zaragoza Ramirez, "El trabajo y la nueva organización productiva capitalista" (Cidade do México, Unam, 1993), dissertação de mestrado; Esthela Gutiérrez Garza (org.), *Reconversión industrial y lucha sindical* (Cidade do México, Nueva Sociedad, 1989).

Certamente essa modificação produtiva está apenas começando (as *maquillas** dos anos 1960 e 1970 marcam seu início), mas já indica o novo nível de subordinação do mundo ao capital, uma vez que o tempo e a geografia, apesar de forçosamente adaptados às necessidades de valorização – como tem acontecido até hoje –, sofrem uma reestruturação em sua própria significância material e na maneira de nos vincularmos a eles para aparecerem como forças produtivas do capital.

Mas o *Manifesto* não somente outorga os marcos conceituais para tornar inteligíveis muitas das "novidades" de nossa época; faz isso precisamente porque realiza sua crítica, porque questiona os despropósitos dessas tendências, do ponto de vista da potencialização do trabalho social emancipado: "o desenvolvimento da grande indústria retira dos pés da burguesia a própria base sobre a qual ela assentou o seu regime de produção e de apropriação dos produtos. [...] A burguesia fornece aos proletários os elementos de sua própria educação política, isto é, armas contra ela própria"[20]. Como é que o capital, ao expandir potencialmente seu domínio, solapa as condições desse domínio? Porque, ao unir de maneira instantânea a produção e o consumo produtivo das mais diversas regiões do mundo, o conhecimento e as capacidades laborais das regiões mais distantes do planeta, cria material e tecnologicamente as possibilidades de uma "união cada vez mais ampla dos trabalhadores"[21] uma vez que é seu trabalho a substância social que sustenta a intercomunicação e a interdependência instantânea do capital. O capital é apenas trabalho alienado; portanto, a mundialização do capital é somente a mundialização do trabalho, a interdependência de suas capacidades e necessidades, mas de maneira alienada, falseada pelo lucro privado. A globalização do capital o é porque já há então uma globalização do trabalho, só que reprimida, coagida a existir como globalização fetichizada das coisas e do dinheiro. O triunfo planetário do capital que hoje em dia se festeja descansa sobre a possibilidade de um triunfo planetário do trabalho e, de fato, o festejo empresarial é só mais uma maquinaria de guerra para aprisionar e deformar essa potencialidade mundializada do trabalho.

Entretanto, essa potencialidade, para que brote, jamais o fará por obra do próprio avanço do capital, pois este se define precisamente pela ininterrupta colonização, pela sistemática exploração do acúmulo de forças sociais aninhadas

---

\* Empresas instaladas na fronteira do México com os Estados Unidos para explorar mão de obra mexicana barata. (N. T.)

[20] Karl Marx e Friedrich Engels, *Manifesto Comunista*, cit., p. 48 e 51.

[21] Idem, p. 48.

no trabalho[22], neste caso de sua interdependência, de seu fundo comunitário universal que possibilita que o ser humano genérico seja um produto do trabalho do conjunto dos seres humanos existentes; mais sua história, certamente. Para que tal força brote é necessário que os próprios portadores corporais do trabalho sejam capazes de se reconhecer, de se desejar, de se apropriar do material e diretamente do que fazem em comum, isto é, em escala planetária. O que decorrer disso já não é fruto do capital, mas da autoconstrução do trabalho diante e acima do que o capital faz cotidianamente deles. Trata-se de um processo de autonegação[23] do trabalho como trabalho-para-o-capital, quer dizer, trata-se de um fato político, cultural, subjetivo e organizativamente material que reclama ao trabalho universal a capacidade de se autoafirmar, de se autodeterminar como sujeito histórico-universal. Trataremos posteriormente das condições dessa autoemancipação indicadas pelo *Manifesto*.

2.  O desenvolvimento tecnológico contemporâneo: o movimento
    da alienação material do trabalho

*A burguesia não pode existir sem revolucionar incessantemente os instrumentos de produção, por conseguinte, as relações de produção e, com isso, todas as relações sociais. [...] A burguesia, em seu domínio de classe de apenas um século, criou forças produtivas mais numerosas e mais colossais do que todas as gerações passadas em seu conjunto. A subjugação das forças da natureza, as máquinas, a aplicação da química na indústria e na agricultura, a navegação a vapor, as estradas de ferro, o telégrafo elétrico, a exploração de continentes inteiros [...]. O crescente emprego de máquinas e a divisão do trabalho despojaram a atividade do operário de seu*

---

[22]  Referindo-se ao argumento de que o protecionismo, ao concentrar as forças sociais internas em torno do empresariado local para fazer frente à competição estrangeira, também robustece o proletariado, Marx menciona uma evidente contradição nesse raciocínio: "Enquanto o sistema protecionista põe nas mãos do capital de um país as armas necessárias para lutar contra os países estrangeiros, enquanto fortalece o capital perante os de fora, crê que esse capital assim armado e robustecido se tornará débil e transigente diante da própria classe operária. Isso valeria tanto como apelar à caridade do capital, como se o capital enquanto tal pudesse ser criativo. Mas as forças sociais não se logram nunca pela debilidade dos fortes, são sempre o fruto da força dos fracos". Em Karl Marx, "Discurso sobre los aranceles protectores, el libre cambio y la clase obrera", *Obras escogidas* (Buenos Aires, Progresso, 1980, tomo I).

[23]  Marx explica que a moderna sociedade capitalista é "o processo de autoalienação do trabalho" e, por isso, o "comunismo é a posição de negação da negação e, portanto, o momento real, necessário, da emancipação e da recuperação humanas". A esta negação da autoalienação estamos chamando autonegação do trabalho (Karl Marx, *Manuscritos econômico-filosóficos*, São Paulo, Boitempo, 2010).

*caráter autônomo, tirando-lhe todo o atrativo. O operário torna-se um simples apêndice da máquina [...]. Quanto menos habilidade e força o trabalho manual exige, isto é, quanto mais a indústria moderna progride, tanto mais o trabalho dos homens é suplantado pelo de mulheres e crianças.*

Karl Marx e Friedrich Engels, *Manifesto Comunista**

Nossa época caracteriza-se por uma expansão extraordinária dos meios de comunicação, assim como de consumo e principalmente de produção. Se na época de Marx se empregavam a máquina a vapor, a ferrovia, o telégrafo etc., hoje em dia a energia nuclear abre uma fonte de energia inesgotável para pôr máquinas em funcionamento. As pesquisas com materiais condutores estão permitindo o armazenamento e o transporte de enormes quantidades de informação em dispositivos cada vez mais diminutos e eficientes; a microbiologia abriu a possibilidade de modificar de maneira consciente a estrutura genética de organismos vivos e aplicar processos biológicos a outros setores do trabalho produtivo; o computador, as máquinas de controle numérico e os robôs já são indispensáveis em grande parte das indústrias mais produtivas do mundo, e as tecnologias de comunicação estão convertendo o planeta numa grande e única oficina que descentraliza suas funções parciais por continentes e países.

A realidade específica na qual se manifesta essa modificação dos "instrumentos de produção" é certamente muito distinta da vivida há cem anos, semelhante à assombrosa vertiginosidade com que se revolucionaram, nas últimas décadas, esses "instrumentos de produção" e esses novos saberes que "tornam-se antiquados antes de se consolidar"[24].

Esse esmagador desenvolvimento de meios de trabalho, de meios de comunicação e de saberes científicos aplicados certamente desvela uma sociedade capitalista aparentemente vigorosa, capaz de modificar seus meios de produção, de seguir elevando a produtividade do trabalho e de modificar as condições produtivas para cumprir certas demandas sociais e fazer brotar outras.

Mas essa obsessão transformista do capital, essa ânsia irrefreável de revolucionar as condições de produção não é sinônimo nem de viço nem garantia de sua indestrutibilidade presente. Pensar que o capitalismo é hoje em dia insuperável porque segue transformando os meios de trabalho e incrementando a produtividade trabalhista, tal como argumenta o pensamento conservador contemporâneo, significa crer que o capitalismo tem por objetivo histórico revolucionar as condi-

---

* Karl Marx e Friedrich Engels, *Manifesto Comunista*, cit., p. 43-4 e 46. (N. E. B.)

[24] Karl Marx, "Economic Manuscript of 1861-1863", em *The Production Process of Capital, Collected Works* (Nova York, Internacional Publisher, 1988, tomo 3).

ções materiais de produção e que, enquanto o fizer, sua vida estará assegurada. O erro dessa crença difundida é que substitui a finalidade implícita do regime capitalista (o lucro, a valorização do valor)[25] pelo meio que é fetichizado: a transformação das condições de produção[26]. Curiosamente, a mesma atitude combate determinado "esquerdismo" confessional que pretende explicar a *débâcle* do capitalismo – mas agora por sua "incapacidade de seguir desenvolvendo as forças produtivas", como se aí se definisse a essência dessa estrutura social. Nesse último caso, a paranoia adquire traços clínicos, pois para defender seus pontos de vista tem que inviabilizar a evidente transformação dos instrumentos de trabalho ocorrida nas últimas décadas e a intensificação da produtividade em determinados ramos de produção (telecomunicações, microeletrônica, informática etc.)[27] que estão resistindo às inocultáveis dificuldades de acumulação que o capital possui em escala planetária.

Mas esses pensamentos conservadores e pseudoesquerdistas surgem de uma mesma matriz fetichizadora da técnica, de seu avanço ou de sua paralisia como garantia de vitalidade ou decrepitude do capital, como se o desenvolvimento tecnológico fosse linear, único e quantificável numa escala trans-histórica.

Esse tecnologicismo ultrapassado esquece que a força "motriz" do capital não é a "conquista das forças produtivas" e que, portanto, sua derrubada não vem da sua "incapacidade" de fomentá-las. O que move a sociedade capitalista é a valorização do valor, a ganância monetária aumentada ininterruptamente, e o que há de levá-lo à tumba é precisamente a impossibilidade de manter a espiral de valorização. A técnica, para esses fins, é um meio que permite essa valorização a partir do desenvolvimento do próprio processo de produção e, assim como a função social das ferramentas de trabalho, está definida pela intencionalidade de valorizar o valor que seus proprietários e controladores empunham – que as antecedem e as dirigem[28]. Nesse sentido, a superação do capital tampouco está definida por ferramentas ("grau de desenvolvimento das forças produtivas"), mas sim por seus

---

[25] Karl Marx, "Economic Manuscript of 1861-1863", em *Collected Works: The Production Process of Capital* (Nova York, International Publisher, 1988), tomo XXX.

[26] Idem. Ver também Herbert Marcuse, *El hombre unidimensional* (Cidade do México, Joaquín Motriz, 1968); Jünger Habermas, *Ciencia y técnica como ideología* (Madri, Tecnos, 1986).

[27] Ana Esther Ceceña e Andrés Barreda (orgs.), *Producción estratégica y hegemonía mundial*, cit.; Benjamín Coriat, *La robótica* (Madri, Revolución, 1985); Michael Borrus (org.), *US-Japanese Competition in the Semiconductors Industry* (Califórnia, University of California, 1993); Fumio Kodama, *Analizing Japanese High Technologies* (Londres, Printer, 1991); Raquel Gutiérrez Aguilar, *Apuntes sobre la crisis actual del capitalismo mundial* (La Paz, Ofensiva Roja, 1993); Jon Elster, *El cambio tecnológico* (Barcelona, Gedisa, 1990).

[28] Karl Marx e Friedrich Engels, *Manifesto Comunista*, cit.

portadores, capazes de levantar uma nova racionalidade social fundada na dispendiosa satisfação de necessidade sociais[29]. Vejamos isso mais de perto.

Como Marx demonstra no *Manifesto*, o capitalismo é fruto de meios de produção e de troca "gerados no seio da sociedade feudal". Sobre essa base material, formada em outro regime produtivo e para ele, o capital como relação social emerge e se desenvolve; trata-se, pois, de um desenvolvimento formal, já que o faz sobre uma base tecnológica herdada que, no entanto, é parcialmente refuncionalizada para aumentar a relação de valor. Um afiançamento real – ou melhor, as condições de sua autorreprodução – virá do momento em que o capital for capaz de criar sua própria base tecnológica, de se fundar materialmente em si mesmo – e isso se dará quando a estrutura técnico-organizativa do processo de produção aparecer como resultado do próprio capital, incluídas as forças produtivas. Para isso, o capitalismo terá que revolucionar para si e em função de si as qualidades materiais dos meios de trabalho, além dos modos organizativos e de seu consumo, capazes de "tecnologizar" a racionalidade do valor. Em *O capital*, Marx chamou isso de subsunção real do processo de desenvolvimento do capital[30]. Mas, ao mesmo tempo que é justamente aí que o regime do valor logra cimentar suas bases materiais de desdobramento, faz isso fundindo a racionalidade do valor à própria qualidade de coisificação dos meios de trabalho[31]. Afirmamos, portanto, que o capital é capaz de criar suas próprias condições de desenvolvimento ao impor uma chancela própria ao desenvolvimento material das forças produtivas – nesse caso, subordinando, comprimindo esse desenvolvimento à estreita estratégia de valorizar o valor.

O capitalismo, portanto, não desenvolve indiscriminadamente as forças produtivas, mas sim as mutila, as reprime a fim de que apenas sigam a rota que potencialize a valorização do valor. Trata-se de uma unilateralização que anula

---

[29] Sobre o comunismo como sociedade de abundância, e o perigo de socializar a escassez no caso de a revolução social não se levantar sobre uma estrutura técnico-material capaz de permitir a satisfação abundante dos reclamos sociais, ver Karl Marx e Friedrich Engels, *La ideología alemana* (Cidade do México, Cultura Popular, 1980) [ed. bras.: *A ideologia alemã*, São Paulo, Boitempo, 2007]; Jean-Paul Sartre, *Crítica de la razón dialéctica* (Buenos Aires, Losada, 1979), tomo 1 [ed. bras.: *Crítica da razão dialética*, trad. Guilherme João de Freitas Teixeira, Rio de Janeiro, DP&A, 2002].

[30] Karl Marx, *El capital*, cit.; Jorge Veraza, *Crítica a las teorías del imperialismo* (Cidade do México, Itaca, 1987) e *La absunción real del consumo bajo el capital em la posmodernidad y los manuscritos de 1844 de Karl Marx* (Cidade do México, Unam, 1994); Álvaro García Linera, *Forma valor y forma comunidad*, cit.

[31] No capítulo VI de *O capital* (inédito), Marx chama de "propriedade social amalgamada" o instrumento de produção. Ver também Karl Marx e Friedrich Engels, "Draft of an Article on Friedrich List's Book: Das nationale System der politischen Öknomie", em *Collected Works*, cit.

as possibilidades de um desenvolvimento multilateral das capacidades materiais do trabalho, fomentando apenas as suscetíveis de servir, de ser compelidas à lógica do valor.

O capital subordina, então, as forças produtivas tanto em sua forma social como em seu conteúdo material; ou melhor, deforma seu desenvolvimento para adequá-las a seus fins. Daí, por exemplo, esse desenvolvimento unilateral das forças produtivas técnicas em detrimento das forças produtivas simbólicas, associativas, ou a recorrente conversão das forças produtivas sociais em forças destrutivas ou nocivas (as armas nucleares, a destruição da camada de ozônio etc.) que põem em risco a própria existência humana. E, ainda no terreno das forças produtivas técnicas, a potencialização arbitrária daquelas mais aptas ou mais dóceis para incorporar em seu movimento e utilidade a ambição e o despotismo empresarial.

Não há forças produtivas ingênuas ou neutras. Cada ferramenta, cada meio de trabalho fruto da sociedade contemporânea *incorpora em sua qualidade material* e nas formas de seu uso um conjunto de intencionalidades sociais, um conjunto de dispositivos de ordem que comprimem habilidades, prescrevem comportamentos, priorizam tais ou quais saberes, descartam outros, difundem tal ou qual atitude grupal e esmagam outras conforme as demandas históricas gerais de época que acompanham as estratégias de valorização do valor. Parafraseando Bourdieu[32], trata-se de uma espécie de *habitus* tecnológico implícito, não necessariamente explícito, nos criadores científicos e nos financiadores, mas que se manifesta na hora da criatividade inventiva e de seu fomento pelos setores empresariais. Todo o peso da predisposição do regime do capital e de seus desejos juntam-se na hora da produção de tecnologias, convertendo as ferramentas, mais do que num prolongamento da habilidade do sujeito, num prolongamento material da demanda epocal de regime de valor, incluídas as resistências que ele trata de superar e que voltará a engendrar. Com as forças produtivas modernas, a alienação do trabalho adquire, também, uma forma tecnológica[33].

O problema com as forças produtivas no capitalismo e o que permite falar da necessidade da superação desse regime social não é que não se desenvolvem; ao contrário: é porque se desenvolvem em demasia, é porque já se tornaram "poderosas demais" para o regime atual, como diz Marx, que é possível postular a necessidade de um novo regime social de produção. O que leva o capital a se mostrar ineficiente e retrógado não é a manifesta escassez de forças produtivas nem o seu estancamento, como pensa o negativismo catastrofista do esquerdismo

---

[32] Pierre Bourdieu, *El sentido práctico* (Barcelona, Anagrama, 1997).
[33] Karl Marx, *Grundrisse*, cit.

confessional, mas sim sua tendencial abundância. A abundância de indústria, de comércio, de civilização[34], não revela o vigor do capital, mas seus limites, suas impotências, porque se vê cada vez mais compelido a comprimir a riqueza potencialmente aninhada nessas atividades ao estreito interesse do lucro, à envelhecida visão da ganância.

A interdependência universal do trabalho, a criatividade, o intelecto social geral, a ciência, todas essas capacidades sociais que despertaram o influxo da sociedade moderna e que levam nos seus cernes uma infinidade de forças capazes de fortalecer atitudes humanas e de satisfazer demandas coletivas são sistematicamente extorquidas para se conformar à estreita disciplina do lucro. É por isso que o capital "aniquila" as forças produtivas, impõe a elas um porvir cerceado pela valorização; mas nem bem procede esse tipo de mutilação, as forças produtivas assim desenvolvidas como forças produtivas do capital voltam a delinear as potencialidades latentes que vão além do valor de troca e que novamente serão reprimidas, para voltar depois a renascer com mais força. De fato, se existe algo que move o desenvolvimento das forças produzidas no capitalismo – que no fundo é um desenvolvimento do e para o capital –, é justamente afogar, vencer, capturar, erodir tanto essas resistências e autonomias erigidas pelo trabalho diante do capital que limitam a autovalorização do valor, quanto as próprias potencialidades produtivas que vão muito além da forma valor, da forma mercadoria e que estão depositadas, ainda que de maneira abstrata, nas próprias forças produtivas[35]. Nesse sentido, as modernas tecnologias são o produto mais autêntico e alienado dos trabalhadores: o fruto da laboriosidade e da inventividade da sociedade mundialmente considerada; esse é seu lado transcendente. Ao mesmo tempo, surgem para arrebatar saberes operários, depositando-os na máquina, para dobrar resistências trabalhistas, demolir conquistas e esforços organizativos proletários, incrementar a intensidade e o volume do trabalho não pago apropriado pelo capital[36].

---

[34] Karl Marx e Friedrich Engels, *Manifesto Comunista*, cit.

[35] "As greves se realizam para isto: para impedir a redução do salário ou para conseguir um aumento do salário ou para fixar os limites da jornada de trabalho normal [...]; contra isso o capitalista utiliza a introdução do maquinário. Aqui a máquina aparece discretamente como meio para abreviar o tempo de trabalho necessário; aparece também como forma do capital – meio do capital –, poder do capital sobre o trabalho para reprimir toda conquista de autonomia por parte do trabalho. Aqui o maquinário entra em cena também intencionalmente como forma do capital hostil ao trabalho." Em Karl Marx, "Manuscrito 1863-1865", cit. Ver também Karl Marx, "El salario", em *Escritos económicos vários* (Cidade do México, Grijalbo, 1962); Antonio Negri, *Dominio y sabotaje* (Madri, Viejo Topo, 1979); Antonio Negri e Félix Guattari, *Verdades nómadas* (San Sebastián, Gakoa, 1996).

[36] "O capital, por muito reformista que seja, jamais acede de bom grado a uma fase ulterior ou superior do modo de produção. De fato, a inovação capitalista é sempre um produto,

As forças produtivas *atuais*, por isso, são forças materiais que possibilitam e habilitam diariamente a alienação do trabalho, a perda de si do trabalhador e sua própria capacidade criativa. Daí que Marx fale de como o progresso industrial "tira do trabalho do proletário todo caráter próprio".

É essa razão material, junto com a coisificação dos meios de trabalho, de transporte, de comunicação, de desfrute, de conhecimentos sociais atuais, que a habilitação de uma nova força social de produção não vem nem pode vir por "desenvolvimento automático", ou mero crescimento linear de forças produtivas[37]. O desenvolvimento das forças produtivas ocorre, e existe na atualidade, como desenvolvimento do capital, de sua dinâmica, de sua intencionalidade convertida em máquina-ferramenta, em conhecimento. E ainda que tal desenvolvimento seja cada vez mais parcial, mais contraditório pelo tipo de potências sociais às quais tem que sujeitar e extorquir (o trabalho e a universalidade do trabalho), nem por isso deixa de produzir capital. São precisamente essas características das transformações tecnológicas que permitem diferenciar o servilismo tecnicista, tão próprio do conservadorismo de direita e de esquerda, da posição crítica de Marx.

Quando ele se refere ao impulso das forças produtivas desenvolvidas pela burguesia, o faz de uma maneira crítica, isto é, falando, na explicação de seu vigor e alcance, de suas limitações, de suas fragilidades ocultas, de seus despropósitos. Mesmo que Marx destaque o desenvolvimento das forças produtivas do capital, não o faz com o sentido mistificador que essa ideia tem nas mãos dos liberais e pseudoesquerdistas que se centram na técnica como motor ou halo que põe em movimento ou estanca a história. Para Marx, as forças produtivas são uma relação social, uma relação social de produção que se diferencia do resto porque é objetivada em instrumentos e disposições coisificadas da matéria; é, portanto, uma materialidade social-natural que permite fundar, enraizar na própria objetividade da matéria certas relações sociais, certas intencionalidades práticas, um porvir histórico.

Daí que o tratamento das forças produtivas tenha esta dupla dimensão fundida: da *materialidade social* e da *materialidade física* subordinada à primeira, trabalhada pela primeira, mas na qual essa primeira toma objetividade histórica.

---

um compromisso ou uma resposta, em resumo, uma constrição derivada do antagonismo operário. Desse ponto de vista, o capital sente amiúde o progresso como declive. E é um declive, ou melhor, uma desconstrução. Porque quanto mais radical é a inovação, tanto mais profundas e fortes são as forças proletárias antagonistas que a determinam, e extrema tem sido, pois, a força desdobrada pelo capital para dominá-las. Toda inovação é uma revolução falida, mas também tentada." Em Antonio Negri, "Ocho tesis preliminares para una teoría del poder constituyente", *Contrários*, Madri, n. 1, abr. 1989.

[37] Joseph Stalin, *Obras* (Cidade do México, 1953), tomo XIV.

Para que as forças produtivas modernas indubitavelmente desenvolvidas como forças-produtivas-do-capital se mostrem como forças produtivas transcendentes ao capital, não se pode tomá-las como se apresentam hoje[38]; é preciso submetê-las a uma crítica prática a fim de superar a intencionalidade social e a coisificação material dessa intencionalidade presente na própria estrutura das ferramentas de trabalho, que realizam objetivamente alienação do trabalho em capital. As ferramentas de trabalho, as máquinas e a ciência aplicada hoje em dia são estruturas de disciplinamento do trabalho; mais ainda, estruturas de coerção e estranhamento do trabalho em relação a suas próprias capacidades, porque o que essas forças produtivas cristalizam são as capacidades sociais do trabalho social; são, pois, meios de alienação do trabalho. Para que se supere essa alienação tecnologizada do trabalho exige-se uma crítica das tecnologias que ponha de pé a multilateralidade de suas potências aninhadas. Mas isso não é só um acordo, uma nova intencionalidade social conducente da tecnologia: é também uma nova estrutura material da própria tecnologia, uma nova forma maquinal, para que essa nova intencionalidade social fique fundamentada materialmente[39].

A atitude de Marx diante do desenvolvimento industrial mostra-se então como uma valoração impiedosamente crítica de suas conquistas. Não toma as forças produtivas pelo que elas fazem hoje, ou seja, enriquecer seus proprietários

---

[38] "A indústria pode ser vista como uma grande oficina em que o homem pela primeira vez toma posse de suas próprias forças e das forças da natureza, objetiva a si mesmo e cria para si as condições para uma existência humana. Quando a indústria é vista dessa maneira, faz-se uma abstração das circunstâncias nas quais ela opera na atualidade, e nas que existe como indústria; o ponto de vista não está na época industrial, mas além dela; a indústria é vista não pelo que é para o homem atualmente, mas pelo que o homem do presente é para a história humana, o que é historicamente; não é sua existência presente (não a indústria como tal) que é reconhecida, mas o poder que a indústria tem sem o saber nem o desejar e que destrói e cria as condições para a existência humana [...] Essa valoração da indústria é ao mesmo tempo o reconhecimento de que chegou a hora de suprimi-la, ou para a abolição das condições materiais e sociais nas quais o gênero humano desenvolveu suas habilidades como um escravo..." Em Karl Marx, "Draft of an Article on Friedrich List's Book: Das nationale System der politschen Ökonomie", cit.

[39] Ao argumento de List acerca de que "'As causas das riquezas' (as forças produtivas) são algo totalmente distinto ao efeito, à 'riqueza em si' (o valor de troca)", Marx responde: "Mas se o efeito é diferente da causa, não deveria a natureza do efeito estar contida na causa? A causa deve levar consigo a característica determinante que se manifesta depois no efeito [...] No presente estado de coisas, a força produtiva consiste não somente em, por exemplo, fazer o trabalho humano mais eficiente ou as forças naturais e sociais mais efetivas, mas justamente em fazer o trabalho mais barato ou mais impordutivo para o trabalhador. Então a força produtiva está desde o princípio determinada pelo valor de troca..." Em Karl Marx, "Draft of an Article on Friedrich List's Book: Das nationale System der politschen Ökonomie", cit.

privados e alienar o trabalho; considera-as com base no que elas potencial e concretamente contêm para a humanidade, além da forma miserável e frustrante que possuem. Sua visão centra-se no que elas poderiam fazer uma vez rompida a armadura capitalista que as oprime e aprisiona. Sua visão não se detém no presente para consagrá-lo, mas no presente para aboli-lo, a partir precisamente das capacidades e necessidades materiais e subjetivas latentes e encobertas que se acham nele. Por isso sua postura é crítica; crítica insuperável de nosso tempo, porque toma o existente como ponto de partida a ser negado pela própria força potencialmente habilitada por esse presente. Dessa maneira, o porvir, como negação do atual, fica positiva e materialmente estabelecido. É o caso, por exemplo, do avanço industrial moderno.

Nos últimos 150 anos, a indústria vem engendrando uma dupla modificação das relações estritamente produtivas. De um lado, incrementa incessantemente a produtividade do trabalho ao permitir, mediante novas máquinas, reduzir o tempo que um trabalhador requer para produzir uma mercadoria, em comparação ao estado tecnológico anterior. Em outras palavras, o tempo de trabalho direto aplicado a cada mercadoria e a cada processo de trabalho, separadamente, tende a ser irrelevante diante do trabalho social geral; e o trabalho de cada operário em particular tende a se dissolver na própria mercadoria, considerada individualmente de acordo com o que Marx chama, nos *Grundrisse*, "a força produtiva geral do indivíduo social"[40].

---

[40] "A mudança do trabalho vivo pelo trabalho objetivado – ou, dito de outro modo, a determinação do trabalho social como forma da antítese de capital e trabalho assalariado – constitui o último desenvolvimento da relação de valor e do sistema de valor baseado nele. Sua premissa é e não pode deixar de ser o volume de tempo de trabalho direto, a aplicação de trabalho empregado, como fator decisivo da produção da riqueza. Mas, à medida que se desenvolve a grande indústria, a criação da riqueza real depende menos do tempo de trabalho e da quantidade de trabalho invertido do que da potência dos agentes postos em movimento durante o tempo de trabalho e cuja poderosa efetividade não guarda, por sua vez, relação alguma com o tempo de trabalho direto que custou sua produção, mas depende mais do estado geral e do progresso da tecnologia ou da aplicação dessa ciência à produção [...]. O trabalho já não se revela tanto como contido no processo de produção, e o homem se comporta agora mais como guardião e regulador do processo de produção mesmo. Não é o operário que interfere como objeto natural modificado, como elo intermediário entre o objeto e ele mesmo, mas sim o processo natural, convertido por ele num processo industrial, que desliza entre ele, como meio, e a natureza inorgânica da qual se apodera. O operário aparece junto com o processo de produção em vez de ser seu agente. Nessa transformação, o que aparece como o grande pilar fundamental da produção e da riqueza não é mais o trabalho direto que o homem mesmo executa, nem o tempo durante o qual trabalha, mas a apropriação de sua força produtiva geral, sua capacidade para compreender a natureza e dominá-la mediante sua existência como corpo social; em resumo, o desenvolvimento do

De outro lado, o emprego das máquinas, o controle computadorizado e os robôs vêm criando uma nova composição orgânica do consumo da força de trabalho nas últimas décadas, ao priorizar, pelo menos nos setores produtivos com maior investimento tecnológico, o consumo da força de trabalho intelectual e ao desviar, tendencialmente, o consumo da parte muscular da força de trabalho. As máquinas substituem o trabalho físico-muscular, ampliando a exigência do trabalho intelectual dos trabalhadores no interior dos processos de produção[41]. Os chamados "fim do trabalho"[42], "terceira onda", "sociedade do conhecimento" são outras tantas qualificações retóricas a essa modificação social e tecnológica na forma de utilização da força de trabalho operária no processo de produção, que, longe de desvanecer as condições de exploração, desdobram-se num espaço muito mais vasto. Já não se trata apenas do domínio do trabalho científico aos desígnios do capital por meio da intensificação dos laços que unem a ciência, como esfera da divisão do trabalho, com a produção.

Claro, o trabalho humano considerado em seu componente intelectual e criativo[43] é a parte da força de trabalho mais estritamente humana e insubstituível pelas máquinas, e é justamente ela que nas últimas décadas está sendo subordinada ao interior dos próprios processos laborais industriais, pelo desenvolvimento do capital. De modo estrito, estamos diante de uma subordinação geral da *capacidade*

---

indivíduo social. O roubo de tempo, de trabalho alheio em que repousa a riqueza atual, revela-se um fundamento miserável ao lado desse outro, criado e desenvolvido pela grande indústria; tão logo o trabalho de forma direta deixe de ser a grande fonte da riqueza, o tempo de trabalho deixará e terá que deixar necessariamente de ser sua medida e, com isso, o valor de troca à medida do valor de uso. Assim, cairá por terra a produção baseada no valor de troca e o processo direto da produção material se despojará de sua forma e de suas contradições miseráveis." Em Karl Marx, *Grundrisse*, cit.

[41] Benjamín Coriat, *El taller y el robot* (Cidade do México, Siglo XXI, 1992); K. Koiké, *Understanding Industrial Relations in Modern Japan* (Londres, Macmillan Press, 1988).

[42] Jeremy Rifkin, *El fin del trabajo* (Cidade do México, Planeta, 1998).

[43] "O uso da força de trabalho é o trabalho mesmo [...]. O trabalho é, em primeiro lugar, um processo entre o homem e a natureza. Põe em movimento as forças naturais que pertencem a sua corporeidade, braços e pernas, cabeça e mãos, a fim de apoderar-se dos materiais da natureza sob uma forma útil [...]. Ao se consumar o processo de trabalho, surge um resultado que antes do começo daquele já existia na *imaginação do operário, ou seja, idealmente* [...]. O operário não só efetua uma mudança de forma do natural; no natural, ao mesmo tempo, *efetiva seu próprio objetivo*, objetivo que ele sabe que determina, como uma lei, o modo e a maneira de seu atuar e ao qual tem que subordinar sua vontade [...]. Além de esforçar os órgãos que trabalham, requer-se do operário, durante todo o transcurso do trabalho, a *vontade orientada para um fim*, a qual se manifesta como *atenção*." Em Karl Marx, *El capital*, cit.

*intelectiva* da força de trabalho operária como parte nucelar e final da subordinação do processo de trabalho ao capital. As modernas tecnologias que se esparramam por todas as partes do mundo, buscam criar um embasamento material mundializado para essa renovada sujeição do trabalho ao capital.

O primeiro momento desse domínio tecnológico do trabalho está explicitamente tratado por Marx no *Manifesto Comunista* quando se refere ao crescimento da produtividade e à desvalorização da habilidade para o trabalho com a instalação da grande indústria e do sistema automático de máquinas.

Os resultados dessa modificação processual da atividade trabalhista são claros: sujeição do trabalhador à máquina, diante da qual o operário aparece como "um simples apêndice" que deve realizar "manejo mais simples, mais monótono, mais fácil de aprender", o que significa que o trabalho de crianças e mulheres pode suplantar o dos homens[44].

As consequências políticas desse recobrimento são a erosão das formas organizativas do operário de ofício, a desqualificação do trabalho, a rotinização das atividades trabalhistas que durante o século XX adquiriram um suporte técnico-organizativo do *fordismo-taylorismo*[45].

Um segundo momento dessa subordinação real foi descrito de maneira abstrata por Marx, quando abordou o protagonismo do trabalho social considerado um fato global, acima do trabalho individual no interior do processo de produção[46]. Esse aspecto assumiu duas dimensões nas últimas décadas, embora tenha se iniciado ainda no século XIX. A primeira: uma crescente socialização da produção das principais tecnologias de ponta. A elaboração dos microprocessadores da pesquisa em biologia molecular em aceleradores de partículas subatômicas, ou em inteligência artificial, ou em semicondutores, por exemplo, mostra que as condições materiais de invenção e produção desses setores de conhecimento aplicado, em torno das quais giram o desenvolvimento das modernas forças produtivas, só podem ser empreendidas agora pela ação conjunta dos centros de pesquisa de várias empresas ou por associação das verbas estatais e dos exercícios de cientistas de várias nações. A dimensão da materialidade social requerida para empreender essas pesquisas, tanto em infraestrutura (capital fixo) como em volume de saberes e na profundidade destes (força de trabalho especializada), tornou obsoleto o antigo pesquisador que sozinho, no fundo do quintal de sua casa ou no cubículo

---

[44] Karl Marx e Friedrich Engels, *Manifesto Comunista*, cit.

[45] Benjamín Coriat, *El taller y el cronómetro* (Madri, Siglo XXI, 1991); Antonio Gramsci, "Americanismo y fordismo", em *Obras de Antonio Gramsci* (Cidade do México, Juan Pablo, 1975) [ed. bras.: "Americanismo e fordismo", em *Obras escolhidas*, trad. Manuel Cruz, São Paulo, Martins Fontes, 1978, p. 311].

[46] Karl Marx e Friedrich Engels, *Manifesto Comunista*, cit.

da universidade, entregava à humanidade a utilidade de sua invenção. Hoje em dia, o conhecimento científico e sua aplicação tecnológica exigem trabalho interunificado em redes de numerosos laboratórios e investimentos de vários países, a fim de lograr avanços significativos na área estudada. Pode-se dizer que estamos assistindo a uma radical elevação da *composição orgânica* dos processos de produção científica, que tendem a fazer repousar na própria estrutura social-mundial a possibilidade material de sua continuidade e avanço.

A segunda dimensão é uma configuração do consumo material da força de trabalho que prioriza a subordinação material do aspecto intelectual e criativo que essa força de trabalho contém, acima do meramente físico-muscular; e a cada vez mais irrelevante significação do trabalho direto, aplicado ao processo de trabalho no produto, diante da "força produtiva direta" do intelecto social geral, do conhecimento[47], do qual o próprio trabalho do operário já é parte.

A importância do desenvolvimento dessa tendência, descrita depois nos *Grundrisse* com uma lucidez assombrosa ainda para nossos dias, fundamenta-se no fato de que "o trabalho de forma direta deixa de ser a grande fonte da riqueza", pois o tempo de trabalho *direto* do operário, aplicado (e explorado) na produção, e o tempo no qual trabalha, deixa potencialmente de ser a medida dessa riqueza, uma vez que tende a se mostrar como um "fundamento miserável" no campo de possíveis matérias que abrem a presença da "força produtiva geral", ou intelecto social geral. Temos, por isso, que o conhecimento se converte em força produtiva direta ou condicionante do processo de produção sob três formas históricas específicas: como máquinas ou "potências objetivadas do saber"[48]; como "combinação das atividades humanas"[49] ou novas formas de organização do trabalho[50]; e como

---

[47] "O desenvolvimento do capital fixo indica até que ponto o saber social geral, o conhecimento, converteu-se em força produtiva direta e, portanto, até que ponto as condições do processo social de vida se encontram submetidas ao controle do intelecto geral e transformadas de acordo com ele", Karl Marx, *Grundrisse*, cit., tomo II, p. 115.

[48] "A natureza não constrói máquinas, nem locomotivas, ferrovias, *eletric telegraphs*, teares mecânicos etc. Estes são produtos da indústria humana, materiais naturais transformados em órgãos da vontade humana sobre a natureza ou para realizar-se nela. São órgãos do cérebro humano criado pelas mãos do homem, a potência objetivada do saber." Idem.

[49] Ibidem, p. 114.

[50] "As distintas formas de regulação produtivas 'pós-fordistas' e as modernas formas de articulação-subordinação das atividades capitalistas para a economia doméstica, a produção artesanal, camponesa e comunitária, têm como um de seus eixos a reorganização das formas de organização trabalhista. Sobre a base no trabalho em equipes e a polivalência dos trabalhadores (*toyotismo*), a absorção de laços, habilidades e culturas locais (industrialização difusa italiana) ou a refuncionalização de saberes domésticos-comunais, de fidelidades familiares (Bolívia), o desenvolvimento da acumulação capitalista implementa, nas transformações

força de trabalho intelectual operária ou nova forma de consumo da força de trabalho na produção[51], que vem completar o sentido das transformações técnicas e das variações organizativas do trabalho social. Lentamente, o "intelecto social geral" está se postulando como a mais importante força produtiva do trabalho social, e não apenas como mais um dos setores da divisão do trabalho, mas também do fato organizativo da produção na mesmíssima forma de existência social da capacidade de trabalho operária no interior do processo de trabalho.

Essa é uma contradição imanente ao próprio capital; esse regime miserável se levanta precisamente sobre "o roubo do tempo de trabalho"[52]. Em si mesma e para si mesma, a sociedade baseada no valor de troca, em seu afã de lucro, vai engendrando, ainda que de maneira abstrata, as próprias possibilidades de superar o valor de troca como medida da riqueza, isto é, o regime do capital.

Mas essa potência, tão evidente hoje nos setores de produção de ponta (biotecnologia, telecomunicações, microchips etc.), vem sendo sistematicamente asfixiada e distorcida pelos fins da valorização do valor. Embora tenha sido reduzida a importância do tempo de trabalho direto na produção de cada mercadoria, isso acontece porque ajuda a ampliar o tempo de trabalho excedente do total da jornada de trabalho, uma vez que, com menor tempo de trabalho, o operário é

---

técnicas do processo de trabalho, diversas modificações na interconexão e na interdependência dos sujeitos laborais em um centro industrial, uma zona, o país e o mundo." Em Benjamín Coriat, *Pensar al revés, trabajo y organización em la empresa japonesa* (Cidade do México, Siglo XXI, 1994) [ed. bras.: *Pensar pelo avesso: o modelo japonês de trabalho e organização*, trad. Emerson S. da Silva, Rio de Janeiro, Revan, 1994.]; E. Goodman e J. Bamford (orgs.), *Small Firms and Industrial Districts in Italy* (Londres, Routledge, 1988); J. P. Lópes Novo, *El territorio como fuente de estructura económica y modo de regulación de la economia* (Florença, IUE, 1988); Larissa A. Lomnitz, *Cómo sobreviven los marginados* (Cidade do México, Siglo XXI, 1985); Jürgen Golte e Norma Adams, *Los cavallos de Troya de los invasores, estrategias campesinas em la gran conquista de Lima* (Lima, IEP, 1987); J. Godbout, *El espíritu del don* (Cidade do México, Siglo XXI, 1987); Alejandro Portes, *En torno a la informalidad*, cit.; Silvia Cusicanqui, "Trabajo de mujeres. Explotación capitalista y opresión colonial entre las migrantes aymaras de La Paz y El Alto, Bolivia", em *Ser mujer indígena chola y birlocha en la Bolivia postcolonial de los años '90* (La Paz, Subsecretaría de Asuntos de Género, 1997); Álvaro García Linera, *Comentarios críticos al texto de Silvia Rivera "Trabajo de mujeres..."* (Chonchocoro, [s. n.], 1997).

51 Os três exemplos citados na nota anterior sustentam a absorção produtiva do conhecimento social trazidos pelos trabalhadores: no caso do *toyotismo*, por meio do "envolvimento incitativo" do trabalhador na produtividade empresarial; no caso das zonas de industrialização difusa, mediante a incorporação de conhecimentos produtivos da população local em função das indústrias; no último, mediante a conversão dos laços de apoio mútuo não mercantis em mecanismos de valorização do pequeno e do grande capital.

52 Karl Marx, *Grundrisse*, cit.

capaz de reproduzir a parte de seu tempo de trabalho que lhe é retribuída (salário). Ainda que a máquina substitua o tempo de trabalho direto do operário, atualmente o faz para diminuir apenas o trabalho manual simples e absorver mais tempo de trabalho intelectual e muscular complexo. Ainda que a máquina torne mais simples as funções ativas do trabalho, isso ocorre no capital para atomizar e fragmentar as condições materiais de organização operária e para levar, por meios técnicos, o despotismo empresarial ao trabalhador.

Em outros termos, o capital desenvolve as potências do trabalho social só como abstração, como forças subordinadas e continuamente castradas pela racionalidade do valor mercantil. Que essas tendências possam emergir já não é um problema do capital, que enquanto existir jamais permitirá que elas aflorem por si mesmas; é um problema do trabalho diante do capital e contra ele, com base no que o capital fez até aqui.

Até as próprias crises – momentos em que com maior intensidade se desvela essa contradição em movimento chamada capital, quando as impotências do capital se revelam com inusitada violência e a acumulação objetiva-subjetiva de autoconstrução do trabalho não intervém de maneira repentina no capital –, essas impudicas desnudezes das impotências da lógica reprodutiva moderna, transformam-se em outras tantas forças que lançam o capital para devorar novamente o porvir. Como a burguesia vence essa crise?, pergunta-se Marx. "De um lado, pela destruição violenta de grande quantidade de forças produtivas; de outro, pela conquista de novos mercados e pela exploração mais intensa dos antigos."[53] As forças produtivas do capital aparecem assim como forças destrutivas da humanidade, que relançam o capital à conquista de novas zonas (subsunção formal) e ao arrocho das anteriores (subsunção real num novo nível até alcançar a própria força de trabalho). A destruição emerge assim como coprodução de capital, e o que do ponto de vista histórico é manifesta impotência aparece como potência do capital, que o tira da lama.

Não há, portanto, nem "desenvolvimento das forças produtivas" nem crise que prepare automaticamente a derrubada do capitalismo[54]; o que fazem é, por si mesmas, aumentar o espaço de realização do capital. Para que as forças produtivas criem as condições materiais de uma nova sociedade, para que as crises levem a civilização do valor à agonia, é necessário desenvolver no interior delas – das forças produtivas e das crises – as forças de auto-organização do trabalho. Ou seja, é necessária uma acumulação convergente de rupturas, tanto corpusculares como to-

---

[53] Karl Marx e Friedrich Engels, *Manifesto Comunista*, cit., p. 45.

[54] Henrik Grossman, *La ley de la acumulación y el derrumbe del sistema capitalista* (Cidade do México, Siglo XXI, 1979); Lucio Colletti (org.), *El marxismo y el derrumbe del capitalismo* (Cidade do México, Siglo XXI, 1973).

talizantes para a forma do desenvolvimento das forças produtivas para o capital e por ele, e a reconversão destas em forças produtivas do trabalho. Da mesma maneira, requer-se que as crises que fazem vir à luz as impotências declaradas do capital sejam, simultaneamente, a manifestação aberta do poderio do trabalho reapropriado pelo próprio trabalho em estado de autoconsciência, de autoemancipação.

Precisamente esta é uma das grandes debilidades históricas do trabalho nos atuais momentos em que, diferentemente do que viveu Marx, se revela como poderio pulverizado diante do capital, reestruturado pelo capital para seus fins. A Revolução de 1848 – a única revolução moderna até hoje em que o capital, ainda que em escala continental[55], viu frente a frente a própria morte – pôde adquirir tal dimensão porque as embrionárias resistências, as silenciosas e abertas rebeldias do trabalho no processo deste e em escala social, manifestas como impotências do capital para seguir subordinando o trabalho, como o vinha fazendo até então, tomaram a forma de uma crise econômica e política gerais que englobaram o fundamental do espaço capitalista (continental até então). A crise de produção que envolveu inicialmente alguns poucos setores industriais ingleses, pelas próprias relações de interdependência, articulou-se numa sucessão encadeada de acontecimentos (ainda que não simultâneos) com as resistências e as insurgências do trabalho no espaço circulatório local e depois produtivo-reprodutivo do continente, dando lugar para que a crise resultasse em revolução[56].

A crise pode ser vista a princípio como momento fragmentado dos emergentes poderios do trabalho, que engendram como somatória qualificada um ponto de bifurcação a partir do qual o capital já não pode se reproduzir como fazia até então. O capital se manifesta como impotência, como incapacidade explícita de continuidade regular e, portanto, em eufórica busca dos novos padrões de docilização do trabalho. Nesse nível de condenação social, o capital se encontra como um fluxo denso de explosivos antagonismos em estado de fluidez, mas isso também vale para as forças do trabalho, cuja insubmissão começa a produzir contrafinalidades que se voltam contra ele; este é o caso do locaute ou da desvalorização da moeda, tão próprias de toda crise e que acabam por incrementar a competição operário-popular pela obtenção de suas condições de reprodução física. Esse é o instante em que a crise se apresenta como a preparação do relançamento do capital que, como um todo, pretende se sobrepor às insolências produtivas e consumptivas parceladas do trabalho.

---

[55] Jorge Veraza, *Leer nuestro tiempo, leer el Manifiesto* (Cidade do México, Itaca, 1998) e *Crisis y desarrollo capitalista actuales* (Cidade do México, Unam, 1993).

[56] Eric Hobsbawm, *La era de la revolución* (Madri, Labor Universitaria, 1988) [ed. bras.: *A era das revoluções (1789-1848)*, Rio de Janeiro, Paz e Terra, 1977]; Fernando Claudín, *Marx, Engels y la revolución de 1848* (Madri, Siglo XXI, 1985).

Começou-se a viver isso na Inglaterra e na Europa desde 1847 e em escala mundializada desde 1870. Mas essa crise do capitalismo desembocará na Europa de 1848 em revolução, e foi possível pôr em dúvida sua vigência, tanto do sentido social dos meios de trabalho quanto do próprio regime do capital, porque essas dissidências do trabalho tiveram a capacidade não só de se interunificar na escala de múltiplos setores da produção, da circulação e do consumo, enfim, em nível nacional, mas de se entrelaçar embrionariamente em nível continental, ainda que sob múltiplas formas de identidade: operária na França e em parte na Inglaterra; burguesa na Alemanha e na Suíça; nacional na Eslováquia, na Hungria, na Polônia etc. O trabalho, com distintas maneiras de agregação, próprias ou emprestadas, vai se colocar em movimento ante a ordem de coisas existente que, a essa altura da história, apesar da existência de relações produtivas pré-capitalistas ou semicapitalistas, está sob o domínio do capital.

Que essa ação social de insurgência política possa acontecer, não era antes, e muito menos é agora, uma questão de mero agravamento das penalidades. As massas não são os ratos de Pavlov*, que respondem segundo a intensidade dos choques elétricos. De fato, a revolução iniciada em 1848 alcançou sua crista da onda quando as dificuldades econômicas diminuíram[57]. A crise se metamorfoseará em revolução porque na experiência coletiva das massas trabalhadoras se verteu, simultaneamente, um conjunto de experiências de insubmissão de longa data que, pelo menos desde as revoltas de 1830 na França, criou um terreno de disposições coletivas, de redes laborais de interunificação continental, de experiências práticas racionalizadas como sentido comum atuante, que foram detonadas e tensionadas no momento dos primeiros estalidos revolucionários.

Havia uma história acumulada – e isso é decisivo – que se exteriorizou nas atitudes de um sujeito coletivo proletarizado (França) e em proletarização (Alemanha, Espanha e Itália), nacional e em nacionalização (Itália, Checoslováquia e Polônia) de longa data; isto é, de um sujeito social cuja estrutura material de colocação teve mais de cinquenta anos de expansão (desde a Revolução Francesa de 1789) e, portanto, portador de uma subjetividade coletiva capaz de reconhecer no atuar prático de alguns o atuar próprio, e vice-versa. Parafraseando o Marx de 1860[58],

---

\* Ivan Petrovich Pavlov (1849-1936), prêmio Nobel de Fisiologia e Medicina em 1904, notabilizou-se pelo estudo do condicionamento na psicologia do comportamento. (N. E. B.)

[57] Karl Marx, "De maio a outubro", *Nova Gazeta Renana*, fev. 1850.

[58] "Depois que a Liga [dos Comunistas] se dissolveu em novembro de 1852, seguindo uma proposta minha, não pertenci nunca, nem pertenço, a nenhuma associação secreta ou pública, já que o partido, nesse sentido totalmente efêmero, deixou de existir para mim há oito anos [...] Ao falar de partido, entendia o partido no grande sentido histórico da palavra." Carta de Marx a Freiligrath em 29 de fevereiro de 1860.

existia a factibilidade atuante de um "partido" do trabalho no "grande sentido histórico da palavra", isto é, como momento de autoconstrução coletiva do trabalho diante dos poderes dominantes (burguesia na França e Inglaterra, império absolutista na Áustria, Rússia e Itália, nobreza latifundiária na Alemanha etc.); movimento de autoconstrução social que, apesar de abarcar múltiplas formas organizativas "efêmeras" (ligas operárias secretas ou públicas, *trade unions*, sindicatos, movimentos de autonomia nacional, periódicos, personalidades), era capaz de atuar como uma rede tão logo rebeliões se colocassem em marcha em algum lugar.

Em vez disso, a situação atual – desde 1970 – no mundo é muito distinta. A crise de superacumulação que se manifestara a princípio como crise da chamada forma de gestão *ford-taylorista*, e a do "Estado do bem estar" que a acompanhou[59], tem como raiz o acúmulo de dissidências, de indisciplinas e de novas pretensões de trabalho e de consumo que a massa trabalhadora mundial, de maneira dispersa mas simultânea, começou a desenvolver anos atrás. A aspiração de superar esses entraves de valorização com base exclusivamente na intensificação única da forma de desenvolvimento tecnológico e organizacional anterior apenas reanimou a crise, agora como tendência decrescente da taxa de lucro, baseada numa composição média histórica do capital e numa forma de consumo da força de trabalho que havia desaparecido nos anos 1940.

Como não podia deixar de ser, o capital procurou, desde então, reestruturar suas relações materiais de poder sobre o trabalho para superar essa crise. Para isso, tem empregado diversas medidas hoje conhecidas como "reformas neoliberais":

a. Desmantelamento do Estado de bem-estar, com o consequente desconhecimento arbitrário dos pactos entre patrões, Estado e parte da força de trabalho organizada em sindicatos. Drástica redução do preço da força de trabalho pela debilitação ou extinção de seguridade social e do emprego seguro;

b. Encolhimento material dos grandes centros industriais; fragmentação da produção para desconcentrar força de trabalho onerosa e perigosa por sua concentração geográfica; produção em rede e mundialização do processo de trabalho imediato;

c. Violenta campanha contra as estruturas tradicionais da força de trabalho, especialmente sindicais, mas também de vida de bairro e cultural;

---

[59] Enrique Palazuelos Manso (org.), *Dinámica capitalista y crisis actual* (Madri, Akal/Universitaria, 1988); José Antonio Santín Moral e Henry Raimond, *La acumulación del capital y sus crisis* (Madri, Akal/Universitaria, 1986); Ernest Mandel, *Las ondas largas del desarrollo capitalista* (Madri, Siglo XXI, 1980); P. L. Díaz (org.), *Economia política y crisis* (Cidade do México, Unam, 1989); Ricardo Gutiérrez Aguilar, *¿Aonde va el capitalismo?* (La Paz, Ofensiva Roja, 1990).

d. Redobrado disciplinamento do trabalho nos cânones do comportamento individualizado e em relação à propriedade; "cidadanização" por meio da convocatória atomizada do contribuinte (proprietário individual de algo);

e. Desconhecimento das estruturas coletivas de trabalhadores (sindicatos, associações etc.) como interlocutores válidos do Estado. Dissolução das formas de cidadania (aquisição de direitos públicos) por meio do sindicato. Gigantesca ofensiva para monopolizar nos partidos e no ritual eleitoral as formas de gestão políticas legítimas. Globalização de uma pseudodemocracia que simula mediar entre sociedade civil e Estado;

f. Modificação das formas de organização do trabalho na produção, na circulação e na distribuição de mercadorias: envolvimento operário na qualidade de produtos (círculos de qualidade, vigilância entre operários); polivalência trabalhista, quebra das tradicionais maneiras de ascensão por antiguidade.;

g Tendencial variação no modo de consumo da força de trabalho: crescente substituição do valor de uso de capacidade de trabalho, definida como força muscular, e priorização do outro componente orgânico da força de trabalho, da capacidade intelectiva e comunitária no interior do processo de trabalho;

h. Inovação tecnológica capaz de objetivar essas modificações sociais no movimento maquinal dos meios de trabalho. Robotização e cibernetização de muitas atividades laborais tradicionais;

i. Refuncionalização de técnicas, estruturas laborais, formações comunitárias, saberes e esforços laborais-capitalistas para a acumulação capitalista. Subordinação congelada das forças laborais de comunidades agrárias, das unidades domésticas urbanas, das comunidades urbanas, das relações de parentesco, do prestígio, das fidelidades religiosas e locais em função da valorização de setores estritamente capitalistas (industriais, comerciais e financeiros). Complexificação da identidade material do trabalho;

j. Nova divisão mundial do trabalho;

k. Busca de uma nova composição orgânica do capital em escala planetária e histórica – que condense de modo material e condicione de maneira organizacional o trabalho ao capital –, capaz de impulsionar uma nova onda de expansão global do capitalismo.

Cada uma dessas modificações, onde quer que tenha ocorrido, provocou renovados processos de resistência, de uma qualidade social muito distinta daquela dos descontentes e das lutas de 130 anos atrás.

Em primeiro lugar, trata-se de lutas meramente defensivas ou, o que dá no mesmo, ancoradas num horizonte definido pelo passado. Os caminhos pelos quais as abundantes e dispersas resistências laborais foram canalizadas estão marcados por uma atitude evocadora dos antigos pactos, das antigas prebendas sociais que não eram outra coisa senão formas históricas particulares do próprio domínio do capital. Ao se reduzirem a uma querela pelo regresso ao *status quo*, as lutas de resistência não só desnudam um conservadorismo compreensível, mas fatal, que resulta defasado desde o momento em que se elogia uma situação de submissão que os próprios dominantes desprezaram, por obsoleta. Os fantasmas dos mortos comprimem o cérebro dos vivos saudosos de um passado desvanecido e ultrapassado pela arrogância prática dos verdadeiros usufrutuários. É certo que nesse ato de reminiscência histórica há uma defesa do pouco possuído, mas isso é precisamente o que o converte em drama, já que se trata de uma saudade deliberada da opressão anterior, referendada pelos direitos adquiridos e reivindicados. De uma maneira estranha e desconcertante, o escravo volta sobre a pegada de seus grilhões para reivindicá-los como projeto e, ao fazê-lo, entrega voluntariamente as bandeiras da reforma a quem precisamente encarna a sua negação.

Ante essa visão o porvir é uma paralisia; pior ainda, um regresso. A atitude propositiva das plebes insurretas, tão própria das revoluções, aqui é substituída pelo temor entrincheirado de perder seus antigos grilhões. O mundo não se apresenta como um mundo a ganhar, mas como um mundo a rechaçar e conservar tal como nos foi dado. Não há submissão boa que conduza à emancipação, e isso vivem tragicamente as forças do trabalho que veem com espanto como "tudo que é sólido desmancha no ar" (Shakespeare); mas não faltam os aduladores que encobrem a sujeição popular em nome de uma revolução ideal que joga com os delírios das estreitas mentes de um punhado de seitas confessionais autointituladas "vanguardas".

Após chegarem a esse ponto de abandono de iniciativa histórica, as resistências se contraem, em vez de se interconectarem e expandirem, pois trata-se de preservar diante dos demais, dos poderosos e dos outros (majoritários) setores subalternos desprotegidos os pequenos privilégios conseguidos antes. A resistência se metamorfoseia em competição intratrabalhista, entre os que ainda possuem um pouco e querem defendê-lo para si e uma imensa nova massa trabalhadora carente de benefícios.

A soma de resistências locais não alcança, então, um ponto de bifurcação que as integre; ao contrário, cada nova resistência volta a atomizar o campo das lutas trabalhistas. A moderna fragmentação material da produção encontrará em tudo isso seu correlato organizacional e intersubjetivo, dando lugar a que prevaleça esse individualismo apriorístico no interior dos próprios setores populares, que não é outra coisa senão sua constituição social como proprietários-mercadores privados. A luta já não se apresenta, portanto, como uma construção social expansiva, mas como um "encovamento" corporativo; trata-se de uma "luta contra a burguesia para salvar sua existência da ruína", como fazem certas camadas médias que, por seu conteúdo, do ponto de vista do *Manifesto Comunista*, "não são, pois, revolucionárias, mas conservadoras; mais ainda, são reacionárias, pois pretendem fazer girar para trás a roda da História"[60]. A imensa maioria das lutas dos operários sindicalizados, do magistério e dos distintos setores corporativamente reconhecidos pelo antigo Estado benfeitor e que atualmente são golpeados pelo Estado neoliberal, há quase duas décadas, passa por esse percurso e esse destino fatal de derrota prolongada[61].

Que isso ocorra dessa maneira certamente é consequência de uma acentuada consciência conservadora, de uma arraigada disposição prática das mais importantes frações sindicais do proletariado mundial a reatualizar uma luta contra o capital concebida como mera barganha de concessões e direitos para a subordinação. Esse *habitus* cultivado pelos subornos estatais do Estado benfeitor e seus pequenos cachorros partidários são, não há dúvida, a substância com a qual se modelou a "acumulação no seio da classe" (Zavaleta), mas que agora desvanece paradoxalmente pela iniciativa prepotente do próprio capital, que não requer nem busca pactos sociais para distribuir o diminuído excedente social.

Em segundo lugar, e também diferentemente do que ocorreu com a revolução de 1848, a crise geral atual não repousa nas costas de um tipo de proletariado social ascendente, como na década de 1840, mas sobre o desmantelamento do existente e o projeto de erigir uma nova forma histórica dessa proletarização social. A crise econômica contemporânea não repousa sobre frações laborais imprescindíveis para o programa de desenvolvimento do capital, como o foi no século XIX (indústria manufatora de têxteis, aciaria, operários de ofício), mas sobre o desmantelamento ou a inferiorização dos setores produtivos anteriormente mais importantes e mais organizados do proletariado (automóveis, siderurgia, carvão, petróleo etc.) e sobre o surgimento privilegiado de novos setores industriais cons-

---

[60] Karl Marx e Friedrich Engels, *Manifesto Comunista*, cit., p. 49.

[61] No caso da COB, o problema de suas estratégias de luta não radica em que não tem uma "cultura do consenso", como afirma toda essa corrente de escritores palacianos (Lazarte, Toranzo, Mayorga). As limitações de seu atuar social e o que hoje aparece quase como um cadáver radica precisamente nesse apego aos pactos e aos subornos sociais que deram lugar ao Estado em 1952 e que caracterizam toda sua atitude em relação ao Estado. Em que pesem os mortos, as perseguições, os exílios e a radicalidade dos discursos, no fundo a COB, os sujeitos coletivos fusionados como sindicato em escala nacional, jamais, a não ser na raiva cerrada de movimentos excepcionais como o de abril de 1952 ou o de julho de 1980, puseram em dúvida o papel governante e mandante de certas elites letradas que até hoje têm herdado endogamicamente as técnicas do poder político e econômico. Em que pese o sangue, a COB sempre viu no Estado uma instituição a quem demandar, pedir, exigir porque sempre considera a si mesma sujeito mandado, e suas lutas como ritual de uma economia de direitos e concessões negociadas nas ruas, mas nunca questionada em seu âmago.

truídos com base em um proletariado *novo*, desorganizado, carente de experiência associativa, em feroz competição interna (indústria eletrônica básica, telecomunicações, indústria aeroespacial etc.).

O proletariado historicamente ascendente não é nem o proletariado tal como estava organizado até hoje – e isso é imprescindível para levar adiante os projetos de reorganização do capital – nem um proletariado assentado nos setores tradicionais da antiga expansão do capital – isso é o que lhe é peculiar.

A primeira característica explica o sentido empresarial de qualquer crise: a busca por erodir e dobrar modos de auto-organização, de resistências perigosas do trabalho ante o capital e, portanto, a necessidade de reestruturação técnico-organizativa das modalidades de exercício de antigas atividades produtivas. Isso vem acontecendo desde os anos 1960 por meio do chamado *pós-fordismo*, industrialização difusa e outras modalidades de gestão produtiva que se inovam em escala planetária.

A segunda característica, ao contrário, vai muito além da simples modificação da estrutura interna dos processos laborais nos antigos setores; ela a pressupõe, mas, antes de tudo, modifica os próprios fundamentos materiais e históricos da proletarização social ao reestruturar o funcionamento da economia global, das economias locais, dos setores industriais e da colocação estrutural do proletariado, especialmente suas graduações internas, com a abertura expansiva, tecnologicamente dirigente, e economicamente dominante, de setores laborais e formas de consumo da força de trabalho diferentes das que existiram até aqui.

Não estamos apenas diante de uma reorganização das condições de trabalho do proletariado; também se desenvolve perante nossos olhos o surgimento de um novo tipo de proletariado, de uma nova vinculação entre as atividades laborais mundiais, isto é, uma nova forma de relacionamento entre os trabalhadores, em escala planetária, que modifica as cultivadas até agora. Com isso, estamos presenciando uma maneira distinta de vinculação das atividades formalmente subsumidas ao capital mundial com os setores econômicos (produtivos, circulatórios e financeiros) realmente subsumidos ao capital.

A estrutura material do trabalho e do capital se reconfigura ante nossos olhos e, assim, a própria estrutura material da construção do trabalho, do trabalho assalariado e da classe operária. Isso, que temos que denominar um novo tipo da formação histórico-material da proletarização social, é o que conspira para que esta crise se dê sob o manto de estupor político do trabalho, de desapaixonamento, de encadeamento interrompido, já não de interunificações, mas de fragmentações que arrastam atrás de si as raras reunificações do trabalho que, por aqui ou por ali, emergem de vez em quando. Entender as renovadas maneiras da constituição das classes sociais na sociedade contemporânea, de suas dissidências e de suas fusões históricas, é precisamente outro dos espaços da atualíssima vigência do *Manifesto Comunista*.

## 58 ÁLVARO GARCÍA LINERA

3.  Quem são burgueses e proletários? As lutas de classes e as classes sociais como movimento estrutural

### Burgueses e proletários

*A história de todas as sociedades até hoje existentes é a história das lutas de classes.*

Karl Marx e Friedrich Engels, *Manifesto Comunista**

Com essa frase contundente, Marx abre o primeiro capítulo do *Manifesto*. O objetivo é claro: trata-se de mostrar que as diferenças e os antagonismos sociais que emergem na atualidade não são exclusivos da época da redação do *Manifesto*; sob modalidades e densidades distintas; eles ocorreram em outros momentos históricos conhecidos até então e haveremos de encontrá-los em qualquer recorte que façamos da história capitalista.

A respeito das lutas de classes em sociedades anteriores à capitalista, numa nota de 1888 Engels esclarece que essas divisões sociais surgiram ao se desintegrarem as primitivas formas de organizações comunais cuja existência quase não se conhecia[62].

Foi publicado um abundante material em que Marx, depois da redação do *Manifesto Comunista*, estudou as estruturas comunais agrárias em distintas partes do mundo[63]; assim como uma também extensa discussão a respeito, além de estudos etno-históricos[64], sobre a realidade comunal na época da expansão do capitalismo no mundo.

---

\*   Karl Marx e Friedrich Engels, *Manifesto Comunista*, cit., p. 40.

[62]   Idem. Em *A ideologia alemã*, a propósito da divisão do trabalho, autores desenvolvem uma primeira enunciação das diversas formas de propriedade desde a antiguidade (tribo, propriedade antiga, feudal) até hoje. Cf. Karl Marx e Friedrich Engels, *A ideologia alemã*, cit.

[63]   Karl Marx, "Formas que preceden a la producción capitalista", em *Grudrisse*, cit., e "Sobre el colonialismo", *Cuadernos de Pasado y Presente*, Cidade do México, n. 37, 1973; "El porvenir de la comuna rural rusa", *Cuadernos de Pasado y Presente*, n. 90, 1980; vários autores, *Los apuntes etnológicos de Karl Marx* (Madri, Pablo Iglesias/Siglo XXI, 1988); Karl Marx, *Cuaderno Kovalevsky* (La Paz, Ofensiva Roja, 1989); Friedrich Engels, "La Marca", em *La guerra campesina en Alemania* (Moscou, Progresso, 1981).

[64]   Lawrence Krader, *The Asiatic mode of production* (Amsterdam, Vangorcum, 1975); Karl Wittfogel, *Oriental despotism* (New Haven, Yale University Press, 1963); Alexander Chayanov, *La organización de la unidad económica campesina* (Buenos Aires, Nueva Visión, 1974); Bronislaw Malinowski, *Argonautas del Pacífico occidental* (Barcelona, Ediciones 63, 1973); Marcel Mauss, *Sociología y antropología* (Madri, Tecnos, 1973); Marvin Harris, *El desarrollo de la teoria antropológica* (Madri, Siglo XXI, 2003); John Murra, *La organización económica del Estado Inca* (Cidade do México, Siglo XXI, 1978); Marshall Sahlins, *La economía de la edad de piedra* (Madri, Akal/Universitária, 1983).

Entretanto, são importantes dois esclarecimentos sobre o tema. Um é o estudo das formas produtivas comunais arcaicas[65], em que as relações sociais de poder não tomam a forma de polos opostos e com as próprias regras de autorreprodução; o outro, o estudo de formas comunais arcaicas e modificadas como comunidades agrícolas[66], mas inscritas num contexto mais amplo de fluxo de forças sociais contraditórias claramente condensadas em estruturas de perpetuação das diferenças delimitadas. A primeira situação corresponde a uma época extremamente remota e ainda pouco estudada pela dificuldade de remover as inumeráveis louças da história passada até chegar a esses períodos. A segunda, ao contrário, corresponde à presença de estruturas comunais que, de um lado, definem-se diante de uma sociedade maior configurada como Estado despótico, Estado colonial ou Estado capitalista e, de outro, apresentam estratificações sociais internas que se intensificam ante as extorsões das sociedades maiores que as dominam.

Nesse segundo caso, que corresponde à nossa realidade, significa que, diante do conglomerado social dominante, os membros da comunidade se definem como classe porque, com relação a suas condições de vida, vínculos econômicos consistentes, atitudes culturais e políticas, seu campo de possibilidades – além de ser distinto do campo de possibilidades materiais definido pelos setores possuidores do poder estatal, pela atividade econômica dominante e pela cultura legítima – encontra-se em relações de subordinação, de submissão a elas. Os membros de uma comunidade, em qualquer uma de suas formas, e por seus vínculos indubitáveis perante estruturas sociais maiores e dominantes, são, portanto, classe social; e as formas de levar adiante ou de impugnar esses vínculos relativos à sociedade econômica, política e culturalmente dominante não farão mais do que consagrar, sua posição de classe.

Que esses membros da comunidade não sejam uma classe "clássica" da sociedade moderna não elude sua existência histórica. Só os beatos do texto podem pretender encaixá-la nas classes prescritas por uma "sagrada escritura"[67]. Diante desse idealismo vulgar que pretende explicar a História adequando-a ao conceito, Marx há de reivindicar a História como lugar de onde deve nascer o conceito como maneira de tornar inteligível o porvir[68]. E ainda que seja certo que,

---

[65] Karl Marx, *El porvenir de la comuna rural rusa* (Cidade do México, Siglo XXI, 1980).

[66] Idem, "Formas que preceden a la producción capitalista", em *Grundrisse*, cit. *El porvenir de la comuna rural rusa*, cit.

[67] Tome-se em conta aqui a vergonhosa classificação que durante décadas tentaram realizar teóricos pseudoesquerdistas a fim de converter em comunitários os camponeses parceiros ou pequeno-burgueses; e em escravos os *mitayos* [índios sorteados para trabalhar em obras públicas – N. T.] e *yanaconas* [índios a serviço pessoal de espanhóis – N. T.] etc.

[68] Karl Marx, "Introducción general a la crítica de la economía política/1857", *Cuadernos de Pasado y Presente*, Cidade do México, n. 1, 1987. Ver também idem, "Carta a la redacción de 'Otiéchestviennie Zapiski'" (1877), *Cuadernos de Pasado y Presente*, Cidade do México, n. 90, 1980.

no *Manifesto*, Marx não tenha falado da comunidade, não é porque ela não existia, mas sim, como esclareceu Engels, porque até então era desconhecida pela ausência de estudos sobre o tema.

Quando nos anos 1850 Marx submergiu numa pesquisa mais profunda para entender o surgimento e a função do dinheiro, revisou a bibliografia sobre sociedades não mercantis e a trabalhou no primeiro rascunho de *O capital* (nos *Grundrisse*). Mais ainda, quando se lançou à pesquisa de como a racionalidade capitalista avançava na subordinação do mundo à forma produtiva social do valor (início das acumulações originárias em muitas regiões do globo), a importância, como resistência e potencialidade revolucionária das estruturas sociais existentes nas "extremidades do corpo capitalista", foi um elemento que atravessou todo o seu pensamento, levando-o a criar novas categorias que dessem conta dessa exuberante realidade social[69].

Uma conceituação muito mais precisa e completa, contemporânea das relações capitalistas e das formas comunais modificadas mas condicionadas ao capital, como sucede desde meados do século XIX em todo o mundo, encontraremos em *O capital* nas categorias "Subsunção formal e real dos processos de produção, circulação e consumo do capital"[70]. Marx avançará, inclusive, numa característica mais rigorosa de um tipo de colonialismo contemporâneo a partir, precisamente, não da subordinação do processo de trabalho imediato, que já presume certa homogeneização mercantil das relações laborais e culturais da sociedade, mas da subsunção geral dos processos de produção e de circulação social do capital comercial[71], que supõem uma qualidade não mercantil do processo de trabalho imediato (comunal ou pequeno-camponês), mas sem uma incorporação crescente ao circuito mercantil da esfera da circulação e do consumo local. Nesse caso, diríamos então que esse tipo de colonialismo, mais do que uma realidade cultural, seria sobretudo uma realidade reprodutiva fundada no nível da estruturação das condições de reprodução social-natural de um espaço social delimitado. A qualidade do colonialismo em geral, e do "colonialismo interno"[72] em particular, seria dada inicialmente pela sujeição formal das relações sociais das estruturas comunais ao capital e, por tal motivo, simultaneamente, pela constituição de membros da entidade comunal de classe em relação às classes sociais que configuram a realidade capitalista externa

---

[69] Por exemplo, o conceito de "comuna asiática", "comuna germânica" etc., nos *Grundrisse*, que depois, com maior informação etnográfica, dará lugar, nos "Borradores a Zasúlich", aos conceitos de "forma comunal arcaica", "comunidade agrária" e seus diversos tipos.

[70] Karl Marx, *El capital*, cit., cap. VII e XXII.

[71] Ibidem, tomo III.

[72] Rodolfo Stavenhagen, "Siete tesis equivocadas sobre America Latina", em *La lucha de classes en el campo* (Cidade do México, Fondo de Cultura Económica, 1975).

que os engloba. Os problemas para a formação da identidade de classe, que nesse espaço é uma identidade intercomunal ou supracomunal, são similares às demais classes subalternas até superar a fragmentação social que, aqui, não só é promovida pelo domínio externo do capital, mas fomentada pela própria identidade comunal local, assentada nas relações de parentesco (consanguíneas e ritualísticas). Entretanto, a ação conjunta, ainda que só localmente no início, acha-se potencializada pelas mesmas características da comunidade que pressupõe práticas produtivas de sua própria identidade histórica.

Porém, nem só o contexto social externo (relação de forças) que domina as estruturas comunais contemporâneas é o que leva a definir os membros da comunidade como parte de uma classe social; as próprias relações internas na comunidade, entre os membros nessas condições, tendem a perfilar a constituição de classes dentro da própria comunidade. Estamos nos referindo, por exemplo, às chamadas "autoridades originárias"[73] ou estirpes em que está depositada a legitimidade da autoridade comunal; às mulheres, quando sua situação na gestão das condições de vida fica claramente diferenciada da do homem, ou àqueles comunais que incursionam em atividades mercantis urbanas, como a venda de força de trabalho, a venda crescente de produtos, a participação no comércio etc. Esses "diversos estamentos" ou "múltipla escala gradual de condições sociais", como Marx começa a definir as classes, tornam mais complexas as particularidades da classe comunal dentro da própria comunidade, pois nos mostra as várias classes em processo de formação a partir da lenta desagregação comunal. A formação de uma classe camponesa pobre (semiproletariado) e da classe camponesa média e rica[74] é o caminho mais provável (não inevitável) dessa desintegração da estrutura comunal – que pode durar décadas ou séculos, como na Bolívia. Quando essa conformação culmina em diversas classes sociais, a comunidade agrária se extingue.

---

[73] Tristán Platt, "Pensamiento político aymara", em Xavier Albó (comp.) *Raíces de América: el mundo aymara* (Madri, Alianza/Unesco, 1988); John Murra, *Formaciones económicas e políticas del mundo andino* (Lima, IEP, 1975); Reiner Zuidema e Manuel Burga, *Reyes y guerreros: ensayos de cultura andina* (Lima, Fomciencias, 1989); Karen Spalding, "Huarochiri: an Andean Society under Inca and Spanish Rule", em Claudia Rosas Lauro, *El miedo en el Perú: siglos XVI al XX* (Stanford, Stanford University Press, 1984); Roger Rasnake, *Autoridad y poder en los Andes* (La Paz, Hisbol, 1989).

[74] Friedrich Engels, "La guerra campesina en Francia y Alemania" e "Contribución a la historia del campesinato prusiano" (1885), em *La guerra campesina en Alemania. El problema campesino en Francia y Alemania*, cit.; Karl Kautsky, *La cuestión agraria* (Cidade do México, Siglo XXI, 1975); Vladimir Lenin, "El desarrollo del capitalismo en Rusia", em *Obras completas* (Cidade do México, Salvador Allende, 1982), tomo III; Mao Tse-Tung, "Análisis de las clases de la sociedad china" e "Informe sobre una investigación del movimiento campesino Junan", em *Obras escogidas* (Pequim, 1976), tomo I.

Onde, porém, existem formas sociais comunais, a classe se subdivide em várias subclasses que combinam de maneira híbrida e tensa sua raiz comunal com posicionamentos camponeses e mercantis.

Contudo, os membros da comunidade que ainda não foram objeto de processos radicais e irreversíveis de estratificação social não fazem parte de uma classe burguesa, proletária ou pequeno-burguesa, na medida em que na comunidade os meios de trabalho não são propriedade privada no sentido mercantil do termo[75], nem o trabalho é concentrado como mercadoria, nem muito menos sua incorporação ao processo de trabalho se dá para valorizar o valor, nem existe submissão do meio de trabalho pelo trabalhador direto.

Nas formas comunais, os meios de trabalho são *propriedade individual* ou patrimônio comum das unidades domésticas (terras de cultivo), em separado ou em conjunto (terras de pastoreio); a força de trabalho é agrupada mediante a atividade de circuitos de parentesco e de reciprocidade dos esforços diferidos no tempo, ao passo que as ferramentas permanecem sob soberania processual dos produtores diretos, igual às poucas ou muitas técnicas comunais de trabalho necessárias para a reprodução comunal.

Qual é o destino histórico dessa "classe comunal"? Dependerá do curso aleatório da própria história das lutas de classes, perante a qual a prescrição de um caminho obrigatório não passa de uma baboseira de profetas decadentes ou o *ex abrupto* de uma filosofia da História cujo defeito "reside precisamente no fato de ser uma teoria supra-histórica"[76]. A comunidade não está condenada a desaparecer. Ainda que esse seja seu caminho mais provável, também pode ser o ponto de partida de uma renovação geral da sociedade, uma vez que a própria sociedade moderna tende também, como temos visto, como contrafinalidade do progresso, a formas superiores e universalizadas de vida comunal. Essa *possibilidade* estará firmada pela presença em escala nacional da comunidade agrária, contemporânea das aquisições do trabalho social criadas e reprimidas pelo capital. De fato, em países como os latino-americanos, nos tempos atuais, a possibilidade de uma insurgência autêntica contra o domínio do capital é impensável se estiver à margem da classe comunal e de sua luta por universalizar a racionalidade que a caracteriza[77].

---

[75] Claude Meillasoux, *Terrains et theories* (Paris, Anthropos, 1977).

[76] Karl Marx, "Carta a la redacción de 'Otiechestviennie Zapiski'", cit.

[77] "A livre individualidade fundada no desenvolvimento universal dos indivíduos e na subordinação de sua produtividade comunitária, social, como patrimônio social, constitui o terceiro estado [...] A produção social [...] subordinada aos indivíduos e controlada comunitariamente por ele como um patrimônio [é um] livre câmbio entre indivíduos associados sobre o fundamento da apropriação e do controle comunitário dos meios de produção." Karl Marx, seção "El dinero como relacción social", *Grundrisse*, cit. Na tradução da Siglo XXI, as palavras *gemeinchaftilich* e *gemeinsam*, que correspondem a *comunitariamente* e *comunitário*, foram

Fica evidente, então, que as definições juridiscistas das classes tão próprias dos manuais e dos panfletos são uma barreira epistemológica para entender as estratificações sociais não capitalistas. Mais ainda: é impossível entender a própria complexidade que as classes definitórias do regime do capital adotam sobre essas caracterizações leguleias ou tecnicistas atribuídas ao marxismo.

Uma primeira aproximação à noção de classes seria a que as define como "a posição que as pessoas mantêm em relação aos meios de produção" num dado momento da sociedade, em particular, basicamente pela "propriedade" ou não propriedade. Porém, o que se sustenta quando se diz que as "classes" são estabelecidas pela propriedade ou não propriedade dos meios de produção? Que as classes são uma consequência de relações econômicas específicas; pior ainda, que as classes são um subproduto das relações de propriedade, com o que se reduz o conhecimento das classes a um assunto de legalidade local que se consagra, assim como o "discurso imparcial", alçado sobre as conflituosidades sociais e da mesma maneira derivado delas. Não é inusual que esse tipo de "definição" esteja presente nas escolas forjadoras de funcionários e burocratas do Estado.

Leis, códigos, formas de propriedade, apesar de seus custódios e adoradores, não precedem à configuração definitiva da sociedade; são sua convalidação escrita, a síntese cristalizada de ambições e imposições coletivas quereladas em torno do mundo da riqueza. A propriedade, em qualquer uma de suas categorias, se exerce tanto como supressão de outros tipos de propriedade quanto como exclusão de potencialidades proprietárias; é a legitimação de um poder de controle e de um poder de uso por parte de determinados membros da coletividade e da *inermidade* institucionalizada diante desses poderes por parte de outros membros.

A propriedade em qualquer de suas formas é, desde o início, a consagração da ambição de perpetuidade de um inconfessável antagonismo social pelo controle e pelo poder sobre os meios de vida existentes. A propriedade sobre algo não é apenas a relação de uma pessoa com um objeto; é a ubiquidade num espaço de belicosidades sórdidas entre as pessoas, ao mesmo tempo que é a própria beligerância social em movimento. Daí que a propriedade jurídica deva ser vista como efeito hipocritamente apologético das classes (de sua luta).

Embora alguém possa acrescentar formalmente uma ou outra relação social com base na relevância ou na eleição de uma ou outra propriedade jurídica sobre um ou outro meio de produção, isso não deve fazer que nos esqueçamos do peso

---

traduzidas como *coletivas* e *comum*, definições que empalidecem a clara distinção que Marx faz entre *Gesellschaft* (sociedade fundada em laços abstratos) e *Gemeischaft* (comunidade fundada em laços produtivos e diretos). Igualmente, em *A ideologia alemã*, Marx e Engels falam do comunismo como "a comunidade dos proletários revolucionários que tomam sob seu controle suas condições de existência". Cf. Karl Marx e Friedrich Engels, *A ideologia alemã*, cit.

ou do propósito social que tem o objeto de propriedade, independentemente do proprietário e de modo anterior a ele, e, por outro lado, o conjunto de práticas e intenções que o proprietário se vê compelido a executar para convalidar o sentido de "sua propriedade". A propriedade, por si mesma, só estabelece uma soberania abstrata sobre o objeto; a realidade da propriedade é o modo do exercício da soberania e contra quem a reivindica; isto é, as divisões e hierarquizações sociais que a antecedem e a explicam.

Quando se pretende explicar as classes sociais por meio das relações de propriedade, na verdade o que se faz é inverter e mistificar a problemática das classes, pois toma-se como origem aquilo que em sentido estrito é seu resultado, o que faz com que a crítica radical da divisão social em classes seja substituída por uma crítica juridiscista das formas de propriedade. Se a propriedade tem alguma verdade sobre as classes, é a de ser um momento do movimento antagonizado delas num dado momento histórico.

Em tal maneira de ver as coisas há certo brilho a-histórico. Como se as pessoas, os meios de produção e as diversas "relações" (ou combinações, como alguns preferem chamar) existissem uns independentes dos outros, e cuja mescla, periodicamente distinta, viria a estruturar as diversas classes sociais. O inaceitável disso é que converte a dissecação analítica da realidade pensada na representação de conjunto dessa mesma realidade. Os meios de produção, ainda em sua corporeidade física, não são mais que uma maneira de as pessoas se vincularem entre si e com a natureza por meio das coisas, sendo que não só o modo do uso, mas o sentido e a própria certeza material compõem um programa de intencionalidades e de confrontações sociais.

As pessoas, por sua vez, são a mais plena substância social viva e carregam, desde que nascem, as missões da época da sociedade que as acolhe como significado de sua existência. Daí porque não há sentido em referir-se a um período primitivo das pessoas que acorrem inocentemente ao encontro dos chamados meios de produção, de onde nasceriam as modalidades estimuladas ou atenuadas das divergências sociais. As pessoas e o modo de acontecer das coisas são conflituosidade e confrontação em movimento incessante. Nasceram de antagonismos; são, eles mesmos, antagonismos em estado de fluidez e deve-se no futuro chegar a essa confrontação para superá-los por outros antagonismos ou para perpetuá-los. As pessoas e as coisas têm existência social por e com a marca maldita dessas sórdidas batalhas e agressões sociais, e por isso não há sentido em falar de pessoas que antecedem as classes nem de antagonismo que as precedem. Os três momentos são momentos de uma mesma realidade.

Qual seria, então, o conceito de classe que permitira dar conta da complexidade da estrutura social contemporânea, incluída a das formas comunais subsumidas formalmente pelo capital? Revisemos o que nos propõe Marx no *Manifesto*.

Quando ele fala da burguesia, não a define em termos jurídicos de proprie-dade[78], mas como movimento histórico, como atividade produtiva, política e cultural que adquire certas intenções, que toma certas posições a respeito das condições de realidade material dessas práticas econômicas, políticas e culturais. Seja como morador livre organizado em associação, seja como "estamento" médio industrial, seja como os "industriais modernos" que personificam os distintos momentos do desenvolvimento burguês europeu, sua "transformação em classe" se dá por processos práticos nos três níveis da realidade social que estruturam o conceito de burguesia.

I.  Em nível econômico: inicialmente é a produção corporativa urbana que fornece bens mercantis[79]. Depois como fluxo de intercâmbios, sob a forma de mercadorias, despertados pela abertura de mercados com a China, a Índia e as colônias americanas[80]; o trabalho também se transforma em merca-doria[81]. Posteriormente, como divisão do trabalho no interior da oficina em vez da divisão do trabalho entre corporações associativas[82], trata-se do início do despotismo industrial que começa a disciplinar o trabalho como trabalho assalariado[83]. Depois, a revolução tecnológica que se apodera da realidade técnica da produção permite a expansão industrial propriamente dita do capital ao resto do mundo, a concentração da propriedade e o desenvolvi-mento do mercado mundial, arraigando assim materialmente a interdepen-dência mundial do trabalho[84]; simultaneamente, converte o operário em apêndice da máquina[85]. Portanto, dupla subsunção: por um lado, do trabalho mundial ao capital por meio da generalização da produção capitalista aos demais países do globo, interconectada pelo comércio mundial que a prece-deu e que agora aparece como mais um produto industrial. Por outro, sujei-ção tecnológica do trabalho à própria produção.

---

[78]  Engels, em sua nota esclarecedora de 1888, procede, a nosso juízo, uma simplificação do conceito de classes sociais sobre a qual se levantariam posteriormente diversas interpretações reducionistas. Entretanto, ainda nesta simplificação "engelsiana", a definição de classes sociais menciona, além da propriedade, o emprego de trabalho assalariado no caso da burguesia. Para o proletariado, além de sua carência dos meios de produção, se menciona a venda de força de trabalho como único modo disponível de existir como trabalhador e ser humano.

[79]  Karl Marx, *Manifesto Comunista*, cit., p. 41.

[80]  Idem.

[81]  Ibidem, p. 117.

[82]  Ibidem, p. 112.

[83]  Ibidem, p. 117.

[84]  Ibidem, p. 112-7.

[85]  Ibidem, p. 117.

II. Em nível político: de estamento dominado à luta autônoma por seus interesses com as antigas classes dominantes até a conquista da "hegemonia exclusiva do poder político no Estado representativo moderno"[86]. Simultaneamente ou antes, para a formação dessa hegemonia, processo de centralização política sob a forma de interesse nacional[87], conseguindo arrastar o proletariado para suas bandeiras, enfrentar as burguesias dos demais países para preservar o monopólio do território social hegemonizado e, por último, romper a resistência daquelas frações burguesas que entram em contradição "com o progresso da indústria"[88]. O pressuposto de todo esse processo é a capacidade de fragmentar ininterruptamente as outras formas de organização política da sociedade, especialmente do proletariado[89], porque apenas a partir dessa desagregação é que se podem verificar as estratégias de articulação coletiva em torno do valor de troca e do desenvolvimento industrial.

III. No nível cultural: erosão dos vínculos e das representações servis, religiosas, sociais que não estejam dirigidas a nada mais do que o "frio interesse" do lucro; "sujeição das razões práticas, das eleições estéticas e das normas morais à lógica do valor de troca"[90]. "Constituição de um conceito de nação sustentado na competição interburguesa e no monopólio de mercados"[91]. Incorporação da lógica mercantil no próprio comportamento trabalhista e em seus horizontes de ação; "guerra civil mais ou menos oculta", incessante e cotidiana não só para fazer do trabalhador um assalariado, o que é um fato político-econômico, mas também para que o trabalhador assuma a si mesmo como trabalhador assalariado, como proprietário de uma mercadoria que entabula vínculos sociais com os demais (operários e burgueses) como proprietários privados.

Cada um desses níveis pressupõe simultaneamente os outros e, ainda que o político-cultural possa desempenhar um papel mais ativo em determinadas conjunturas, eles adquirem materialidade técnica e organizativa quando se cristalizam como modificações na reorganização produtiva da sociedade moderna. Hoje em dia, a burguesia seria aquele setor social que, em escala planetária e local, personifica esse *movimento* de expansão das relações de produção e de intercâmbio como relações subordinadas ao valor de troca; aquele setor que, por sua posição no controle das condições de produção e de invenção econômicas, políticas e culturais,

---

[86] Ibidem, p. 113.
[87] Ibidem, p. 115.
[88] Ibidem, p. 119.
[89] Idem.
[90] Ibidem, p. 113.
[91] Ibidem, p. 127.

submete trabalho alheio para fazer dele, de uma maneira crescentemente tecnologizada, fonte de valorização do valor. A burguesia é, portanto, a personificação de um movimento e de uma posição social que se define perante e contra outros movimentos e posições sociais; a burguesia e, portanto, também o proletariado são sujeitos sociais que existem como relações de luta, de apropriação, de defesa, de domínio, de resistência no campo material que configura as condições de produção, reprodução e invenção da vida político-econômica e cultural. O conceito de luta precede o de classes. Ou melhor, porque há luta entre sujeitos sociais é que há classes sociais; daí que não seja casual que Marx, no *Manifesto*, fale primeiro de luta de classes e logo depois das classes que se formam a partir da luta.

É evidente, então, que a propriedade jurídica[92] consiste apenas em um aspecto parcial dessa relação social. O que acontece com as sociedades por ações anônimas nas quais juridicamente parece que os próprios trabalhadores "são donos", ou com a propriedade do Estado em que "todo o povo é dono", ou com o trabalho em domicílio em que aparentemente o trabalhador é um "empresário", mostra claramente a superficialidade e a fetichização extrema sobre as quais opera essa ideologia jurídica, pois só é capaz de dar conta da casca epidérmica do tumultuoso fluxo interno de forças e posições que constituem a realidade das relações sociais, nesse caso o capital.

No caso da moderna fábula liberal que quer justificar, com a "democratização da propriedade"[93], a extinção das diferenças de classes, o esquerdismo juridiscista cai de joelhos, impotente ante suas imposturas, pois compartilha de seu ponto de partida. Encontrar atrás da crosta de leis, códigos e mistificações legalistas o furor das relações sociais que estruturam as classes permite ver que, ao contrário, detrás dessa "democratização da propriedade" estão processos brutais de *proletarização eufemistizados*, enquanto a retórica juridicista diz que o "povo" está se convertendo em empresário. Detrás de um operário convertido em acionista atomizado está uma descomunal expropriação de poupanças e benefícios acumulados em décadas, que caem nas mãos dos investidores maiores e que, ainda por cima, forçam simbolicamente seus trabalhadores a produzir com mais eficácia para "sua empresa". Detrás da propriedade de "todos" (a estatal) se entrincheira o poder de

---

[92] Desde os *Manuscritos econômico-filosóficos* de 1844, passando pelo *Manifesto Comunista*, até o final de suas obras, Marx utiliza o conceito de propriedade que não se restringe ao sentido jurídico atual, mas abarca, antes, o substantivo de atributo social incorporado nas próprias coisas. A esse significado de propriedade, que "não é sua expressão legal" mas "sua forma real", Marx chama de "relações de produção" (ver a carta de Marx a Schweltzer, de 24 de janeiro de 1865).

[93] Hernando de Soto, *El outro Sendero* (Bogotá, IKLD, 1986). Do mesmo autor, ver também "Los informales presentam uma respuesta a Marx", em *Perspectivas Econômicas*, Lima, n. 2, 1989.

uma burguesia de Estado capaz de dispor privadamente de parte do excedente social e ainda por cima simulando fazê-lo em nome da "pátria", da "nação" ou da "revolução". Por fim, detrás desses "empresários" vendedores de serviços – que podem ser costureiros, cozinheiros, limpadores de escritórios, consultores, pesquisadores –, estão operários trabalhando em domicílio ou ambulantes que vendem sua força de trabalho sob a forma de produtos (salários por empreitadas), cujo esforço trabalhista, ao lado de um imenso exército disperso de trabalhadores, direta ou indiretamente, ajuda a valorizar os processos capitalistas centralizados, seja mediante a redução do valor da força de trabalho formalmente assalariada que consome os produtos desses "conta próprias", seja mediante a redução de custos da realização comercial das grandes empresas, no caso dos sindicatos, ou mediante a elaboração de produtos materiais ou imateriais que fazem parte dos mecanismos de funcionamento das grandes empresas e da força de trabalho absorvida para valorizar o capital[94]. A essas formas de *assalariamento* da força de trabalho Marx chama "formas de transição", que falam de uma força trabalhista "subsumida formalmente em capital"[95], mas que hoje são reatualizadas como modo de desenvolvimento da acumulação capitalista nos setores realmente subsumidos no capital.

Em todo caso, o decisivo é que a classe burguesa não é um título de propriedade, mas um conjunto de dispositivos e disposições sociais em fluxo, desenvolvidos nos diferentes espaços da vida material (econômica-política-cultural) e que configuram identidades e campos de comportamentos possíveis a partir da somatória interdependente das relações de força desenvolvidas nesses espaços em torno do controle e da posse das condições materiais da produção desses espaços. As classes sociais viriam a ser, então, os polos desse antagonismo social em estado ígneo que, nascido e então tecnicamente reproduzido a partir do processo de produção social da riqueza material, atravessa e compreende todo o processo de reprodução social.

Agora, na medida em que o valor e o trabalho (ou capital e trabalho, pois o capital é o valor que se autoproduz) não são mais que o suceder, o acontecer histórico de uma mesma substância social – o trabalho como energia criadora da humanidade e o trabalho como alienação de si mesmo (o capital), as classes – os polos do antagonismo social – devem ser tratadas como relações de força antagonizadas no controle, no uso, na generalização e no desfrute dessa energia produtora de materialidade social. Relações de força que se alojam em todos os atos e em todos os territórios dos atos das pessoas, que adquirem realidade social como múltiplas formas de existência, relativamente compactas, do poder do trabalho huma-

---

[94] Sobre o conceito de produtos materiais e imateriais, ver Karl Marx, *Manuscritos econômico-filosóficos*, cit.

[95] Ver Karl Marx, "Trabajo productivo e improductivo", em *El capital*, cit.

no, de sua atividade criativa em sua acepção mais diversa e como múltiplas formas, relativamente compactas, da antítese dessa potência. Dito de outra maneira, temos que entender as lutas de classes – e portanto as classes – como o processo constante de desenvolvimento, em todos os espaços, das atividades sociais (grupais e individuais), começando no processo de produção, de alienar e desalienar o poder do trabalho, de arrebatar e de voltar contra seus portadores a capacidade criativa do homem, e de resistir, de recuperar o controle, de expandir ilimitadamente essa capacidade criadora, por parte de quem a libera dia a dia. Um e outro voltados a começar a cada momento, em cada feito da criatividade humana.

Portanto, temos que ver as classes no capitalismo (mas também em toda forma social de organização do processo de produção e reprodução da vida material, fundada no antagonismo social entre uma das formas de trabalho vivo e sua alienação) como condensação de forças, de intenções, de comportamentos, de vontades, de práticas, de representações, de desfrutes; de acontecimentos dirigidos para desenvolver o poderio de trabalho em ato, do trabalho vivo em suas diferentes especialidades e componentes (começando, claro, no processo de produção de bens materiais que sustentam a vida, mas abarcando também e majoritariamente as outras formas de riqueza social como o prazer, a política, a imaginação, a saúde, a educação, o sacrifício, a convivência, o ócio, a contemplação, o consumo, a procriação, tudo que é criatividade humana em estado de realização); e sujeitá-lo ao processo de valorização do capital.

O capital, para Marx, "não é, portanto, um poder pessoal: é um poder social"[96]; assim, "ser capitalista significa ocupar não somente uma posição pessoal, mas também uma posição social na produção"[97]; o "capitalista como tal é só função do capital"[98].

A definição de classe no *Manifesto* é processual, não estática, não juridicista, nem tecnicista. O capital é uma relação social, não um grupo de pessoas com certas qualidades particulares. A importância dessa forma categorial da expressão das relações sociais modernas reside naquilo que permite superar as concepções burocrático-juridiscistas que têm marcado a experiência política dos últimos 60 anos. Para tais concepções, como a burguesia e seu poder são um problema de propriedade possuída por tais ou quais pessoas, a derrota da burguesia passa pela expropriação estatal dessa propriedade e o extermínio físico ou o exílio dos proprietários, quer dizer, por medidas administrativas.

A experiência da ex-URSS mostra que a propriedade estatal dos meios de produção, defendida por burocratas estatais e minúsculas seitas de aspirantes a

---

[96] Karl Marx e Friedrich Engels, *Manifesto Comunista*, cit., p. 53.
[97] Ibidem, p. 52.
[98] Karl Marx, *Manuscritos econômico-filosóficos*, cit.

funcionários públicos, simplesmente instaura o estado como "capitalista coletivo"[99] e os membros do partido como novos sujeitos portadores da função social burguesa, com o que a relação social do capital se reproduz, ainda que de maneira modificada.

Superar o capital, do ponto de vista da definição de Marx, significa superar as relações sociais de força, os comportamentos, as disposições e os posicionamentos no controle, no uso e na modificação das condições de produção de necessidades materiais (economia), de soberania (política), de bens simbólicos (cultura). E isso, certamente, não é atributo de pastor algum[100] ou de algum burocrata estatal entrincheirado atrás de uma autointitulada "vanguarda"; é um movimento social de revolução das relações sociais nas quais os sujeitos de tais transformações não podem ser outros senão os sujeitos que as sofrem: o trabalho em todas as formas corporificadas que, na sociedade moderna, majoritariamente (ainda que não unicamente), é o proletariado.

O capital como relação social e a burguesia como posição social tão explicitamente definida no *Manifesto* fundamentam a possibilidade da superação do capitalismo no próprio movimento de emancipação da classe trabalhadora moderna, o proletariado, enquanto são precisamente suas atitudes, seus esforços, suas disposições, suas tolerâncias, suas forças que sustentam e criam, como produto *alienado* de si, o capital e os personificadores dessa relação social, os burgueses. A revolução social não é, assim, um golpe de mão* que extermina as famílias burguesas, e muito menos uma medida administrativa na qual um chefinho dita um decreto de "socialização"; é um movimento prático, histórico, de longa duração, no qual o trabalho vai quebrando e erodindo, inclusive muito antes do derrocamento político da burguesia, as relações de força na economia, na política, na cultura e na

---

[99] "Mas as forças produtivas não perdem sua condição de capital ao se converter em propriedade das sociedades anônimas e dos trustes ou em propriedade do Estado. No que se refere às sociedades anônimas e aos trustes, isso é palpavelmente claro. Por seu lado, o Estado moderno tampouco é mais que uma organização criada pela sociedade burguesa para defender as condições exteriores gerais do modo capitalista de produção contra os atentados, tanto dos operários como dos capitalistas individuais. O Estado moderno, qualquer que seja sua forma, é uma máquina essencialmente capitalista, é o Estado dos capitalistas, o *capitalista coletivo* ideal. E quantas mais forças produtivas assuma em propriedade, tanto mais se converterá em capitalista coletivo e tanto maior quantidade de cidadãos explorará. Os operários seguem sendo operários assalariados, proletários. A relação capitalista, longe de ser abolida com essas medidas, chega ao extremo, ao pico." Friedrich Engels, "Del socialismo utópico al socialismo científico", em *Obras escogidas*, cit.

[100] Ver Michel Foucault, "A vida dos homens infames", em *O que é um autor?* (Lisboa, Passagens, 2006).

* Expressão militar que designa ataque de surpresa, lançado com pequenas forças, contra alvos inimigos. (N. T.)

técnica que sustentam o capital. Mais ainda, trata-se de um processo político-econômico e cultural em que o trabalho vai criando as novas disposições, as novas atitudes e as capacidades para modificar a seu favor o controle, a gestão das condições materiais de produção da economia, da política e da cultura. Esse processo revolucionário é um processo histórico, de décadas, que se inicia muito antes da disputa aberta e nacional do monopólio da violência física e simbólica do Estado[101]; disputa escancarada que, quando se dá, para não desaguar em outra força produtiva do capitalismo, há de se verificar como acumulação concentrada e explosiva de múltiplas experiências prévias de autonomia, de autogestão social, que preparam o proletariado para tomar em suas mãos coletivas as responsabilidades do destino social[102]. Revolução que ao vencer deverá seguir se desdobrando depois sob outros meios mais favoráveis e centralizados (o socialismo). A possibilidade social desse processo (seu suceder) é o processo de *construção* da classe proletária.

*A determinação do trabalho pelo capital: a mercantilização da força de trabalho. Quem são os proletários hoje?*

*Primeiro*: "A classe dos operários modernos que não vive sem a condição de encontrar trabalho". Ou seja, trata-se de trabalhadores que não podem viver com o que produzem, que têm que dispor de sua potencialidade criadora (o trabalho) para outros.

Estamos então diante de trabalhadores que já não são mais partícipes das estruturas de autossuficiência (comunidade, unidade doméstica) nas quais os meios de vida do trabalhador e de sua família eram resultado direto, sem mediação de troca, de sua própria laboriosidade. Agora está definido que o trabalho do operário já não se dirige a satisfazer suas próprias necessidades; ele deve satisfazer necessidades externas, deve ser trabalho útil para *outros* diferentes dele. Nos termos do primeiro capítulo de *O capital*, trata-se de um trabalhador cuja capacidade, o trabalho, se transformou em "valor de uso social"[103], em valor de uso para-si e, portanto, já não é um simples valor de uso em-si. Há aqui um primeiro traço de uni-

---

[101] Pierre Bourdieu, *Razones prácticas* (Barcelona, Laia, 1977) [ed. bras.: *Razões práticas*, Campinas, Papirus, 2005].

[102] Karl Marx e Friedrich Engels, *Manifesto Comunista*, cit. Nesse mesmo sentido, Marx declarou: "Em lugar da concepção materialista do *Manifesto* se promove a idealista. Em lugar das relações reais, que é o essencial na revolução, coloca-se a vontade. Enquanto nós dizemos aos operários: talvez lhes tocará passar ainda por quinze, vinte, cinquenta anos de guerra civil para mudar as condições atuais e capacitar a vocês mesmos para a dominação, eles dizem: temos que conquistar agora mesmo o poder ou podemos ir dormir". Karl Marx, intervenção ante o Comitê, em 15 de setembro de 1850.

[103] Karl Marx, *El capital*, cit.

versalidade do operário moderno, pois sua laboriosidade, para se transformar em trabalho efetivo, tem que ter utilidade social, tem que ser consumida por outros que não são seus produtores. Esse trabalhador está definido por seu vínculo com o mundo, com necessidades exteriores cujos limites máximos são as necessidades do mundo. A capacidade de trabalho encontra no regime capitalista, ainda que de maneira abstrata e reprimida, o descobrimento de uma potencialidade comunitária que abarca todos os seres humanos.

Entretanto, essa universalidade do valor de uso do trabalho do operário moderno não existe assim abertamente; vem sob o domínio da relação de valor, como sujeição do valor de uso ao valor de troca, isto é, como mercadoria[104]; a universalidade das capacidades aparece assim como simples pretexto ladino do interesse privado do lucro, do ganho empresarial.

*Segundo*: "Esses operários, constrangidos a vender-se a retalho, são mercadoria, artigo de comércio como qualquer outro"[105].

A capacidade de trabalho, definida como o é para os outros, o valor de uso social do trabalho não pode se realizar abertamente em sua realidade genérica e comunitária; encontra-se contida, mais ainda, dominada, retorcida e oculta, pelo valor de troca, por uma medida quantificável, abstrata e privada que lhe aparece como contraparte visível mas castradora em suas utilidades consuntivas; pior ainda, como contraparte privada que à maneira de espelho côncavo deforma a realidade do valor de uso do trabalho e o faz ver-se a si mesmo, sentir-se a si mesmo, como mero coágulo de valor de troca, como outra mercadoria que habita o mundo das mercadorias e se realiza na troca com outras mercadorias.

Essa segunda característica do proletário o mostra como um trabalhador que realiza sua capacidade criadora – o trabalho – como mercadoria, um bem intercambiável no mercado e sujeito a suas regras de intercâmbio. Mas, uma vez que a capacidade que possui o trabalhador é sua força de trabalho, indissolúvel de seu ser corpóreo, enquanto esta não se materializa, não se desdobra em trabalho objetivado (trabalho passado), o que se transforma em mercadoria não é o ser corpóreo trabalhista, que seria escravidão, mas a capacidade laboral medida no tempo. Isso supõe duas coisas: a soberania do trabalhador sobre sua capacidade, pois de outro modo não poderia ter acesso ao mercado, como possuidor de um bem ofertável, da mesma maneira como outros concorrentes (os compradores de força de trabalho); e, simultaneamente, a quantificação mercantil dessa força de trabalho, sua medida no tempo em função de sua equiparação com o resto de forças de trabalho concorrentes que regulam inconscientemente – e em complexas

---

[104] Idem; ver também Bolívar Echeverría Andrade, *El pensamiento crítico de Marx* (Cidade do México, Era, 1989).

[105] Karl Marx, *Manifesto Comunista*, cit., p. 46.

aproximações sucessivas – um promédio de medida de valor de troca do trabalho, um valor social da força de trabalho[106].

Que o trabalho vire trabalho assalariado – ou, igualmente, que a capacidade de trabalho apareça como mercadoria – é, portanto, um processo de *parametrização* do trabalho, de domesticação de suas potencialidades, de mutilação de seus conteúdos transcendentes, a fim de torná-lo uma mercadoria vulgar e o seu portador, um mercador. Posto como um mercador, o trabalhador tem que "vender-se no varejo", tem que entregar-se a outros em troca de um montante de valor, porque essa é a única maneira de agora poder tornar útil seu trabalho e de reproduzir a utilidade desse trabalho. Esta última ideia é decisiva para a compreensão das múltiplas formas de proletarização contemporânea.

A primeira condição dessa "obreirização" é que seu trabalho seja útil para outros que não o próprio produtor, de modo que o trabalho do operário, como conteúdo material de riqueza (valor de uso), adquira caráter universal. Mas para tal universalidade se manifestar é necessário tomar a forma de uma "objetividade espectral"[107] quantificável: o valor. Essa é a condição segunda que abarca e domina a anterior. Só sob essa medida social, e sob uma magnitude dessa medida (de valor de troca), a utilidade em si do trabalho operário se mostra como utilidade especificamente social. Essa parece uma transição lógica simples; entretanto, pressupõe o aprisionamento em quatro dimensões de sua existência material:

1.  que o trabalhador perca a soberania efetiva sobre o fruto de seu trabalho. O primeiro momento dessa alienação é que o trabalhador produza algo não como desenvolvimento generoso de suas capacidades, mas como submissão a necessidades externas que fixam o âmbito do trabalho útil acima e contra a inclinação do trabalhador. É o operário em domicílio, o trabalho artesanal antigo e moderno e certo tipo de "contaproprismo" dele derivado. O segundo momento da alienação vem quando a objetivação, material e tecnicamente, apresenta-se como não propriedade, como objetividade estranha e oposta. É o operário industrialmente concentrado e organizado;

2.  que o gasto de força de trabalho possa ser considerado – em forma abstrata e por isso equiparável a um montante de valor – equivalente aos meios de consumo para repor o esforço desenvolvido. O primeiro é condição do segundo. Até o regime do capital, a força de trabalho em magnitude e habilidade era equiparável apenas a si mesma (reciprocidade diferida no tempo,

---

[106] Karl Marx, *El capital*, cit. Isaac Rubin, "Ensayos sobre la teoría marxista del valor", *Cuadernos de Pasado y Presente*, Cidade do México, n. 53, 1977.

[107] Karl Marx, *El capital*, cit.; Jacques Derrida, "Sobre la fantasmatización de la mercancía", em *Los espectros de Marx* (Valladolid, Trotta, 1995) [ed. bras.: *Espectros de Marx*, Rio de Janeiro, Relume Dumará, 1994].

nas estruturas comunais) ou ao uso e possessão de certos bens (terras, montante da colheita). Quando se pode medir o trabalho concreto por um montante indiferenciado de trabalho geral, permite-se que o trabalho concreto do trabalhador fique subordinado ao trabalho abstrato, que o torna quantificável em função do trabalho social médio, a partir da elaboração do produto por outras pessoas. Quantificar o esforço de trabalho em função do esforço social médio – que requer a elaboração dos produtos gerados pelo trabalhador – permite, por sua vez, quantificar o valor social da força de trabalho, de maneira que ao próprio operário, produtor de mercadorias, sua capacidade de trabalho pareça mais uma mercadoria. O círculo se encerra num entorno de socialidade abstrata que inicialmente emergiu de um modo estranho de interpretar a laboriosidade e que agora aparece como força estranha que a domina, a guia e a define: estamos diante do movimento de alienação plena do trabalho;

3.  que a utilidade do produto do trabalho se dê apenas enquanto gerar um valor excedente em algum dos escalões do ordenamento econômico da sociedade em que o resultado do trabalho desembocar. Quando a valorização é expropriada diretamente pelo proprietário e controlador dos meios de produção que o trabalhador utiliza, estamos diante da organização empresarial característica do capitalismo.

    Quando a valorização se realiza para o empresário contratista que não controla nem o uso nem a propriedade parcial dos meios de trabalho, estamos diante das diversas formas de trabalho em domicílio, antigas e modernas.

    Quando a valorização, para se realizar, deve passar por diversos escalões de mediação, estamos diante do artesão, camponês mercantilizado, "contaproprista" ou vendedor, cujo trabalho, consumido por segmentos populares, reduz o valor da força de trabalho social disponível pelo empresariado, ou reduz indiretamente os custos de realização do capital produtivo e comercial. Este último dará lugar a formas de *obreirização híbridas* nas quais habilidades domésticas, manufatureiras, comunais e, em geral, forças produtivas inventivas e associativas não capitalistas são refuncionalizadas para a valorização do capital, em vez de se dissolverem. *Esses modos de subsunção formal, articulados à subsunção real dos processos de produção e invenção sociais pelo capital, são característicos do começo do regime capitalista, mas também das últimas décadas, pois estão sendo utilizados pelas estratégias neoliberais para erigir a nova onda de expansão da acumulação do capital;*

4.  em todos os casos, de maneira direta ou indireta, o trabalho precisa se comportar não só como valor de uso que se intercambia por um montante de valor, mas também como fonte do valor cujo consumo, em termos gerais, tem, para o capital social, a função de gerar mais valor do que aquele que retribui e expropriar o capital social para si.

Essa valorização do capital pode acontecer, em certos casos, no plano individual, como ocorre com os assalariados de empresas; ou, em outros, na sociedade em seu conjunto, como o que sucede com os trabalhadores camponeses, artesanais, familiares, ou "conta-próprias", uma vez que estes, sem valorizar tal ou qual empresário privado e sem manter contratos de emprego com nenhum burguês, mercantilizam sua capacidade de trabalho e valorizam o capital social enquanto submergem em relações mercantis (compra e venda de força de trabalho temporário, compra de produtos industriais, venda de produtos próprios, empréstimos bancários etc.).[108] E como essas formas extorsivas do consumo da força de trabalho, matizadas, requerem que sua utilidade esteja sob o mando geral do capital, o trabalho, como trabalho mercantilizado, é levado a aparecer como parte do capital, como um de seus momentos: como capital variável[109].

A capacidade de trabalho como capital variável do capital é uma definição estrutural do operário moderno, e ordena tanto a função econômica do trabalhador na sociedade como também a política e a cultural. Na medida em que o trabalhador é levado a desempenhar o papel de capital variável para uma empresa particular (o operário assalariado) ou para o capital social considerado em seu conjunto (o operário híbrido submetido a formas de mercantilização matizadas de sua força de trabalho), sua prática econômica, política e cultural estão marcadas e dominadas desde o início pela prática econômica, política e cultural do capital. De início, e até os momentos históricos cíclicos de sua autonegação como operário do capital, o trabalhador é uma criatura do capital, a "parte variável".

Em suma, a fusão hierarquizada desses elementos constitutivos da obreirização social e a variação no interior deles dão lugar a complexos processos de proletarização universalizante da força de trabalho moderna, além de ser o fio condutor para entender a erosão da comunidade agrária.

Na medida em que os trabalhadores submetidos a essas relações sociais vendem sua força de trabalho como substância abstrata ao empresário, ou sob a forma de produtos ou de serviços, estamos diante de múltiplas formas de mercantilização do consumo da força de trabalho[110]: operários de indústria, agroindústria

---

[108] Karl Marx, *El 18 Brumario de Luis Bonaparte*, em *Obras escogidas en tres tomos*, tomo I (Moscou, Progresso, 1981) [ed. bras.: *O 18 de brumário*, São Paulo, Boitempo, no prelo]; Armando Bartra, *La explotación del trabajo campesino por el capital* (México, Macehual, 1979).

[109] Karl Marx. *El capital*, cit.

[110] Karl Marx, *Manuscritos econômico-filosóficos*, cit. Ver também Immanuel Wallestein, "La unidad doméstica y la formación de la fuerza de trabajo en la economía-mundo", em Étienne Balibar e Immanuel Wallestein (orgs.), *Raza, nación y clase* (Madri, Iepala, 1988). Das três bilhões de pessoas trabalhadoras registradas em 1995, 45,7% têm um *emprego remunerado* que lhes permite viver "acima dos níveis de pobreza absoluta"; 27% são catalogadas como *autoemprego* (aqui se incluem empregadores, trabalhadores por conta própria, membros de cooperativas de produção e trabalhadores familiares remunerados). Estes últimos, em geral,

e mineração formalmente contratados; operários eventuais, diaristas em tempo parcial, operários subcontratados, operários em domicílio; cientistas de empresas de pesquisa, analistas individuais que vendem seus conhecimentos; operários da construção, assalariados de empresas que vendem serviços, assalariados da indústria do transporte; assalariados dos meios de informação, da banca, do comércio; cooperativistas que empregam unicamente capacidade trabalhista, operários de microempresas concentrados sob relações de parentesco; camponeses cuja produção é total ou majoritariamente mercantil; pequenos comerciantes individuais que produzem as mercadorias de empresas capitalistas, produtores-vendedores de roupas e alimentos em mercados segmentados da própria população trabalhadora, garis etc., todos compõem distintas maneiras de mercantilização da força de trabalho e formam uma caleidoscópica proletarização moderna.

As mudanças técnicas e produtivas das últimas décadas, em vez de desproletarizar a população, ampliam-na em níveis extremos e mundializados; e essa crescente variedade de estratos, de fato, valida ainda mais o significado essencial do ser operário: sua fragmentação, sua atomização, sua pulverização perante o capital, porque nele radica precisamente a possibilidade de uma renovação sem limite da conversão do trabalho em trabalho assalariado, isto é, do trabalho em valor de uso do capital.

Essa fragmentação da estrutura material do trabalho decerto rompe com a imagem da fábrica fordista composta por um exército operário homogeneizado, uniformizado e compacto. Essa foi uma forma histórica temporal da obreirização em setores decisivos da economia que agora se dissolvem para dar lugar a formas mais complexas, matizadas e desconcentradas por meio da subcontratação, da "venda de serviços" etc.

Muitos ideólogos liberais viram nessa extinção do operário clássico um argumento da secundarização dos operários e, paradoxalmente, têm como coro de suas invenções um certo discurso pseudoesquerdista que vislumbra o operário massa da grande empresa como forma definitiva e exclusiva de constituição operária. A única crença (nem sequer argumento) que esses precursores de Francis Fukuyama podem brandir diante do discurso liberal – por apego a congelar como "última etapa" períodos transitórios do capital – é que os desocupados fazem parte do contingente histórico dos operários, coisa que procede em parte. Mas o que eles não veem é que esses desocupados ou suas famílias – junto com a imen-

---

não estão regidos por contratos de trabalho e, portanto, carecem de benefícios sociais ou de renda regular; 23% são *subempregados* (a ONU os define como "os trabalhadores pobres", isto é, aqueles que, embora trabalhem por longas horas, não recebem, em sua maioria, salários suficientes para sair da pobreza, dado seu baixo nível de produtividade; e 4% se encontram no *desemprego aberto*. Ver Alicia Peña López, *El proletariado hoy: ¿nostalgia o realidad?* (Cidade do México, [s. n.], 1998).

sa massa de trabalhadores que não estão na grande empresa industrial –, como trabalhadores sujeitos ao capital em distintas modalidades, estão dando lugar a novos caminhos de obreirização da força de trabalho e, com isso, a *novas formas de construção social de classe,* que certamente escapam à compreensão desses pastores de pequenas seitas e de suas inúteis concepções de manual.

O operário social moderno tem que ser procurado não só na grande fábrica, entre os assalariados de contrato fixo, mas também nas empresas subcontratistas, nas microempresas, no trabalho em domicílio que se move em torno da lógica de valorização definida pelas primeiras. Estão também na construção, na mineração, no transporte, nos meios de comunicação, na aeronavegação, na produção de serviços; nos laboratórios em que se inventam novos produtos, nas coletoras de lixo das cidades etc.

Pode-se dizer que o mundo vai se convertendo pouco a pouco numa gigantesca oficina na qual povos, comunidades e trabalhadores são atirados a uma trituradora que tenta converter todos em força de trabalho, em operários, valorizando o capital[111]. Por isso, a afirmação no *Manifesto* de que "a sociedade divide-se cada vez mais em dois campos opostos, em duas grandes classes em confronto direto"[112] é hoje uma evidência que vem se desenvolvendo ante nossos olhos; nas últimas décadas, com uma inusitada força em escala planetária.

Contudo, não esqueçamos que Marx trata, no *Manifesto,* de uma tendência crescente, de uma força histórica que aponta para longe, não de um fato realizado. A persistência de estruturas comunais, de formas de organização e de trabalho não capitalistas ou pré-capitalistas não anula essa força mundial obreirizante; mostram-na, precisamente, como uma tendência que precisa remontar outras forças que apontam para sentidos históricos distintos, não como uma lei irrefutável e acima da história. Desse ponto de vista, o congelamento e a refuncionalização parcial de capacidades laborais não mercantis pelo capital mostra os modos particulares, nesse caso ambíguos, de realização e das fronteiras transitórias dessa tendência. Mas, além disso, o *Manifesto* não só trata da crescente ampliação do "campo" obreirizado da população mundial: fala de um campo fragmentado,

---

[111] Segundo um informe da OIT, "[...] o mundo passa a ser um gigantesco bazar formado por nações que oferecem sua mão de obra em competição umas com outras, propondo os preços mais baixos para conseguir o negócio [...] Embora sem expressá-lo tão cruamente, pode-se dizer que o incremento da competição internacional, que afeta um número crescente de trabalhadores em todo o mundo, é considerado a consequência mais problemática da evolução [do mercado de trabalho planetário]. O temor fundamental é que a intensficação da competição mundial exerça pressões para a baixa dos salários e das normas de trabalho em todo o mundo". Em Organización Internacional del Trabajo (OIT), *El empleo en el mundo 1996/97. Las políticas en la era de la mundialización* (Genebra, OIT, 1997).

[112] Karl Marx e Friedrich Engels, *Manifesto Comunista,* cit., p. 40-1.

contraditório, atravessado por uma infinidade de muralhas que dividem brutalmente a unidade do campo de classe e fazem que ele apareça como um campo desagregado. Todas as atuais ideologias sobre a extinção dos operários são a representação retórica dessa transfiguração da constituição material invisibilizante do trabalho operário pelo capital e para ele. Daí que:

*Terceiro*: "Esses operários [...] são mercadoria [...] estão sujeitos, a todas as vicissitudes da concorrência, a todas as flutuações do mercado"[113].

Quando o trabalho humano adquire a estreita forma social de mercadoria, não só a força de trabalho assume um valor histórico para o capital (o de criar valor) e um valor econômico para o personificador do capital (o empresário); assume também um valor econômico para o dono da força de trabalho (o próprio trabalhador). Diferentemente do que ocorre com o mundo das mercadorias, a força de trabalho é uma mercadoria cujo proprietário é o próprio portador corpóreo dessa mercadoria. As vicissitudes do trabalho que a mercadoria "capacidade de trabalho" precisa suportar; a competição que necessita ser vencida para que a força de trabalho seja vendida com êxito; as barganhas às quais seu proprietário tem que recorrer para conseguir que "alguém" consuma sua mercadoria, como qualquer proprietário de mercadorias, conformam uma disputa entre proprietários de mercadorias similares que não são outros senão os trabalhadores.

A força de trabalho como mercadoria supõe, então, a confrontação entre operários, a competição para se vender melhor ao patrão, as misérias e os servilismos diante do comprador para resultar mais apetecível ao contratante. Daí essa infinidade de estratégias de submissão operária aos poderosos, de fracionamentos e rancores entre trabalhadores numa fábrica ou entre fábricas distintas, ou entre trabalhadores de diversos setores. Essas divisões que colocam operário contra operário não são um problema de falta de leitura de uma tese política ou de uma dessas receitas idealistas que diariamente são inventadas pelas camarilhas autointituladas "vanguardas". É um fato material fundante do ser operário que só pode ser superado por outro fato material também fundante. A competição e as vicissitudes do mercado do trabalho que atravessam o comportamento dos trabalhadores, sua consciência, suas disposições práticas, não surgem de uma força externa ao operário, que o arrastaria pelos caminhos da ignorância; a competição entre si, o egoísmo com respeito aos demais operários e o servilismo diante do empresário são o resultado material de sua constituição como mercadoria força de trabalho, como capital variável. Na própria constituição histórica como trabalho para o capital, isto é, no transformar material de trabalho em trabalho assalariado, vem a incorporação implícita do ser mercadoria, de confrontar-se com outros mercadores de força de

---

[113] Ibidem, p. 46.

trabalho, com outros operários. A fragmentação contemporânea da força de trabalho, sua incapacidade de estruturar formas de unificação em nível de empresa, em nível local, em escala nacional e mundial, tão característica desses tempos neoliberais, mostra abruptamente essa preponderância do ser-mercadoria da força de trabalho; de fato, é o fundo material e processual dos discursos do desencantamento do mundo, do esvaziamento do sentido histórico da história[114].

O chamado neoliberalismo é, no fundo, a brutal reatualização desse processo de pulverização da unidade do trabalho, portanto, de uma nova divisão do trabalho e de uma nova estrutura material da realidade histórica do trabalho capaz de reativar a identidade mercadoria de seu ser social. Por isso, o principal sustentáculo das modernas estratégias de domínio do capital passa pela desarticulação da sociedade civil, pela agressão às formas de autoaglomeração que os trabalhadores de distintos ramos foram criando durante décadas; pela proscrição dos sindicatos, pela deslegitimação das estruturas de mediação política plebeias consagradas pelo Estado de bem-estar, pela perda de direitos públicos e laborais[115] etc. Mas passa, antes de tudo, pela inscrição desse disciplinamento nas próprias estruturas materiais do processo de trabalho social, nas novas formas de consumo da força de trabalho, desde o próprio processo de produção, com uma nova identidade econômica, política e cultural mercantilizada, atomizada, em descarnada competição interna.

A definição de operário parte então dessas determinações estruturais pelo simples motivo de que quem define inicialmente o operário é o capital, o consumidor de sua força de trabalho. O valor de uso universal do trabalho é dado e mediado por seu consumidor – o capital – e, por isso, é ele que define as características materiais válidas, remarcáveis, fundantes desse valor de uso, que não são outra coisa senão essa fonte de valor, que se vende e se comporta como mercadoria, ou seja, um objeto social fraturado e em frenética competição com as outras mercadorias. A cultura operária levantada sobre essa determinação é a cultura que agora vemos predominar em escala nacional e mundial entre os operários do capital.

---

[114] Gianni Vattimo, *El fin de la modernidad* (Barcelona, Gedisa, 1990) [ed. bras.: *O fim da modernidade*, São Paulo, Martins Fontes, 2007]; Paul Feyerabend, *Adiós a la razón* (Madrid, Tecnos, 1992) [ed. port.: *Adeus à razão*, Lisboa, Edições 70, 1991]; André Glucksmann, *Los maestros pensadores* (Barcelona, Anagrama, 1997) [ed. port. *Os mestres pensadores*, Lisboa, Dom Quixote, 1978]; Jean Baudrillard, *El intercambio simbólico y la muerte* (Caracas, Monte Ávila, 1993) [ed. port. *A troca simbólica e a morte*, Lisboa, Edições 70, 1996]; Alain Finkielkraut, *La derrota del pensamiento* (Barcelona, Anagrama, 1987) [ed. bras.: *A derrota do pensamento*, São Paulo, Paz e Terra, 1989]; Bolívar Echeverria, *Las ilusiones de la modernidad* (Cidade do México, Unam, 1995).

[115] Noam Chomsky, *Lucha de clases* (Barcelona, Crítica, 1997) [ed. bras.: *A luta de classes*, Porto Alegre, Artmed, 1999].

O operário mercadoria, "como capital variável"[116], é o operário para o capital, existe para servir ao capital. Dado que o operário é operário porque oferece sua força de trabalho (como substância abstrata ou traduzida em coisas), é operário porque é mercadoria, e porque é mercadoria contrapõe-se às outras mercadorias que são por sua vez operários. A competição interoperária vem incorporada à definição inicial do trabalho assalariado, é parte de sua materialidade histórica constitutiva, de seu ser-em-si.

O problema com a competição entre trabalhadores modernos é que a mesquinhez entre proprietários da mercadoria força de trabalho, a cultura da barganha e o servilismo diante do consumidor dessa mercadoria – o capital – estão arraigados materialmente na própria constituição social do operário, e isso marca com igual sinal indelével seus comportamentos culturais, suas opções políticas. Não é uma questão de ignorância a respeito das normas fixadas por uma tese política ou a falta de liderança o que empurra o trabalhador para esses tipos de disposições mercantilizantes, alienantes. Ele se comporta assim porque foi convocado pelo capital, para poder existir como trabalhador; a mera aceitação da mercantilização da força de trabalho leva implícita, com a força da matéria social, esse tipo de atitude contratual, pois de outro modo seria um trabalho que careceria de utilidade para o capital e não seria um valor de uso social.

A superação dessa definição estrutural e parcial da classe operária não passa, como crê certo idealismo radicalizado das pequenas seitas pseudoesquerdistas, por um fato meramente de ideias (o programa, a tese etc.), mas terá de ser também um fato de materialidade social que modifique simultaneamente as condições de consciência e ideia, e as converta também em outra força material de superação da primeira em determinação material básica do operário como mercadoria.

Que o operário, por definição estrutural inicial e básica, seja capital variável significa que no campo das classes sociais modernas as posições da burguesia e do proletariado estão marcadas pela iniciativa dominante da burguesia com respeito ao operário. Daí se deduz que a ubiquação do ser operário é, logo de saída e por definição, uma ubiquação subordinada, subalternada pela ubiquação, as possessões e as posições da burguesia. Ser operário é entrar desde o início num campo estruturado em suas funções pelo ser burguês. O operário, ao situar-se nesse campo de forças como operário, é um ser que aceitou incorporar-se a esse campo a partir do modelo e das normas que o empresário estabelece: ser mercadoria, ser fonte de valor, ser capital variável. O mundo inteiro, como campo de classes, move-se sobre essa lógica inicial, que continuamente tem que ser reproduzida, reafirmada, para assegurar a continuidade mundializada do capital.

O operário é, portanto, em princípio, um ser definido pelo capital e para ele; é o trabalho que se transformou em trabalho para o capital, e o conjunto de seus comportamentos cotidianos está guiado para essa determinação essencial.

---

[116] Karl Marx, *El capital*, cit.

Um olhar para a classe operária contemporânea, nas distintas épocas históricas que atravessou, mostra, para além das reminiscências heroicas e como parte unilateral mas presente de sua história, um operário permissivo com os poderes, indulgente com as extorsões, distante de seus pares, em predisposição de negociar o montante de suas submissões ao capital.

Romper essa determinação, voltar para outra direção o campo das classes, definir de outra maneira o trabalho pelo próprio trabalho, é um problema de construção para si do trabalhador, da determinação de si do trabalho diante da determinação para si do capital: é o problema histórico-material da autodeterminação.

## 4. A determinação do trabalho sobre si mesmo: a autodeterminação social

*O proletariado passa por diferentes fases de desenvolvimento. [...] No começo, empenham-se na luta operários isolados, mais tarde, operários de uma mesma fábrica, finalmente operários de um mesmo ramo de indústria [...] os choques individuais entre o operário singular e o burguês singular tomam cada vez mais o caráter de confrontos entre duas classes. Os operários começam a formar coalisões contra os burgueses e atuam em comum na defesa de seus salários; chegam a fundar associações permanentes a fim de se precaverem de insurreições eventuais. Aqui e ali a luta irrompe em motim. [...] De tempos em tempos os operários triunfam, mas é um triunfo efêmero. O verdadeiro resultado de suas lutas não é o êxito imediato, mas a união cada vez mais ampla dos trabalhadores. Essa união é facilitada pelo crescimento dos meios de comunicação criados pela grande indústria e que permitem o contato entre operários de diferentes localidades. Basta, porém, este contato para concentrar as numerosas lutas locais, que têm o mesmo caráter em toda parte, em uma luta nacional, uma luta de classes. Mas toda luta de classes é uma luta política. [...] A organização do proletariado em classe e, portanto, em partido político é incessantemente destruída pela concorrência que fazem entre si os próprios operários. Mas renasce sempre, e cada vez mais forte, mais sólida, mais poderosa.*

Karl Marx e Friedrich Engels, *Manifesto Comunista**

Citei esse extenso parágrafo porque aí está resumida a concepção de Marx sobre a constituição do operário em classe e do "partido político" que, apesar dos anos, se mostra tão atual e vigorosa diante de nós.

O primeiro momento da constituição estrutural do operário está definido pela iniciativa do capital em relação ao trabalho. É o capital que converte o trabalho em trabalho mercantilizado e a capacidade de trabalho em capital variável. Até aqui o operário aparece como uma criatura do capital, embora seja o trabalho que crie o capital.

---

* Karl Marx e Friedrich Engels, *Manifesto Comunista*, cit., p. 47-8.

Estamos diante do fetichismo da consciência operária, que se apresenta como consciência subordinada, dependente e tributária da consciência aleivosa do capital. Inclusive a própria aglomeração do trabalho nos centros laborais se apresenta como uma organização do trabalho para o capital: é ele que os convoca, os agrupa, os ordena em funções específicas, os vigia. É a "força de massa" do trabalho convertida em força do capital, que amplia os montantes de lucro empresarial. Até aqui, a *identidade operária* e sua unidade são uma identidade e uma unidade criadas pelo capital para seus fins. Se não surgirem outras circunstâncias, o operário desenvolverá sua vida dessa maneira e terá sido circunscrito como força produtiva do capital, que terá construído uma hegemonia histórica sobre os trabalhadores.

Entretanto, sobre essas condições materiais de realidade do operário moderno existe outra possibilidade material: que o operário vá rompendo essas cadeias escalonadas de submissão; primeiro, individualmente, diante do patrão, o capitalista individual, o que supõe a erosão das complacências com os medos internos, o desgosto com o abuso, a recuperação de uma dignidade humana enterrada atrás da docilidade barganhada. Esse é o início de uma série escalonada de ruptura com o antigo ser, portanto de antagonismos com as disposições do capital, que dará início à *constituição do operário em classe por afirmação própria*.

Isso vai suscitar de imediato a necessidade de o trabalhador deixar de ver a si mesmo como uma mercadoria ou um mercador e, assim, emergirá a necessidade de reiniciar a relação com outros trabalhadores – já não como competidores, mas como associados. Ao surgirem essas circunstâncias e sem a derrubada dessa interunificação parcial do trabalho, serão formadas coalizões permanentes para que seus objetivos sejam atingidos. Se essas associações locais reivindicarem unicamente para si os montantes de retribuição pela venda de sua mercadoria, já haverá ocorrido uma superação parcial da competição entre operários de uma fábrica ou um setor. Mas para retomá-la em nível de operários de vários setores ou regiões, em vez do sujeito mercador individual, representado por um só indivíduo, teremos um sujeito mercador representado por uma entidade coletiva, que apenas manifesta competição operária num nível de estruturas corporativas maiores, embora o fundo mercantil seja o mesmo.

Contudo, esse nível de unidade parcial representa um desenvolvimento da confrontação do trabalho com o capital que poderá engendrar uma compreensão prática maior dos frutos de sua unidade que, ao não ficar alienada na unidade "refuncionalizada" pelo capital, como ocorreu na maioria dos casos, poderá dar lugar a lutas mais inflamadas, a rebeliões e triunfos que, por sua parcialidade restrita a um setor ou uma localidade, terão a contrafinalidade de intensificar as condições de opressão operária em outros setores menos organizados, com o que novamente se acentuará a competição operária que conspirará contra os rebentos da unidade local.

Mas há também outra possibilidade: que essas lutas locais aumentem e em algum momento se interunifiquem numa luta nacional, isto é, numa luta que dispute o sentido de totalidade orgânica primária do capital[117], o espaço de domínio, de mando, de direção da vida social; a luta de classes terá tomado a forma de uma luta política geral em que se colocarão em discussão as relações de poder social e cujo resultado, de dar prosseguimento a esse processo de acumulação, dependerá das correlações de forças econômicas, políticas, culturais e militares forjadas nos anos e nas décadas anteriores, convergentes agora num momento definitório: a sublevação.

Entretanto, as coisas também poderiam tomar outro rumo: essa autoformação do proletariado em classe não necessariamente desembocará nessa confrontação com o capital, pois a unidade proletária, com a mesma força com que nasceu, "volta sem cessar a ser solapada pela competição entre os próprios operários", de modo que tudo que foi conseguido "se desmancha no ar" e obriga os operários a refundar sua unidade sobre as ruínas. Mas, ainda que não seja assim, ou seja, se essas lutas convertidas em sublevação triunfarem, esse simples fato não assegura a vitória da causa operária: em vez de superarem sua lógica, essas mesmas forças produtivas políticas do capital podem generalizá-la em todo o país, como sucedeu na URSS. Nesse caso, como já previra Marx em seu tempo, a revolução proletária terá sido uma simples revolução política que terá ajudado a instaurar o domínio social geral da burguesia[118].

Não há, portanto, nem caminho inevitável para a vitória revolucionária nem ascensão gradual e historicamente ascendente do operário ao pedestal de classe organizada. Esse foi um dos nefastos mitos idealistas do pseudoesquerdismo preso a um mecanismo linearista que substitui o devir histórico contingente das lutas sociais por um curso preconcebido nas cabeças febris dos profetas.

A construção do operário em classe revolucionária é um processo histórico de autoconstrução dos operários como entidade e unidade, por cima da definição que deles fez o capital. Ainda que tenha que partir do patético ser em que o capital o

---

[117] Sobre a nação concebida a partir da forma valor, ver Bolívar Echeverria, "La 'forma natural' de la reproducción social", *Cuadernos Políticos*, Cidade do México, n. 84, 1984; Álvaro García Linera, *Forma valor y forma comunidad*, cit.

[118] "Ainda que o proletariado derroque a dominação política da burguesia, seu triunfo só será transitório, um simples momento no processo da revolução burguesa, e servirá à sua causa, cujo desenvolvimento ulterior favorecerá, como sucedeu em 1794 e sucederá ainda, enquanto o curso, quer dizer, o *movimento* da história não elabore os fatores que criam a necessidade de pôr termo aos métodos de produção capitalista e, em consequência, a dominação política da burguesia." Em Karl Marx, *La crítica moralizante y la moral crítica* (Cidade do México, Domes, 1982).

converteu, pois aí estão assentadas as condições materiais de possibilidade do que será, o trabalhador precisa trabalhar sobre si mesmo, tem que se moldar em função do que deseja ser, derrubando as prescrições de seu ser estabelecido pelos outros que o dominam e que o deformaram. Aqui, liberdade e necessidade se fundem, pois, por um lado, a construção da classe operária pelos próprios operários é *a produção de um sujeito autônomo*, de um sujeito que define a si mesmo como coletividade, que escolhe, que opta na formação de seu horizonte histórico. Nessas condições, a liberdade operária é o processo de sua libertação do ser-operário-do-capital, que, portanto, deixa de ser operário para se afirmar como trabalhador livremente associado. Por outro lado, essa autoconstrução operária para-si parte dos condicionamentos materiais da realidade operária feita pelo capital (em-si); seu campo de possibilidades está marcado por aquilo que, aberta e potencialmente, o capital moldou sobre o corpo do trabalhador. Qualquer coisa que o operário faça, inclusive o negar-se coletivamente como operário, ele o fará a partir e sobre a base de seu ser operário, das necessidades sociais despertadas por esse seu ser mutilado, e das potencialidades contidas e comprimidas por seu ser operário para o capital.

A autoconstrução da classe operária é simultaneamente o processo de *autodissolução* da própria classe, pois a classe operária existe unicamente como classe dominada, extorquida e desunificada. A unificação entre operários em escala geral, a rebelião contra a exploração e a insubmissão às relações de domínio que caracterizam a autoafirmação do operário são, simultaneamente, a negação de seu ser dominado; ou seja, de seu ser operário-para-o-capital. É por isso que Marx afirma que a classe operária só pode se libertar abolindo a própria estruturação da sociedade em classes ("todo modo de apropriação existente até hoje"[119]). Mas a negação proletária de seu ser operário-para-o-capital é a afirmação positiva do ser comunitário rejeitada pelo capital. O proletariado nega, no processo revolucionário, uma negação e, assim, produz positivamente sua autodeterminação.

A "classe revolucionária" em Marx é o conceito que permite sintetizar essa contradição processual da produção de autodeterminação proletária: o operário se constrói como classe para-si, mas para começar a se dissolver como classe, já que sua colocação nessa categoria é a aceitação da dominação. Lutar contra a dominação é fazê-lo contra sua situação de classe; mas ela só pode derrotar sua situação de dominada se dissolvendo como tal. A classe revolucionária é, portanto, o processo histórico de lutas coletivas da classe operária para deixar de ser classe operária, isto é, classe dominada e explorada, e emergir de um longo processo histórico já não como classe, o que, por sua função de trabalhador, é o eufemismo que toma sua dominação. A perspectiva revolucionária do proletariado, no caso de construir-se, não é o ser classe, nem sequer classe dominante, mas

---

[119] Karl Marx e Friedrich Engels, *Manifesto Comunista*, cit., p. 50.

extinguir-se como tal ao extinguir a dominação de classes. A emancipação operária, diferentemente de todas as revoluções passadas, não tem por objetivo instaurar outro domínio estrutural de classe, mas superar as relações de classe[120].

Só esse horizonte do comunismo torna inteligível e outorga sentido aos passos intermediários ou "objetivos imediatos" que podem permitir sua obtenção como a constituição do "proletariado organizado como classe dominante"[121]; a detenção do movimento revolucionário em qualquer etapa intermediária, isto é, que o comunismo não tenha superado por completo o capitalismo e conviva com ele ou o promova como parte subsidiária (a revolução por etapas ou a revolução permanente), só pode provocar que o capital volte a devorar o trabalho e as forças do comunismo se alienem como forças do capitalismo.

Em qualquer de seus momentos de autoemancipação, desde a resistência desenvolvida pelo operário individual até a conversão do proletariado em classe dominante, o ser operário-para-o-capital e o ser operário-para-si-mesmo, encontram-se presentes estados de fluxo candente e hierarquizado, um junto do outro de maneira indissolúvel. Em cada momento do ser mercadoria está a possibilidade material de um lento ou rápido processo de formação da autonomia operária diante do capital e de sua extensão; a cada passo do avanço da autounificação do operário como classe revolucionária está a possibilidade material dominante de competição e desintegração dessa unidade por força do capital; a história contemporânea do capitalismo não é outra coisa senão o curso histórico contraditório, de ida e volta incessante, desse fluir condensado de forças sociais chamadas classes sociais. Se o capital avança, cria máquinas e modifica a natureza para seus fins, é porque necessita criar condições de submissão do trabalho operário, que, a partir desses fatos, encontra amplamente as maneiras de inventar, de renovar ou de re-

---

[120] Ante a pergunta de Bakunin sobre "o que quer dizer isso do proletariado organizado como classe dominante", Marx respondeu: "Quer dizer que o proletariado, em vez de lutar em separado contra as classes economicamente privilegiada, adquiriu a força e a organização suficientes para empregar meios gerais de coação na luta contra elas; mas só pode empregar meios econômicos que correspondam a seu próprio caráter de assalariado, abolindo-o, portanto, como classe; com sua vitória total termina também, portanto, sua dominação, porque desaparece seu caráter de classe". Em Karl Marx e Friedrich Engels, "Resumen del libro de Bakunin *Estatalidad y anarquía*", em *Obras fundamentales* (Cidade do México, Fondo de Cultura Económica, 1988), tomo XVII. A respeito da Comuna de Paris, Marx escreve: "A Comuna não suprime as lutas de classes, por meio das quais a classe operária se esforça por abolir todas as classes, e por isso toda dominação de classe, mas a Comuna cria o ambiente racional dentro do qual essa luta de classes pode percorrer suas diferentes fases de maneira mais racional e humana [...] Ela dá início à emancipação do trabalho". Karl Marx, *Borrador de la guerra civil en Francia* (Pequim, Lenguas Extranjeras, 1978).

[121] Karl Marx e Friedrich Engels, *Manifesto Comunista*, cit., p. 58.

produzir sua autounificação perante o capital – uma unificação que, se não se estender em escala nacional e depois mundial, voltará a ser triturada pelo capital, por suas modificações organizativas e tecnológicas, num processo ininterrupto que só poderá ser concluído com a extinção plena do capitalismo e das relações de classe que o sustentam.

Isso significa que não há aquisições operárias de história, de consciência, de organização perenes e definitivas; cada uma delas é um fruto histórico contraditório que nasceu de uma correlação específica de forças antagônicas, é síntese dessa tensão de forças contraditórias e há de se dissolver novamente nelas para depois dar passagem a outras cristalizações ou solidificações temporais que se dissolverão ante a caldeira de lava das relações de classe. Atrás de cada avanço auto-organizativo do trabalho o capital espreita, e utilizará todos os meios econômicos, políticos e culturais para diluir essa conquista trabalhista ou para retorcê-la e dar-lhe outros fins. A associação, as cooperativas, as caixas, os sindicatos, os partidos, todos levam em suas entranhas e em seu desenvolvimento essa dupla natureza contraditória da relação de classes; nenhuma criação, nenhuma invenção, nenhuma teoria, nenhuma instituição dos dominados escapa a esse potencial desígnio fatal de tornar-se seu contrário; é precisamente por isso que as classes dominadas são dominadas[122].

Revolucionário é o movimento histórico da revolução, o processo histórico da "revolucionarização" das relações de poder social que se inicia desde que o capital põe pé na produção e que terminará, se é que o fará, quando o capital como relação social for um arcaísmo. A revolução comunista é, pois, um processo que se inicia com o capitalismo, que atravessa distintas etapas de intensificação, de retrocessos, de pequenas vitórias e descomunais derrotas que relançam as novas condições de possíveis vitórias mais amplas e que, no caso de ter fim, o terá no comunismo, se é que este consegue se realizar. A isso Marx chama "movimento histórico que se desenvolve diante dos olhos"[123].

A revolução social não é um *Putsch* de vanguardas destemidas[124], não é um golpe de Estado que derruba os maus funcionários do poder estatal e coloca ou-

---

[122] Göran Therborn, ¿*Cómo domina la clase dominante?* (Cidade do México, Siglo XXI, 1990); Barrington Moore, *La injusticia: bases sociales de la obediencia y la rebelión* (Cidade do México, Unam, 1996) [ed. bras.: *Injustiça: as bases sociais da obediência e da revolta*, São Paulo, Brasiliense, 1987]; Biagio de Giovanni, *La teoría política de las clases en* El capital (Cidade do México, Siglo XXI, 1984).

[123] Karl Marx e Friedrich Engels, *Manifesto Comunista*, cit., p. 52.

[124] "Os conspiradores não se limitam a organizar de modo sistemático o proletariado revolucionário. Sua tarefa consiste precisamente em se antecipar ao processo de desenvolvimento revolucionário, em conduzi-lo artificialmente até a crise, em improvisar uma revolução sem que estejam dadas condições para ela. Segundo eles, a única condição para a revolução é

tros mais abnegados, comprometidos ou letrados no "programa"; é um longo processo de autodeterminação social, econômica, política e cultural que, iniciando-se em cada centro trabalhista, em várias regiões e países de maneira isolada, é capaz de interunificar materialmente práticas, atitudes e fatos para criar um sentido de totalização prática do trabalho que supere positivamente a totalização do capital. É, pois, um feito de massas, de seus comportamentos, de suas crenças, de suas ações, de suas criações, de seus sonhos, de suas objetivações materiais que, em sua unificação, as massas são capazes de produzir, de início, tanto uma *nova relação de poder* em escala nacional ("elevar-se a classe dirigente da nação, tornar-se ele próprio nação"[125]) e depois mundial (porque o capital é uma relação mundial) como uma *nova forma de exercício não disciplinar do poder*[126] que permita que o feito factual de massa se apresente a si mesmo sem intermediação reapresentável, que tem sido precisamente a técnica para escamotear e alienar o papel da força coletiva.

A constituição da classe revolucionária é, de todo ponto de vista, um fato material de classe impossível de ser suplantado pela perícia das vanguardas, pela mística de um punhado de militantes ou pela escrita prolífica de algum bem-pensante. A constituição da classe revolucionária é um fato histórico que compete à experiência histórica da própria classe, da multidão matizada que valoriza o capital. A esse movimento material de autoconstrução, que é um processo de autodeterminação geral do trabalho diante do capital, Marx chama *partido político da classe*.

O que para Marx é partido revolucionário da classe não é outra coisa senão o processo social de autoconstrução operária de sua autonomia perante o capital, o que tem duas implicações histórico-gerais. Em primeiro lugar é um processo que compete aos trabalhadores em seu conjunto, em sua totalidade e em sua vida cotidiana, num centro de trabalho, numa região, no país e no mundo. Em segundo lugar, não pode ser substituído pela abnegada militância, a astúcia teórica

---

que seu complô está organizado de maneira suficiente. Alquimistas da revolução compartem a desordem mental, a estreiteza de espírito e as ideias fixas dos antigos alquimistas. Tramam inventos que lhes permitiram lograr milagres revolucionários: bombas incendiárias, máquinas infernais de efeito mágico, motins de efeito tanto mais fulminante quanto menos racional seja seu fundamento. Ocupados em imaginar esses projetos, só pensam em derrubar de modo imediato o governo existente, enquanto guardam o mais profundo desprezo para a educação propriamente dita dos operários [...] Para a revolução moderna já é insuficiente essa parte do proletariado; *só o proletariado em seu conjunto pode realizar a revolução*." Em Karl Marx, *Neue Rheinische Zeitung. Politisch-ökonomische Revue*, 1850.

[125] Karl Marx e Friedrich Engels, *Manifesto Comunista*, cit., p. 56.

[126] Michel Foucault, *Microfísica del poder* (Madri, La Piqueta, 1985) [ed. bras.: *Microfísica do poder*, São Paulo, Graal, 2009, disponível em <http://www.unb.br/fe/tef/filoesco/foucault/microfisica.pdf>. Acesso em: 2/9/2010].

ou a radicalidade de certos adeptos de algum profeta de seita: o partido é um produto do movimento de autoemancipação material do trabalho ou não é mais que uma farsa de um punhado de impostores que falam em nome dos trabalhadores. Na medida em que o capital é uma realidade social e material que aliena o trabalho, e o comunismo não é outra coisa senão "o movimento *real* que supera o estado de coisas atual"[127], a superação dessa realidade não pode ser mais que um fato igualmente social e material que envolve as classes trabalhadoras em seu conjunto, a sua atividade prática coletiva. O partido é, então, o longo movimento de constituição histórica da massa proletária em sujeito condutor de seu destino pela elaboração de múltiplas e massivas formas práticas capazes de produzir uma realidade diferente da estabelecida pelo capital. O *partido*, nesse sentido, *é um fato material de massa*, não de seitas nem de vanguardas; é um movimento de ações práticas, não simplesmente de aquisições teóricas, é luta de classes da própria classe operária, não um programa "ideal ao qual sujeitar a realidade"[128].

É nesse contexto que se deve entender também aquela afirmação do *Manifesto* segundo a qual "de todas as classes que hoje em dia se opõem à burguesia, só o proletariado é uma classe verdadeiramente revolucionária"[129]. Marx e Engels não estão afirmando que é só o proletariado que enfrenta a burguesia nem que o proletariado é por excelência revolucionário. No primeiro caso, o próprio *Manifesto* fala da possível ação revolucionária de uma parte do que ele chama "estamentos médios"[130] e, nos anos posteriores, em seu encontro com as formações sociais da Rússia, Ásia e América, estudará o potencial revolucionário e comunista de estruturas comunais coetâneas ao regime capitalista[131]. No segundo, a definição de operário como capital variável, como mercadoria,

---

[127] Karl Marx e Friedrich Engels, *A ideologia alemã*, cit. p. 38.

[128] Idem.

[129] Karl Marx e Friedrich Engels, *Manifesto Comunista*, cit. p. 49.

[130] Idem. Ver também *O 18 de brumário*, cit.

[131] "Outra circunstância favorável à conservação da comuna russa (pela via do desenvolvimento) é que não só é contemporânea da produção capitalista, como também sobreviveu à época em que o sistema social se apresentava ainda intacto e que se encontra, tanto na Europa Ocidental como nos Estados Unidos, em luta contra a ciência e contra as massas populares [...] Encontra-se, em uma palavra, em uma crise que só terminará com sua eliminação, com a volta das sociedades modernas ao tipo 'arcaico' da propriedade comum, forma em que – como diz um autor norte-americano, nada suspeito de tendências revolucionárias, apoiado em seus trabalhos pelo governo de Washington – o 'sistema novo' a que tende a sociedade moderna será 'um renascimento, em uma forma superior, de um tipo social arcaico'. Logo, não há que se assustar demais com a palavra arcaico." Karl Marx, carta a Vera Zasúlich, em *El porvenir de la comuna rural rusa*, cit.

anula toda possibilidade de deificar o proletariado como o ser revolucionário por antonomásia[132].

Dado que, em princípio, aquilo que define o operário é seu ser mercadoria para o capital, a posição revolucionária não pode vir por sua definição estrutural, que precisamente a descarta; pelo contrário, o ser revolucionário é o processo de negação desse ser imposto pelo capital, a negação coletiva desse ser-operário. É por isso que o *Manifesto*, ao afirmar o caráter revolucionário do proletariado, condiciona essa posição *à luta*, ao enfrentamento da burguesia. Não é o revolucionário que precede a luta, mas o inverso: a luta contra o capital, um fato de contingência histórica, uma opção, é que converte o operário em proletário revolucionário. O revolucionário não é, assim, uma essência transcendente depositada no operário, esperando realizar-se em algum momento. Isso seria suplantar a história por uma metafísica de substância trans-histórica. O revolucionário é uma posição social a ser conquistada no terreno da prática cotidiana da luta, que nunca é completa e que, além disso, não se mantém por inércia; para dar-se no porvir é preciso produzi-la novamente, pois sempre estará sendo solapada pela própria competição renovada entre operários; e isso enquanto se mantenham em pé as relações do valor como medida do trabalho social[133].

O "verdadeiro revolucionário" não é, para Marx, o operário como tal, mas o operário em luta contra o capital, e é justamente isso que Marx leva em conta quando, por exemplo, em dezembro de 1849, ao se referir às massas operárias da França e da Alemanha, assinala que "talvez sejam revolucionárias de palavra, mas não o são evidentemente nos fatos"[134]; ou quando se refere ao aburguesamento do proletariado francês a partir da reação e da prosperidade imperante[135]; quando comenta sobre o "servil espírito" do operário inglês[136].

---

[132] Referindo-se a esses membros da Liga dos Comunistas que dizem aos operários, como nossos pseudoesquerdistas de salão, que "devemos agora mesmo alcançar o poder ou ir dormir", Marx os crítica: "À semelhança dos democratas, que convertem a palavra 'povo' em um fetiche, vocês têm feito um fetiche da palavra 'proletariado'. À semelhança dos democratas, vocês também substituem o desenvolvimento revolucionário por frases sobre a revolução". Karl Marx, intervenção ante o Comitê, 15 de setembro de 1850, em "De maio a outubro de 1850", cit.

[133] Sobre as condições de superação do regime do valor, ver Karl Marx, "Crítica al Programa de Gotha", em *Obras escogidas*, cit., tomo III; "Notas marginales al 'tratado de economía política' de Adolf Wagner" (1880) (*Passado y Presente*, Cidade do México, 1982); "Contradicción entre la base de la producción burguesa (medida del valor) y el desarrollo de ésta", em *Grundrisse*, cit.

[134] Karl Marx, "Carta a Weydemayer", 19/12/1849, em *MEOF*, tomo IV, p. 455.

[135] Karl Marx, "Carta a Engels", 24/12/1852.

[136] Karl Marx, "Carta a Engels", 17/12/1862. Comentando a tergiversação que F. Lassalle faz sobre esse parágrafo do *Manifesto*, Marx assinala: "[...] desse ponto de vista é também ab-

O partido, no *Manifesto*, é uma ação histórica prolongada que convoca materialmente toda a classe, todas as suas atitudes, todas as suas ações, todas as suas percepções, todas as suas capacidades criativas por dois motivos evidentes: porque a dominação do capital é uma realidade material totalizadora da vida que só pode ser remontada também por realidades materiais que retotalizam a vida do trabalho em função de seus próprios desígnios; e porque a conformação das classes não é fruto de uma enunciação, ainda que isso contribua, é um resultado prático que atravessa todos os espaços da vida social. Daí que o conceito de partido em Marx, no sentido forte, não pode ser reduzido nem à ação de uma abnegada elite esclarecida que forma sua rede de clientela política ou devotos nem a uma aquisição de consciência, de cultura "injetada" nessa clientela para que, enfim, saiba o que tem a fazer[137].

Essa maneira falseada de entender e praticar o "partido marxista", cúmplice das derrotas revolucionárias no mundo, nesse último século, no fundo é uma renovação do discurso liberal e idealista sob o disfarce deformado de um suposto "marxismo"[138].

Do liberalismo, porque pretende que uma ruidosa elite de adeptos de algum punhado de "princípios inventados por algum reformador do mundo" suplante a

---

surdo que diante da classe operária (as outras classes) 'não formem mais que uma massa reacionária', juntamente com a burguesia, e, além disso – como se isso fosse pouco –, com os senhores feudais. É que nas últimas eleições gritaram aos artesãos, aos pequenos industriais e aos camponeses: diante de nós, não formais, juntamente com os burgueses e os senhores feudais, mais que uma massa reacionária?". Ver ainda Karl Marx, "Glosas marginales al programa del partido obrero alemán", em *OE*, tomo II, cit. Igualmente, Engels é contundente a respeito: "Em primeiro lugar, aceita-se a frase altissonante mas historicamente falsa de Lassalle: a respeito da classe operária, as demais classes não são senão uma massa reacionária. Tal afirmação só é verdadeira *em casos particulares e excepcionais*; por exemplo: em uma revolução proletária como a Comuna ou em um país em que o Estado e a sociedade não só tenham sido moldados pela burguesia à sua imagem e semelhança, mas em que a pequena burguesia democrática tenha feito o mesmo, levando a cabo esta refundição até suas últimas consequências". Em Friedrich Engels, "Carta a Bebel", 18-28/3/1875. Sobre a posição de Marx a respeito da atuação revolucionária dos trabalhadores do campo diante do capital, ver Álvaro García Linera, *De demonios escondidos y momentos de revolución* (La Paz, Ofensiva Roja, 1991).

[137] "Durante quase quarenta anos temos insistido que a lua de classes é a força motriz essencial da história – e em particular que a luta de classes entre a burguesia e o proletariado é a alavanca máxima da revolução social moderna. Por isso não é possível colaborar com pessoas que desejam desterrar do movimento essa luta de classes. Quando se constituiu a Internacional, formulamos expressamente o grito de combate: a emancipação da classe operária deve ser obra da própria classe operária. Por isso não podemos colaborar com pessoas que dizem que os operários são demasiado incultos para se emancipar por sua conta e que devem ser liderados de cima por burgueses e pequeno-burgueses filantropos." Karl Marx e Friedrich Engels, "Circular a Bebel, Liebknecht, Bracke y otros", set. 1879.

[138] Immanuel Wallerstein, *Después del liberalismo* (Cidade do México, Siglo XXI, 1996).

classe, seu processo material de autoconstrução política e cultural. Esses "representantes" do proletariado, que exercem um efeito ventríloquo a respeito da autêntica voz multiforme do proletariado, atribuem-se um papel similar ao dos ideólogos do liberalismo, papel que consiste em elaborar técnicas políticas de suplantação da vontade geral pelo mando de certos "representantes" que podem ser parlamentares, burocratas virtuosos ou, nesse caso, certas pseudovanguardas letradas. Em todos os casos, o efeito é o mesmo: manter a ação política, isto é, a gestão dos assuntos comuns da sociedade como patrimônio de certos "especialistas" do mando, do poder social.

Mas, além disso, trata-se de um liberalismo enroscado num idealismo filosófico de pouca monta, enquanto reduz também o problema da construção do partido a um assunto de ideias, discurso, teses e programas, como se a dominação do capital fosse simplesmente uma questão de teses, discursos ou má consciência. Marx escreve em *A sagrada família*:

> Segundo a Crítica crítica, todo o mal [que padecem os operários] reside apenas no modo de "pensar" do trabalhador.[...] Mas esses trabalhadores *massivos* e comunistas, que atuam nos ateliers de Manchester e Lyon, por exemplo, não creem que possam eliminar, mediante o "*pensamento puro*", os seus senhores industriais e a sua própria humilhação prática. Eles sentem de modo bem doloroso a *diferença* entre *ser* e *pensar*, entre *consciência* e *vida*. Eles sabem que propriedade, capital, dinheiro, salário e coisas do tipo não são, de nenhuma maneira, quimeras ideais de seu cérebro, mas criações deveras práticas e objetivas de sua própria autoalienação, e que portanto só podem e devem ser superadas de uma maneira também prática e objetiva.[139]

O capital, como relação social, é um fato material que envolve todas as classes trabalhadoras; o processo histórico de supressão dessa relação de subordinação, isto é, a construção da classe, também é um processo material que compete a toda a classe. De fato, Marx chama "partido" precisamente a "organização do proletariado em classe"[140], que não é outra coisa senão um processo de materialidade social na qual o trabalhador começa a produzir uma nova significação social ao valor de uso de seu trabalho, ao valor de uso de sua criatividade, em síntese, à objetividade material da classe. As ideias jogam certamente um papel destacado em tudo isso, pois são a "parte ideal do material social"[141], mas não podem nem suplantar nem substituir os outros componentes práticos dessa materialidade.

---

[139] Karl Marx e Friedrich Engels, *La sagrada família* (Cidade do México, Grijalbo, 1967), p. 118 [ed. bras.: *A sagrada família*, São Paulo, Boitempo, 2003. p. 65-6].

[140] Karl Marx e Friedrich Engels, *Manifesto Comunista*, cit. p. 48.

[141] Maurice Godelier, *The Mental and the Material* (Londres, Verso, 1984).

Os liberais consequentes, nesse sentido, são muito mais consistentes em suas propostas; não escondem suas intenções a respeito do interesse de usurpação da vontade política popular a qual consideram marcada por vícios ou incapaz de se autorrepresentar[142], além de serem conscientes do domínio material que têm que referendar politicamente. Os liberais envergonhados de nossa época, ao contrário, escondem detrás de uma retórica obreirizante a anulação do protagonismo operário, e enchem a boca de um vulgar materialismo filosófico que na verdade rende culto à ideia como exclusiva fonte criadora de realidade.

Diante do liberalismo, em todas suas expressões, Marx mostra com extrema precisão que a organização do proletariado em classe é um devir prático que impugna materialmente, em todos os terrenos da vida e por todos os meios possíveis, as condições de dominação social que o capital levantou; trata-se de uma desconstrução da identidade operária produzida pelo capital como relação de subordinação (o operário como capital variável) e a construção de uma nova identidade prática por obra dos próprios trabalhadores (a livre associação dos produtores). Daí que na atualidade, dadas as condições de fragmentação mercantil a que foi encurralado o trabalho pelo desenvolvimento "globalizado" do capitalismo, a formação do partido revolucionário no grande sentido histórico pode também ser interpretada como a reconstrução das redes de uma nova sociedade civil autônoma em relação ao capital. Sociedade civil porque, em suas novas décimas partes, ela é hoje o mundo do trabalho em suas múltiplas maneiras de existir. Interunificada em rede porque a estrutura do trabalho alcançou tal complexidade de estratificação econômico-cultural que não é possível falar, como na época fordista, de um trabalhador uniformizado, homogêneo; cada fração trabalhista está criando uma conotação diferente de sua identidade, que pareceria exigir formas de interunificação similares às neuronais, isto é, capazes de lograr fusões temporais e deslocamentos com alto grau de densidade compacta para determinado tipo de ação, mas ao mesmo tempo preservando uma ampla margem de independência e de escolha aleatória na construção das redes de ação comum. Por último, autônoma em relação ao capital e, portanto, ao Estado do capital, porque precisamente aí fundamentou-se o limite histórico da antiga "sociedade civil", que em parte cresceu à sombra do Estado, em parte o impugnou, mas só para negociar as melhores condições de sua subordinação, isto é, o montante do suborno social a arrancar para reafirmar a inevitável supremacia do capital.

---

[142] G.W. F. Hegel, *Filosofia del derecho* (Cidade do México, Unam, 1985) [ed. bras.: *Princípios da filosofia do direito*, São Paulo, Martins Fontes, 2003.]; John Locke, *Two Treatises of Government* (Nova York, The New American Library, 1965) [ed. port.: *Dois tratados do governo civil*, Lisboa, Edições 70, 2006]; Norberto Bobbio, *El futuro de la democracia* (Cidade do México, Fondo de Cultura Económica, 1985) [ed. bras.: *O futuro da democracia*, São Paulo, Paz e Terra, 2006].

Para Marx e os verdadeiros comunistas de hoje, o partido do proletariado é, portanto, o conjunto de razões e de ações práticas, de lutas, de resistências, de organização e estratégias individuais, coletivas, locais, nacionais e internacionais que o mundo do trabalho desenvolve diante da racionalidade do valor de troca nos terrenos da vida econômica, política e cultural; nesse processo histórico multiforme, que não necessariamente requer vínculos externos que não sejam a luta em comum, o proletariado produz sua própria fisionomia econômica, política e cultural e, nesse sentido, começa a se *autodeterminar socialmente*.

Daí que não seja estranho que Marx, no *Manifesto*, fale da organização dos comunistas, entre os quais ele se inclui, como mais um dos partidos proletários; que chame "primeiro partido operário" aos cartistas ingleses, aos partidários da reforma agrária nos Estados Unidos; ou que depois se refira aos blanquistas como o autêntico partido operário da revolução de 1848-1850 na França[143]; que anos depois distinga os sindicatos como os únicos representantes de um verdadeiro partido operário[144]; que, depois de haver participado da Internacional como mais um momento desse partido histórico, a dissolva; que nos anos 1870 fale de um único partido operário alemão, apesar de haver duas estruturas organizativas, ou que em 1885 Engels distinga a solidariedade operária entre operários de todos os países como base suficiente para formar um grande partido do proletariado[145].

---

[143] Karl Marx e Friedrich Engels, *Manifesto Comunista*; Karl Marx, "Las luchas de clases en Francia de 1848 a 1850", em *Obras escogidas* (Moscou, Progresso, 1979).

[144] "Os sindicatos são a escola do socialismo. Neles, os operários se educam e chegam a ser socialistas porque presenciam todos os dias a luta contra o capital. Todos os partidos políticos, sem exceção, entusiasmam a massa operária só durante certo tempo, momentaneamente; os sindicatos, ao contrário, o captam de maneira perdurável; são os únicos capazes de representar um verdadeiro partido operário e oferecer proteção contra o poder do capital." Karl Marx, declaração formulada ante uma delegação de sindicalistas alemães em 27/11/1869. Ver também Karl Marx, "Carta a Schweitzer", 13/2/1865 e Karl Marx, *Resoluciones de la Internacional de 1865*. Por sua vez, Engels, comentando o projeto do partido social-democrata, critica que "não aparece uma palavra sobre a *organização da classe operária* como classe mediante os sindicatos. E esse é um ponto principalíssimo, porque essa é *a verdadeira organização de classe do proletariado*, na qual ele leva a cabo suas lutas diárias com o capital, na qual se exercita, e que hoje em dia não pode simplesmente ser esmagada nem sequer em meio da pior reação". Friedrich Engels, "Carta a Bebel", 28/3/1875; grifos meus.

[145] "Hoje, o proletariado alemão já não necessita de nenhuma organização oficial, nem pública, nem secreta; basta a simples e natural coesão, que dá a consciência do interesse de classe, para agitar todo o Império Alemão, sem necessidade de estatutos, de comitês, de acordos nem de outras formas tangíveis [...]. O movimento internacional do proletariado europeu e americano é hoje tão forte que não só sua primeira forma estreita – a da Liga secreta –, mas sua segunda forma, infinitamente mais ampla – a pública da Associação Internacional dos Trabalhadores –, se converteu numa trava para si próprio, pois hoje basta um simples

Esses dois níveis – primeiro como processo de autoconstrução da classe em seu conjunto e, segundo, como estrutura organizativa específica e efêmera que se levanta sobre a primeira – nos mostram que o decisivo do partido são os processos de interunificação política dos trabalhadores desde o centro de trabalho e da vida social perante o capital. Aí, o partido é sinônimo de construção da classe pela ação prática da própria classe, capaz de ir forjando um sentido de totalidade interpelatório e depois antagônico ao estabelecido pelo regime do capital. Quer dizer, a classe operária, em seu sentido estrito de massa em estado de autodeterminação, é o partido da classe operária porque constrói materialmente sua própria personalidade em relação à personalidade delegada pelo capital. Não se é classe revolucionária por participar de algum partido específico. Pensar de tal maneira é simplesmente o efeito do fetichismo da mercadoria transmutado à esfera política, que converte os meios e os produtos em fins e produtores. Na medida em que a classe é para-si-mesma, ela é partido. Em 1860, Marx se referiu a esse partido-classe no "grande sentido histórico da palavra"[146].

O partido como estrutura organizativa específica compreende as expressões fenomênicas e transitórias do processo da autoconstrução política da classe. O trabalho dessas estruturas, no caso de serem expressões reais do movimento, sem lugar para dúvidas, é decisivo, porquanto permitem ajudar a unificar em estrutura organizativas mais ou menos compactas, mais ou menos públicas ou fechadas, um fluxo de intenções, de disposições práticas latentes no seio da classe. Um partido, nesse sentido específico, pode contribuir, somente contribuir, para potencializar, reforçar, expandir. "destacar e fazer valer" – diz o *Manifesto* – o interesse comum do "movimento em seu conjunto" de emancipação do trabalho.

O papel do partido, nesse sentido restrito, seria, hoje em dia, o mesmo que propugnava Marx para os comunistas de sua época: impulsionar, reforçar, generalizar, destacar a autonomia operária em relação ao capital; não prescrever o rumo que "deve" tomar o movimento de autoemancipação, já que essa é tarefa de pastores que consideram os trabalhadores incapazes de se liberar por si mesmos, não de comunistas[147].

---

sentimento de solidariedade, nascido da consciência da identidade de sua situação de classe, para criar e manter unido entre os operários de todos os países e línguas num só e único partido: o grande partido do proletariado." Friedrich Engels, "Contribución a la historia de la Liga de los Comunistas", em *Obras escogidas*, cit., tomo III, p. 201-2.

[146] "A Liga [dos Comunistas], como a sociedade das estações de Paris e centenas de outras associações, não passou de um episódio na história do partido gerado espontaneamente, onde quer que seja, do solo da sociedade moderna [...], no sentido histórico geral do termo." Em Karl Marx, "Carta a Freiligrath", 29/2/1860.

[147] Não por acaso, a palavra de ordem da Primeira Internacional foi "A emancipação da classe operária será obra dela mesma".

Destaca o *Manifesto*:

As proposições teóricas dos comunistas não se baseiam, de modo algum, em ideias ou princípios inventados ou descobertos por este ou aquele reformador do mundo.

São apenas a expressão geral das condições efetivas de uma luta de classes que existe, de um movimento histórico que se desenvolve diante dos olhos.[148]

O partido, nesse sentido específico, não inventa nem pode substituir a luta de classes; tão só pode reforçar as tendências autodeterminativas que se dão no interior da luta de classes.

São diversos, mas também efêmeros, os tipos de organização que esse processo de autoformação da classe assumirá, porque são produto das condições do desenvolvimento da luta de classes e, em especial, das condições reais da autoconstrução histórica do proletariado como classe em relação ao capital. No marxismo não é possível encontrar, portanto, uma teoria definitiva da organização política, porque o marxismo não é uma filosofia do fim da história[149].

A luta das classes é um movimento real que se transforma incessante e aleatoriamente ante nossos olhos e, em tal medida, as organizações operárias, mediante as quais essa luta se expressa e se constitui teoricamente, são também modificadas por esse movimento de forças estruturais que acontece nos campos da vida social.

Em Marx não há receita organizativa; as estruturas fossilizadas são propriedade das seitas. É nas formas concretas que se vai tramando e retramando o automovimento contestador do trabalho contra o capital, no qual há de se delinear o espaço de possíveis organizações específicas do trabalho. É nas condições materiais de dominação histórica, das formas de consumo da força de trabalho, da sujeição técnica no processo de produção que se revolucionam incessantemente, que há de ir ao encontro das condições materiais de insubordinação do trabalho e, portanto, das formas organizativas transitórias mais eficazes para potencializar esse movimento de emancipação.

Depois que a Liga [dos Comunistas, para a qual Marx e Engels redigiram o *Manifesto*] se dissolveu, em novembro de 1852, seguindo uma proposta minha, não pertenci nunca, nem pertenço, a nenhuma organização secreta ou pública, já que o partido, neste sentido totalmente efêmero, deixou de existir para mim há oito anos [...] Ao falar do partido, entendia o partido no grande sentido histórico da palavra[150].

---

[148] Karl Marx e Friedrich Engels, *Manifesto Comunista*, cit., p. 51-2.

[149] F. Fukuyama, "¿El final de la historia?", *Ciencia Política*, n. 19, 1990; para uma crítica a respeito, ver Perry Anderson, *Los fines de la historia* (Bogotá, Tercer Mundo, 1992).

[150] Karl Marx, "Carta a Freiligrath", 29/2/1860.

*Sentido histórico e sentido efêmero do partido* fazem parte de uma dialética histórica do partido em Marx, que hoje é preciso reivindicar ante uma trágica experiência do partido-Estado, prevalecente nas experiências organizativas de grande parte da esquerda mundial. O partido-Estado, em todos os casos, foi a réplica em miniatura do hierarquizado despotismo estatal que alienou a vontade do militante nos ilimitados poderes dos chefetes e funcionários partidários; nem bem se dão as transformações sociais revolucionárias, esses aparatos têm uma extraordinária facilidade de se amalgamar às máquinas estatais para reconstituí-las em sua exclusiva função expropriadora da vontade geral que, por sua vez, reforçará a racionalidade produtiva capitalista de onde emergiu[151].

Se o partido, no grande sentido histórico, é a autoconstrução da classe revolucionária, que por sua vez não é mais que o longo processo histórico de dissolução das divergências sociais em classes exploradas, portanto do Estado, as estruturas organizativas transitórias que expressem esse desenvolvimento não podem menos que objetivar uma forma organizativa de novo tipo que leve implícita a tendência de luta para a dissolução do funcionamento maquinal estatal. Só assim essas estruturas organizativas poderão garantir seu vínculo de expressão do movimento de autonomia operária de classe em relação ao capital[152].

---

[151] A única retificação que Marx propõe ao *Manifesto* em 1872, depois da experiência da Comuna de Paris, é precisamente que "a classe operária não pode se limitar simplesmente a tomar posse da máquina do Estado tal como está e se servir dela para seus próprios fins". A comuna, como "forma política da emancipação social" dos trabalhadores, havia mostrado a necessidade de "destruir o Poder do Estado, que pretendia ser a encarnação daquela unidade (da nação), independente e situado acima da própria nação, da qual não era mais que uma excrescência parasitária" a fim de ser substituído por uma forma política na qual "as funções públicas, militares, administrativas, políticas, sejam funções verdadeiramente de todos os operários, em vez dos ocultos atributos de uma casta adestrada". Karl Marx, *La guerra civil en Francia* (Pequim, Lenguas Extranjeras, 1978), incluídos seus rascunhos. Sobre a retificação do *Manifesto*, ver Étienne Balibar, *Cinco ensayos de materialismo histórico* (Barcelona, Laia, 1976).

[152] "O Congresso de Haia conferiu ao Conselho Geral [da Internacional] poderes novos e mais amplos. De fato, no momento em que os reis se reúnem em Berlim, em que novas medidas repressivas contra nós agravadas devem sair dessa reunião das potências repressivas do feudalismo e do passado e em que se organiza sistematicamente a perseguição, o Congresso de Haia estimou conveniente e necessário ampliar os poderes do Conselho Geral e centralizar, tendo em vista o combate em curso, todas as ações que, isoladas, são impotentes. E quem poderia inquietar-se pelos poderes atribuídos ao Conselho Geral [da Internacional] senão nossos inimigos? Acaso este conta com uma burocracia, com uma polícia armada para obrigar as pessoas à obediência? Acaso sua autoridade não é uma autoridade puramente moral? Acaso não submete suas relações ao juízo das federações que estão encarregadas de executá-las? Se eles [os governos] estivessem colocados em semelhantes condições, sem

De tudo isso se depreendem as tarefas inevitáveis para os comunistas de hoje em dia: enquanto o comunismo "não é uma doutrina, mas um movimento", na "medida em que teoricamente é a expressão teórica da posição que o proletariado ocupa nesta luta e a síntese teórica das condições da liberação do proletariado"[153] ou, nas palavras do *Manifesto*, expressão de conjunto de um "movimento histórico que se desenvolve diante dos olhos", os comunistas não têm que aperfeiçoar velhas premonições sobre um predestinado fim apocalíptico emboscado atrás do atual triunfo liberal; tampouco devem fazer um ato de fé acerca de uma ressurreição do ideal socialista. O primeiro é para charlatães e o segundo para paroquianos.

Os comunistas têm que dar conta do "movimento real" que suprime o estado de coisas atual, reforçá-lo onde irrompe, destacar o interesse geral aninhado nas lutas particulares isoladas. E isso, hoje em dia, primeiramente é entender o que ocorre com o regime do capital, ver suas atuais forças motrizes, suas possibilidades de expansão, suas modificações tecnológicas para a submissão operária, suas reorganizações para debilitar as resistências operárias e vencer a competição interempresarial; mas tudo isso para elucidar suas impotências reais, suas limitações efetivas. Não se trata de amoldar ao esquema mental a realidade pesquisada, mas de construir e ordenar as categorias conceituais requeridas para apreender o significado do movimento da realidade.

Os comunistas têm que, simultaneamente, tornar inteligíveis as condições materiais que possibilitaram as frustrações das lutas sociais, suas derrotas e sua conversão em forças produtivas do capital, como na Europa do Leste. De outra maneira, as condições dos fracassos proletários que cobrem a história do século XX não terão sido incorporadas na memória prática das classes trabalhadoras e, portanto, as possibilidades de emancipação ficarão ainda mais dificultadas do que já estão.

Por último, e atravessando as duas práticas anteriores, é preciso pesquisar e reforçar de modo prático, comprometendo-se até o fim com eles, os múltiplos

---

exército, sem política, sem tribunais, no mesmo dia em que se vierem a ser reduzidos a dispor mais que de uma influência e de uma autoridade morais para manter seu poder, os reis não oporiam mais obstáculos irrisórios ao avanço da revolução. [...] O princípio fundamental da Internacional é a solidariedade..." Em Karl Marx, "Discurso sobre o Congresso de Haia", 15/9/1872, em *MEOF*, tomo XVII, p. 320-1.

[153] "O comunismo não é uma doutrina, mas um movimento; não tem origem em premissas, mas em fatos; os comunistas não partem desta ou daquela filosofia, mas de toda a história anterior [...]. O comunismo, na medida em que teoricamente *é*, é a expressão teórica da posição que o proletariado ocupa nessa luta e é a síntese teórica das condições para a liberação do proletariado." Friedrich Engels, "Os comunistas", em *Obras escogidas*, cit.

meios atuais e dispersos com os quais o trabalho resiste e trata de superar a lógica do capital, as condições materiais de sua extensão e interunificação capazes de criar um sentido de totalidade constestatória da ordem civilizatória do capital, as novas circunstâncias da existência da forma social capitalista que habilitam um novo leque de vias possíveis de irrupção da autonomia proletária.

Trata-se de retomar em nosso tempo a intencionalidade comunista sintetizada no ato de criação e da expressão do *Manifesto Comunista*: pesquisar diligentemente a realidade do capital para encontrar, nesta maneira atual de sua existência, as condições materiais próprias de sua superação como regime social, a fim de expressá-las mais nitidamente, de reforçá-las. A modalidade da organização ou das organizações dos comunistas necessárias para essa nova época do capitalismo resultará das necessidades manifestas pelas características que está assumindo atualmente o movimento prático de desalienação do trabalho.

# II. CIDADANIA E DEMOCRACIA

CIDADANIA E DEMOCRACIA NA BOLÍVIA: 1900-1998*

Quando surge o cidadão? Basicamente, quando um conglomerado de indivíduos vinculados por múltiplos laços de interdependência supõe que suas prerrogativas políticas estão incorporadas na normatividade estatal e as pratica segundo esse entendimento. Trata-se de uma eficiência entre a vida civil e a maneira de projetá-la como vida política, como vida compartilhada e gerida com outros.

Falar de cidadania é, portanto, constatar uma sensibilidade coletiva convertida em um fato estatal que transforma um temperamento socializado num dispositivo público normatizador da vida política de todos. Não é por acaso, então, que os processos de formação cidadã são também os da construção de nações, pois trata-se de duas maneiras de abordar o mesmo problema da constituição do coletivo.

Ainda que a cidadania evoque um conjunto de direitos políticos regulamentados e exercidos pelos indivíduos (cidadãos) de um determinado espaço social e geográfico, sua essência não é uma lei, um decreto ou uma sanção. Lei e sanção só regulam uma substância social produzida em lugares mais prosaicos e poderosos, como a aglomeração, a rebelião, a derrota ou a morte vividas em comum. Por exemplo: a Bolívia, como invenção cidadã de massas, surgiu apenas depois dos 50 mil mortos do Chaco e da Revolução de Abril**, que interconectaram, na tragédia e no destino, pessoas que haviam vivido a pátria como uma prolongação da fazenda, da mina ou do *ayllu*. Depois dos combates primitivos das relações de forças e dos pactos, a lei – pálida transcrição desses acontecimentos – evocou as ousadias e os servilismos que deram lugar aos "direitos", mas foi incapaz de substituí-los.

---

\* Publicado na revista *Ciencia Política*, La Paz, ano IV, n. 4, jun. 1999. (N. E. A.)

\** Referências aos mortos bolivianos na Guerra do Chaco (1932-1935), conflito armado entre a Bolívia e o Paraguai, e à insurreição popular de 1952. (N. T.)

Nesse sentido, o cidadão não é um sujeito de direitos, ainda que necessite deles para efetuar sua cidadania: antes de tudo é um sujeito que *se assume* como sujeito de direitos políticos, que são correspondidos pela normatividade estatal, ou seja, é um sujeito em *estado de autoconsciência* de certas faculdades políticas. O ato de *produzir* o direito, de reconhecer-se ativamente nele, é o fator decisivo de sua cidadania, pois no fundo não há cidadão à margem da *prática da cidadania*, isto é, da vontade de intervir nos assuntos que o vinculam aos demais cidadãos. Falamos então de cidadania como *responsabilidade política exercida*, como forma de intersubjetivação política.

Disso se depreendem duas conclusões. A primeira: ainda que seja certo que o cidadão se constitui em torno do Estado como espaço social de verificação institucional de seus direitos cidadãos, não é ele quem pode criar por si mesmo o efeito de cidadania, porque o Estado é a síntese expressiva dos processos de cidadanização que alteram o interior da estrutura social. O Estado pode potencializar uma maneira específica de cidadania para garantir seu papel dominante; pode sancionar e subalternar modos distintos ou antagônicos prevalecentes, mas não pode inventar o cidadão. Quando o faz, uma vulgar arbitrariedade burocrática, apoiada no monopólio da violência física e simbólica, estende-se sobre o corpo político da sociedade, sem mais receptividade do que a indiferença, o temor e a displicente tolerância – os quais, mais cedo ou mais tarde, farão brotar as ânsias por uma cidadania efetiva na qual as coletividades se sintam realmente interpeladas pelo âmbito público, perturbando a estabilidade governamental até que esta logre maior grau de eficiência a respeito das pulsações emanadas da "sociedade civil". Boa parte dos processos de cidadanização neoliberal está marcada por essas limitações burocráticas e pelas recorrentes buscas de adequações administrativas que agravam o distanciamento entre vontade social geral e gestão estatal.

A cidadania requer um ritual ininterrupto de sedução e adesão entre Estado e "sociedade civil", além de fluidos pactos e compromissos em seu interior. O fato de as pessoas envolvidas nessa produção de vontade coletiva formarem um grupo definido por linhagem ou serem membros abarcados pela soberania administrativa do Estado demonstra o âmbito de irradiação social do exercício cidadão assim como o da *medida* da ambição histórica dessa cidadania estatalmente referendada. Da mesma forma, o fato de a interconexão das vontades se fundamentar numa comunidade trabalhadora precedente ou numa caprichosa abstração das diferenças econômicas reflete a densidade ou a superficialidade social do direito de cidadania.

Em segundo lugar, o fato de a cidadania ser uma disposição de poder, um comportamento político e um entendimento ético da vida em comum revela que o espaço de aplicação das faculdades cidadãs vai além e aquém do espaço estatal, ainda que o abarque. Que as modernas formas de cidadania se movam em torno da irresistível atração do poder estatal não invalida que a inclinação para algum tipo de compromisso tenha sido habilitada previamente pelas qualidades civis do sujeito de cidadanização – predisposição ou talento executado em outras esferas da vida (econômica, cultural, simbólica) à margem da própria mediação estatal. A vontade prática de cidadania se manifesta em todos os terrenos da vida em comum, e o que o Estado tem a fazer é: ou discipliná-la, ou elevá-la em oposição a outras, ou proscrevê-la em benefício de uma vontade já existente, ou sancioná-la, ou educá-la por meio de certos dispositivos de legitimação que transformam uma das práticas difusas de cidananização em cidadania estatalmente reconhecida e fomentada. É nesse ponto que se deve buscar a pertinência da crítica de Marx a Hegel e depois, da mesma forma, a de Bolívar em sua pretensão de criar sociedade e cidadania a partir do Estado, quando na verdade ele é um produto das primeiras.

Daí ser possível encontrar formas de cidadanização não estatais ou à margem dos circuitos estatais percorridos pelo poder político. De fato, o Estado tem como função o monopólio de normatizar o politicamente lícito e dominar ou extirpar os múltiplos modos políticos e de cidadanização diferentes ou perigosos para a arbitrária cidadania legítima.

O *ayllu* republicano, por exemplo, ou a assembleia operária e de bairro e suas maneiras de unificação política são modos de exercícios de direitos e responsabilidades públicas, ainda que locais. Quando alcançam vigor próprio, desenvolvem-se à margem do Estado e, ainda que distintas estruturas estatais tentem utilizá-los como modos de cidadanização (o *ayllu* no Estado colonial, o sindicato no Estado nacionalista), há períodos em que desempenham o papel de autênticas criações sociais de interunificação política, sem necessitar de mediação nem legalidade estatal para se efetivar.

Em todos os casos, a cidadania é o *processo de produção do conteúdo e da forma* dos direitos políticos de uma estrutura social. É por meio dela que a sociedade se desnuda em suas capacidades e inépcias para gerir os assuntos comuns, apesar de o Estado também se exibir em sua consistência material para cooptar as iniciativas que se agitam na "sociedade civil".

Até hoje, a história política da Bolívia apresenta pelo menos três momentos de construção de *cidadania legítima* nos quais essas múltiplas dimensões sociais se puseram em movimento.

## A cidadania de casta

Quando a assembleia deliberativa de 1825 e a Constituição de 1826 outorgaram direitos políticos e jurídicos àqueles que possuíssem renda elevada, profissão, soubessem ler e escrever e não se encontrassem em relação de servidão, ficou evidente quem seria considerado cidadão pelo Estado nascente e quem não seria.

De acordo com essa ordem, os indígenas eram o nada do Estado, constituíam sua *externalidade* mais fundamental, enquanto as crianças deveriam esperar a herança e o crescimento biológico para aceder a seus direitos e as mulheres, também excluídas dos direitos cidadãos, podiam influir no curso das estratégias matrimoniais para preservar e ampliar o patrimônio familiar que garantia a cidadania. Os indígenas, homens e mulheres, apresentaram-se desde o início como a exterioridade mais profunda e irredutível do Estado. De fato, o Estado republicano nasceu com a cavalgadura contra a indiada, e toda sua estrutura argumentativa não fazia mais do que repetir, por meio de disposições administrativas, esse imperativo social de certas classes abastadas que não têm em comum mais do que a missão de se entrincheirar no Estado contra os nativos.

O Estado republicano, conservador ou liberal, protecionista ou livre-cambista, é, pois, desde o início, um Estado construído ao modo de um sistema de trincheiras e emboscadas contra a sociedade indígena, dos *ayllus*, dos comunais. Não há, portanto, nem sequer um vislumbre de simulação de incorporar o indígena porque o que define o Estado, as frações sociais unificadas politicamente como poder governamental, é precisamente a conjura permanente contra a indiada. Acima das rixas entre oligarcas mineiros, comerciantes arrivistas e caciques de povoados está a contenção do *ayllu* sublevado, considerado o fim da história, a hecatombe da civilização. O Estado republicano é, então, um Estado de exclusão; todos os seus mecanismos administrativos estão transpostos pela exação e dissuasão do tumulto comunal. O indígena é o ser pré-social, com seus ameaçadores horrores desbocados, ocultos atrás do manto de elusivos silêncios e humildades.

Se o indígena não é a apetência populacional do Estado, mas o limite de sua comprovação, fica claro que o cidadão é o sujeito que se constrói como antípoda da indianidade: propriedade privada contra propriedade comum, cultura letrada contra cultura oral, soberania individual contra servidão coletiva; eis aí os fundamentos da civilidade legítima. O cidadão é, pois, o não indígena, isto é, aquele capaz de dar fé pública de ser irreconciliável com as estruturas comunais. Não há dúvida de que a cidadania daquela época se construiu às custas da feroz negação do mundo indígena. De fato, a construção dos símbolos de poder monopolizados pelo Estado se deu pela via da negação da simbologia do mundo indígena. Que esse exorcismo social tenha tomado a forma de estratificação étnico-racial apenas valida o arquétipo colonial da realidade histórica na qual a divisão do trabalho e dos poderes dominantes estava marcada pelas fisionomias raciais diferenciadas entre colonizadores e colonizados. O social-darwinismo de princípios do século XX, longe de inovar essa secular cisão social, adornou com linguagem retórica positivista a essência de um secular espírito coletivo.

Nessas condições fundantes da identidade coletiva, a cidadania, como o poder, a propriedade e a cultura legítima, não é prerrogativa que se delibera, mas que se exerce como imperativo categórico, pois é um direito de conquista. A cidadania não se mostra, para os cidadãos, como uma produção de direitos, mas como uma *herança familiar* – e nisso todas as frações dominantes apresentam um acordo tácito. Daí ser possível falar, durante toda essa época republicana, do exercício de uma cidadania patrimonial.

Os únicos momentos em que tal *cidadania hereditária* se rompeu foram quando a plebe precipitou-se na história como multidão politizada (os artesãos de Belzu, os comunais aimarás de Willca). Mas esses transbordos democráticos rapidamente foram anulados por um Estado e uma cultura urbano-mestiça cuja razão de ser é, justamente, a possessão patrimonialista do poder estatal.

A cidadania se apresenta, então, como uma descarada exibição da estirpe: não se faz um cidadão, mas se nasce cidadão. É um enigma de berço e ascendência; sua realização é só um problema de maturidade biológica, porque a genealogia do sobrenome é aqui a garantia dos direitos políticos.

Naquela época, o exercício da cidadania não era um modo de responsabilidade pública, a não ser que tal compromisso fosse a lealdade jurada para a perenidade da casta; era acima de tudo a exibição dos brasões familiares, da pureza do sangue que convalidava poder e bom gosto. Na boca dos antigos liberais, como hoje dos arrivistas, a igualdade dos homens era uma impostura discursiva que exaltava a mais terrível segregação dos que não podiam luzir a brancura de seus ancestrais e de seus caprichos mesquinhos.

Isso não impede, certamente, a usurpação naquele espaço cerrado e endogâmico de certos punhados de arrivistas capazes de branquear sua linhagem – portanto, de se fazer partícipes dos reais códigos da cidadania, pelo avultado volume de suas rendas divulgadas. São os comerciantes bem-sucedidos, os donos de pequenas fábricas, de fazendas *cocaleras* e produtoras de trigo que foram alçados ao êxito econômico pelos processos de urbanização e de recuperação mineira de princípios do século. São, também, os frutos bastardos dos *encholamientos*\* oligárquicos que, manipulando a categoria simbólica do sobrenome do pai e lucrando com as fidelidades laboriosas da linha materna, conseguem postos burocráticos, juntam pequenas fortunas ou apressados conhecimentos letrados com os quais entrelaçam a legalidade do sobrenome herdado. São, contudo, cidadãos de ascendência suspeita, pois sempre haverá neles, no seu mau gosto para se vestir, na sua afeição pela gordura como emblema de bonança, na sua simplicidade estética ou

---

\* Relação entre membros da aristocracia, geralmente homens, com mulheres indígenas, conhecidas como *cholas*. Daí o neologismo *encholamiento*. (N. T.)

na insuficiente brancura facial, um motivo para comprovar sua velada cumplicidade com uma indianidade estigmatizada.

Somente um volume maior de dinheiro do mestiço bem-sucedido – junto com a força das armas do caudilho militar de turno, capaz de mostrar por meio da ferocidade contra os indígenas sublevados sua lealdade à linhagem aspirada – seria capaz de seduzir os irados protestos de pureza racial e, portanto, de seus direitos à cidadania.

Mas sua densidade interna foi justamente a condição de sua dissolução. Nenhum Estado que se preze como tal, isto é, que pretenda se perpetuar, pode lográ-lo pela impudica exibição dos privilégios privados que salvaguarda. Ao contrário, deve camuflá-los como interesse geral, como vontade comum dos habitantes incorporados no âmbito geográfico de seu senhorio. Por isso é Estado. Isso sabia Toledo e por esse motivo criou as Leis das Índias, que nada mais eram do que a confirmação jurídica de duas formas de cidadania até certo ponto autônomas, a dos espanhóis e a dos indígenas – mas com a última subsumida e tutelada pela primeira.

A cidadania de casta, ao contrário, era uma forma de politização social que impedia deliberadamente a entrada do segmento mais amplo da própria sociedade, os indígenas, à ilusão de um usufruto comum dos foros políticos. Em tal sentido era uma cidadania decadente, sem decoro nem grandeza histórica e que só atinava insuflar-se pela lentidão de seu ocaso. Sua morte, que paradoxalmente não era outra coisa senão a extensão da cidadania, foi precisamente obra dessa massa de quem até então se havia pensado ser incapaz de racionalizar o que vem a ser o bem público: os indígenas e a plebe urbana.

## A cidadania corporativa

O fato de a plebe armada conquistar aquilo que considera seus direitos fala mais do conceito de cidadania do que uma insolência épica, um conteúdo coletivo, de multidão. Foi isso que ocorreu em 1952, um momento histórico em que os códigos jurídicos emudeceram, os velhos preconceitos senhoriais pareceram desmoronar e a linhagem deixou de ser argumento suficiente para conservar o monopólio da gestão do interesse coletivo.

A sociedade subalternizada irrompeu como sujeito desejoso de fazer-se responsável por seu futuro, como sujeito carregado de intenções em relação ao encargo dos assuntos públicos, criando assim uma nova legalidade de fato. Isso transbordou para o conjunto da sociedade, que passou então a atuar como parte de uma entidade unificada. A enunciação prática desse sentido comum de domínio se apresenta, nesse caso, como a invenção social da nação diante da qual o Estado não pode menos do que corroborar e depois unilateralizar segundo seus fins.

A cidadania emergente da insurreição de abril resulta, então, da fusão qualificada de três aspectos. Em primeiro lugar, da ação autônoma das classes populares que decidem intervir, sem pedir permissão a ninguém, na gestão da coisa política. Em segundo lugar, isso ocorre com tanta força (o Estado oligárquico foi derrotado militarmente) que resta apenas à institucionalidade do novo poder político incorporar em seus dispositivos a chancela dessa energia coletiva. De fato, a única maneira de domá-la seria precisamente cooptá-la. Em terceiro lugar, essa ação se generaliza por todo o espaço social da soberania territorial do Estado, consistindo em um fato nacionalizador, uma vez que é a primeira construção política verossímil de aglutinamento político de toda a sociedade civil. Expliquemos esses três elementos e seu entrecruzamento.

Quando dizemos que uma qualidade da cidadania emergente da Revolução de 1952 é a ação autônoma da plebe, não estamos nos referindo ao fato de ela atuar à margem dos preconceitos ou das influências da época. Quando os operários armados bloqueiam as portas das fábricas e dos bancos com sua valentia popular, evidencia-se que o hábito de ser mandado se reconstrói desde a mais profunda das experiências de uma massa dominada, razão pela qual a autonomia nesse terreno do poder econômico é inverificável.

Entretanto, a plebe explicita politicamente uma ambição democrática que marca sua ruptura com o critério emanado do Estado. O rompimento dos diques de ascendência que restringiam a prática política mostrou uma extraordinária capacidade de ruptura, de invenção social do espaço público cuja origem não é possível rastrear na docilidade dos poderosos, mas nos ardores irredutíveis da insubmissão. Mais ainda, essa ousadia com o futuro manifestou-se por meio de certas técnicas de organização, o sindicato – que talvez seja o que de mais autêntico a plebe produziu ao longo de todo o século.

A abertura das portas da história política moderna pela massa, sob a forma de sindicato, revela não só que estavam sendo criados direitos políticos na forma de uma apetência coletiva como também que a produção desse preceito social se dava sob estruturas organizativas igualmente de massa, ressaltando mais uma vez que os autênticos momentos de democratização são simultaneamente épocas de autoconhecimento social.

A política – ou melhor, aquilo que a sociedade civil *interiorizará como política* por vontade prática própria – é, então, a agregação disciplinada por local de trabalho, por setor de atividade e por identidade trabalhista para interpelar em conjunto o Estado. A revolução foi, precisamente, a eficácia suprema dessa maneira de unificação: seu triunfo significa inapelavelmente que ninguém pode ficar à margem dessa maneira particular de filiação social.

Há em tudo isso, contudo, efeitos de grandeza e de miséria. De grandeza porque se verifica a invenção real de um direito coletivo que não demanda mais legalidade do que a belicosa enunciação prática. A legalidade e a política são assumidas como assunto cuja elucidação compete a todos, e não simplesmente ao especialista. Estamos diante de um novo *conceito de democracia, entendida como intervenção nos assuntos de Estado por meio do sindicato*, e os sujeitos políticos legítimos se constituíram, a partir de então, de maneira corporativa. A democracia não é, portanto, um direito abstrato nem um decálogo de comportamentos administrados por uma elegante burocracia política – como é hoje, por exemplo. Democracia adquiriu o sentido comum de prática sindical visando a participação nas orientações de governo, com o que também o significado potencial de cidadania se apresentou como consagração desse fato como um *direito* público. Durante trinta anos a diferença entre democracia e ditadura não pôde ser entendida como algo quantificável em votos para eleger governantes, mas sim como o grau de permeabilidade do Estado à intrusão sindical, que nada mais é do que exigir do Estado a lembrança de que o novo Estado está aí desde 1952 porque os sindicatos armados assim o quiseram.

Mas também falávamos de certas misérias coletivas que se infiltram no decurso histórico. Ainda que a plebe armada, num arrebatamento histórico, suprimisse o monopólio das decisões políticas baseadas na linhagem, o conhecimento letrado e o dinheiro jamais, a não ser em momentos extremos e curtos, abandonaram a crença de que o sobrenome, o dinheiro e o conhecimento letrado são os requisitos imprescindíveis para governar os assuntos públicos. Isso significa que a democratização do espaço político é meramente interpeladora, não executiva; isto é, a plebe se sente com o novo direito de falar, de resistir, de aceitar, de pressionar, de exigir, de impor um rosário de demandas aos governantes, mas *jamais poderá ver a si mesma no ato de governar*. É como se a história das submissões operárias e populares tivesse se fixado à memória como um fato inquebrantável e, diante do poder, a massa só pudesse se reconhecer como sujeito de resistência, de protesto ou de comutação, mas nunca como sujeito de decisão, de execução ou soberania exercida. *A imagem que de si mesmo construirá a sociedade trabalhadora é a do querelante, não a do soberano.*

Desde 1952, a história do poder é também a história dos conglomerados populares e dos sindicatos, mas nunca como modo de real aplicação do poder, somente como regulação de suas atribuições, de sua extensão, de sua eficácia. Surge assim uma relação de direitos e concessões permanentemente negociados entre certos governantes que estão aí porque há certos governados que assim o desejam, e certos governados que estão aí porque necessitam de um governante para referendar sua situação de governados.

Isso significa que o poder estatal é reconstituído pela ação coletiva em sua externalidade institucional, tanto a respeito da corporalidade física e cultural da plebe como dos hábitos organizativos que ela possui. O senhorialismo do poder ressurge assim dos gestos e dos cérebros de quem o impugnou; só que agora, por si mesmo, é um poder interpelável, pressionável, negociável. Daí que a democracia junto com a legalidade da estrutura sindical em toda essa época seja só a *medida* da permeabilidade, dos que se consideram eternos governantes por direito consuetudinário, às demandas corporativamente postuladas pela massa.

Pergunta-se por que o Estado aceitou a maneira de politização tão extrema de uma sociedade que o compele a verificar sua autenticidade na deliberação assembleística dos sindicatos. Inicialmente, porque não lhe restou outra opção; ao fim e ao cabo a violência armada legítima estava nas mãos dos sindicatos e o Estado era, sobretudo, um imaginário coletivo de poder objetivado em práticas de obediência e muito pouco um dispositivo institucional de administração de obediência que lhe permitisse impor seus foros de maneira inconsulta.

Mas, como já vimos, nem tudo transborda na maneira de proceder da plebe. Há em sua efervescência um núcleo conservador que reconstitui o Estado como única maneira de entender o poder político, e o instrumentalismo privatizável como único modo de exercê-lo. Isso quer dizer que entre o *encomendero*\* colonial, o caudilho republicano e o presidente eleito nas urnas haverá o mesmo fundo comum acumulado na *experiência dos dominados* de conceituar o poder como atribuição personalizada. Essa essência política tradicional-colonialista, que transpassa o ímpeto sindical, é precisamente o que permite ao Estado reconstituir-se por meio do sindicato, ainda que tenha sido obrigado a pagá-lo, ou tolerá-lo, como forma histórica de presença da sociedade civil no interior do próprio Estado – ou, caso se prefira, como modo de cidadania.

O *sindicato ter assumido a forma de cidadania legítima* significou, desde então, que os direitos civis sob os quais a sociedade busca se ver como coletividade politicamente satisfeita encontram no sindicato um espaço de concessão, de direção e de realização.

Mas para que tal modo de filiação cidadã se torne duradouro e forje autênticos processos de identidade social não basta que os de baixo recordem aos de cima que estes estão ali por obra dos primeiros: é necessário que os de cima façam ver aos de baixo que fizeram bem em colocá-los em cima pelo conjunto de benefícios que recebem. Requer-se, então, que as estruturas sindicais canalizem um acervo de dividendos sociais que podem ser tanto políticos como culturais e econômicos.

No momento em que isso começa a acontecer, o sindicato se transforma no modo do exercício da cidadania legítima, o que significa que passa a ser uma

---

\* Em alguns países da América, a Espanha regulamentou as relações entre índios e espanhóis com as chamadas *encomiendas*, em que índios trabalhavam nas propriedades dos brancos. *Encomendero* era o senhor de uma *encomienda*; o índio, por sua vez, era o *encomendado*. (N. T.)

força emergente da sociedade em direção ao Estado, mas também uma força cuja legalidade emana do Estado para aplicá-la à sociedade.

Desde então, *ser cidadão é ser membro de um sindicato*. No campo, na mina, na fábrica, no comércio ou na atividade artesanal, a maneira de adquirir identidade palpável ante o resto das pessoas e de ser reconhecido como interlocutor válido pelas autoridades governamentais é por meio do sindicato. Aí fica depositada a individualidade social plausível. Pode-se dizer que em todo esse período a sociedade boliviana se compôs de sujeitos sociais coletivos que, como tais, adquiriram direitos de cidadania. Isso certamente não é novo: a estruturação corporativa, ou melhor, a subordinação das individualidades a formas coletivas de filiação pública é característica de sociedades com influência comunal agrária em sua vida econômica. A novidade é que tais formas de identidade foram reconhecidas pelo Estado também como formas legítimas de aquisição de direitos políticos.

Durante trinta anos, o pouco da democratização política, da democratização econômica e cultural teve o sindicato como mediador privilegiado. Seja na oposição a governos, na mobilização para defendê-los ou na aquiescência coletiva para tolerá-los, o que quer que ocorresse passava pela resolução que os sindicatos mais importantes tomavam e, depois então pela Central Obrera Boliviana (COB). Da mesma forma, a ampliação do salário indireto por meio de benefícios sociais – assim como a segurança no emprego, o trâmite de propriedade da terra e a garantia de uma educação gratuita – tinha a associação como lugar de concorrência. Isso significava que tanto a classe popular como o Estado viam o sindicato como o lugar onde deliberar a amplitude do que já se considerava um direito público. Não é de estranhar que isso seja feito pelos trabalhadores, pois, ao fim e ao cabo, o sindicato é sua criatura, é a maneira que encontraram para concretizar suas ânsias de unificação e o lugar onde pela primeira vez fazem da história o que querem.

O que, pelo contrário, não é normal é o fato de o Estado regular o próprio modo de agir da sociedade civil por meio da promoção do sindicato. Para que isso tivesse ocorrido, supõe-se que as submissões políticas arraigadas na alma coletiva começaram a servir de sustento tecnológico a uma maneira particular de acumulação econômica, isto é, que a organização sindical tendeu a fazer parte da composição orgânica média do capital social.

Assim, a racionalidade do capital começou a se expandir por meio da própria interunificação das forças do trabalho, do que decorreu uma eficaz subsunção geral da capacidade organizativa do trabalho aos requerimentos de acumulação ampliada do capital. Então, não é estranho que o sindicato tenha sido, também, o intermediário de uma série de medidas de homogeneização cultural requeridas para levar adiante a consolidação de uma identidade nacional que o Estado tentou criar aproveitando a ampla disponibilidade social que toda revolução supõe.

O fato de o sindicato ser o modo pelo qual a população adquiriu cidadania esculpiu um perfil particular do conceito de público. Inicialmente, trata-se de uma prerrogativa coletiva, fundada em uma genealogia histórica (por exemplo, os operários) ou em uma fidelidade vernácula (os comunais-camponeses). A cidadania não se apresenta por isso como uma potestade individual, privada; é, sobretudo, um ato de socialidade enraizado na historicidade palpável de um conglomerado que antecede e engloba o indivíduo que a compõe.

Além disso, a *cidadania*, por meio do sindicato, deu lugar a uma atribuição de *direitos políticos fusionados a direitos sociais e trabalhistas*, em correspondência à intromissão de uma corporação criada por centro de trabalho na esfera do Estado.

Com isso temos que os direitos políticos surgiram amalgamados aos direitos trabalhistas, a democratização à sindicalização e a cidadania ao arquétipo de trabalhador disciplinado na oficina e no mercado.

Como na primeira forma de cidadania mencionada, a debilidade dessa maneira de exercer os atributos políticos fundamenta-se na força da legitimidade assumida por meio da institucionalização estatal de tal cidadania corporativa. Bastou ser o próprio Estado a tirar de maneira arbitrária a legitimidade do sindicato para que essa cidadanização entrasse em crise, incluindo a forma de nacionalização da sociedade que nela havia se baseado. Os últimos treze anos foram justamente a história dessa crise e dos infrutíferos esforços de certas remoçadas castas cobiçosas dos espaços públicos por reformar o sentido do político, do democrático e dos processos de cidadanização.

## A cidadania irresponsável

Em 1986 um novo cenário político começou a erigir-se. A consolidação do voto como mecanismo de eleição dos governantes, a continuidade regulamentada do sistema de partidos, os pactos de governabilidade, enfim, toda essa parafernália de compromissos administrativos entre elites endinheiradas e arrivistas portadoras de capitais simbólicos e culturais estruturou o moderno mercado de fidelidades políticas chamado democracia.

Paradoxalmente, não se trata aqui de uma ampliação dos direitos cidadãos ou de uma democratização de novos espaços sociais, mas precisamente de uma sutil mutilação de direitos sociais adquiridos nas últimas décadas. Claro, ainda que seja certo que as eleições assegurem a representação da vontade das pessoas, independentemente de sua categoria e posição social, na nomeação de presidentes e deputados, não é menos certo que esse poderio se transmute em impotência cotidiana quando sua aplicação se restringe aos escassos minutos que dura o ato de votar, uma vez que durante o resto dos meses ou anos que se interporão entre um voto e outro esse mesmo votante simplesmente carecerá de faculdades políticas para gerir ou mudar a decisão tomada. Nesse caso temos que o tempo democrático da vida social se restringe a sua mínima expressão, ao passo que o tempo da arbitrariedade estatal se amplia em termos absolutos.

A democracia, como prática recorrente e dilatada do tempo, exercida pela vida sindical, cotidiana e comunal pode ser assim abruptamente substituída por uma liberdade de decisão comprimida num ato ritual em que a sociedade *abdica* voluntariamente de sua decisão de se governar e de se autorrepresentar como conglomerados coletivos ou fidelidades associadas, uma vez que o voto exige a nivelação individualizada do eleitor.

Mas, para que esse tipo de achatamento estratégico da subjetividade popular funcione, exige-se em primeiro lugar a dissolução da composição orgânica anterior do trabalho social no capital e para ele, e das formas organizativas da sociedade sob as quais adquiria presença pública legítima. Daí o fechamento das grandes empresas que concentravam enormes contingentes operários e a flexibilização dos contratos, que torna mais precária a unidade laboral e intensifica a competição operária. Daí a generalização dos modos fragmentados do trabalho familiar, que diluem a separação formal entre proprietários e trabalhadores, e que em conjunto buscam confeccionar um mundo laboral tecnicamente atomizado e materialmente despojado dos antigos modos de aglomeração e de segurança trabalhista que forjaram a cultura política de épocas passadas e as maneiras de exercer os direitos de cidadania. O *slogan* de "encolhimento" do Estado, que enche a boca dos pseudoliberais locais para justificar a apropriação privada dos bens públicos, tem como contraparte precisamente esse agigantamento da função reguladora, dissuasiva e normatizadora do Estado sobre a sociedade civil.

Estamos falando da necessidade estatal de induzir um colapso na forma corporativa da constituição da classe popular e, com isso, de toda uma tradição histórica de autorrepresentação política do trabalho, de todo um patrimônio de lutas, de saberes, de conquistas e identidades, com os quais – e por meio dos quais – o trabalhador viveu o vínculo com os seus, com o resto da sociedade e com os governantes. É na debilitação dos sindicatos nos últimos anos, sobretudo, que está a busca incessante do Estado de extinguir a maneira corporativa da constituição dos sujeitos políticos suscetíveis de serem ouvidos e de influir subordinadamente no manejo da coisa pública. A antiga estrutura da filiação cidadã (o sindicato), com base na qual o indivíduo adquiria identidade social e qualidade interpelante, trata de ser abolida por um Estado empenhado em ensinar que o cidadão público é o indivíduo isolado, votante e proprietário.

Trata-se, certamente, de uma modalidade distinta da constituição da cidadania, que exige que a incorporação dos subalternos no Estado já não se dê pelo lado da cooptação conflitiva das estruturas grupais para fazê-las intervir nas disputas circulatórias do excedente social (demanda salarial, benefícios sociais, estatizações etc.), mas pela submissão do indivíduo isolado à normatividade institucionalizada de eleições de representantes a cada determinado período. Trata-se, pois, do trânsito do velho Estado benfeitor e pródigo, cuja legitimidade vinha tanto da tácita incorporação de demandas corporativas na gestão pública como de sua capacidade de neutralizar, por meio de prebendas, as infidelidades antigovernamentais das classes necessitadas; um Estado neoliberal que pretende substituir a cooptação das identidades plebeias locais pela mercantilização e pela prebendização das soberanias individualizadas e fragmentadas do corpo social.

Na medida em que, a partir do Estado, é levada a cabo essa reconfiguração da textura material e espiritual da sociedade, o democrático – assim como sua unilateralidade institucional, seus dispositivos participativos, seus modos de plasmar-se nos fatos e de praticar-se – mostra-se como um conjunto de técnicas sociais, em grande parte burocráticas, que colonizam almas, retorcem hábitos e purgam conhecimentos para impor outros.

Claro, os modernos e "racionais" modos de fazer política, pactuados entre representantes e partidos, não só supõe que quem deve pactuar e conversar em nome dos interesses sociais são certas elites cujas intenções, no fundo e além da ilusão burocrática, não só não representam mais que a si mesmos como também supõem que as pessoas precisem ser representadas no manejo do mundo público, devendo ser mediadas em sua ação política pelos partidos. Mais ainda: tudo isso requer que a coisa pública exista como esfera separada da sociedade civil e, inclusive, que a sociedade civil só possa existir como sociedade política por meio de mediadores ou sacerdotes da política. Esses arcaísmos políticos, porém, que remontam a Hobbes e Montesquieu, afora já não terem nada de modernos, expressam um tipo de ideologização inventada do quefazer político, cujo racionalismo não se fundamenta no vigor argumentativo, mas na força estatal para legitimá-lo.

O liberalismo político, em que o "interesse comum" se constrói como transação entre iguais jurídicos, requer tanto indivíduos *ilusoriamente iguais e portadores de um bem comercializável (o voto)* como sujeitos carentes de fidelidades associativas, de parentesco, para poder lançar em circulação seu bem cedível (*sua soberania*). Isso, que parece tão óbvio e asséptico, necessita entretanto de gente materialmente desprovida da bagagem dos circuitos de filiação comunal e de parentesco; supõe aquele indivíduo em estado de desprendimento moral e disponível ao mercadejo de sua história, de sua vontade.

É a partir desse indivíduo abstrato que o "interesse geral" pode se fazer como soma de vontades isoladas de uma externalidade alheia a todos, isto é, o Estado liberal. A *eleição voluntária da submissão* requer, então, um imaginário histórico encenado, uma autorrepresentação abstratizada, uma politicidade impalpável, externa, eticamente inverificável.

A delegação da vontade política pressupõe, portanto, um tipo específico de sujeito, o *sujeito delegante* que *não é responsável* por seus atos porque é impotente diante de suas circunstâncias, ficando compelido a se desprender do manejo de seus interesses. Em outras palavras, requer indivíduos submetidos a uma particular disciplina de mandos tolerados, de submissões referendadas, de expropriações suportadas e de carências padecidas como inevitáveis. Requer, pois, a construção dissuasiva ou forçada de uma certa "moralidade de escravos" que permite arrebatar dos sujeitos livres seu impulso genérico e essencial de seguir sendo livres.

A moderna cidadania é, descaradamente, uma *cidadania irresponsável*, na medida em que o exercício dos direitos políticos é simplesmente uma cerimônia de renúncia da vontade política, da vontade de governar, para depositá-la nas mãos de uma nova casta de proprietários privados da política, que se atribui o conhecimento das sofisticadas e impenetráveis técnicas do mando e do governo.

Com isso, o democrático – que desde 1952 já não significa gestão direta dos assuntos comuns, mas tão somente intervenção coletiva (sob a forma de pressão ou protesto mobilizado) no curso dos assuntos comuns – agora sofre uma nova mutilação, porquanto do que se trata é escolher, entre os que portam símbolos senhoriais de poder, quem administrará arbitrariamente a coisa pública. Trata-se de uma *representação* que é ao mesmo tempo *suplantação* da *soberania* social e ampliação dos processos de expropriação política iniciados com a República.

Não restam dúvidas de que tal cidadania liberal é fantasmagórica na medida em que propugna abusivos processos de *despolitização social* e de desenraizamento histórico para depositar em certas elites burocráticas e em suas traições legalizadas o conceito de política e o jogo democrático. Assim, o que se tenta chamar "cidadão" é uma individualidade abstrata, uma consciência submissa guiada pelos preceitos mercantis do regateio monetário de sua soberania. Daí que a *prebendalização* das fidelidades e a moralidade de mercado que guiam a eleição de governantes hoje em dia não é um defeito transitório, corrigível com emplastros administrativos ou conscienciais; é o embasamento espiritual que lubrifica esses modernos modos de alienação política.

Em síntese, pode-se dizer que essa maneira de estruturar a forma de governo e de cidadania está atravessada por uma dupla impostura. A primeira, porque, longe de ampliar os territórios de intervenção democrática da sociedade dentro do próprio espaço político e para os espaços econômicos, culturais etc., os direitos políticos se restringem a uma mera nomeação dos que pensarão e decidirão pela gente. A segunda, porque se simula a concorrência de individualidades privadas e em estado de desprendimento associativo, que são o requisito para a eficácia dos modos liberais de construção da unidade político-estatal, quando na realidade a estrutura social boliviana está trespassada por inúmeros segmentos corporativos, por múltiplas filiações comunais, por densas redes de agregação econômicas e políticas locais de longa tradição histórica que desnudam como uma fraude o ideal liberal da sociedade como mera aglomeração de proprietários privados desenraizados.

Isso significa que a subsunção real dos processos de trabalho sob o capital, isto é, a propriedade privada como fundamento de identidade social e a tecnologia como reguladora das disposições corporais, não é um fato consumado. Se a economia funciona, se existe produção, mercado, acumulação, é porque grande parte da sociedade urbana e rural marcha atrelada por laços de parentesco, por lógicas produtivas não totalmente mercantilizadas, com individualidades definidas pelo seu entorno coletivo filial ou comunal, de saberes e técnicas econômicas não capitalistas etc. As estruturas corporativas como formas de organização política local (sindicatos, juntas vicinais, *ayllus*), as redes de parentesco como recursos produtivos que limitam a *abstratização* mercantil do uso da força de trabalho e outros originam identidades políticas e práticas políticas que limitam estruturalmente a eficácia dos dispositivos liberais de (des)politização social. Enquanto se mantiver a subsunção formal do trabalho ao capital, a individualidade liberal será uma falsificação administrativa de complexas e matizadas formas de individualização social.

Como sair desse atoleiro de artifícios democráticos sustentado com alfinetes? O mais provável é que a mediocridade intelectual dos que adulam o já existente se dedique a maquiar aqui e ali um corpo político desarticulado entre *politicidade* social e despolitização estatal, mantendo e aprofundando mais a divisão – que pode ser catastrófica – entre gestão estatal e configuração social. A outra opção, lucidamente assumida por certas frações empresariais no âmbito da economia, é a "refuncionalização" de comportamentos e estruturas políticas coletivas ao sistema de representação eleitoral. Exemplos dessas maneiras mais eficazes de subordinação política acontecem nos chamados "municípios indígenas", nos quais práticas políticas comunais locais são cooptadas e depois imediatamente "refuncionalizadas" por um sistema de administração representativa e delegada da gestão pública.

Entretanto, reconhecer "usos e costumes" de uma entidade local num município perdido no mapa não representa para os governantes o mesmo perigo que institucionalizar esses hábitos políticos nos níveis executivo e legislativo do Estado, assim como a 70% ou 80% dos cidadãos. Até que ponto o Estado estará disposto a arriscar-se à formação de uma hegemonia real é algo incerto, ainda que aquilo que até hoje acontece demonstre que as "tolerâncias" das quais se jacta toda a intelectualidade orgânica do Estado não hesitam em transformar-se em zelosos despotismos nem bem se coloque em discussão a permanência de seus privilégios, emergentes desse liberalismo falseado.

Uma terceira possibilidade é que as práticas políticas das classes populares, comunais e operárias saiam do cerco em que se encontram e se expandam de maneira autônoma a todo o espaço público.

Contudo, isso exigiria a superação das farsas liberais, mas também das auto-constrições políticas da época do capitalismo de Estado. Seria, então, uma ampliação da democracia baseada em um arranque de iniciativa social que reinventaria o significado de cidadania como ato de responsabilidade permanente de cada pessoa no destino das demais.

# III. MOVIMENTO OPERÁRIO

Os ciclos históricos da condição operária
mineira na Bolívia (1825-1999)*

O desenvolvimento da produção mineira na Bolívia, desde o início da República, caracterizou-se pela coexistência de complexas formas de organização do trabalho, que vão desde o rudimentar trabalho manual na extração e no refinamento dos minerais, passando por organizações trabalhistas artesanais e semi-industriais em pequena escala, até modernos sistemas de extração massiva sem trilhos e com sofisticados tratamentos computadorizados da rocha mineralizada. Do mesmo modo, a condição operária dos trabalhadores mineiros esteve e está atravessada pelo mesmo grau de complexidade e matizamento, dada a coexistência de operários disciplinados pelo moderno regime industrial, operários temporários vinculados a atividades agrícolas comunais e operários-artesãos, distribuídos em unidades familiares ou individuais. A subjetividade de classe esteve marcada também pela coesão corporativa outorgada pelos grandes centros mineiros onde viviam e trabalhavam 2, 3 ou 5 mil operários, com a subjetividade atomizada do "cooperativista" e dos hábitos agrários esquivos do operário temporário.

Cada uma dessas qualidades técnicas e organizativas outorgou aos períodos históricos certas características específicas da condição objetiva de classe e das possibilidades de autounificação desta, isto é, da identidade de classe com capacidade de exercer efeitos políticos na estrutura social.

Em geral, pode-se dizer que, desde a fundação da República, a condição da classe operária mineira teve três grandes períodos, correspondentes às etapas das qualidades materiais e organizativas de sua produção.

---

\* Publicado originalmente na revista *Umbrales*, La Paz, Cides, n. 7, 2000. (N. E. A.)

## O operário artesão de empresa

A primeira etapa estendeu-se de 1850 a 1900, período em que a composição do proletariado mineiro sustentava-se no *operário artesão de empresa*, isto é, o operário agrupado em centros industriais extratores em grande escala – como os de Huanchaca, Portugalete, Real Socavón, Chorolque ou Antequera. Esses centros industriais eram movidos não com base em uma especialização globalmente escalonada do trabalho, mas sim em uma concentração massiva de operários artesãos que desenvolviam individualmente habilidades produtivas de maneira segmentada. Os trabalhadores, ainda que tenham começado a se concentrar em povoados, acabaram por não interiorizar como hábito e preconceito coletivo a disciplina industrial, uma vez que eram pouco afeitos a unificações corporativas que enraizassem uma identidade duradoura. Mantiveram fortes vínculos com a estrutura produtiva comunal-camponesa em suas formas de resistência, como o motim, a festa, o uso do tempo e o *cajcheo*[*][1]. Naqueles tempos, apesar da grande renovação tecnológica que experimentou a mineração, cerca de 35% da produção de empresas "modernas" como Huanchaca dependiam do trabalho do *cajcha*[**] e da laboriosidade manual de *palliris*[***] que, como naquela empresa, chegaram a constituir 43% da força de trabalho[2]. Pode-se falar que até essa primeira etapa a subsunção formal da força de trabalho ao capital só adquiriu a característica da agregação em grande escala de operários artesãos que, portadores de uma produtividade autônoma, a exerciam no interior de um sistema industrial sustentado por crescentes processos de subsunção real[3] de processos técnicos específicos, como o processamento e o transporte. A subsunção formal do processo de trabalho é, nesse caso, primária, com o que a própria subjetividade operária está ancorada na temporalidade agrária ou artesanal mais que na própria indústria.

---

[*] É chamada *cajcheo* a prática dos trabalhadores nativos que, aos sábados e domingos, exploravam e recolhiam mineral sem nenhum tipo de controle. (N. T.)

[1] Gonzalo Rodríguez, *El socavón y el sindicato* (La Paz, Ildis, 1991) e "Vida, trabajo y luchas sociales de los trabajadores mineros de la serranía Corocoro-Chacarilla", *Historia y Cultura*, La Paz, n. 9, 1986.

[**] *Cajchas* são os mineiros contratados para trabalhar informalmente, sem preocupação de preparar a mina e sem meios de segurança. Após se rebelar, passaram a formar cooperativas. (N. T.)

[***] As *palliris* são as mulheres que se dedicam a recolher e a separar o mineral que interessa, descartando as impurezas que envolvem o minério. (N. T.)

[2] Antonio Mitre, *Los patriarcas de la plata* (Lima, IEP, 1981).

[3] Karl Marx, *El capital* (Cidade do México, Siglo XXI, 1985), cap. VI (inédito) [ed. bras.: *O capital*, São Paulo, Civilização Brasileira, 1968].

A organização operária em tais momentos esteve marcada pelas caixas de socorro* ou pelas associações mutuais com base territorial[4]. Basicamente, trata-se de estruturas de solidariedade por empresa ou localidade e com capacidade de reivindicação de demandas referentes a um mercado segmentado de força de trabalho. Sua dispersão prática e simbólica e seu intermitente trânsito aos mecanismos agrários de adesão permitiam que sua representação coletiva ficasse diluída nas construções discursivas e aprestos facciosos com os quais partidos e caudilhos militares interpelavam o "povo" para se alçarem a postos de governo.

O embasamento técnico que sustentou tal forma de construção operária foi o de uma coexistência, claramente segmentada no interior de cada mina, de meios de trabalho artesanais e manuais no processo de trabalho imediato, com inovações na infraestrutura como os trilhos e vagonetes para a extração e transporte do mineral, aquedutos e máquinas a vapor para o desaguamento, fornos de dupla abóbada, seleção magnética de mineral e tinas de amalgamação aquecidas por vapor[5], que culminaria com a substituição definitiva do antigo *repasiri*** colonial que amalgamava com os pés o mineral e o mercúrio[6].

A introdução, em fins do XIX, do uso de dinamite e das máquinas compressoras de ar foi uma revolução no sistema de organização do trabalho no interior da mina. Mas tratou-se de uma introdução tardia, cujos efeitos seriam limitados pela rápida debacle da mineração da prata e, com isso, dos cerca de 20 mil conglomerados operários vinculados a ela.

Assim, a moderna mineração da prata daquele fim do século, com seus povoados mineiros e conglomerados operários, desapareceu rapidamente como emergiu, cerceando os processos de acumulação organizativa e subjetiva desse proletariado mineiro, novamente lançado às fazendas, às comunidades ou ao trabalho por conta própria. É nesse sentido que se trata do fim de um tipo de condição operária, da extinção de um ciclo de lenta acumulação de experiências

---

\* Espécie de fundos de pensão destinados a assegurar uma renda ao trabalhador que deixasse de receber seu salário, perdesse o emprego ou ficasse com alguma deficiência física, bem como aos seus dependentes. (N. T.)

[4] Guillermo Lora, *Historia del movimiento obrero* (Cochabamba, Los Amigos del Libro, 1968-1980), tomos II e III.

[5] Antonio Mitre, *Los patriarcas de la plata*, cit.

\*\* O verbo espanhol *repasar* possui também o significado específico para designar essa técnica rudimentar de amalgamar a prata com o mercúrio por meio do pisoteamento humano ou animal. Os *repisaris*, substantivo de influência quéchua, eram esses trabalhadores. (N. T.)

[6] Peter Bakewell, *Mineros de la montaña roja: el trabajo de los indios en Potosí, 1545-1650* (Madri, Alianza, 1983); Enrique Tandeter, *Mercado y coacción: la minería de la plata en el Potosí colonial* (Cuzco, Cera/Bartolomé de las Casas, 1992).

iniciado apenas trinta anos antes e que não pôde ser mantido nem transmitido de maneira orgânica e sistemática a um contingente operário novo e capaz de receber esse trabalho como herança sobre a qual levantar novas construções identitárias.

## O operário de ofício de grande empresa

O segundo ciclo da condição operária mineira iniciou-se em fins da primeira década do século XX, com o reponte da mineração do estanho e o aparecimento do *operário de ofício de grande empresa*. Em termos técnicos, tratava-se de um herdeiro do virtuosismo artesanal do antigo operário, mas com a diferença de que sua habilidade corporal, da qual dependia a produção, assentava-se numa nova realidade tecnológica, articulada em torno da destreza pessoal do operário de ofício.

A perícia (destreza, aptidão) laboral não é de caráter simples e rotineiro como era a do operário artesão; a destreza individual e corporal é complexa, pois combina várias funções simultâneas. Além disso, articula a eficácia de um vasto sistema tecnológico, que desenvolve seu rendimento em função da sabedoria laboral que esse novo operário possui. Ele já não trabalha com técnicas artesanais, e sim industriais, porém *submetidas* ao virtuosismo do corpo do operário, a seus movimentos, a seus saberes personalizados, que não puderam ser arrebatados pelo movimento maquinal. O modelo paradigmático desse tipo de operário é o mestre perfurista*, que, rodeado de uma estrutura de maquinários e de um sistema de trabalho tecnificados, desencadeia a produtividade desse sistema mecanizado pelo conjunto de atitudes corporais e conhecimentos pessoais que adquiriu por meio da experiência, sem os quais todos os meio tecnológicos se tornam inoperantes, improdutivos. Algo similar começara a suceder com mecânicos, carpinteiros e pessoas encarregadas da prospecção.

O operário de ofício – resultado do novo suporte técnico no trabalho implementado pelas principais empresas estaníferas desde a década de 1920 e que aniquilou o errático operário artesão – é aquele que tem enorme poder sobre esses meios de trabalho, pois só ele e sua destreza podem despertar a elevada produtividade contida nas máquinas[7].

Esse poder operário sobre a capacidade produtiva dos meios de trabalho industrial não só habilita um amplo exercício de autonomia laboral dentro da extração ou do refinamento como também cria a condição de possibilidade de uma autopercepção protagônica no mundo: a empresa com suas máquinas monstruosas, seus investimentos gigantescos e seus lucros fantásticos tem como núcleo

---

\* Encarregado de manejar a máquina perfuratriz. (N. T.)

[7] Sobre o operário de ofício na indústria, ver Benjamin Coriat, *El taller y el cronómetro* (Madri, Siglo XXI, 1985).

de sua existência o operário de ofício: só ele permite salvar da morte esse sistema maquinal que encobre a mina; só ele sabe como tornar rendosa a máquina, como seguir um veio, como distribuir funções e saberes. Tal autoconfiança produtiva, e especificamente técnica, do trabalho dentro do próprio processo de trabalho, com o passar do tempo deu lugar à centralidade de classe, que parecia ser precisamente a transposição ao âmbito político estatal desse posicionamento produtivo e objetivo do trabalhador na mina.

Paralelamente, a consolidação desse tipo de trabalhador como centro ordenador do sistema de trabalho criou um procedimento de ascensões trabalhistas e promoções internas dentro da empresa, com base no tempo de serviço, na aprendizagem prática em torno do mestre de ofício e na disciplina laboral industrial, legitimadas pelo acesso a prerrogativas monetárias, cognitivas e simbólicas, escalonadamente repartidas entre os segmentos operários.

O espírito corporativo épico do sindicalismo boliviano nasceu, precisamente, da coesão e do mando de um núcleo operário composto pelo mestre de ofício, cuja posição recriava em torno de si uma cadeia de mandos e fidelidades trabalhistas por meio da acumulação de experiências no tempo e na aprendizagem prática. Isso era posteriormente transmitido aos recém-chegados por meio de uma rígida estrutura de disciplinas operárias, recompensada com o "segredo" do ofício e com a remuneração por tempo de serviço. Essa racionalidade no interior do centro de trabalho possibilitou a existência de um trabalhador que possuía dupla narrativa social. Em primeiro lugar, uma narrativa do tempo histórico que vai do passado para o futuro, possível graças ao contrato fixo, à continuidade na empresa e à vida no acampamento ou na vila operária. Em segundo lugar, uma narrativa da continuidade da classe: enquanto o aprendiz reconhece seu devir no mestre de ofício, o "veterano", portador de maior hierarquia, entregará pouco a pouco seus "segredos" aos jovens, que sucessivamente farão o mesmo com os novos que estão por vir, numa cadeia de heranças culturais e simbólicas que asseguram a acumulação da experiência sindical de classe.

A necessidade de ancorar esse "capital humano" na empresa, pois dele depende grande parte dos índices de produtividade maquinal e é nele que estão corporificados saberes indispensáveis para a produção, acabou por forçar a classe patronal a consolidar a ancoragem definitiva do operário no trabalho assalariado por meio da institucionalização da ascensão trabalhista por tempo de serviço.

Isso, sem dúvida, exigiu um abrandamento do forte vínculo dos operários com o mundo agrário mediante a ampliação dos espaços mercantis para a reprodução da força de trabalho, a mudança de hábitos alimentares, de formas de vida e de ética trabalhista, o que pode ser considerado um violento processo de sedentarização da condição operária e a paulatina extirpação de estruturas de comportamento e conceituação do tempo social ligadas aos ritos do trabalho agrário.

Hoje, sabemos que tais transformações nunca se deram por completo, que continuam ainda hoje, mediante a luta patronal por anular o tempo de *pijcheo**, e que, em geral, proporcionaram o nascimento de estruturas mentais híbridas, combinando racionalidades agrárias – como o intercâmbio simbólico com a natureza ritualizado em festas, *wajtas*** e *pijcheos* ou aquele das formas assembleísticas de deliberação – com comportamentos próprios da racionalidade industrial – como a associação por centro de trabalho, a disciplina laboral, a unidade familiar patriarcal e a mercantilização das condições de reprodução social.

A sedentarização operária como condição objetiva da produção capitalista em grande escala fez com que os acampamentos mineiros deixassem de ser somente os dormitórios provisórios de uma força de trabalho itinerante, como tinham sido até então, permitindo que se tornassem centros de construção de uma cultura operária a longo prazo, na qual ficou espacialmente depositada a memória coletiva da classe.

A chamada "acumulação no seio da classe"[8] não é, pois, um fato meramente discursivo: é sobretudo uma estrutura mental coletiva, arraigada como cultura geral capaz de se preservar e de se ampliar. A possibilidade do que temos denominado *narrativa interna de classe* e a presença de um espaço físico da *continuidade e sedimentação* da experiência coletiva foram condições de possibilidade simbólica e física que, com o tempo, permitiram a constituição dessas formas de identidade política transcendente do conglomerado operário, com a qual podem se construir momentos duradouros da identidade política do proletariado mineiro – como a revolução de 1952, a resistência às ditaduras militares e a reconquista da democracia parlamentar.

Mas, além disso, a forma contratual que permitiu a retenção de uma força de trabalho errante foi o contrato por tempo indeterminado, tão característico do proletariado boliviano em geral e do proletariado mineiro em particular desde os anos 1940, convertida em força de lei desde os anos 1950.

O contrato por tempo indeterminado assegurava a retenção do operário de ofício, de seu saber, de sua continuidade laboral e sua adesão à empresa por longos períodos. De fato, essa foi uma necessidade empresarial que permitiu levar adian-

---

\* Em quéchua, *pijcheo* é o nome dado ao hábito de mascar folha de coca; no caso, no momento de descanso na mina ou mesmo na primeira hora de trabalho, para resistir ao cansaço, à fome e à sede. Entre os indígenas andinos, possui um caráter ritualístico e serve como forma de socialização. (N. T.)

\*\* As *wajtas* são as oferendas à Pachamama, a Mãe Terra (do quíchua *pacha*, tempo-espaço, e *mama*, mãe), depositadas sobre fogo, em cerimônias tradicionais no início da semeadura. (N. T.)

8 René Zavaleta, *Las masas en noviembre* (La Paz, Juventud, 1985).

te a efetividade das mudanças tecnológicas e organizativas dentro do investimento capitalista mineiro. Porém, permitiu que se criasse, ao mesmo tempo, uma representação social do tempo homogêneo e de práticas acumulativas que acabaram por culminar num ciclo de vida operário assentado na aposentadoria e no apoio de novas gerações. O contrato por tempo indeterminado permite prever o porvir individual num devir coletivo de longo vigor e, portanto, comprometer-se com esse porvir e esse coletivo, porque seus ganhos poderão ser usufruídos com o tempo. Estamos falando da construção de um *tempo de classe* caracterizado pela previsibilidade, por um sentido de destino seguro e de enraizamento geográfico que permitiram compromissos a longo prazo e ousadias virtuosas na busca de um futuro factível pelo qual valeria a pena lutar – pois existe, é palpável. Ninguém luta sem um mínimo de certeza de que se pode ganhar, mas também sem um mínimo de convicção de que os frutos poderão ser aproveitados a seu tempo. O contrato por tempo indeterminado do operário de ofício funda positivamente a crença num futuro pelo qual vale a pena lutar, porque, ao fim e ao cabo, só se luta pelo futuro quando se sabe que há um futuro.

Portanto, esse moderno operário de ofício se apresenta ante a história como um sujeito concentrado, portador de uma temporalidade social específica e de uma potência narrativa de longo alento, sobre as quais se levantaram as ações autoafirmativas de classe mais importantes do proletariado mineiro no último século. A virtude histórica desses operários reside, precisamente, em sua capacidade de ter trabalhado tais condições de possibilidade material e simbólica para seus próprios fins. Daí a épica com a qual esses generosos operários banharam e dignificaram a história deste pequeno país.

A base técnica sobre a qual se constituiu esse modo de obreirização da força de trabalho mineira foi a da paulatina substituição do diesel e do carvão dos geradores de luz pela eletricidade como força motriz das máquinas, ferrovias e caminhões para o transporte de mineral, o que ampliou a divisão técnica do trabalho e substituiu radicalmente a força motriz do transporte e do carreto. Nos engenhos introduziu-se o sistema de pré-concentração *sink and float*[9] [afundar e flutuar] que acabou por eliminar o trabalho das *palliris*, ao passo que na extração, independentemente de ser mantido o método tradicional ou o novo, chamado *block caving*, ou escavação por blocos, a tração elétrica e o uso de brocas de ar comprimido ou elétricas reconfigurou os sistemas de trabalho, consagrando a importância dos operários de ofício nos processos de produção mineira.

Não é que essa revolução na base tecnológica e organizativa do trabalho capitalista tenha criado por si mesma as qualidades do proletariado mineiro industrial;

---

[9] Manuel Contreras, *Tecnología moderna en los Andes: minería e ingenería en Bolivia en el siglo XX* (La Paz, Ildis/Biblioteca Minera Boliviana, 1994).

tal mecanismo esquece que os sistemas técnicos similares despertam respostas sociais e subjetivas radicalmente distintas de um país a outro, de uma localidade a outra, de uma empresa a outra. O que importa é o que Zavaleta chamou de "*modo de recepção* das estruturas técnicas", isto é, a maneira como tais estruturas são trabalhadas, significadas, burladas, utilizadas e aproveitadas pelos conglomerados sociais. Para tanto, o trabalhador se vale de sua experiência e sua memória singulares – seus hábitos e saberes específicos herdados do trabalho, da família, do entorno local – e é com essa bagagem peculiar e impossível de ser repetida em outro lugar que ele ressignifica culturalmente os novos suportes técnicos de sua atividade. O resultado dessa leitura e assimilação derivou da aplicação de certos diagramas culturais prévios sobre a nova materialidade, ocasionando uma predominância do passado sobre o presente, dos esquemas mentais herdados e das práticas aprendidas sobre a qualidade maquinal.

Tais esquemas mentais ativados, exigidos, por sua vez, só poderiam ser despertados da letargia ou da potencialidade por esse novo embasamento tecnológico. Contudo, adquiriram também uma dimensão objetiva: ficaram enraizados, diminuídos ou ampliados apenas na medida da existência dessas estruturas técnicas. Nesse sentido, existe uma determinação da composição técnico-material sobre a composição simbólica organizativa do trabalhador. É a interação histórica desses níveis de determinação que nos permite a formação da condição de classe. Daí não ser por acaso que os núcleos operários que mais contribuíram para criar uma vigorosa subjetividade com capacidade de efeito político estatal tenham sido aqueles que se concentravam nas grandes empresas, nas quais estavam instituídas plenamente as citadas qualidades da composição material de classe. Patiño Mines, Llallagua, Oploca, Unificada, Colquiri, Araca são os centros de trabalho em que foram construídas desde muito cedo modalidades de organização operária que, de caixas de socorro e associações mutuais, passaram rapidamente a centros de estudo, ligas e federações com caráter territorial; isto é, com capacidade de agrupar pessoas de distintos ofícios assentadas numa mesma área geográfica. Proletários, empregados, comerciantes e alfaiates participavam de uma mesma organização, o que lhes deu força de mobilização local, ainda que com maior possibilidade de os interesses específicos dos assalariados se diluírem nos de outros setores com maior experiência organizativa e de manejo dos códigos de linguagem legítimos.

A passagem para a forma sindical não foi abrupta nesses grandes centros mineiros. Primeiro foram os variados sindicatos de ofícios, emergentes nos anos 1920, que mantiveram a tradição de agregação territorial. Em seguida, foram criados os sindicatos por centro de trabalho, que, depois da Guerra do Chaco, se erigiram como a forma predominante de organização trabalhista mineira.

Foi a partir desses laços organizativos dos sindicatos e associações culturais que, com o tempo, articulou-se uma rede que acabou dando lugar à mais importante identidade corporativa de classe da sociedade boliviana, primeiro em torno da Federación Sindical de Trabajadores Mineros de Bolivia (FSTMB) e, após revolução de abril de 1952, com a Central Obrera Boliviana (COB). Nos anos anteriores a 1952, apoiada na reforma institucional do sindicato como lugar de acumulação de experiência de classe, foi se enraizando toda uma narrativa operária fundada no drama dos massacres de trabalhadores com peitos desnudos, mulheres envoltas em bandeiras tricolores* e a consciência de que o país existia graças a seu trabalho. O resto dos esquemas mentais com os quais os operários imaginaram seu futuro foi guiado pela certeza inapelável de redenção coletiva conquistada com tanto sofrimento. Por isso pode-se dizer que desde a revolução de 1952 o operário mineiro vê a si mesmo como um corpo coletivo de martírio, portador de um futuro factível que, por isso mesmo, por ser viável, pode se arriscar e lutar firmemente por ele. Trata-se de uma subjetividade produtiva específica[10] que vincula o sacrifício laboral e cotidiano com um futuro de recompensa histórica. A duração dessas qualidades organizativas, materiais e simbólicas do proletariado mineiro – que se iniciou nos anos 1930, teve seu apogeu nos anos 1950, 1960 e 1970 e entrou em declínio na década de 1980 – chegou ao fim de maneira pouco heroica e em grande medida miserável em fins dos anos 1980, com o desmantelamento dos grandes centros mineiros, a progressiva morte do operário de ofício e sua substituição por um novo tipo de condição operária.

O operário de especialização industrial flexível

O fim do ciclo do estanho na mineração boliviana foi também o fim da mineração estatal, das grandes fortalezas operárias, do sindicalismo como mediador entre Estado e sociedade, como mecanismo de ascensão social, bem como o fim do operário de ofício industrial e da identidade de classe construída em torno de todos esses elementos técnicos, políticos e culturais. Nada ainda substituiu plenamente a antiga condição operária; em empresas pequenas e isoladas subsiste parte das qualidades da antiga organização do trabalho unificada em torno do mestre perfurista; em outras, regressou-se a sistemas de trabalho mais antigos, manuais e artesanais; nas empresas que começam a desempenhar o papel mais gravitante e ascendente dentro da produção mineira – a chamada mineração mediana –, porém, está sendo gerado um tipo de trabalhador que tende a se apresentar, técnica e organizativamente, como o substituto daquele que prevaleceu durante sessenta anos.

---

\* A bandeira boliviana possui as cores vermelha, amarela e verde, sendo conhecida como "a tricolor". (N. T.)

[10] Antonio Negri, *Marx beyond Marx* (Nova York/Londres, Automedia/Pluto, 1991).

Esse novo trabalhador já não está reunido em grandes contingentes. Hoje, nenhuma empresa tem mais de setecentos funcionários e internamente se reestruturaram os sistemas de divisão do trabalho, de rotação, ascensão e qualificação técnica. O novo trabalhador, diferentemente do antigo, que cumpria um ofício e ocupava um posto em função da aprendizagem prática numa linha de ascensão rigidamente estabelecida, hoje é polivalente, capacitado para desempenhar várias funções conforme as necessidades da empresa, dentre as quais ou a perfuração não existe, sendo substituída pela operação a céu aberto (caso da Inti Raymi), ou é mais uma das operações intercambiáveis passíveis de ser resolvidas após breves cursos de manipulação de alavancas e botões, que guiam as perfuratrizes (caso da Mina Bolívar). De resto, essa atividade já não ocupa posição superior na hierarquia como antes, tampouco é a culminância de uma série de conhecimentos transmitidos pelo escalonamento de ofícios, o que assegurava uma herança de saberes de classe entre os trabalhadores mais antigos e os mais jovens.

Uma vez que passaram a ser mais valorizadas a eficiência nas tarefas indicadas, a destreza em operações de aprendizagem rápida e a capacidade para se adequar às inovações decididas pela gerência, toda uma carreira operária de promoções, privilégios e méritos fundados no tempo de serviço e, até certo ponto, no autocontrole operário de sua história no interior da empresa começou a ser substituída por uma competição por benefícios e méritos baseada em cursos de capacitação ("diplomas"), pautas de obediência, produtividade, multifuncionalidade e outros requisitos estabelecidos pela gerência. Está nascendo, assim, um tipo de operário portador de certas estruturas materiais muito distintas daquelas que caracterizaram o operário da Patiño ou da Comibol [Corporación Minera de Bolivia].

Dado que o saber produtivo indispensável para despertar a produtividade maquinal recai menos no trabalhador individual do que nos sistemas automatizados e no investimento em capital fixo, o contrato de prazo indeterminado já não se apresenta como condição indispensável, tampouco a retenção do pessoal em função do tempo de serviço que estratificava a acumulação de habilidades e sua importância produtiva na empresa.

Em outros casos, a multifuncionalidade operária que quebra o sistema de ascensões e disciplinas anterior está vindo menos das mãos de renovações tecnológicas do que de reestruturações na organização do processo de trabalho e da forma de pagamentos (como nas empresas Caracoles, Sayaquira, Avicaya, Amayapampa etc.). Em vez da divisão do trabalho claramente definida em seções e escalões internos, a nova arquitetura laboral se tornou elástica, obrigando os trabalhadores a cumprir, segundo suas próprias metas de pagamento, o ofício de "perfurista", "ajudante", "carrilheiro", "emaderador" etc.; ou inclusive intervindo no engenho para o processamento do mineral. A mudança do sistema de pagamento por função cumprida ou volume de rocha extraída para a de remuneração por quantidade de mineral processado e refinado entregue às empresas criou em várias delas uma polivalência assentada na antiga base tecnológica, ainda que com os mesmos efeitos dissolventes da antiga organização e subjetividade operária.

Objetivamente, todas as condições de possibilidade material que sustentaram as práticas organizativas de coesão, disciplina, mandos próprios e consciência sobre seu destino foram invalidadas por certas novidades que ainda nem acabaram de ser trabalhadas para proporcionar novas estruturas de identidade de classe. Pode-se dizer que as estruturas materiais que sustentaram as antigas estruturas mentais, políticas e culturais do proletariado mineiro foram reconfiguradas, e que as novas estruturas mentais e unificadoras resultantes da recepção das novas estruturas materiais, mesmo não estando consolidadas, são muito débeis e parecem requerer um longo processo de totalização antes de tomar corpo numa nova identidade de classe com efeito estatal.

Daí esse espírito atônito, dubitativo e ambíguo caracterizando as ações coletivas que às vezes brotam desse jovem trabalhador que está começando a gerar e a viver a nova condição de classe do proletariado mineiro.

## A MORTE DA CONDIÇÃO OPERÁRIA DO SÉCULO XX

### A marcha mineira pela vida[11]

Todo fato, e mais especificamente todo fato social, é uma síntese expressiva de determinações de larga trajetória que se manifestam confusamente como acontecimento, como ato. Sua realidade e importância primária residem na explicitação de um conglomerado de vínculos significativos do presente visível, palpável. Mas há fatos sociais nos quais, de maneira poderosa, o presente e a acumulação associada ao passado imediato não são suficientes para fazer entender seu significado real e sua transcendência. São "presentes" que transcendem sua época e cuja verdade profunda só se encontrará no futuro. Falamos então de acontecimentos que no momento em que sucedem não esclarecem a verdade implícita que portam e que, ainda por cima, marcam uma época, porque puxam os acontecimentos restantes, presentes e passados, para um rumo em que todos encontrarão finalidade e sentido. Não são, pois, acontecimentos cotidianos e sim condensações de época que, no momento de nos oferecer a linguagem para tornar inteligíveis os acontecimentos anteriores, fragmentam a história, pois anunciam que a partir de então outras serão as pautas do devir social, ainda que só nos demos conta disso anos ou décadas depois.

---

[11] Em Álvaro García Linera, *El regreso de la Bolivia plebeya* (La Paz, Comunal/Muela del Diablo, 2000). (N. E. A.)

A Marcha pela Vida, de agosto de 1986, é um desses acontecimentos que dividem a história social boliviana em dois segmentos distintos. Em alguma medida é o epítome heroico, e até certo ponto enganoso, de um projeto de modernização iniciado em princípios do século XX e que mostrou seus limites no ocaso do mesmo século. De fato, na Bolívia o fim de época não foi um registro numérico de anos, mas um acontecimento social ocorrido catorze anos antes.

A Marcha pela Vida foi também a síntese de uma condição social, de certas práticas coletivas, de um horizonte de vida e de um projeto cultural de identidade de classe que havia vindo à luz e tentado unir com sua ousadia os dispersos vestígios de nação que vagam pela geografia intensa deste país. Foi o clamor mais desesperado não só daqueles que, mais que qualquer outro sujeito coletivo, acreditavam na possibilidade de nação e fizeram tudo o que podiam para inventá-la por meio do trabalho, da assembleia e da solidariedade; foi, ao mesmo tempo, o ato final de um sujeito social que como nenhum outro havia abraçado os componentes mais avançados e dignificantes da modernidade como a cultura do risco, a adesão por convicção (e não por filiação sanguínea), a cidadania como autoconsciência (e não como dádiva) e uma ambição expansiva territorializada (não familiarizada) da gestão do público, resultantes de uma interiorização cosmovisiva e crítica da subsunção real do trabalho ao capital.

O resultado truncado dessa marcha, detida em Catamarca a ponta de baionetas e impotências históricas canalizadas como medos e cálculos, foi simultaneamente o da extinção dos únicos portadores coletivos de uma sensibilidade de modernidade expansiva. Os mineiros do século passado foram aquilo de mais positivamente moderno que este país já teve, em que, no máximo, a modernidade se enclausura num teatro de marionetes protagonizado pela elite, mediante a qual alguns tentam impressionar para distinguir-se dos populares. Os mineiros, ao contrário, foram o mais autêntico e o mais socializado do pouco de subsunção real que se implantou nestas terras; e em seus desplantes coletivos para o poder estatal, para a tradição filial e para o conservadorismo do existente, praticaram, sem necessidade de desejar nem exibir isso, uma firmeza ontológica sem precedentes na vida republicana.

A belicosidade de sua linguagem, a desfaçatez de suas ilusões em relação ao futuro com as quais os mineiros irradiaram a têmpera do século XX deram uma densidade de multidão às construções e aos sonhos coletivos que, vistos agora a distância, mostram-se tão distintos da hipocrisia cultural e covardia política daqueles insípidos pensantes e administradores de corte que pretenderam substituir com suas veleidades de pouca monta esse gigante social.

E, entretanto, tal miséria moral se ergue vencedora e vaidosa nos albores deste novo século. Mas não é a encenação de um triunfo em que uma concepção do mundo superou a outra pela pertinência de suas argumentações ou a amplitude totalizante de suas percepções. A significação do mundo neoliberal, seus símbolos abstratos de dinheiro, individualismo e desabridos sujeitos de traje que substituíram a assembleia, o *guardatojo*\* e a concretude do corpo musculoso do mineiro perfurista não estão aí por seus méritos, porque na verdade eles não derrotaram ninguém. São como vermes que estão em cima do gigante não porque o derrotaram e sim porque a morte lhe arrebatou a vida. A visão do mundo neoliberal só pôde surgir publicamente porque previamente foi dissolvido – ou melhor, se autodissolveu – o sujeito gerador de todo um irradiante sentido do mundo. Quais foram as kantianas "condições de possibilidade" desse desmoronamento cujo significado apenas começamos a apreciar agora, ainda que seu efeito seja a essência substancial do que é a Bolívia hoje?

## A marcha mineira de 1986

Era agosto e os mineiros começaram a chegar de todas as partes: maciços e sorridentes *cochalos*\*\* de Siglo XX, Huanuni e Colquiri; sóbrios e angulosos de Quechisla, Caracoles, Siete Suyos e Colavi; angustiadas senhoras de Cañadon Antequera, San José, Catavi confluíam na rodovia Oruro-La Paz para empreender a grande marcha.

Dias antes uma assembleia comunal ampliada\*\*\* decretara greve geral e indefinida, as organizações cívicas de Oruro e Potosí haviam lançado uma paralisação de atividades em nível regional e em 21 de agosto milhares de mineiros e moradores marchavam pelas ruas de Oruro para, numa assembleia, tomar a decisão de marchar à cidade de La Paz imediatamente.

Os caminhões repletos de mineiros gritando suas insolentes palavras de ordem e os trens que vinham do Sul entulhados de capacetes e bandeiras evocavam na memória as impactantes cenas de Eisenstein sobre a tomada de Petrogrado em princípios daquele século.

Há algo no operário de qualquer parte do mundo que faz com que sua presença tumultuosa ofusque o entorno e sua personalidade se imponha sobre a desluzida monotonia do ambiente urbano; parece que de imediato a vida deixa de ser uma casualidade desprezível para recordar-nos seu sentido de grandeza. Aquele era um desses momentos: novamente os mineiros deixavam suas ferramentas e vinham aos milhares a La Paz – o que não é pouca coisa se levarmos em conta que quase todas as vezes em que o fizeram o país viveu insurreições ou preparou-se para elas.

---

\* Capacete usado para proteção no interior das minas. (N. T.)

\*\* Moradores de Cochabamba. (N. T.)

\*\*\*No original, *ampliado minero*, ou seja, um congresso operário que se estende aos trabalhadores da indústria, professores e estudantes universitários. (N. T.)

Nesse caso, contudo, havia uma tonalidade distinta nos traços dos rostos mineiros; uma sensação de incredulidade e cautela muito diferente do seguro encorajamento de outros anos, quando se sabia que o bem-estar dos governantes surgia da laboriosidade da gente. Ali, ao contrário, o Estado, o maior empresário mineiro do país, estava fechando as minas, estrangulando as *pulperías**, oferecendo bônus para as demissões. Não se tratava de desfazer-se dos operários mais revoltosos para que os submissos os substituíssem, nem sequer de reduzir custos de operações para ampliar os lucros, como sucedia a cada trapalhada militar. Era pior: estava em marcha o abandono produtivo dos centros mineiros, o encerramento de operações e, com isso, a morte do fundamento material da condição operária mineira mais importante dos últimos cem anos.

Junto com o encerramento de operações da empresa Comibol decretava-se a extinção do fundamento material da história de uma classe, que havia se formado entre privatismo e estatismo em sessenta anos; mas, ao mesmo tempo, desmoronava a fonte de uma certeza coletiva que alimentava uma confiança no futuro e uma audácia coletiva memorável em torno da qual se tinham constituído mitos sociais acerca do comportamento revolucionário dos mineiros. O desabastecimento das *pulperías*, a suspensão do envio de material de trabalho, a retenção das horas extras, o abandono da prospecção nos últimos meses não respondiam só à má administração gerencial: era o prelúdio da paralisia produtiva do aparato mineiro estatal, de um tipo de forma de trabalho e de organização trabalhista que acabaria em janeiro de 2000 e, com ela, os suportes estruturais das relações de força criadas e mantidas ao longo de três década e meia.

O encerramento de operações da maioria das empresas estatais, silenciosamente determinada pelo presidente Victor Paz Estenssoro, não era, então, mais uma penalidade no longo caminho de extorsões a que a família mineira já havia aprendido a resistir, forjando sua heroica história de classe; era a cominatória inconsulta de um fim absoluto dessa história ou, pelo menos, do que ela havia sido nos 35 anos anteriores. Mas não era, por acaso, a mineração estatal o núcleo forte da acumulação que permitia a diversificação produtiva do país e o investimento no Leste? Não eram, por acaso, os mineiros, suas lutas e seus mártires, que haviam arrancado a república do lodo do sistema agrário colonial, aqueles que reconquistaram a democracia? Certamente os mineiros eram a alma virtuosa da nação nascida em 1952. E foi com essa consciência de si que eles ocuparam a rodovia para ir interpelar o Estado. Mas a desdita dos tempos surgira a partir do momento em que a reconfiguração da economia, dos suportes estatais e da antiga condição proletária, não sua preservação, tornou-se o programa das elites governantes.

---

\* Nos centros mineiros bolivianos, estabelecimentos que serviam como uma espécie de armazém e de bar aos trabalhadores, funcionando também como ponto de socialização. (N. T.)

O excedente mineiro criara a Corporación Boliviana de Fomento e suas mais de trinta empresas produtivas; eram as divisas mineiras geridas pelo Estado que permitiram a comunicação eficaz com o leste do país, conseguiram a universalização da educação estatal gratuita, expandiram o comércio interno e asseguraram os salários dos burocratas, dos professores, dos oficiais e dos funcionários públicos.

Era a mineração que permitia ao migrante acreditar na possibilidade de uma ascensão social programável a longo prazo, articulando um imaginário coletivo de unidade social verificável e desejável. Do mesmo modo, eram os mineiros, apoiados por operários fabris, que haviam apostado infatigavelmente na democracia como opção de intervenção nos assuntos comuns; eram os fundadores de um sentido real de cidadania sumamente democrática por meio da figura do sindicato, que se expandiu até o último rincão da geografia estatal. Enfim, se algo existia de nação e de Estado na Bolívia, era graças aos mineiros das grandes empresas nacionalizadas, por seu trabalho e seus desejos. Como, então, pensar em sua dissolução como sujeito produtivo e como sujeito político, quando nem nas ditaduras, que foram seus inimigos jurados, jamais se lhes passou pela cabeça se desfazer fisicamente desse conglomerado estratégico?

Pela simples razão de que pressões internacionais e interesses empresariais locais, vaidades e interesses dos quais os mineiros jamais estiveram separados nos anos anteriores apontavam para outros rumos quanto ao que deveria ser a composição econômica da sociedade e a composição política do Estado.

Claro, se nos ativemos ao marco geral dos ciclos econômicos propostos por Kondatief[12], desde princípios dos anos 1970 as regiões capitalistas mais importantes haviam entrado em uma fase B ou de descenso que contraiu as taxas de lucros, estancou ou declinou o crescimento e conteve os fluxos de capital em investimentos. Esse declínio econômico exacerbou a disputa do excedente: fechamento de empresas com baixas taxas de lucro, redução salarial para ampliar as margens de lucro empresariais e demissões para reorganizar a composição orgânica do capital, que em períodos de estancamento se apresenta rígida e embaraçosa; foram ondas de medidas que começaram a varrer uma atrás da outra as nações mais industrializadas, os maiores consórcios e, com o tempo, as próprias economias articuladas de maneira subordinada como a nossa e a de todos os países fornecedores de matéria-primas.

---

[12] Nikolai D. Kondratiev, "The Long Waves in Economy Life", *Beverly Hills and London Review*, n. 4, 1979; Robert Brenner, *Turbulencias en la economía mundial* (Santiago do Chile, LOM/Cenda, 1999); Theotonio dos Santos, "La cuestión de las ondas largas", em *La globalización de la economía mundial* (Cidade do México, Unam/IIC, 1999).

O capital, como soma de iniciativas individuais, começou a desenvolver três vertentes na busca de superação dessa fase descendente e de estancamento mundial:

a) Potenciar ao longo de vários anos a ação de novos setores produtivos capazes de gerar um paradigma tecnológico que, pelos lucros extraordinários, pela formação de novos mercados de consumo e pela atração de capitais, pudesse abrir uma brecha de inovação que arrastasse o resto da economia, inaugurando assim, findo um período de dez a quinze anos, um novo ciclo de onda A ou de ascensão[13];

b) Lograr, consolidar e irradiar uma composição orgânica do capital (relação político-cultural e técnica entre o montante social que se investe em salários em relação ao total do investimento empresarial) que promovesse uma taxa de lucros elevada, reestruturando as formas de trabalho que consagravam tecnologicamente essa nova composição e asseguravam uma taxa de lucros apetecível para os novos investimentos[14];

c) Desfazer-se das resistências e antigas regras de negociação alcançadas na fase ascendente, quando o trabalho pôde impor benefícios e direitos[15].

Tem-se assim, portanto, uma reconfiguração da condição objetiva da situação de classe pela introdução de novos setores de produção, novas tecnologias, nova organização do trabalho; mas também uma reconfiguração da trama de poder entre trabalho e capital no âmbito estatal pela redução da capacidade de negociação que introduz objetivamente a paralisação, a depressão e a demissão que caracteriza a fase descendente da economia mundial[16].

A destruição de meios de trabalho, mercadorias e forças de trabalho que acompanha essa fase de descenso em certas ocasiões desencadeou guerras nas quais a humanidade pareceu fundir-se no lodo da destruição material e física, como em 1913-1918[17], com a Primeira Guerra Mundial, e, em 1940-1945, com a Segunda

---

[13] Immanuel Wallerstein, *Después del liberalismo* (Cidade do México, Siglo XXI, 1996) [ed. bras.: *Após o liberalismo: em busca da reconstrução do mundo*, Petrópolis, Vozes, 2002].

[14] Ana Esther Ceceña e Andrés Barreda (orgs.), *Producción estratégica y hegemonía mundial* (Cidade do México, Siglo XXI, 1996).

[15] Robert Boyer e Jean-Pierre Durand, *L'Après-fordisme* (Paris, Syrios, 1999); Robert Boyer, *La flexibilidad del trabajo en Europa* (Espanha, Ministerio de Trabajo y Seguridad Social, 1986).

[16] Stéphane Beaud e Michel Pialoux, *Retour sur la condition ouvrière* (Paris, Fayad, 1999) [ed. bras.: *Retorno à condição operária*, São Paulo, Boitempo, 2009].

[17] Giacomo Marramao, *Lo político y las transformaciones* (Cidade do México, Pasado y Presente, 1982).

Guerra Mundial; em outras, criou as condições necessárias que possibilitaram grandes mudanças sociais, como em 1848, quando se produziu a primeira – e até agora única – revolução moderna em escala de todo o território capitalista da época (Europa)[18], ou quando deu lugar às tentativas, imediatamente sufocadas, de revolução social na Rússia czarista em 1917.

Entretanto, o aumento das penalidades, as demissões, a contração econômica e a crise nem sempre desembocam em revoltas sociais. Em geral, a miséria material engendra mais miséria material, organizativa e espiritual dos setores subalternos; a possibilidade de que tais forças protagonizem atos de resistência e autonomia fundamenta-se na acumulação prévia de experiências, na extensão de redes de ação e solidariedade, na criação de certezas mobilizadoras, na confiança na ação comum e na capacidade propositiva acumulada em décadas anteriores que, em um momento de vertigem social, são capazes de catapultar ao mundo do trabalho práticas autodeterminativas de grande risco e em grande escala. Que isso não tenha acontecido no mundo desde os anos 1970, quando as estruturas organizativas dos trabalhadores na Inglaterra, nos Estados Unidos, na Itália e na França, entre outros, começaram a se desmontar, tem a ver com o fato de que, diferentemente de 1848 e 1917, os setores do trabalho mais agredidos em seus benefícios, e que eram o baluarte do espaço de autonomia trabalhista dos anos anteriores, não só sofreram uma brutal contração temporária e reestruturação interna como também, em muitos casos, simplesmente deixaram de existir, caso dos metalurgistas, dos operários do carvão, das manufaturas têxteis e de certos setores da indústria automotriz. Surgiram novos setores produtivos, sustentados na informática[19], com sua infinidade de vertentes na manufatura, na circulação e nos serviços; ou a expansão da indústria aeroespacial, que criou um vácuo de memória e continuidade na capacidade de resistência do mundo do trabalho de tal forma que, em fins dos anos 1990, o corte de benefícios sociais, de salários e de estabilidade trabalhista fez grande parte da sociedade mundial regressar à precariedade do século XIX[20].

Na Bolívia, a frase lapidar do presidente Paz Estenssoro, "Bolivia se nos muere"*, vinha carregada dos mesmos presságios. Ou se mudava o padrão de acumulação, a forma de regulamentação da economia, e se modificavam as regras

---

[18] Jorge Veraza, *Revolución mundial y medida geopolítica de capital a 150 años de la revolución de 1848* (Cidade do México, Itaca, 1999).

[19] Ana Esther Ceceña e Andrés Barreda (orgs.), *Producción estratégica y hegemonía mundial*, cit.

[20] Pierre Bourdieu, *La miseria del mundo* (Buenos Aires, Fondo de Cultura Económica, 1999) [ed. bras.: *A miséria do mundo*, Petrópolis, Vozes, 2008].

* "A Bolívia está morrendo diante de nossos olhos." (N. T.)

de negociação-inclusão do trabalho, ou a Bolívia, entendida como o espaço geográfico do domínio (barroco e híbrido) do capital, acabava.

Se há algo a reconhecer em Paz Estenssoro é seu olfato para nadar sempre a favor da corrente das regras mundiais da economia. Na verdade, não é uma virtude dar-se conta das obviedades que exigem as classes dominantes locais para legitimar esse seu lugar: basta uma boa dose de pragmatismo e uma cultura mediana relativa ao que se passa no mundo. Mas é claro que num ambiente cultural raquítico, como o das elites conformadas deste país, essa é uma poderosa vantagem. Quando tinha que ser nacionalista, brigar pela constituição do Estado-nação, tentar vias de substituição de importações, colocar o Estado como locomotiva da economia e benfeitor social, como vinha sucedendo em todo o mundo industrializado, Paz Estenssoro fez a parte dele em seus dois primeiros governos, ainda que sempre preocupado com o excessivo avalentoamento de certos operários insurretos triunfantes que o haviam colocado no timão do poder governamental.

Agora, ao contrário, os ventos sopravam a favor da livre empresa, da desregularização dos mercados, do fechamento de empresas temporariamente deficitárias, da abertura de fronteiras, da contração estatal para integrar, à esfera da valorização empresarial e ao mercado, áreas anteriormente geridas à margem desse critério[21]. Era necessário também que se modificassem as relações de poder estatal, mudando as técnicas de cidadanização corporativa a fim de reduzir benefícios sociais, elevando as possibilidades de rentabilidade com o barateamento da força de trabalho, garantindo investimentos estrangeiros com a desarticulação de formas de organização contestatárias da sociedade civil e, enfim, dando por terminada uma composição política da sociedade[22] que consagrava, para a etapa anterior de desenvolvimento do capitalismo local, normas de negociação e mercadejo entre o trabalho e o capital.

Nesse estreito sentido do termo, havia previsão governamental, um plano, iniciativa histórica. O governo e certos setores de investidores locais e estrangeiros sabiam mais ou menos que, para preservar e ampliar seu poder, seria preciso dar um novo rumo geral aos ambíguos territórios onde se desenvolvem as regras do mercado e da industrialização.

Os trabalhadores, o horizonte de previsibilidade dos assalariados organizados, ao contrário, haviam sido deixados para trás; pior ainda, essa tessitura cultural e letrada que desde 1950 estava ligada ao corpo operário por meio de dirigentes sindicais "fabricados" e discursos políticos "injetados" sob múltiplas formas partidárias de esquerda, carecia de outra perspectiva que não fosse a do capitalismo

---

[21] Fundación Milenio, *Las reformas estructurales en Bolivia* (La Paz, Fundación Milenio, 1998).

[22] Luis Tapia, *Turbulencias de fin de siglo* (La Paz, Iincip, 1999).

de Estado. Entrincheirados atrás de um discurso estatizante, homogeneizador, disciplinador da força de trabalho e sem esconder suas irrefreáveis ânsias de ver a plebe como massa mobilizável, educável, guiável e predisposta a ser governada pela imaculada "vanguarda civilizada" portadora do desígnio das leis da história, a esquerda simplesmente tinha convertido o sonho do nacionalismo revolucionário e da Cepal (Comissão Econômica para a América Latina e o Caribe) numa versão mais radicalizada, em seu "programa revolucionário". Só podia ver, então, até onde chegava o capitalismo de Estado apoiado pelas próprias forças capitalistas que potenciavam essa rota. Quando o capital deu um giro e embarcou na "livre empresa", os formadores de opinião da esquerda já não souberam o que fazer; num cenário cômico e ridículo, ficaram sem força, sem discurso ou, no máximo, sem escolha a não ser seguir reivindicando um capitalismo de Estado aos próprios capitalistas que abandonavam por obsolescência.

Entretanto, não se tratava de uma retórica sem influência; de fato, tratava-se de um discurso e de uma prática política que adulavam disposições conservadoras dentro da própria classe, que engatilhava estados de ânimo de querelantes, de obedientes, de reivindicadores tão arraigados nas classes subalternas, em detrimento da prática de soberania, propositiva, autodeterminativa da condição da classe trabalhadora. Sob esses estandartes havia se constituído um *habitus* de classe e com eles iam ao encontro da morte.

## Os fogos da insubmissão e da mansidão

A Marcha pela Vida foi também, em parte, o cenário dessas disposições culturais de classe do movimento operário. Como não podia ser de outra maneira, a marcha da multidão de quase 15 mil pessoas, entre mineiros, donas de casa, estudantes e camponeses, cristalizou um modo plebeu de reclamar ao Estado. Ali estava condensada uma secular memória coletiva de produzir voz reivindicante por meio da explicitação do corpo social em movimento. Na verdade, a única coisa que a multidão tem de próprio, de direto, é isto: seu número, sua agregação palpável que manifesta a força da massa. Aqui, a ocupação das ruas, das rodovias, é a verificação de uma identidade de corpo de classe fundada na intervenção direta na encenação da humilhação, da injustiça suportada e na vontade de que isso mude.

É claro que este ato de fusão coletiva de indignação, que se impõe pela geografia, é um impetuoso ato de usurpação da função parlamentar como desaguadouro deliberativo das pulsações sociais; a aglomeração atuante se sobrepõe aqui como mecanismo de deliberação fática dos assuntos comuns. Abandona-se o centro de trabalho, ocupam-se as rodovias (Oruro-La Paz e Sud Yungas-La Paz) e recorre-se ao tumulto para externar a palavra e o sentimento de todos os trabalhadores. Isso, já de saída, revela a vigência de uma maneira particular de ter interiorizado a cidadania como exercício de direitos[23], sob a forma de associação, de corpo mobilizado. Trata-se de uma exultante interpretação ética da vida em comum[24], entendida como associação e mobilização por centro de trabalho, por ramo de atividade e por identidade trabalhista como forma de filiação social.

Nesse sentido, a marcha torna a validar um modo histórico de entender a política como um fato de massas mediante o qual: a) o trabalhador assume uma identidade corporativa por centro de trabalho; b) esse trabalhador coletivo assim constituído, como sindicato, interpela o Estado e exerce, sem mais mediação, sua luta pelo reconhecimento e seus direitos públicos.

Essa forma de filiação e de prática política operária era portadora de múltiplas virtudes. Por um lado, permitiu criar um sentido de responsabilidade política sumamente arraigado na vida cotidiana e na atividade laboral. Dado que, para exercer direitos e modificá-los, o ponto de encontro e verificação é a unificação por centro de trabalho somada à mobilização, o ato da política é uma competição socializada, praticada diretamente pelo trabalhador como uma de suas funções cotidianas. O papel dos especialistas da "política" que monopolizam e privatizam esse bem coletivo fica assim em grande parte limitado, já que existe uma inclinação generalizada para conceituar o bem comum como uma competência comum, de todos.

Por outro lado, a verificação dessa responsabilidade, por sua própria qualidade de massa, não pode menos que ser praticada por meio de mecanismos de unificação coletiva como a assembleia, a marcha, a mobilização, a rebelião. Isso significa que a representação simbólica[25] do que é a luta pelos direitos coletivos não apenas é um lugar de formação de uma identidade social como só pode ser executada mediante técnicas associativas comunais, isto é, capazes de criar interunificação prática e autônoma entre trabalhadores. Daí que a medida da democracia em toda a época em que prevaleceu essa maneira de entender a política não foi um problema quantificável nem em votos nem em engenharia de pactos parlamentares, como o é hoje. Democracia, basicamente, era a intensidade unificatória por centro de trabalho do conglomerado laboral e o grau de permeabilidade do Estado para reconhecer, ouvir e canalizar as reivindicações da sociedade sindicalmente organizada.

---

[23]  Thomas H. Marshall, *Ciudadanía y clase social* (Madri, Alianza, 1998) [ed. bras.: *Cidadania, classe social e status*, Rio de Janeiro, Jorge Zahar, 1967].

[24]  David Held, "Ciudadanía y pluralismo", *La Política*, Barcelona, Paidós, n. 3, 1996.

[25]  Ernest Cassirer, *Filosofía de las formas simbólicas: fenomenología del reconocimiento* (Cidade do México, Fondo de Cultura Económica, 1993), tomo III [ed. bras.: *Filosofia das formas simbólicas*, São Paulo, Martins Fontes, 2004].

Esses elementos, por sua vez, permitiram forjar uma autorrepresentação operária na história firmada por unidade, disciplina laboral e mobilização de massas. Dado que o operário não pode ver a si mesmo a não ser por meio de sua coesão com os demais, e a todos juntos em estado de tumulto mobilizado, falamos de uma identidade de classe caracterizada pela fidelidade aos mandos sindicais e ao estado de congregação atuante.

Trata-se de um autêntico preconceito de classe resultante de uma leitura interna da história na qual os únicos elementos permanentes nas lutas desenvolvidas foram o sindicato e a solidariedade de outros sindicatos. Enquanto os pequenos partidos e os caudilhos se dissolvem ante as primeiras escaramuças, o sindicato está aí para proteger as famílias, para cuidar dos filhos abandonados, dar trabalho para as viúvas, para comunicar o que acontece em outros acampamentos, para enterrar os mortos. É no sindicato-em-luta que o ser desarraigado da terra e do *ayllu* encontra um sentido de intelecção da vida, uma nova família perene que lhe devolve a vivência de integração e de transcendência sem a qual nenhum ser humano é capaz de sustentar-se em pé. Enfim, o sindicato, sua disciplina, seus costumes mobilizados, são o lugar onde o operário pode ver a si mesmo na história e projetar-se no futuro, desafiá-lo, desejá-lo e fundir-se a ele. Nesse sentido, pode-se dizer que o sindicato foi a única organização de classe operária do século XX.

Por último, essa maneira de entender e exercer as funções políticas foram, contudo, o único momento duradouro, nas últimas décadas, em que a política deixou de se sustentar sobre a ativação de redes de parentesco e na sedução do miserabilismo econômico, tão próprios do comportamento das classes dominantes e das classes subalternas. O patrimonialismo[26] e o clientelismo[27], tão enraizados nos *habitus* senhoriais das classes poderosas e nos *habitus* dominados[28] das classes necessitadas, encontraram na formação do sindicato, em particular o operário, o único lugar em que, material e culturalmente (e não só por meio de "chamados

---

[26] Max Weber, "Sociología de la dominación", em *Economía y sociedad* (Cidade do México, Fondo de Cultura Económica, 1987), cap. IX [ed. bras.: "Sociologia da dominação", em *Economia e sociedade*, Brasília, UnB, 2004, v. II].

[27] Norberto Bobbio, *El futuro de la democracia* (Cidade do México, Fondo de Cultura Económica, 1986) [ed. bras.: *O futuro da democracia*, São Paulo, Paz e Terra, 2006]; Máximo Quisbert, "Fejuve El Alto 1990-1998: dilemas del clientelismo colectivo en el mercado político en expansión" (La Paz, Universidad Mayor de San Andrés, 1999). Tese de licenciatura.

[28] Pierre Bourdieu, *La distinción* (Madri, Taurus, 1998) e "Campo del poder, campo intelectual y habitus de clase", em *Intelectuales, política y poder* (Buenos Aires, Eudeba, 2000) [ed. bras.: *A distinção: crítica social do julgamento*, São Paulo, Edusp, 2008; "Campo intelectual e projeto criador", em Jean Pouillon (org.), *Problemas do estruturalismo*, Rio de Janeiro, Jorge Zahar, 1968].

da consciência", como se dá hoje), começaram a ser dissolvidos por práticas e redes de filiações políticas modernas baseadas na adesão e no compromisso ético.

Pessoas provenientes dos mais distintos lugares geográficos, desprendidas dos tecidos de filiação sanguínea ou de paisagem, se agrupavam por centro de trabalho para praticar, a partir daí, sem mediação nem comércio de vontades, sua maneira de intervir na gestão dos assuntos públicos. A extinção posterior dessa forma de fazer política, que trouxe consigo a "relocalização" e a dominação dos partidos políticos, fez com que a sociedade inteira retrocedesse aos hábitos oitocentistas da consagração política pela via da linhagem das elites governantes e pela extorsão dos dominados.

Mas, por sua vez, há um tronco de mansidão que se reconstrói por meio dessas formas de entender a política. A marcha mineira, em sua euforia coletiva esparramada pela rodovia, não se apresentou em nenhum momento para os mineiros como um meio para arrebatar, para tomar de fato o que se crê ser seu. Pode-se dizer que, em todo o ato dramático de marchar, o que está em cena é a maneira primordial de estruturar o mundo ao qual o operário está acostumado e segundo o qual seu papel multitudinário e arriscado o é como reivindicante, como peticionário aleivoso e digno do que supõe serem seus direitos, suas necessidades e expectativas. Então, aqui, o direito não é tanto uma autoconsciência com efeitos práticos da posição que alguém ocupa no mundo e mediante a qual esse alguém ocupa o mundo, mas sim um gesto coletivo para obter reconhecimento diante do Estado, para operar de alguma maneira no mundo. Definitivamente, é no Estado que o operário se reflete para fazer-se reconhecer em suas prerrogativas públicas.

Decerto é uma apetência política muito intensa que se põe em marcha, e de fato não é exagerado afirmar que os operários, em particular os mineiros, em todo esse período que vai de 1952 a 1990, interiorizaram, como um componente indissolúvel de sua identidade de classe próxima do Estado, a ambição de integrar-se a ele.

Mas, ao mesmo tempo, trata-se de uma presença no Estado como objetivação de um eu coletivo de classe; isto é, o mineiro não se ambiciona no Estado como titularidade governativa. Ao contrário, ambiciona-se poderosamente no Estado como súdito, como seguidor, arrogante e belicoso, mas tributário de adesão e consentimento negociados. O operário não se viu jamais, a não ser em momentos extremos e efêmeros, como soberano, pois o soberano não pede, exerce; não reclama, sentencia.

Ainda que o sindicato, mobilizado ao longo de todos os anos anteriores desde a revolução de 1952, tenha sido capaz de ab-rogar o monopólio das decisões políticas baseadas na linhagem, no conhecimento letrado e no dinheiro, nunca abandonou a crença de que o sobrenome, o dinheiro e o conhecimento letrado são requisitos imprescindíveis para governar.

Isso significa que a maneira de se projetar no âmbito político é meramente interpelatória, não executiva; isto é, que o operário, na raiz de suas lutas, sente-se portador inescusável do direito de falar, de resistir, de aceitar, de negar-se a acatar, de pressionar, de exigir, de impor um rosário de reivindicações aos governos, mas nunca poderá ver a si mesmo no ato de governar. É como se a história de submissões operárias e populares praticadas desde a colonização tivesse se instalado na memória como um fato inquebrantável, aderido ao corpo operário, e empurrado a massa mobilizada para enfrentar o poder como simples sujeito de resistência, de cominação, de protesto e não como sujeito de decisão e soberania exercida. A imagem que ele tem de si mesmo produziu a condição operária como a do querelante, não a do soberano[29].

Há uma inclinação irredutível desse proletariado, e em geral do proletariado moderno, para buscar seus direitos por mediação do Estado, o que significa um reconhecimento implícito do Estado como representante geral da sociedade, como lugar da constituição de um sentido de comunidade e aquisição de reconhecimento[30]. Porém, e isso é uma singularidade da formação da condição operária e popular na Bolívia, trata-se também de uma pertença dependente, de uma integração subordinada no Estado. A atitude peticionária no âmbito operário explicita a imprescindibilidade da aquiescência dos governantes para exercer um direito, porque pareceria que, sem esse consentimento, tal direito careceria de legitimidade e validade. O mundo parece se estruturar no imaginário de classe de tal maneira que a própria identidade atuante só pode consagrar-se publicamente mediante o reconhecimento positivo (conquista de direitos) ou negativo (a repressão e o massacre) por parte dos governantes. Sem dúvida, trata-se de um autêntico *habitus* de classe que ao longo da história reconstituirá o núcleo conservador e dominado da condição operária. É talvez nessa ofegante busca pelo olhar dos dominantes para poder validar a presença dos dominados que se haveria de buscar a inclinação das classes populares para um hábito mendigo ou a predisposição para observar o cumprimento de seus direitos como dádivas e favores pessoais outorgados pelo pessoal governativo.

Na marcha, a memória dessas submissões corporalizadas como sentido comum guia os gestos mineiros que se desenrolam no solo. Em termos estritos, a marcha, que com o passar dos dias chegou a acolher mais de 10 mil mineiros, foi a maior encenação dessa sujeição da classe à legitimidade estatal. Em geral, os mineiros fazem o que fazem para relembrar ao Estado que ele não pode fazer o que está fazendo, que não pode romper unilateralmente um pacto com os primordiais

---

[29] George Bataille, *Lo que entiendo por soberanía* (Barcelona, Paidós, 1996).

[30] Axel Honneth, *La lucha por el reconocimiento* (Barcelona, Crítica, 1997) [ed. bras.: *Luta por reconhecimento: a gramática moral dos conflitos sociais*, São Paulo, Editora 34, 2008].

fogos de abril, quando foram fixadas prerrogativas e dependências entre dominantes e dominados; marcha-se, pois, para forçar novamente a inclusão dos direitos do trabalho no ordenamento do Estado.

Não ocorreu a ninguém marchar para deslegitimar Paz Estenssoro, que inclusive havia ganhado em vários dos distritos mineiros nas então recentes eleições de 1985; marchava-se, pois, como gesto ritual e recordatório dos compromissos para quem precisamente simbolizava a chancela operária na nação: Victor Paz Estenssoro.

Entretanto, o fato de, nesse chamado à reconstituição dos pactos inclusivos no Estado, os mineiros recorrerem ao gesto doloroso e sofredor do corpo coletivo mostra até que ponto as inclinações insurrecionais com as quais se forjou a correlação de forças do Estado nacionalista cederam sua linguagem vigorosa e arriscada àquela posta em cena num tormento coletivo ao longo de trezentos quilômetros.

Certamente, há nisso a reativação de um imaginário de classe que narra sua passagem pela história por meio da recontagem dos massacres, da dor e da injustiça perene de uma pátria ingrata que maltrata quem a sustenta. Daí ser possível dizer que o movimento operário produziu uma narrativa sofredora de seu devir de classe, em que a lista de mártires, a desgraça e as atribulações marcaram o único caminho para o qual se considera uma verdadeira redenção, inelutavelmente vencida a custo de tanta desdita. A marcha, os pés sangrando, a comida improvisada, a distância dos entes queridos são os gestos mediante os quais os trabalhadores reconstroem sua memória para interpelar o Estado.

Mas existe aí uma peculiaridade distintiva dessa recontagem de experiências passadas. As experiências de atribulações e atos de sofrimento coletivo anteriores sempre foram o resultado inesperado de reivindicações, protestos e lutas que os operários se sentiram obrigados a dar para obter o que haviam considerado justo. As penalidades coletivas emergiam como resposta brutal de certos governantes insensíveis, resposta essa que não invalidava a crença moral da justeza do reclamado e que, portanto, mais cedo ou mais tarde seria novamente contra-argumentada com uma nova mobilização das certezas morais da classe. A marcha, ao contrário, é uma produção de penalidades deliberadas, decididas por conta própria; não é a resposta e sim o enunciado com o qual se dirigem ao Estado. O que é que levou esses mineiros a recorrer ao corpo, último recurso do ser humano, quando já não há opção, como lugar de exibição pública de dor? A greve de fome ou o suicídio, em sua versão mais radical, sempre foi o último refúgio do ser que, impossibilitado de meios de poder e influência ante seus interlocutores, arremessado à impotência absoluta, recorre ao próprio corpo, à autoprivação e ao risco de morte autoinfligido como último recurso de liberdade para evitar a cadeia de imposições que arrebataram a possibilidade de ser reconhecido. É o último patamar do ser dominado que está na defensiva, que já nada pode fazer para reverter sua situação subalterna e que se refugia no drama do corpo para conseguir reconhecimento, mediante a cominatória extrema do autossuplício ou da busca da morte. Seu efeito, no caso de isso ocorrer, virá pelo lado de tocar os mais básicos fundamentos morais dos dominantes como seres humanos, que poderão ver-se compelidos a conceder algo simbólico de credibilidade, de poder, ao dominado, a fim de integrá-lo novamente ao âmbito da economia de direitos e concessões sociais.

A dramática Marcha pela Vida de 1986, que abriu um longo ciclo de marchas e crucifixões populares nas décadas seguintes, marcou a seu modo o nascimento de uma época de impotências dramatizadas das classes populares. A impotência, evidenciada aqui, não é, naquela parte do espaço político, definida pela capacidade de mobilização em massa ou pela obtenção de solidariedade de outros setores sociais. Dez mil mineiros caminhando por dias compõem, sem dúvida, uma inédita ação multitudinária, e o apoio dos Comitês Cívicos de Oruro e Potosí, que entraram em greve dias antes[31], além da adesão de comunais, moradores e estudantes, mostra sua amplitude de conquistar apoio de outros conglomerados empobrecidos. A importância aqui se dará naquela faixa central do espaço político que tem a ver com a capacidade de gerar *horizontes de organização e ação social propositiva*. Os mineiros carecem de um plano de produzir história coletiva que vá além do legado pelo capitalismo de Estado, em sua versão nacionalista ou esquerdista (o chamado "socialismo"), que em 1986 seria derrubado estrepitosamente diante dos olhos atônitos dos mineiros.

A força operária, a identidade de classe consagrada de maneira revolucionária por meio da insurreição de abril, teve o Estado e a economia estatizada como seu fundamento material e político. A robustez do Estado nacionalista e de seu embasamento econômico, como a industrialização estatizada, foi também a robustez do movimento operário. De fato, a possibilidade da obtenção do excedente social gerido pelo Estado, que lhe permitiu criar os primeiros passos de uma integração territorial e econômica, dependia da mineração e dos mineiros. Por sua vez, os mineiros podiam ter a certeza de sua importância social e de sua capacidade de produzir efeitos de reação estatal na medida em que pertenciam a empresas estatais e o sindicato era reconhecido como o modo predominante de exercício da cidadania[32]. Por essa razão os fatos políticos sucediam desse modo tão paradoxal em que, ainda que mineiros e Estado se portassem como opositores irredutíveis (sob a forma eloquente de enfrentamento entre mineiros e militares), eram-no porque ao mesmo tempo, na raiz da história de ambos, cada um formava o en-

---

[31] José Pimentel Castillo, "La marcha por la vida", em *Problemas del sindicalismo* (Llallagua, UNSXX, 2000).

[32] Álvaro García Linera, "Ciudadanía y democracia en Bolivia, 1900-1998", *Temas Sociales: Revista de Sociología*, La Paz, n. 21, 2000.

gendro do outro e sua extensão mais duradoura (sob a forma da gestão da produção mineira da circulação dos excedentes econômicos).

Os mineiros haviam produzido como nenhum outro setor social as qualidades estatais da vida política e, quando os usufrutuários dominantes acreditaram que havia chegado o momento de romper laços e reconfigurar a relação de forças no interior do Estado, os operários não souberam o que fazer; careciam de opção e o único a que se inclinaram de maneira obsessiva foi rememorar a antiga composição de forças, os velhos pactos inclusivos dentro do mesmo ordenamento estatal e econômico. Careciam de plano histórico e, pela primeira vez em sua história de classe, tornaram-se conservadores, pois só se deram conta de propor a preservação do já existente.

O mineiro, que havia imposto seu selo ao corpo espiritual do Estado nacionalista, desenvolvera no seu campo de visão aquilo que outorgava esse ambiente cultural. Mais além da retórica pseudossocialista, o proletariado era nacionalista e com razão, porque foi dentro do programa nacionalista que conseguiu produzir unidade, sua identidade de classe, sua epopeia, sua ascensão social pela via do sindicato e seu pequeno bem-estar. Por isso, quando o próprio Estado iniciou o desmantelamento dos pilares materiais e organizativos da antiga trama estatal e das antigas adesões, evidenciava que as principais frações das classes dominantes constituídas no Estado nacionalista e graças a ele estavam delineando uma nova trama política em que o operário ficaria desprovido de intrusão e protagonismo nesse Estado. De certo modo, era uma declaração de guerra, se entendermos a guerra como uma abrupta ruptura da relação das forças sociais levadas a cabo por todos os meios, incluídos os da violência física.

O movimento operário inicialmente não entendeu assim, ou não quis entender, e operou como estava acostumado: recompor a economia de reivindicações e concessões mediante a greve, a paralisação e a mobilização. E quando percebeu que o que estava em jogo não era a forma desse mercado político e sim sua própria natureza, o conteúdo dos vínculos anunciado pelo fechamento de minas e a morte da condição material de classe, se sentiu incapaz de produzir um projeto autônomo de ordem social distinta da que havia conhecido até aqui, reivindicando assim o regresso ao antigo horizonte histórico do Estado nacionalista.

Com isso, iniciou-se um ciclo de derrotas de longo alento em que, diante da iniciativa arrebatadora das classes poderosas, as classes subalternas não atinam mais do que entrincheirar-se na evocatória de antigos pactos sociais que a arremessaram à perda de iniciativa histórica, de imaginação propositiva e de autonomia. Hoje, catorze anos depois, esse processo começa a ser revertido lentamente graças a estruturas de mobilização social de novo tipo como a Coordinadora del Agua y la Vida de Cochabamba.

O problema não foi, certamente, a falta de propaganda dos "ativistas" que panfletavam suas propostas programáticas. Pensar que as classes sociais elegem seus rumos em função da influência pedagógica de meia dúzia de escribas é reduzir a sociedade a uma sala de aula composta de crianças ignorantes e professores portadores do saber. Pior ainda, é pensar que a objetividade do devir das lutas sociais e das condições de classe podem ser substituídas por efêmeros diagramas de ideias.

A impotência de horizonte histórico que emergiu da Marcha pela Vida estava ancorada em fatos mais poderosos que a própria constituição das classes trabalhadoras, como os fatos práticos e os efeitos materiais que as classes são capazes de desenvolver no interior das estruturas técnicas e simbólicas de sua condição de classe. Em particular, é nas características das maneiras de unificar-se, de resistir, de projetar-se no âmbito da estrutura técnica e organizativa do processo de trabalho industrial, isto é, na maneira de constituição da identidade política de classe contemporânea, que se há de investigar a produção de submissões, dependências e limitações da classe operária boliviana que emergira no momento da marcha e em seu desenlace.

Em geral, a condição operária caracterizou-se pelo radicalismo de reivindicar e não tanto pelo radicalismo daquilo reivindicado ao Estado e aos patrões. Desde os anos 1920, o movimento operário vinha criando uma cultura reivindicativa centrada no salário, nos benefícios sociais, na alimentação, no amparo familiar, na saúde, na moradia e no cuidado familiar que, certamente, possui uma absoluta legitimidade como conquista de direitos sociais e trabalhistas mínimos e indispensáveis para garantir a continuidade do trabalho e a vigência de uma dignidade coletiva. Trata-se, em sua totalidade, de um conjunto de direitos articulados à regulação do valor social médio da força de trabalho, isto é, refere-se ao âmbito da valorização histórico-moral da força de trabalho[33] no espaço do mercado desta. Trata-se do ponto de partida e do ponto de chegada da constituição do operário como classe moderna, isto é, como portador de uma mercadoria que negocia os níveis de sua realização comercial e que ao longo da vigência do capitalismo teve fortes implicações políticas de tipo reivindicativo, como sucede na Bolívia.

Entretanto, existe outro espaço provável de constituição moderna da condição operária que, emergindo da posição objetiva do sujeito que vende sua força de trabalho sob as leis da lógica mercantil, inicia um desmonte simultâneo, porquanto se põe a erodir a própria constituição da força de trabalho como mercadoria medida e regulada pelo valor. Esse espaço, que marca o limite crepuscular da normatividade do capital como fato econômico, cultural e simbólico, é o da

---

[33] Antonio Negri, *Del obrero masa al obrero social* (Barcelona, Anagrama, 1980).

auto-organização do trabalhador no interior do processo de trabalho, em ato de disputa e modificação da realidade técnica e organizativa do trabalho assalariado como trabalho para valorizar o valor. São os atos de resistência, de interunificação dos trabalhadores para desenvolver – corpuscular ou amplamente – estruturas de gestão da realidade material do trabalho capazes de evitar a subsunção geral do trabalho ao capital, por meio de cujas lutas vertidas de múltiplas formas ao longo de décadas cria-se um tecido organizativo, cultural e simbólico em condição de engendrar horizontes autônomos de história social, projetos de iniciativa histórica suscetíveis de disputar o sentido geral do devir produzido recorrentemente pelas classes dominantes. Tal nível de auto-organização de classe é que, com o tempo, produz efeitos políticos de tipo revolucionário que complementam e expandem ilimitadamente o tipo de *prática política reivindicativa* surgida da luta pelos direitos trabalhistas mercantis. Outra maneira de ler esses dois níveis da luta política na sociedade moderna é que o primeiro compete ao nível do sistema social de liberdades, enquanto o outro compete ao sistema de necessidades. Uma leitura do socialismo como mera satisfação do sistema de necessidades, à margem da ampliação do sistema de liberdades, foi em geral o que predominou nos antigos partidos de esquerda com influência no movimento operário, que criou o ambiente intelectual e discursivo do assenhoreamento da razão cultural do capitalismo de Estado e do discurso nacionalista.

O mundo operário boliviano, precisamente, cultivou um tipo de *prática política* fundamentalmente *reivindicativa*, ao passo que as *práticas políticas produtoras de horizonte estratégico alternativo* ficaram bastante restritas pela reconstituição de submissões e mansidões no interior do campo de forças de classe que se dão dentro do processo de trabalho e do processo de produção em geral. Em certa medida, o operário boliviano, diferentemente dos trabalhadores de outros países latino-americanos, soube levar adiante uma cultura de subordinação produtiva baseada na sublevação intermitente e na linguagem de massas. Mas, ao mesmo tempo, impôs de forma sistemática limitações a si mesmo e evitou ou não acreditou ser necessário expandir a luta no próprio ordenamento da racionalidade produtiva, reconstituindo assim os mandos organizacionais, os usos técnicos dos sistemas produtivos, a intencionalidade enviesada da produtividade capitalista e os esquemas organizativos técnicos do trabalho objetivantes da lógica empresarial e da acumulação.

Os escassos momentos visíveis em que essa mansidão técnico-organizativa foi posta em dúvida por meio das propostas de cogestão indicam uma busca renovada por incorporar esse âmbito fundamental nas estratégias de resistência, mas em geral tratou-se de propostas de elites dirigentes, que se limitaram a modificar questões de administração e gestão interna, deixando de lado o espaço da materialidade especificamente produtiva do processo de trabalho.

O fato de os mineiros terem ido à rodovia Oruro-La Paz com seus capacetes, seus cobertores felpudos e algumas dinamites, mas sem uma crença aglutinante do que pudesse ser um devir histórico autônomo, encontraria suas condições de possibilidade em que isso tampouco fora produzido previamente a partir do centro de trabalho. A estrutura simbólica de classe ficara, assim, atrelada ao Estado nacionalista e, quando este começou a se despedaçar, arrastou consigo as próprias estruturas mentais e organizativas do proletariado boliviano.

Não é de estranhar, portanto, que os mineiros que atravessaram Caracollo, Konani, Lahuachaca e Patacamaya não estivessem mobilizados para impor um novo direito legítimo, porque assim o imaginaram desde o momento em que o experimentaram como prerrogativa desejada desde sua fonte de trabalho; o que se pedia ali era que se cumprisse um direito que já estava impregnado na antiga institucionalidade estatal. A experiência do corpo, que representa na rodovia o dramatismo da vida dos acampamentos, mostra-se também como lugar de enunciação de uma mitologia política de classe do operário *no Estado*. A autoridade da Autoridade governativa não está em questão; seus atributos de decidir, delegados e tolerados pelos próprios governados, não são postos em dúvida. E mais: tanto governantes como governados estão sendo ratificados em suas respectivas posições políticas por obra prática dos mesmos governados, que não fazem mais do que reafirmar sua posição de governados no momento de reivindicar a vigência de seus antigos direitos de governados.

A partir do momento em que se recorre ao governante para reclamar que ele não pode quebrar impunemente os acordos originais, convalida-se tacitamente a delegação do poder de decisão e a separação regulamentada entre dominantes e dominados. A linguagem coletiva da denúncia da transgressão moral do Estado que se manifesta por meio dos sinais do corpo, da gesticulação dramática dos dilemas sociais, exacerbara ainda mais a fatal impotência desses mineiros heroicos que trocaram as balas nos peitos pelos calos nos pés para reivindicar o que consideravam seus direitos.

A marcha, desde o início até seu cerco, foi o recordatório mímico de um passado subalterno sustentado na pertença da mineração ao núcleo fundador do Estado-nação: nas arestas da belicosa linguagem e na colocação em cena do testemunho do corpo está a rememoração agônica da centralidade do mineiro no Estado, enquanto a encenação da reivindicação pertence ao gesto do suplício coletivo que pretende rasgar a máscara de indolência dos governantes.

Antes restara a tentação da ocupação e do levante armado que despontara no horizonte nas jornadas de março de 1985. Inclusive, vistas a partir da têmpera dessa nova marcha, pode-se dizer que as palavras de ordem gritadas em 1985 dos caminhões que regressavam a seus distritos eram pouco menos que efêmeros fulgores, em meio a um estado de ânimo marcado pela espera passiva de que "alguém" distinto deles, certos "doutores", certos "chefes", certos "militares" tomassem as rédeas dos assuntos públicos para apoiá-los.

Em questão de anos originou-se uma longa cadeia de hábitos coletivos, em que os operários se enxergavam desse modo e atuavam como ferozes opositores de governantes autoritários ou como inflexíveis sustentáculos de governos e propostas que ampliavam o campo de exercício de reivindicações populares. Mas em ambos os casos não haviam visto a si mesmos como gestores do âmbito técnico produtivo da empresa. Sempre tinham ordenado o campo significante da luta na base de *alguém* a quem resistir e de *alguém* a quem apoiar, sem necessidade de questionar a pertinência da existência de "alguém" acima deles. Era como se a identidade de classe exigisse, para existir publicamente, um terceiro inclusivo, um porta-voz[34] que validasse a existência coletiva da classe mobilizada. Só que esse "interlocutor inclusivo", pela via da resistência ou do apoio oferecido a ele, é um agente externo, que não pertence nem à classe nem a seus representantes diretos, mas ao mundo institucionalizado do Estado.

A marcha mineira foi, assim, um elo dessas lutas de reconhecimento não *no* Estado, mas *pelo* Estado como modo de validação da própria presença histórica da classe operária. Diante do próprio Estado, o que se diz agora é que ele não pode abandonar os operários; o sacrifício da marcha é o meio ao alcance, o último, nesse caso, para chamar a atenção, para pedir que retroceda a alguém que já não está disposto a continuar se movendo no mesmo espaço e com as regras do jogo às quais os mineiros estão acostumados. O encerramento das operações não é a radicalização das opções do espaço compartido entre Estado e mineiros; é simplesmente o fim do espaço social da narrativa operária dos últimos cinquenta anos – na realidade, o único que reconheceu e interiorizou o proletariado como substância. O fim desse espaço começou a ser vislumbrado como o fim do proletariado, das estruturas materiais e das estruturas mentais da condição operária. Muitos falaram da extinção da classe operária[35]. Só anos depois se dariam conta de que o fim operário, selado em Catamarca, não seria o do proletariado em geral, e sim o de um *tipo de proletariado*, de um tipo de estrutura material e simbólica da condição de classe e do longo e tortuoso processo de formação de novas estruturas materiais e simbólicas que estão dando à luz a uma nova condição operária contemporânea no século XXI.

---

[34] Pierre Bourdieu, "La delegación y el fetichismo político", em *Cosas dichas* (Buenos Aires, Gedisa, 1996) [ed. bras.: "A delegação e o fetichismo político", em *Coisas ditas*, São Paulo, Brasiliense, 2009].

[35] Carlos F. Toranzo Roca, *Nueva derecha y desproletarización en Bolivia* (La Paz, Unitas/Ildis, 1989).

## Os desígnios de uma época amarga

O conteúdo de uma época histórica se define, mais que por uma classificação sequencial de acontecimentos, pelo encontro fundador de forças sociais que, num choque decisivo e em seu resultado, produzem a estrutura duradoura das hierarquias institucionais, das relações de poder consuetudinárias, dos saberes práticos legítimos, dos esquemas mentais mundanos com os quais a sociedade, a partir de então, dá sentido a sua existência. Ao mesmo tempo, atualiza mais uma vez, por outros meios e em todos os espaços da vida pública e privada, a conflitiva e instável relação de forças originárias.

Pode-se, então, definir uma época histórica como a rememoração diária prática e corporalizada, imaginada e objetivada, de uma estrutura relativamente estável de correlações de forças sociais que foram estabelecidas num momento preciso e datável do que Foucault chama "prova de fogo"[36], e com base na qual, para reproduzi-lo, todos, dominantes e dominados, armam o horizonte de probabilidades legítimas. Por sua vez, o fim de uma época passa a ser a revogatória e a luta pela imposição legítima de outra estrutura institucional e simbólica correspondente a uma nova trama da correlação de forças entre os sujeitos atuantes do cenário social.

A insurreição de abril de 1952, por exemplo, é o ponto de partida de uma época marcada pela irrupção altaneira e violenta da multidão sindicalizada na consagração de uma cidadania expansiva. A composição estatal não faz mais do que consagrar, regulamentar e, em seu momento, utilizar essa chancela operária, adequando-a aos fins unificadores das classes dominantes.

Os pontos de início e de término das épocas históricas são momentos desavergonhadamente propositivos, nos quais a força triunfante pode ver a si mesma como ativa construtora das circunstâncias que posteriormente, uma vez sedimentada a fase extrema da conflagração, farão das pessoas o que elas são na vida cotidiana. Abril de 1952, visto em relação a seu efeito na estrutura social, foi um acontecimento revolucionário porque transformou de maneira radical a situação das classes sociais: derrubou umas, encobriu outras, melhorou a posição de terceiras e, com isso, reconfigurou forma e conteúdo das qualidades materiais da ordem socioeconômica. Visto a partir da trajetória das classes subalternas, pode se dizer que elas transformaram seu estado de dominação tradicional e conseguiram impor um conjunto de prerrogativas e resistência na conformação da nova ordem estrutural de dominação.

O ano de 1986 traz, ao contrário, outros sinais de época. Colocada em perspectiva, a marcha é a derrota dos limites populares da velha época. As classes

---

[36] Michel Foucault, *Genealogía del racismo* (Buenos Aires, Caronte, 1996).

dominantes preservaram seu poder e o ampliaram a terrenos de gestão anteriormente vedados pela resistência operária. Nesse sentido, pode-se falar de um ato conservador, mas por *trasladação*, isto é, um fato transformador que renova sob novas formas o exercício do poder social pelas antigas classes dominantes ou, ao menos, da parte mais importante delas. Para as classes dominadas, é uma revolução de suas condições de existência, porém dentro do mesmo esquema geral herdado da dominação; pior ainda, é um momento de perda de prerrogativas, de retrocesso em suas faculdades autônomas e interpelatórias. Trata-se de uma mudança reacionária que dissolve conquistas de direito democrático para intervir corporativamente nas decisões estatais, provoca a erosão de suas capacidades organizativas, fragmenta técnica e materialmente sua unidade histórica, dissolve grandes trechos de memória coletiva etc.

Do ponto de vista do antigo proletariado mineiro, significa sua morte cultural entendida como o fim de seu protagonismo na história, pelo menos durante várias décadas; é a morte de sua iniciativa histórica, de suas certezas de classe, ainda que sua extinção física tenha se prolongado por mais catorze anos, até 2000, com a privatização de Huanuni e Colquiri.

O terrível desse momento fundante é que, diferentemente de 1952, em que cada uma das forças antagônicas sabia ou intuía a que acudiam às ruas, predispondo-se a arriscar a vida pela busca de seus interesses primordiais postos em jogo, em 1986 só uma das forças, a dominante, soube cabalmente a importância do acontecimento que se aproximava e por isso confluiu em traje de combate à rodovia: o exército do Estado e um estado-maior de empresários e ministros coligados. Para esse grande desenlace, as classes governantes desenvolveram com antecedência uma eficaz batalha simbólica pelos esquemas de enunciação legítima do mundo: estigmatizou-se como antidemocrática a ação operária, falou-se da "carga" que os mineiros da Comibol representavam para o Estado e para os contribuintes, atiçaram-se os temores dos pequenos proprietários urbanos a respeito da demoníaca prepotência mineira e, quando a marcha ultrapassou os cordões de segurança policial de Caracollo, uma conjura de quartel se pôs em ação.

A tais preparativos de uma iminente guerra que anunciava a reestruturação despótica da relação entre capital e trabalho, entre cidadania e Estado, os mineiros responderam inicialmente com o chamado à reposição da estratificação social inaugurada 35 anos antes; iam, portanto, a uma guerra sem sabê-lo ou, pelo menos, sem querer reconhecê-la como tal. O "voltaremos, mas armados" com que se despediram do povo de La Paz em março de 1985 e que era um lúcido presságio da irreversível paralisia da relação de forças que sustentava o Estado nacionalista, ficou por isso mesmo.

O problema em agosto de 1986 não era que não havia armas; na verdade, nunca há armas para a plebe sediciosa e a rebelião social é precisamente o autêntico modo majoritário de obtê-las. O que contava ali da defecção operária é que os mineiros não se viam como um exército em preparação para a batalha nem desejavam sê-lo. A única coisa que pediam era que se respeitassem seus antigos direitos, que se restabelecessem os antigos pactos! Seu desarme era antes de mais nada espiritual, portanto, e enquanto assim se mantivesse não haveria possibilidade alguma de que se armassem materialmente.

À medida que a marcha avançava, a rodovia ia se enchendo de mais mineiros com cobertores felpudos, com mais incredulidade em relação às medidas governamentais para encerrar as operações e com mais reivindicações respeitosas. Entretanto, o prospecto da história ainda não estava escrito. O ambiente humano que acolhia os mineiros na marcha de povoado em povoado, as comunidades aimarás do altiplano, os humildes de El Alto, percebiam o que acontecia e começaram a trabalhar de acordo com isso. Milhares de comunais, de estudantes surpreendidos, saíram para saudar e alimentar aqueles que consideravam inevitavelmente um exército. Pode-se dizer que os agasalhavam como se faz àqueles que vão sem pudor desafiar a morte. Cada povoado atravessado pelos mineiros festejava aqueles "*coya* loucos"\* com música, ritual e comidas variadas dispostas aos quatro costados das praças. Na prática, começa a se remontar esse infeliz desencontro entre mineiros e comunais que continuamente fraturou a força de ação das classes populares.

Com o avançar dos quilômetros, esses mesmos mineiros começaram a ser impregnados pelo inflamado ambiente que prometia a proximidade de La Paz. Chegando a Patacamaya, numa grande assembleia similar à que todos os dias realizavam no povoado de pernoite, surgiu entre os manifestantes a proposta de subir nos caminhões e chegar mais rápido à cidade. Alguns dirigentes de sindicatos e ativistas mineiros já haviam tomado a precaução de trazer dinamite junto com outras provisões das minas. Grupos de militantes do que depois viria a ser o Ejército Guerrillero Túpac Katari (EGTK) haviam começado a juntar dezenas de armas de fogo de longo alcance nas comunidades aimarás paralelas à marcha mineira. Outros operários propuseram sair da rodovia e caminhar até Villa Remédios, ficando fora do campo de ação das tropas militares, que mais tarde cercariam o contingente maior de marchistas em Calamarca.

Começou a despontar a constituição de um novo estado de ânimo mais lúcido ante os indícios da época. Essa não era uma marcha qualquer: era um ato resolutivo do posicionamento estratégico das forças sociais: "já não se deveria marchar indefesos porque é iminente a repressão"; "é preciso chegar hoje mesmo a El Alto porque o governo não vai permitir que cheguemos lá"; "deve-se chegar

---

\*   *Coya*, em quéchua, significa mina. (N. T.)

ao Alto para depois se estender a La Paz com os milhares de populares que os estavam esperando", foram os argumentos de distintos oradores na assembleia. E, certamente, a população humilde de El Alto, com fabris, trabalhadoras dos mercados, membros de associações, professores, já haviam iniciado os preparativos para receber triunfalmente esses marchistas valorosos e se somarem à mobilização contra o governo. A presença dos mineiros aparecia como a senha mediante a qual todo o mal-estar individualmente suportado, todo o desprezo recebido e silenciado haveria de desembocar numa torrente de indignação e resistência com capacidade de ação coletiva. Necessitava-se alguém em quem confiar; sempre se necessita alguém em quem confiar para transubstanciar a miséria material e organizativa dos subalternos em capacidade propositiva de ação autônoma. No final, até agora essa senha nunca chegou: daí a escassez de moralidade pública dessa época.

Mas pôde a demagogia de um punhado de dirigentes sindicais sem brilho, sem valor e sem lucidez política, embevecidos nas virtudes de seus salários parlamentares, e que, apequenados ante a dimensão do significado epocal do governo movimentista e da marcha, só atinaram a atuar com obediência fatal às regras do jogo tradicionalmente utilizadas com governantes anteriores: mobilizar para pactuar, aferventar o ânimo para depois mercadejar em melhores condições a economia de direitos e concessões[37]. Não entenderam, inclusive até hoje, que a marcha era o presságio do fim de uma era, a extinção desse mercado de negociações entre sindicato e Estado e, junto com seus antigos adversários trotskistas, que fomentaram o conflito entre os extra-legais pela aposentadoria, encabeçaram a responsabilidade pela morte do proletariado mineiro, tal como ele existia desde 1940.

A partir de Patacamaya, os acontecimentos começaram a tomar um ritmo frenético. Rumores de repressão, assembleias deliberativas para acelerar a jornada, discussões sobre a possibilidade de entrar em greve de fome chegando a La Paz, propostas de lutar e resistir à repressão, deslocamento de mais armas e ativistas desde Cochabamba e Potosí para se juntarem à marcha. Em meio a isso, havia o discurso conciliador da direção sindical – que, curiosamente, ainda não havia sido substituída por um comitê de greve, como sempre sucede nesses casos. Um deles, deputado, poria as mãos no fogo para garantir a palavra dos ministros, que lhe asseguravam deixar a marcha entrar em La Paz. Vinte e quatro horas depois, esse homem choroso receberia cuspidelas das mulheres mineiras ao constatar tardiamente o engano paralisante.

A palavra oficial da direção sindical acabará por preparar o cenário da derrota. Certamente, não "foram os culpados", na medida em que o devir das lutas de

---

[37] Edward Palmer Thompson, *Tradición, revuelta y conciencia de clase* (Barcelona, Crítica, 1979).

classes sociais não depende da astúcia ou valentia de um bom ou mau dirigente orgânico. Havia uma predisposição de longo alento que foi criando, ao longo dos anos e dos dias, a adversidade do momento e a impotência histórica mineira para ver além do horizonte nacionalista; as poucas aberturas pelas quais se introduziam opções de futuro distinto eram isso: gretas escassas e tênues de alternativas numa muralha de condescendências para com a ordem estabelecida. Entretanto, esses dirigentes e esses partidos nada fizeram para ampliar as gretas de autonomia e o horizonte estratégico alternativo. Ao contrário, quando puderam, tamparam essas opções e se dedicaram a adular o já extenso conservadorismo coletivo, a mansidão de classe, na medida em que nelas fundamentava-se a preservação de seus privilégios, de sua ascensão social pessoal.

Calamarca foi o lugar do encerramento, da derrota militar e da derrota histórica da antiga estrutura da classe operária dominante em todo o século XX na Bolívia. Em 28 de agosto, foi declarado estado de sítio em todo o país e, em Calamarca, regimentos inteiros de soldados e policiais, tanques de guerra, aviões – uma manobra militar sem precedentes –, tropas de infantaria e artilharia cercaram os operários e suas famílias.

Os generais riam: era a vingança final da vergonha de abril, quando coube a eles desfilar com os uniformes trocados ante os olhares irados de vitoriosos mineiros armados. Os mineiros agora choravam sua impotência: era uma derrota estratégica completa. Até esse dia o proletariado mineiro havia sido a substância viva da época; seu trabalho a sustentava, suas lutas a garantiam; seus sonhos eram a mais destacável força produtiva que a confirmava. O colapso final dessa época – que passava pela quebra da forma em que acontecia o trabalho produtivo, como havia se formado a condição material e simbólica da classe operária – iniciou-se em Calamarca.

Não foi necessário disparar um só tiro para consumar a derrota; a superioridade militar do inimigo era tamanha, assim como a fragilidade espiritual dos mineiros – diante da ausência de um imaginário coletivo, de uma ordem de coisas sociais que fossem além do Estado nacionalista, da estatização produtiva dos pactos inclusivos de sua dominação –, que já não havia necessidade de mortos para convalidar a hecatombe e a derrota em face da iniciativa histórica que desde então as classes governantes começaram a retomar.

Teria sido possível romper o cerco? Talvez. Pelo menos foi isso que propuseram as mulheres mineiras, que não se resignavam em voltar à morte silenciosa de acampamentos abandonados. Haviam nascido e crescido no ambiente de assembleias e lutas comuns que preservavam o trabalho digno e o pão dos filhos; não se renderam antes e não aceitariam facilmente fazê-lo agora, mais ainda quando o que as esperava no retorno era a extinção de seu mundo, de sua história.

Talvez a tentativa de ruptura tivesse mudado o mísero destino das famílias mineiras. Talvez a cota de sangue tivesse deixado irresoluta na *pampa*\* a fácil vitória política dos governantes. Em geral, o sangue e os mortos deixam pendente nos mitos populares uma dívida que cobra às gerações seguintes um ressarcimento; são uma convocatória para a busca de unificação atuante que satisfaça no imaginário a recompensa, a reposição simbólica do sacrifício da vida que podia ter sido a sua. Os mortos desempenham o papel do intercessor inclusivo, da externalidade unificadora, da linha de sangue que amplia o parentesco simbólico, a pertença e a adesão de uma genealogia recordada pelo reconto dos mártires. Talvez com isso a época posterior tenha sido tão descentrada e desapaixonada como é hoje. O certo é que o cerco e a rendição sem batalha marcaram de forma duradoura o temperamento cultural das décadas seguintes. Os operários se despediriam da história de maneira amarga e descolorida. No altiplano, rodeados de soldados, subiram aos trens sem ninguém de quem se despedir. Não houve estalidos de dinamite nem o rosto altivo dos que se arriscam para saudar a morte. Os mineiros tinham um olhar desfalecido e se despediam sem glória dessa pátria e dessa sociedade que tanto amaram, a que deram todo seu esforço para tirá-la do lodaçal da insignificância e do temor envergonhado.

Em Calamarca, a condição operária criada de modo trabalhoso durante cinquenta anos se fez em cacos como um vaso jogado no chão e, com isso, nasceu outro mundo do trabalho, igualmente firmado, até hoje, pela pulverização, pela hibridez de seus assentamentos geográficos, pela ligeireza de suas crenças, pela ausência de confiança e de laços de interunificação.

Desde então, e por mais de uma década, a história de classe se transformou em migalhas diante do olhar atônito do operário, que só experimentara pedaços fragmentados de vida, trânsitos temporais por um centro de trabalho no qual sabia não poder depositar seu futuro porque o futuro se tornara uma interrogação irredutível. O tempo foi perdendo sua homogeneidade para se partir em múltiplas densidades, correspondentes às múltiplas geografias nas quais o novo operário devia realizar sua capacidade de trabalho.

Essa reconfiguração material do mundo do trabalho pôs fim a um tipo de identidade operária e a um tipo de estrutura material do trabalho assalariado, dando lugar ao surgimento de um novo tipo de estrutura material e simbólica da condição operária que apenas começa a dar seus primeiros passos na configuração de uma nova maneira de se apresentar, de se imaginar na história, de se organizar e se enunciar politicamente.

Em grande parte, trata-se de operários muitíssimo mais numerosos do que há duas décadas e dispersos nos cada vez mais variados ramos de atividade produ-

---

\* "Planura sem árvores", em quéchua. (N. T.)

tiva[38], mas fragmentados em centros de trabalhos industriais médios, em pequenas feitorias de subcontratação, em trabalhos em domicílio que pulverizam na geografia as possibilidades de reunião em grandes contingentes. Trata-se, além disso, de trabalhadores em geral carentes de contrato fixo – nômades, portanto –, que vão de um ofício a outro, que combinam a venda de força de trabalho em produtos ou serviços por conta própria com a venda temporária de força de trabalho por um salário; os poucos que têm contrato fixo perderam a hierarquia de promoções escalonadas por tempo de serviço e são compelidos a uma competição interna de promoções fundada na habilidade, no aprendizado, na submissão e na polivalência laboral. Trata-se, na maioria, de operários e de operárias jovens disciplinados/as no individualismo urbano pela escola, pela família e pelos meios de comunicação de massa; diferentemente dos antigos operários, forjados num espírito de corpo sindical como garantia de direitos e ascensão social, os jovens operários mineiros, fabris, construtores, petroleiros de hoje carecem de um horizonte de previsibilidade operária, de estabilidade geográfica e de experiência sindical, o que dificulta enormemente a formação de uma densa cultura de unificação e projeção social.

Contudo, e apesar de todas essas pesadas estruturas que conspiram para uma rápida articulação daquilo que virá a ser um novo movimento operário e uma nova identidade de classe operária, catorze anos depois dessa marcha aziaga, proletários forjados na antiga cultura de conexão operária, mas lúcidos conhecedores da nova realidade material e simbólica fragmentada da condição operária moderna, colocarão de pé formas organizativas como a Coordinadora del Agua y la Vida em Cochabamba. Tais formas, pelas vitórias conquistadas, por sua força de articulação de setores trabalhistas dispersos, por sua produção de solidariedade popular em torno de uma autoridade moral operária, pela reativação da capacidade das classes subalternas de crer em si mesmas e, antes de tudo, pela "recuperação da capacidade de ação"[39], ou melhor, pela produção de um horizonte de ação autodeterminativo, estão dando lugar a uma inovadora reconstituição do tecido social do mundo trabalhista e, em particular, da identidade operária contemporânea[40]. Pode-se dizer que, desde abril de 2000, estamos diante de um *ponto de inflexão histórico*: o do início do fim de uma época marcada pelo programa neoliberal inaugurado com a derrota da "marcha pela vida".

*La Paz, abril de 2000*

---

[38] Sobre a nova condição operária na Bolívia, ver Álvaro García Linera, "Procesos de trabajo y subjetividad en la formación de la nueva condición obrera en Bolivia", *Cuadernos de Futuro*, La Paz, PNUD, n. 5, 2000.

[39] Alain Touraine, *¿Cómo salir del liberalismo?* (Barcelona, Paidós, 1999) [ed. bras.: *Como sair do liberalismo?*, Bauru, Edusc, 1999].

[40] Álvaro García Linera (org.), *La condición obrera, estructuras materiales y simbólicas del proletariado de la Minería Mediana, 1950-1999* (La Paz, IDIS-UMSA/Comuna, 2001).

# IV. MOVIMENTO INDÍGENA

Narrativa colonial e narrativa comunal*

A sociedade oficial significa, para o indígena, o mesmo que a morte representa para os aferrados à vida: ambos os casos são entendidos como negação de qualquer existência possível. Assim como a vida é a fuga permanente da morte, nos países latino-americanos o "social" é a perpétua prevenção do "índio" no ordenamento público; o progresso é o extermínio do indígena ou sua domesticação civilizatória; também na Bolívia, convertido em semiproletariado nômade, qualquer indício de indianidade é objeto de renovadas pesquisas e dilações sociais: a modernidade é o extasiante holocausto da racionalidade indígena, por mais que o que a substitua seja um vulgar arremedo das inalcançáveis angústias da região oeste industrial; a nacionalidade é a erradicação das identidades coletivas irredutíveis à abstração do Estado, enquanto o diferente é a folclorização paternalista das distinções civilizatórias.

Essa horrorização do chamado mundo indígena é tão internalizada que até seus personificadores, quando podem, saem apavorados em busca redimidora da normatividade que os escraviza. O indígena é, pois, para a racionalidade estatal, a purulência social em processo de displicente extirpação; é a morte do sentido histórico do válido.

E, entretanto, tudo brota e volta inevitavelmente a ele: a riqueza, o poder, o colonialismo, a República são nomes distintos dados ao confisco das faculdades criadoras que emanam dos músculos e das mentes indígenas.

Nessa irresistibilidade produtora fundamenta-se a tragédia de sua extorsão histórica, renovada de forma sistemática a título de catequização, de pátria, de

---

* Conferência pronunciada na XI Reunião Anual de Etnologia, no Museu Nacional de Etnografia e Folclore de La Paz em 1997. (N. E. A.)

campesinização, de cidadania ou multietnização; nesse sentido, pode-se falar do colonialismo como a alienação fundadora do devir da sociedade contemporânea, na medida em que anuncia a conversão das potências vitais do índio em forças separadas e depois alheias que se voltam contra ele para domesticá-lo e submetê-lo. Curiosamente, os erroneamente chamados projetos "revolucionários" do último século, longe de se opor a essa obra devastadora, demonstraram ser cúmplices dela, com uma eficácia surpreendente.

## O nacionalismo de Estado

Embora seja certo que as elites coloniais, preservadas com a República, nunca tenham abandonado o desejo íntimo de extermínio físico da população indígena (e quando puderam levaram-no a cabo), foi a prédica nacionalista que provocou maiores estragos na continuidade material e espiritual das entidades coletivas indígenas.

Travestido de uma extraordinária predisposição popular antioligárquica, o Estado nacionalista cristalizou o processo de delegação centralizada de soberanias públicas nas mãos de uma equipe de funcionários profissionais, que acabou por se revelar o mais exitoso dos últimos séculos. Para que essa submissão funcionasse, cativando não só o corpo mas a alma das pessoas, era necessário algo muito mais poderoso do que a força compulsiva capaz de saciar a fome de terra provocada pelo monopólio *hacendal*\* e algo muito mais persuasivo do que o controle de recursos monetários suscetíveis de corromper as fidelidades populares a favor de um Estado pródigo. Era necessária, sobretudo, a uniformização do sentido popular de totalidade social imaginada, o que seria imprescindível para a reprodução material e simbólica, responsável por possibilitar uma abdicação generalizada das prerrogativas públicas favoráveis a uma associação de especialistas permanentes. E o que seria melhor para essa *taylorização* do espírito social do que a igualação compulsiva por meio da propriedade privada, da lei, da escolarização universal, do serviço militar e demais tecnologias de cidadanização estatizada que começaram a funcionar tão logo dipersou-se a fumaça da insurreição de abril?

Com a construção do indivíduo abstrato ou sindicalizado como modo de existência cidadã estatalmente reconhecido, o Estado, mais do que simbolizar a nação, apareceu como a própria nacionalização da população, capturada pelos limites territoriais de sua influência. Tudo o que se opõe a esse achata-

---

\* Relativo à *hacienda*, organização típica do sistema colonial espanhol, uma grande porção de terra concedida pela metrópole ao "patrão", que exercia domínio sobre tudo e todos que faziam parte do território abarcado pela concessão. Os camponeses eram obrigados a entregar a ele parte de sua produção. (N. T.)

mento homogeneizador foi catalogado, paralelamente, como apátrida, comunista, subversivo ou selvagem.

O regime derivado do Estado colonial ficou assim desdobrado em registro cultural e moral que deveria servir diariamente de oferenda no altar de uma burocracia escolar, militar, legislativa e informativa, patrulhadora da consciência do novo cidadão.

Do México à Argentina, do Brasil à Colômbia, de Cuba à Bolívia, o chamado Estado Nacional representou a produção em série desse espécime social anônimo, o cidadão civilizado, possuidor de ambições similares e penúrias comuns. Sua autêntica personalidade é o Estado, pior ainda, o nome do Estado, que o distingue nos mapas ou no volume de benefícios escorregadios que o pertencimento estatal permite ostentar diante das repúblicas vizinhas mais azaradas.

Em todos os casos, a nação-do-Estado perseguida com ansiedade pelas elites mercantis no último século consolidou a tentativa mais sistemática e feroz de extirpação das identidades sociais indígenas. Junto com o disciplinamento político-cultural chamado a "incorporar", na "nação" e na "cultura", sujeitos supostamente "carentes" delas, o mercado, o dinheiro e o assalariamento duradouro foram propostos como métodos para arrancar o indígena de um suposto primitivismo petrificado na comunidade agrária. A nação propugnada por audazes profissionais urbanos não foi outra coisa senão o álibi da forçada descomunitarização das populações urbanas e suburbanas e de seu encapsulamento passivo numa comunidade abstrata distinguida pela falsa igualdade de direitos públicos de pessoas profundamente diferenciadas em aspectos econômicos, culturais e históricos.

Esse projeto de decapitação de realidades sociais com distinto conteúdo étnico-cultural e produtivo-organizativo atingiu seu ápice na maioria dos países – ou não falta muito para isso. Enquanto renovam ímpetos para essa cruzada moderna, os "nacionalistas revolucionários", de velho e novo cunho, exibem os redutos indígenas como peculiaridades antropológicas para onde vertem as tendências filantrópicas ou turísticas dos componentes mais sensíveis da "sociedade nacional".

No entanto, existem países onde essa devastação social, inconclusa em sua resolução, é reproduzida de maneira deliberada nesse seu estado de suspensão. Mas isso não se deve somente àquilo que algumas correntes de pensamento qualificaram como inexpugnável resistência das agrupações chamadas "indígenas" e a um reprovável miserabilismo estratégico das elites governantes; certamente, essa desestruturação inacabada da identidade material "indígena" se explica pela densidade preservada das formas comunais, pela falácia do projeto homogeneizador do Estado, mas também – e esse é um dos paradoxos da resistência simplesmente local – à espoliação colonial, porque é na simultaneidade hierarquizada de distintas formas produtivas e organizativas que o regime do capital comercial, industrial e financeiro pode subordinar formalmente, ao processo de monetarização forçada e à posterior valorização do capital social considerado em sua totalidade, um conjunto abundante de tecnologias, de fidelidades culturais, de capacidades produtivas não capitalistas, sem que para isso sejam necessários grandes investimentos. Paradoxalmente, trata-se de um circuito de monetarização e capitalização, também implementado ativamente pelos próprios estratos subalternos urbano-rurais, que reproduzem entre si, uns contra os outros, os mecanismos de extorsão que suportam das elites governantes, incrementando ainda mais sua vulnerabilidade em relação a elas.

O trabalho por conta própria, a migração intermitente para empregos precários, a crescente mercantilização dos recursos familiares-comunais que diminuem sem se extinguir são as rotas tortuosas através das quais se desenvolve esse modo de expropriação indireta do trabalho indígena. A conversão dessas formas antigas de acumulação do capital em programa explícito de "modernização" é o que, em relação ao consumo da capacidade de trabalho, veio a se chamar neoliberalismo. Os multiculturalismos e multietnicismos com os quais as criaturas do nacionalismo de Estado envernizam sua retórica, longe de superar a serialização nacionalista, vieram para compensar suas frustrações, já que a "tolerância cultural" que invocada é simplesmente a legitimação discursiva do neototalitarismo do capital, que se nutre do fingimento suspenso de racionalidades comunais fragmentadas, parcialmente reconstituídas e para as quais as diferenciações culturais e políticas deliberadamente fomentadas pelo Estado se prestam a dar coesão aos ritmos escalonados e intermitentemente congelados da subsunção produtiva ao capital.

## O socialismo de Estado

Se o "nacionalismo revolucionário" se apresentou como a consciência burocrática do Estado, o esquerdismo presunçosamente marxista o fez como teologização da razão estatal.

Com notáveis exceções, censuradas de modo abrupto, a vulgata marxista apareceu no continente como grosseira apologia governamental. A crítica radical e implacável do existente, inerente a um marxismo sério, foi substituída desde os anos 1930 por sacralizações de um "partido" e de um Estado paranoico que se acreditavam portadores de um desígnio inevitável do curso histórico. Enquanto o primeiro acreditava preservar na avidez confabuladora de seus membros a consciência emancipada da sociedade – e suas palavras de ordem profetizavam o advento do novo mundo –, o segundo encarnava a eficácia atuante da revelação. O Estado todo-poderoso, cuja onipresença em todos os recantos da sociedade seria a consumação da revolução salvadora, tinha nesses partidos clérigos encarregados de anunciar e conduzir a nova sociedade. A fé secularizada no programa dividiu o mundo em fiéis e pecadores, estes últimos suscetíveis de conversão por meio do culto paroquial da proclamada militância.

Essa política exercida como credo monástico não podia senão convergir na divinização das hierarquias ventríloquas que se autoatribuíam a palavra e o mandato das pessoas – nesse caso, do proletariado e do povo.

Quem deve dar pão aos famintos? Quem deve dar água aos sedentos? Quem deve curar os doentes? Quem deve dar trabalho aos desocupados? Quem deve dar terra aos despossuídos? Quem deve libertar os oprimidos? Certamente, respondem: e quem mais propício para tão nobre tarefa que o suposto "Estado socialista", que sabe o que a chusma de famintos inconscientes necessita?

Mas, se é preciso *dar* de comer, de beber, de trabalhar, primeiro os apóstolos dessa empreitada devem *ter* os pães que se hão de repartir e o vinho que se há de dividir. O Estado nacional popular, "operário" ou como se queira chamá-lo, mas Estado no fim das contas, há de ser precisamente a ocupação centralizada das riquezas nas mãos de uma autointitulada vanguarda benevolente que há de dar a todos em nome de todos.

Assim, se antes era por trás da nação que se escondia o pequeno capital local, agora é por trás do fantasma de uma revolução que se encontra emboscada outra ambição particular do burocrata convicto, querendo exaltar seu interesse privado como interesse coletivo.

E por acaso a estatização da produção, da riqueza, da vida que o pensamento esquerdizante tanto sente falta perturba aquilo que nacionalistas, republicanos e realistas implementaram por séculos e séculos? De jeito nenhum. Simplesmente eleva a um grau superior o que seus antecessores inauguraram. O clássico mercado de trabalho do capitalismo de livre concorrência, no Capitalismo de Estado Absoluto, impostoramente chamado "socialismo" (por exemplo, a ex-URSS), é metamorfoseado em superacumulação de operários em ofícios irrelevantes, que competem entre si diante dos diretores de empresa nomeados de maneira burocrática pelo "partido"; a equivalência da força de trabalho por um *quantum* de trabalho abstrato coisificado da sociedade de mercado tem no Estado Proprietário seu difusor, que se ergue como equivalente geral simbólico da abstração dos distintos trabalhos concretos. A tirania patronal no processo de trabalho da "livre empresa" no capitalismo de Estado é substituída pelo despotismo funcionário que replica as exigências empresariais sobre o trabalhador direto. A competição entre as empresas tem nesse suposto "socialismo" a forma de competição de ramos de produção na destinação de recursos materiais e humanos, enquanto a propriedade estatal, em vez de eliminar os comandos hierárquicos e o uso das tecnologias como meios de exploração e desqualificação das autonomias operárias na produção, intensifica-as e unifica-as como patrimônio dos organismos burocráticos da planificação.

A estatização da sociedade com a qual um tipo de esquerda se deleitou no último século na realidade substituiu a valorização do valor como intenção pessoal de empresários-proprietários pelo mesmo projeto, porém canalizando-o como estratégia centralizada de hierarcas públicos. O famoso "socialismo" que convocavam, poranto, apenas encobria um capitalismo de Estado e seu correlato político que, precisamente, idolatrava o Estado e qualquer outra prática que assim o fizesse. A política, desde então e até agora, ficou deformada como uma querela evangélica, na qual um punhado de funcionários disputa o direito a cargos públicos.

Assim, enquanto para os funcionários em exercício fazer política é rodar por ministérios, ocupar escritórios governamentais e ganhar eleições, para os proto-funcionários que se autodenominam "de esquerda" enquanto estão na sala de espera a política é a ocupação de direções sindicais, de centros estudantis e, se possível, de alguma vereança ou pelo menos de uma ONG para "estabelecer as bases de sua decolagem".

A diferença entre eles é apenas de grau: todos, igualmente, exibem inescrupulosamente uma obsessão pela suplantação da plebe, pela representação perenizada, pela reificação da hierarquia. Política é aqui o usufruto da submissão voluntária das pessoas às hierarquias institucionalizadas que monopolizam o mandar, o dizer público, o governar.

Não é por acaso que essa erroneamente chamada esquerda que rende culto ao Estado tenha propugnado obstinadamente a abstração mercantil dos indivíduos como modo de torná-los prisioneiros da representação geral no Estado ou a desertificação do mundo indígena como portador de distintos modos de unificação social.

Para que a coesão das pessoas se dê por meio da igualdade abstrata do cidadão, o capital, com a mercantilização majoritária das atividades produtivas e inventivas das pessoas, e o Estado, com o disciplinamento cívico, devem invalidar a substância de outros modos de identidade grupal reprodutiva fundados nas faculdades mais sensíveis, míticas e comunitárias das pessoas; só recentemente a capitulação das vontades individuais no abismo de uma vontade geral autonomizada adquiriu uma realidade tecnológica autofundada. A obtenção desse objetivo foi precisamente o programa agrário – e, há pouco tempo, "étnico-cultural" – do esquerdismo, seja em suas vertentes mais radicais, seja nas reformistas. Campesinização, obreirização e coletivização ofertadas não apenas refletiram essa doentia propensão a converter em lei natural o que em outras partes do mundo foi uma excepcional contingência histórica, como também, sobretudo, provam uma aversão inocultável a estranhas racionalidades comunais que os desconhecem como regedores absolutos dos poderes públicos.

Com a exceção de José Carlos Mariátegui, no Peru, que viu a comunidade como força cooperativa, mas não como tecnologia de interunificação política em grande escala; de Jorge Ovando Sáenz, que imaginou na autonomia indígena uma forma menos desembaraçada da cidadanização estatizável, mas não o gérmen de unificação social à margem do Estado e do capital; e de René Zavaleta, que deu conta da constituição de uma intersubjetividade nacional indígena fora da subsunção real, embora de porvir infeliz diante da expansão do regime do valor-mercantil, o tênue pensamento socialista se apresentou como a vanguarda mais compacta da uniformização indígena, se não mais sobre a base do molde mestiço-votante do nacionalismo, sobre a do assalariamento de quartel que complementava o primeiro.

O olhar condescendente com que de vez em quando o esquerdismo presenteava os movimentos indígenas nunca esteve isento do afã clientelista copiado dos nacionalistas, além de estar marcado de um risível paternalismo, similar ao dos exércitos bolivarianos a caminho das cidades liberadas: se eles tomavam a indiada como *quépiris** de seus alimentos e decoração paisagista das margens das estradas, o vanguardismo os requeria para levantá-lo nos ombros em sua entrada triunfal no Palacio Quemado**.

O caciquismo da esquerda não é, portanto, um adjetivo, mas um conteúdo implícito nesse afã irrefreável de atribuir-se a tutela sobre indígenas e operários, dos quais sempre duvidou se teriam consciência revolucionária, assim como seus antecessores espanhóis também duvidaram se os indígenas teriam alma.

Apesar do tempo, esse preconceito colonial não se extinguiu nem na ressaca esquerdista pós-derrubada do Muro de Berlim. Toda a charlatanice sobre os "povos originários" com a qual querem restaurar as decadentes ladainhas estatizantes rende-se diante da exigência imperativa de um apadrinhamento "boliviano" sobre as naçõezinhas de segunda classe, que serão presenteadas com doses de autonomia controladas para não colocar em risco a "unidade nacional". A cultura e os nichos "indígenas" são reconhecidos enquanto isso permite a manipulação de símbolos suscetíveis de encapsular votos. Definitivamente, as variantes ainda mais indigenistas do socialismo de Estado podem ser vistas como racionalização das estruturas políticas e mentais engendradas pela colonização ou, se preferirem, como renovada neutralização dos reclamos indígenas manifestados nas últimas décadas.

---

\* Portadores de carga que recebem essa denominação por causa do pacote (*quepi*) que levavam nas costas. (N. T.)

\*\* Nome popular da sede do governo boliviano.

## O movimento indígena

De Katari* aos *Willcas* do século retrasado**, da república do Qullasuyu*** aos rebeldes de Ayopaya de 1949, do apedrejamento de Barrientos em Omasuyus ao bloqueio de estradas de 1979, dos comitês de autodefesa no Chapare à última avalanche comunal aimará de setembro, há um fundo comum que comprime épocas e lugares para destacar o significado concreto mutável, mas também persistente e irredutível, do que se concordou em chamar "o indígena".

O fato de a maioria desses movimentos sociais que puseram em xeque os cimentos da *ordem colonial e republicana do Estado* não terem recorrido à narração escrita para validar o radicalismo de seus objetivos nos revela que as autênticas insurgências comunais e plebeias não dependem necessariamente do texto escrito para surgir e apresentar de maneira clara suas propostas subvertedoras da ordem social vigente, ainda mais quando se trata da explicitação de um programa de renovação social que, em vez de vir das mãos de uma minoria virtuosa, vem das mãos de populações ágrafas que desenharam outros meios mais eloquentes de comunicação, como a palavra, a rebelião na prática, o tecido, o ritual, o sacrifício, a encenação simbólica e a linguagem das ações. Isso, no entanto, não exclui o fato de que a palavra escrita possa ser parte dos meios de difusão dos projetos sociais – por exemplo, quando Julián Apaza convocou as comunidades de Tiquina a se somar à rebelião por meio da leitura de uma carta – ou de que a reflexão conservada no papel possa contribuir para reavivar os fogos da memória prática – como aconteceu com os textos indianistas dos anos 1970, que alentaram um grande número de dirigentes a entender o significado profundo da dissidência indígena aimará-quéchua revitalizada desde então.

Assim como a carência de narração escrita não é obstáculo para nos referirmos à existência de um programa de ação histórica alternativo ao predominante, a interpelação ao Estado por meio de uma ação social tampouco é suficiente para falar de uma proposta emergencial de superação do ordenamento vigente.

---

\* Nascido em 1750 com o nome de Julián Apaza Nina, Túpac Katari liderou, em 1781, juntamente com sua esposa, Bartolina Sisa, um levantamento aimará contra as autoridades coloniais, estabelecendo dois cercos indígenas a La Paz. Preso, foi esquartejado no mesmo ano. (N. T.)

** Em 1899, quando do início da Guerra Federal entre La Paz e Sucre, Pablo Zarata, o "temível Wilca", liderou uma rebelião indígena que apoiou os "federalistas", ou seja, a ascendente oligarquia mineira do Oeste, com o objetivo de recuperar as terras comunitárias arrebatadas pelos "unionistas", ou seja, o governo sediado em Sucre. *Willca*, em aimará ou quéchua, significa "rei sol poderoso". (N. T.)

***Fundada em 1930 pelo aimará Eduardo Leandro Nina Quispe, defendia uma educação indígena em contraposição ao modelo educacional vigente. (N. T.)

Por exemplo, a marcha dos indígenas do Leste em 1992, que impugnou a normatividade estatal com sua sacrificada caminhada, repreendeu o Estado não por sua presença, mas por sua ausência em relação a uma porção da população e do território que também faz parte do espaço de irradiação do poder estatal. O que eles reivindicavam era a discussão sobre uma economia de direitos e concessões que os incorporasse a uma identidade nacional que os havia esquecido. Sua transcendência fundamenta-se no fato de que eles assumiam o protagonismo de sua inconclusão gradual no Estado; sua limitação residia, por outro lado, na voluntária abdicação de sua autonomia perante o altar da jurisdição estatal e da imaginada superioridade imbatível da economia mercantil.

O movimento indígena aimará-quéchua, pelo contrário, na ambiguidade que caracteriza toda ação autônoma dos subalternos, juntamente com a demanda inclusiva na cidadania oficial e nos direitos reconhecíveis pelo Estado, colocara em marcha, interminavelmente, um conjunto de disposições propositivas que não pediam nada a ninguém; que postulavam o que *se é* como o que *se deve ser*, independentemente e apesar do que a sociedade oficial dominante pretendia que fosse. Daí não ser estranho o fato de a indulgente concessão de "territórios étnicos" não se aproximar de modo algum dos lugares onde vivem os portadores dessa pulsação autodeterminativa.

O indianismo-katarismo*, em suas distintas variantes políticas, culturais, acadêmicas, festivas, armadas, eleitorais e sindicais – e, às vezes, também, na sua forma de elite ilustrada, porém vinculada diretamente ao leito das paixões comunais –, refletiu de algum modo a tensão dessas tendências inclusivistas e rupturistas aninhadas no cotidiano da multidão indígena. No entanto, parecia que, com o tempo, essas forças tenderiam a se polarizar, não em relação à composição populacional que deslizava entre uma opção e outra, mas sim quanto às modalidades organizativas por meio das quais se poderia levá-las a cabo.

Se antes a reiteração das petições e a demanda inclusiva no âmbito cidadão eram encabeçados por elites indígenas vinculadas fortemente a organizações comunais e sindicais, que formavam parte da identidade que desejava se integrar à configuração estatal, num gesto de autêntica democratização dos poderes públicos, agora a possibilidade de qualquer tipo de integração indígena se dá sob o carimbo da obediência silenciosa, da atomização individualizada referendada e do abandono cultural já verificado previamente. Claro, existem atualmente municípios seccionais que supostamente descentralizam a "política" para a área rural, mas

---

* Movimento dos anos 1970 cujo objetivo era o de ressignificar de forma sistemática a história, a língua e a cultura indígenas, uma vez que o nacionalismo da Revolução de 1952 não havia cumprido sua promessa de conceder cidadania e igualdade política e cultural aos indígenas bolivianos. (N. T.)

para ser praticada com a intermediação da forma clientelista de partidos legais, que se transformaram no único caminho reconhecido de cidadanização ou do exercício de direitos públicos locais e nacionais, em oposição à forma comunidade e à forma assembleia; existem comitês de vigilância cantonais, mas apenas para cristalizar a necessidade de fiscalização social num impotente supervisor do dispêndio de uma confraria de *mistis** que faziam *pasanaku*** com as câmaras de vereadores; as câmaras de deputados uninominais, por sua vez, escamoteiam a demanda da participação direta das comunidades na formação e no controle de um poder político que afirma insistentemente repousar na vontade de todos.

Consolidou-se, assim, recentemente, a incorporação a uma cidadania oficial por meio de novas tecnologias que mutilam a politicidade comunal com a qual as correntes mais pactuantes do indianismo-katarismo em algum momento pretenderam entrar no espaço público.

Simultaneamente, cooptou-se uma boa parte dessas elites nativas, que não duvidaram um só instante da possibilidade de se somar "democraticamente" aos mecanismos inquisitoriais do Estado encarregados das modernas domesticações culturais. O inflamado discurso etnicista de outros anos hoje se curva, na maioria das vezes, de forma submissa diante dos escritórios ministeriais e das ofertas eleitorais.

Contudo, essa intempestiva conversão de indianistas em indigenistas de escritório, de *kataristas* em executivos, de *kuracas**** comunais em caciques coloniais, em vez de solucionar o problema fundamental da construção de uma cidadania igualada, piorou-o ainda mais, pois os mediadores desse pedido, aqueles capazes de traduzir as exigências indígenas coletivas aos códigos políticos do Estado, não estão mais presentes; foram corrompidos e arrastados ao estreito carro dos excludentes.

Como então manter de pé essa reivindicação quando seus ideólogos andam justificando decretos e repressões neocoloniais ou foram silenciados pela propina ministerial? Não é, pois, uma volátil excepcionalidade que, dentre a tolerância passiva às coações estatais, as eclosões pontuais de impugnação das arbitrariedades governamentais sejam notavelmente beligerantes, rupturistas, abertamente transgressoras da regularidade até aqui suportada.

Sejam as comunidades que falam quéchua do Norte, de Potosí e de Sucre, promovendo bloqueios, sejam os aimarás do altiplano ocupando as estradas e a

---

\* Como eram chamados pelos indígenas os *criollos*, ou seja, descendentes de espanhóis nascidos na colônia. (N. T.)

\*\* Na Bolívia, sistema financeiro informal em que os participantes fazem contribuições regulares em dinheiro para um fundo comum, que é cedido a cada um deles em períodos determinados. (N. T.)

\*\*\*Autoridades máximas das comunidades indígenas, possuíam funções de governo. Tal forma de autoridade desapareceu depois da conquista espanhola. (N. T.)

cidade de La Paz, há neles um gesto comum de sutil, mas tendencialmente crescente, irreconciliabilidade com o Estado, com o mundo urbano que os despreza e com o poder *q'ara*. Trata-se de uma irreconciliabilidade de trágica potencialidade no futuro, se as coisas continuarem como estão. De fato, se faz algum sentido falar agora de um movimento indígena em Chiapas, Guatemala, Ayacucho e na zona andina da Bolívia, é precisamente pela marca social revelada nos momentos de multitudinário excesso indígeno-comunal diante dos poderes dominantes.

## Comunidade e rebelião

Referir-nos a um movimento indígena, a suas propostas, exige, portanto, ir mais além dos sórdidos acomodamentos urbanos de certos estratos de dirigentes. Exige, inclusive, ir mais além da pálida tradução escrita com a qual os cronistas modernos tentam retratar o sentido propositivo do indígena – incluo aqui os historiadores de origem nativa e as publicações indianistas. Requer compreender as veemências programáticas da associação comunal, reinventada diariamente, e a linguagem terrível da ação comum. O caminho que propomos é uma opção que podemos chamar de "metodológica", que busca falar da exuberância das propostas enunciadas pelo "movimento indígena" não nas argúcias discursivas do dito e do escrito, mas sim na inquebrantabilidade da ação direta, sem mediação maior do que o compromisso da vontade atuante.

Postulamos, então, a comunidade e suas rebeliões como fundamento esclarecedor do chamado "indígena".

O que hoje nos permite referir-nos ao "indígena" como categoria social provisória de inocultável consequência política e expositiva senão a comunidade "realmente existente"? É a vigência da comunidade, em resistência e retirada simultânea, que define o "indígena" tanto em suas potências como em suas fraquezas; inclusive, o fato de o indígena não ser um assunto somente rural, abarcando também os diferentes anéis concêntricos das zonas urbanas e seus ofícios, encontra sua explicação na força expansiva da comunidade agrária, na capacidade de se reconstruir parcialmente em outros campos sociais. Igualmente, há um "problema indígena" para o Estado lá onde existem traços de comunidade: sem ela, o indígena se torna imediatamente assunto de marginalidade suburbana ou de protesto camponês.

E o que é então essa comunidade, capaz de engendrar um movimento social do ímpeto que todos conhecemos? Independentemente das precisões sociológicas e da abundância de variações locais, é uma forma de socialização entre as pessoas e a natureza; é tanto uma forma social de produzir a riqueza como de conceituá-la, tanto uma maneira de representar os bens materiais como de consumi-los, tanto uma tecnologia produtiva como uma religiosidade; é uma forma do individual confrontado ao comum, um modo de mercantilizar o produzido, mas também de subordiná-lo à satisfação de usos pessoais consumidores, uma ética e uma forma de politizar a vida, de explicar o mundo; definitivamente, é uma maneira básica de humanização, de reprodução social distinta e, em aspectos relevantes, antiética, do modo de socialização emanado pelo regime do capital. Ao mesmo tempo, porém, e isso não se pode deixar de lado, é uma forma de socialização fragmentada, subjugada por poderes externos e internos, que a colocam como realidade subordinada palpável. A comunidade personifica uma contraditória racionalidade, diferente à do valor mercantil, mas subsumida formalmente por ela há séculos, o que significa que, em sua autonomia originária em relação ao capital e centrada na ordem técnica processual do trabalho imediato, encontra-se sistematicamente deformada, retorcida e readequada por exigências acumulativas – primeiro do capital comercial e depois do industrial.

Não há dúvida de que a história da comunidade, de suas condições de mudança, é o corpo unificado dessa guerra descarada entre duas lógicas civilizatórias e a persistência dos próprios comunais de sustentar o curso dessa conflagração. Daí ser impossível entender o curso de maior protagonismo das lutas "indígenas" sem considerar as campanhas de extorsão político-econômica lançadas pelo Estado contra as comunidades dispersas.

A comunidade, portanto, leva o carimbo da subalternidade na qual foi encurralada e da qual não pôde se livrar até agora. Do mesmo modo, os distintos tipos de unificação intracomunal, seja na forma de resistência às imposições estatais, seja como demanda por suas exclusões, carregam o efeito dessa subordinação colonial, que é renovada, paradoxalmente, pela resistência e pela demanda. O movimento dos caciques mandatários das primeiras décadas do século XX ou o das novas leis agrárias de 1984 mostram que existem interpelações ao Estado que são, ao mesmo tempo, sua convalidação como tal, ou seja, com direito de decisão sobre o destino de todos, mas atendendo aos protestos de seus governados. Nesse caso, a exigência é uma radicalização extrema da obediência aceita.

Seja como temores avivados, seja como práticas de autodepreciação, seja como faccionalismos e bairrismos, as subordinações consentidas e interiorizadas condicionam os atos de resistência comunal contra os governantes e, até certo ponto, não é de se estranhar que personalidades destacadas nessas lutas prefiram descarregar contra os seus, de súbito, os padecimentos até então suportados, convertendo-se em cúmplices conscientes dos abusos estatais. A força da subalternização é tão contundente que se encontra interiorizada inclusive nas estruturas reprodutivas e imaginativas das entidades familiares das comunidades, fazendo com que a superação dessa subalternidade seja tanto uma questão de transgressão moral como de revolucionarização produtiva.

É isso, precisamente, a rebelião. É nela que acabou de se cumprir a sentença catastrofista de Guamán Poma e de Hegel em relação ao "mundo ao contrário". Na rebelião comunal, todo o passado se concentra de maneira ativa no presente. Contudo, nesse caso, diferente das épocas de quietude, em que o passado subalterno se projeta como presente subalternizado, é a acumulação do passado insubmisso que se concentra no presente para derrocar a mansidão passada. É, então, um momento de ruptura fulminante contra todos os princípios anteriores de comportamento submisso, incluídos aqueles que perduraram no interior da unidade familiar. O porvir aparece, no fim das contas, como invenção insólita de uma vontade comum que foge descaradamente de todas as rotas prescritas, reconhecendo-se nessa audácia como soberana construtora de si mesma.

Esse conteúdo reconstrutivo e inventivo da comunidade a cargo de homens e mulheres das comunidades participantes da rebelião é o que queremos agora reivindicar como "texto" no qual descobrir o programa social verificável dos movimentos indígenas.

Apenas quando sai em rebelião a comunidade é capaz de invalidar, na prática, a fragmentação por meio da qual vem sendo condenada a se debilitar até hoje, reabilitando assim os parâmetros comunais da vida cotidiana como ponto de partida expansivo de uma nova ordem social autônoma. Isso significa que é nesses momentos que o mundo comunal-indígena deseja a si mesmo como origem e finalidade de todo poder, de toda identidade e de todo porvir que lhe compete; seus atos são a enunciação tácita de uma ordem social que não reconhece nenhum tipo de autoridade alheia ou exterior à própria *autodeterminação em marcha*. Essa maneira protagônica de construir o porvir comum que reivindica, ao mesmo tempo, uma distinta figura social-natural da reprodução social (autodeterminação nacional-indígena) e transita pela refundação da existência em coalizão pactada com a plebe urbana (o nacional-popular) exige que indaguemos sobre as distintas formas da constituição nacional das sociedades. O moderno Estado nacional é, em relação a essas opções, apenas uma particularidade suplantadora e tirânica dessas energias.

Com a rebelião, assim como a forma comunal de produzir deixa de ser catalogada como relíquia de épocas remotas e se relança como embasamento racional de uma forma superior de produzir, de modo autônomo, a vida em comum, a política da comunidade deixa de ser aditivo "étnico" com o qual adoçar localmente o predomínio da democracia liberal e mostra-se como possibilidade de superação de todo regime de Estado.

Claro, o que a comunidade insubordinada postula efetivamente, mais do que o exercício de uma democracia direta que poderia complementar a democracia representativa – como deduz certo esquerdismo frustrado – é a supressão de todo modo de delegação de poderes em mãos de especialistas institucionalizados.

A contribuição da comunidade às práticas políticas não é tanto a democracia direta, tampouco se contrapõe irremediavelmente à democracia representativa – embora seja certo que a primeira é inerente às práticas comunais, a segunda lhe permite, em certas ocasiões, articular critérios a uma escala territorial e populacional mais ampla. A autêntica contribuição da comunidade em rebelião é a evidente reapropriação, por parte das pessoas comunalmente organizadas, das prerrogativas, dos poderes públicos, dos comandos e da força legítima anteriormente delegada em mãos de funcionários e especialistas.

Quando a comunidade se rebela, está dissolvendo o tempo de desafiar o Estado na prática dos acontecimentos da rebelião. Em primeiro lugar, recupera para si o uso legítimo da violência pública, até aqui monopolizada pelos corpos repressivos do Estado. Agora, ao contrário, a força emerge como uma plebiscitária vontade coletiva praticada por todos aqueles que assim o decidam, com as mesmas comunidades, aquelas que se insurgem como órgãos simultaneamente deliberativos e executivos, pois fazem uso da força armada, se precisarem dela, simplesmente como uma de suas atividades ético-pedagógicas no cumprimento de suas decisões acordadas.

O efeito de coerção, sob essa nova forma social de aplicá-la, já não é uma imposição arbitrária infligida a outros: é simplesmente uma proteção dos acordos adotados e empreendida pela multidão comunal como um todo atuante.

Sem dúvida, a legalidade fica perturbada logo de saída. O juiz, o tribunal, os códigos e todas as tecnologias institucionais que possibilitam o monopólio do sentido social de justiça por um *staff* de quadros corporativos a serviço do Estado são derrocados como portadores de legalidade reconhecível. Em substituição, a lei é a decisão coletiva do tumulto e as normas morais que guiam sua aplicabilidade fluem como recomendações propagadas pelas pessoas mais prestigiosas que carecem de autoridade institucional.

Nesse desafio ritualizado aos poderes disciplinadores, a vontade comunal insurreta, exaltada por meio de antigos sinais que acariciam a memória imaginada de antigos direitos, é exercida como fundamento soberano de todo poder. Estamos, portanto, diante de uma nova forma de sensação e produção do poder social, por meio da qual as pessoas colocam-se como sujeito consciente e criador de seu destino, por mais trágico que este possa vir a ser, enquanto o velho poder alienado como Estado retorna à sua fonte, de onde se autonomizou: as pessoas simples, de carne e osso, criadoras do mundo e da riqueza, reassumem-se então como os poderosos de fato. A desalienação do poder político e econômico, moral e espiritual, é, por isso, o grande ensinamento legado pelas revoltas indígenas continentais desses últimos anos.

Se o movimento indígena possui alguma característica notável, se existem algum ensinamento e algum desafio nos acontecimentos de Chiapas, do altiplano aimará, do Chapare, é essa reinvenção da política como reabsorção, pelas mesmíssimas comunidades de todos os poderes públicos. Assim, praticar a política constitui um golpe mortal ao Estado do Capital e a todos os seus filhotes, que sob distintas ideologias se profissionalizam para ter acesso à sua administração. Paralelamente, é um convite a uma razão política que não delega a ninguém a vontade de fazer e decidir o próprio destino – pelo contrário, exige a autodeterminação comum em todos os terrenos da vida cotidiana, a insubmissão a todos os poderes disciplinadores, sejam eles quais forem, assim como a criação autônoma das exigências insatisfeitas e a intercomunicação dessas aleivosias entre todos os que a praticam.

A pertinência atual dessas reflexões práticas propostas pelas rebeliões indígenas fundamenta-se no fato de que, a despeito dos bufões do liberalismo, elas põem sobre a mesa a discussão da superação crítica tanto da descomunal fraude histórica equivocadamente chamada "socialismo real" quanto da ilusão acadêmica conhecida como "fim da história". Ao mesmo tempo, à luz das rebeliões comunal-indígenas, é possível reencontrar outras formas de comunidades insurgentes de operários e da plebe urbana, que há mais de cem anos lutam para vencer seus obstáculos e sem as quais o comunal indígena não poderia prosperar.

## AUTONOMIA INDÍGENA E ESTADO MULTINACIONAL[*]

### A república excludente

A Bolívia se iniciou como república herdando a estrutura social colonial. A distribuição de terras, a estratificação social, o regime de tributos e, inclusive, parte da administração pública e do pessoal encarregado de executá-la não sofreram variações substanciais, deixando de pé o conjunto de sistemas de divisão de classe, poderes, instituições e pessoal hierárquico formado durante as distintas etapas do regime colonial. E, com isso, talvez o mais duradouro de todos eles, o sistema de crenças, preconceitos e valores dominantes que havia ordenado os comportamentos coletivos antes do processo de independência: a racialização das diferenças sociais por meio da invenção estatal do "índio" não somente como categoria tributária, mas também, e sobretudo, como o "outro negativo", ordenador dos esquemas simbólicos com os quais as pessoas davam sentido ao mundo, incluindo os próprios índios.

A categoria "índio" foi inicialmente introduzida pelos representantes da coroa espanhola como categoria tributária e fiscal. Essa classificação, além de diluir

---

[*] "Autonomia indígena e Estado multinacional. Estado plurinacional e multicivilizatório: uma proposta democrática e pluralista para a extinção da exclusão das nações indígenas, em *La descentralización que se viene* (La Paz, Ildis/Plural, 2004). (N. E. A.)

parcialmente outras formas de identificação autóctones, estabeleceu uma divisão do trabalho e uma hierarquização de saberes e vias de acesso a ofícios, dando origem a uma complexa estrutura de divisão de classes. Mas, paralelamente, e para que essa tributação funcionasse, a colônia construiu a indianidade como um discurso preconceituoso e naturalizador das estruturas de dominação social, identificando-o como aquele que não está capacitado, aquele que deve ser mandado, educado, doutrinado, guiado, governado e aplacado. Em qualquer um dos casos, a estigmatização por meio da indianidade (que, por sua vez, possui escalas de medição simbólica) naturalizou práticas de exclusão econômica e legitimou monopólios político-culturais na definição das regras de competição social, contribuindo, assim, não apenas para expressar determinadas condições socioeconômicas de exclusão e dominação, racializando-as, como também para ajudar a construir objetivamente essas condições socioeconômicas.

Essa indianização da sociedade colonizada teve um modo de produção da categorização por meio de uma série de componentes que, em determinados momentos e em contextos particulares, delimitaram o índio, o qual foi obrigado a pagar tributo e a ficar excluído dos níveis superiores do poder colonial. E, como bem mostra o recenseamento e as estratégias de fuga dos indígenas, o lugar de residência, o idioma materno, o ofício, o sobrenome, o nível de renda, o tipo de propriedade, a vestimenta e, inclusive, os traços físicos foram alinhavados de maneira flexível em distintos períodos para materializar o índio, ou fugir dele, como sujeito de extorsão econômica e exclusão política. Nesse sentido, o índio não é uma raça, tampouco uma cultura; a dominação colonial buscou racializá-lo de maneira sistemática, pois, de algum modo, era preciso delimitar a população tributária e subordinada, fazendo com que, na prática, se estabelecesse uma etnificação da exploração. Temos, assim, três processos interconectados. O primeiro, a *conquista*, que delimita dominantes e dominados como um fato resultante do confronto de forças de aparatos político-estatais. O segundo, a *colônia*, que delimita os espaços da divisão do trabalho e os poderes culturais, administrativos e econômicos, a partir de uma identificação geográfica, cultural, somática e racial do colonizado. E, por último, a *legitimação* e a *naturalização* da ordem da dominação a partir dessa hierarquização culturalista, espacial e racial da ordem social.

A república boliviana fundou-se deixando de pé essas estruturas coloniais que consagravam prestígio, propriedade e poder em função da cor da pele, do sobrenome, do idioma e da linhagem. O libertador Simón Bolívar cindiu com clareza a "bolivianidade", atribuída a todos os que haviam nascido sob a jurisdição territorial da nova república, e os "cidadãos", que deviam saber ler e escrever o idioma dominante (castelhano), além de não ter vínculos de servidão, o que fez com que, de saída, os indígenas carecessem de cidadania[1]. Previamente, e num retrocesso em comparação com a própria colônia, que havia reconhecido a vigência local dos sistemas de autoridade indígena, Bolívar, numa tentativa de instaurar uma constituição liberal, declarava extinta a autoridade dos caciques indígenas, substituindo-os por funcionários locais designados pelo Estado[2].

As distintas formas estatais engendradas até 1952 não modificaram substancialmente esse *apartheid* político. O Estado caudilhista[3] (1825-1880) e o regime da chamada democracia "censitária" (1880-1952)[4], tanto em seu momento conservador como liberal, muitas vezes modificaram a Constituição Política do Estado (1826, 1831, 1834, 1839, 1843, 1851, 1861, 1868, 1871, 1878, 1880, 1938, 1945, 1947); entretanto, a exclusão político-cultural se manteve tanto na normatividade do Estado como na prática cotidiana das pessoas. De fato, pode-se dizer que, em todo esse período, a exclusão étnica se converteu no eixo articulador da coesão estatal.

Em todo esse período, o Estado não fez nenhuma simulação de incorporação dos índios na tomada de decisões estatais – embora, certamente, uma boa parte dos gastos governamentais tenha sido financiada com o tributo indígena, inclusive já no século XX[5]. Aqui, a cidadania, como o poder, a propriedade e a cultura legítimas, não são prerrogativas que se deliberam, mas sim que se exercem como imperativo categórico, pois são ainda uma espécie de direito de conquista. A cidadania é menos uma produção de direitos do que uma herança familiar, e isso faz com que se possa falar da existência de um tipo de cidadania patrimonial.

Os direitos de governo foram apresentados durante mais de cem anos como uma exibição da estirpe: não se faz um cidadão, se *nasce* um cidadão – ou índio. Ou seja, é um estigma de berço e linhagem.

A cidadania patrimonial do Estado oligárquico, mais que uma cultura de responsabilidade pública, é um compromisso de lealdade à perenidade da casta; é, sobretudo, a exibição dos brasões familiares, da pureza do sangue. Isso não exclui, é claro, a intrusão no espaço político endogâmico de arrivistas que foram capazes de branquear a linhagem. É a história de comerciantes exitosos, de compradores de

---

[1] Wolf Gruner, "Un mito enterrado: la fundación de la República de Bolivia y la liberación de los indígenas", em *Historias: Revista de la Coordinadora de Historia*, La Paz, n. 4, 2000.

[2] Simón Bolívar, "Decreto del 4 de julio de 1825, Cuzco", citado em Isaac Sandoval Rodríguez, *Nación y Estado en Bolivia* (La Paz, Mundy Color, 1991).

[3] Marta Irurozqui, *La armonía de las desigualdades. Elites y conflictos de poder en Bolivia, 1880-1920* (Lima, CSIC/Cera/Bartolomé de las Casas, 1994).

[4] René A. Mayorga, "La democracia o el desafío de la modernidad política", em Fernando Campero Prudencio (coord.), *Bolivia en el siglo XX* (La Paz, Harvard Club Bolivia, 1999).

[5] Jorge Viaña, *La llamada "acumulación originaria" del capital en Bolivia* (La Paz, dissertação de conclusão de curso, Economia, Universidad Mayor de San Andrés, 2000); Gustavo Rodríguez, *La acumulación originaria de capital en Bolivia* (Cochabamba, Iese, 1979).

terras comunais ou de *encholamientos* oligárquicos que, no entanto, originaram uma cidadania suspeita, que deveria ser negociada com a formação de redes clientelistas, a exibição de dinheiro e o acatamento do estilo de vida das elites tradicionais.

Pode-se estimar até que ponto esse baixo apetite da população do Estado era uma lógica estrutural da organização estatal comparando o número de habitantes do país com o de votantes nas distintas eleições. Assim, de 1880 até 1951, o número de pessoas votantes, "cidadãs", oscilava entre 2% e 3% do total de habitantes da Bolívia[6].

Os processos de democratização e homogeneização cultural, iniciados como consequência da Revolução de 1952, em parte transformaram o regime de exclusão étnica e cultural do Estado oligárquico. O voto universal ampliou o direito de cidadania política a milhões de indígenas anteriormente marginalizados de qualquer consulta na tomada de decisões estatais. Igualmente, a educação estatal e gratuita que começou a se expandir pelas áreas rurais permitiu que indígenas, os quais constituíam a imensa maioria dos "analfabetos" marginalizados de um conjunto de saberes estatais, agora pudessem estar mais perto dela; abriam-se assim certas possibilidades de ascensão social, por meio da acumulação de capitais culturais escolares. Todas essas medidas, juntamente com a criação de um mercado interno, a individualização da propriedade agrária e a estatização dos principais centros produtores de excedente econômico, inscreviam-se claramente num programa de *nation-bulding*, cujo protagonista era o Estado.

Entretanto, a aquisição de conhecimentos culturais legítimos por parte dos grupos indígenas ficou limitada à aquisição obrigatória de um idioma alheio, o castelhano, e de pautas culturais produzidas e monopolizadas pelas coletividades mestiço-urbanas, ativando novamente os mecanismos de exclusão étnica – porém de maneira renovada e eufemística. Assim, entre 1952 e 1976, de 60% a 65% da população boliviana que tinham como língua materna um idioma indígena só puderam exercer seus direitos de cidadania por meio de um idioma estrangeiro, uma vez que a educação oficial, o sistema universitário, o vínculo com a administração pública, os serviços etc. somente podiam ser realizados com o uso do castelhano, e não empregando o idioma quéchua ou aimará.

Com a Revolução de 1952, o castelhano se tornou o único idioma oficial do Estado, desvalorizando na prática os idiomas indígenas, que não tinham nenhum reconhecimento oficial do Estado que permitisse seu reconhecimento como idioma legítimo, de atendimento público, ascensão social ou acesso a funções burocrático-administrativas.

---

[6] Porcentagens elaboradas com base em dados proporcionados por Marta Irurozqui, *La armonía de las desigualdades*, cit., e Manuel Contreras, "Reformas y desafíos de la educación", em *Bolivia en el siglo XX*, cit.

Do mesmo modo, a admissão do voto universal para os indígenas impôs um único molde organizacional de direitos políticos (o liberal) em meio a uma sociedade portadora de outros sistemas tradicionais de organização política e de seleção de autoridades, que foram então apagados como mecanismos eficientes de exercício de prerrogativas políticas.

Esse aniquilamento linguístico e organizativo a que foram submetidos os povos indígenas, portadores de outros saberes culturais e outros sistemas de formação da autoridade, rapidamente deu origem à construção de um espaço de competências e acumulações linguísticas e organizativas reguladas pelo Estado, no qual os indígenas, convertidos em "irmãos camponeses", ficavam novamente localizados nos postos mais baixos na luta pela conquista de saberes políticos e educativos legítimos. Se o único idioma levado em conta pelo Estado para viabilizar as ações comunicativas de efeito estatal era o que as as elites mestiças tinham como materno, aqueles que, como os índios, partiam de outro idioma e tinham que aprender, com o tempo, um segundo, eram obrigados a realizar um esforço maior para ter acesso aos lugares que, logo de saída, ocupavam aquelas pessoas que tinham como primeiro idioma o castelhano. Aqui, a mistura idiomática e a deficiência na construção sintática em castelhano, permanentemente demonstrada por aqueles que têm uma língua indígena como idioma materno, era, portanto, uma forma direta de identificar, sancionar e desvalorizar o esforço dos indígenas para se "castelhanizar".

Nesse mercado linguístico, a parte superior, com acesso aos postos de decisão estatal, estava ocupada por pessoas descendentes de longa data daqueles que falavam castelhano, enquanto no outro extremo da hierarquia, no polo estigmatizado, estavam aquelas que falavam apenas idiomas indígenas. Entre os dois, num complexo sistema de ascensões escalonadas, estavam aqueles que falavam o idioma castelhano junto com algum idioma indígena sem, contudo, saber escrevê-lo. Imediatamente acima, vinham aqueles que sabiam escrever em castelhano, mas não o pronunciavam bem; aqueles que falavam somente o castelhano, mas como primeira geração e, portanto, arrastavam o efeito, nesse caso negativo, do entorno familiar que praticava algum idioma indígena; aqueles que conseguiram algum título acadêmico como resultado de uma castelhanização de segunda geração; aqueles que escreviam e falavam com maior propriedade em castelhano; os que, além disso, podiam pronunciar e escrever algum outro idioma estrangeiro, melhor ainda se o inglês; e assim por diante.

Da mesma forma, em relação às práticas culturais, fica claro que teriam maiores probabilidades de acumulação de outros tipos de capital cultural aqueles que, como os mestiços-urbanos, definiram seus conhecimentos e habilidades particulares como práticas culturais legítimas, socialmente valorizadas, a partir do Estado. Os indígenas, contudo, possuidores de outros hábitos e costumes, contavam com poucas opções de ascensão e acumulação cultural porque não tiveram acesso à produção dessas habilidades como parte de seu entorno imediato e, para conhecê-las, precisavam realizar um esforço maior para entendê-las, assimilá-las e utilizá-las de maneira eficiente.

No terreno dos sistemas organizativos da política, é igualmente evidente que quem teria maiores opções de conquistar cargos públicos e de se beneficiar deles seriam aqueles grupos de pessoas aptas para o exercício de direitos liberais, isto é, que foram educadas por esses direitos e para esses direitos. Falamos novamente dos mestiços letrados e profissionais liberais, enquanto aqueles que foram formados na lógica de comportamentos corporativos, comunalistas e tradicionais, como os índios, teriam maiores probabilidades de aceitar postos subalternos. Desse modo, na formação do campo político legal, a conquista dos distintos capitais políticos esteve majoritariamente concentrada naquelas pessoas que, educadas por preceitos e hábitos liberais, foram preparadas para se movimentar de forma eficiente nesses preceitos e para eles, ao passo que os portadores de outra cultura política, para ter alguma opção na estrutura do campo de competências políticas, seriam obrigados a adquirir habilidades estranhas a si, geralmente de maneira tardia e ambígua, fazendo com que, "espontaneamente", seus esforços pudessem se materializar apenas em postos de escasso capital político legítimo, subordinados e marginais.

Essa construção hierarquizada de idiomas no campo linguístico e de culturas político-organizativas no campo político gerou uma nova engrenagem social de exclusão dos indígenas, porém não pela força da lei ou das armas e sim de maneira "suave", graças a procedimentos e conteúdos que levaram os postos hierárquicos do aparelho estatal de gestão de cultura e economia, a ser ocupados, de um modo aparentemente "natural", pelos grupos de longa tradição na língua castelhana, isto é, pelos herdeiros das antigas redes de poder colonial, marcados por processos de individuação. Por sua vez, também devido a aparentes processos de "seleção natural de aptidões", os indígenas, possuidores de hábitos comunitaristas, chegaram, por sua destreza, a ocupar sempre as posições de menor privilégio e poder. Trata-se de uma reetnificação modernizada da divisão social do trabalho, dos ofícios, dos poderes e das hierarquias políticas. O "modernista" radica aqui no emprego da camuflagem da igualdade para reproduzir desigualdades. Fala-se da igualdade do voto individual, mas para encobrir um reconhecimento desigual de culturas e práticas organizativas políticas, já que a liberal representativa aparece como a única legítima diante de práticas e sistemas políticos indígenas, marcados pela predominância da coletividade. Fala-se de igualdade na educação, mas para encobrir uma desigualdade no reconhecimento dos idiomas válidos publicamente para a ascensão social. Se a isso somarmos o fato de que existem elevadas probabilidades de associar os distintos grupos sociais com aptidões idiomáticas, culturais e organizativas, com determinados traços somáticos, não é estranha a racialização dessas aptidões, que traz como consequência a conformação, novamente, de um campo étnico no qual um bem desejável, a etnicidade legítima baseada na branquidão social e somática, aparece como o polo ordenador de acumulações, apostas e competências que rendem reconhecimento, grandeza e posição social.

Foi tudo isso que o indianismo emergente, desde os anos 1970, denunciou como a existência da "cidadania de segunda classe"[7]. A cidadania de primeira classe seria aquela destinada às pessoas que podem exibir os brasões simbólicos da branquidão social (sobrenome, redes sociais, porte pessoal) que as qualificam como aptas para acessar cargos de governo, de comando institucional ou empresarial e reconhecimento social; a cidadania de segunda dirigia-se àqueles que, por sua origem rural, seu idioma ou cor de pele, são "dissuadidos" de ocupar os postos subalternos, as funções de obediência e as ascensões sociais mutiladas.

## A etnicidade como capital

Em termos muito gerais, uma etnicidade é uma coletividade que constrói um conjunto de atributos culturais compartilhados, assim como a crença numa história arraigada numa ascendência comum, além de um inconsciente coletivo[8]. Esses atributos culturais podem ser de tipo subjetivo – como os critérios afetivos, emotivos e simbólicos em relação a afinidades coletivas – ou objetivos – como a língua, a religião, o território, a organização social. No entanto, o importante de tudo isso encontra-se na sua *composição conotada*, isto é, em sua forma de articulação e entendimento.

Há etnicidades cujos critérios de diferenciação são de tipo racial e biológico (na Guiana, entre africanos e indígenas), idiomáticos e religiosos (tâmiles e cingaleses no Sri Lanka) ou exclusivamente assentados no idioma (valões e flamengos na Bélgica). Em todo caso, o que importa nesse repertório de etnicidade[9] é que ele consiga formar uma memória coletiva que remeta a uma linha de ancestrais e que permita ao grupo imaginar uma trajetória singular, diferenciando-se de outros; uma valoração da linguagem como arquivo vivo de uma visão de mundo compartilhada pelos portadores desse código comunicacional; esquemas de dramatização da existência do grupo que deem visibilidade a sua vida pública e uma reivindicação de territórios considerados "ancestrais", nos quais, supõe-se, estão ancorados os referentes simbólicos e identitários do grupo.

---

[7]   Javier Hurtado, *El katarismo* (La Paz, Hisbol, 1986).

[8]   Michael Hechter, *Principles of Group Solidarity* (Berkeley, University of California Press, 1987); Arnold Epstein, *Ethos and Identity* (Londres, Tavistock, 1978).

[9]   Étienne Balibar e Immanuel Wallerstein, *Raza, nación y clase* (Madri, Iepala, 1992).

O devir das etnicidades pode assumir várias trajetórias. Algumas podem originar nações com Estado, como os ingleses; podem formar parte de um Estado multinacional que as reconheça como nacionalidade confederada, como a antiga Iugoslávia; podem existir como minorias e maiorias sem presença institucional nos Estados coloniais ou podem se manter em meio a um rechaço à sua existência, como os curdos na Turquia.

As etnicidades podem ter várias rotas de formação. Existem identidades estatalmente produzidas e, de fato, não há Estado moderno que não tenha inventado, de um modo ou de outro, uma identidade étnica[10]. Em outros casos, podem ter uma origem antiga ou ser fruto de uma recente etnogênese, assim como costumam ser fruto de políticas coloniais[11].

Nesse último caso, pode-se coincidir com Oommen, para quem as etnicidades são processos pelos quais certas coletividades são definidas como estrangeiras em seus próprios territórios e expropriadas do controle da vida política e econômica destes[12], o que faz com que a colônia e a República possam ser entendidas como processos contínuos de etnização dos povos indígenas.

A etnização dos indígenas, ao dissociar a comunidade cultural da soberania territorial, cria a base estrutural dos processos de exclusão, discriminação e exploração social que caracterizam os regimes de ocupação. Nesse sentido, as designações étnicas podem também ser entendidas como artefatos culturais e políticos dos complexos sistemas de divisão de classes[13], que, pelo trabalho do poder simbólico de determinadas frações de classe, permitem, em alguns casos, naturalizar as diferenças de classe e, em outros, consagrar diferenças culturais como pautas de

---

[10] Idem.

[11] Rodolfo Stavenhagen, *Conflictos étnicos y estado nacional* (Cidade do México, Siglo XXI, 1996); Bartolomé Clavero, *Derecho indígena y cultura constitucional en América* (Cidade do México, Siglo XXI, 1994).

[12] T. K. Oommen, *Citizenship, Nationality and Ethnicity* (Cambridge, Polity Press/Blackwell, 1997).

[13] Étienne Balibar, "Racismo y nacionalismo", em Étienne Balibar e Immanuel Wallerstein, *Raza, nación y clase*, cit. Para uma discussão sobre as bases da etnicidade entre "primordialistas" e "instrumentalistas", ver Clifford Geertz, *The Interpretation of Cultures* (Nova York, Fontana, 1993) [ed. bras.: *A interpretação de culturas*, Rio de Janeiro, LTC, 1989]; Abner Cohen, *Two-Dimensional Man: an Essay on the Anthropology of Power and Symbolism in Complex Society* (Londres, Routledge, 1974) [ed. bras.: *O homem bidimensional: a antropologia do poder e o simbolismo em sociedades complexas*, Rio de Janeiro, Jorge Zahar, 1978]; Frederik Barth (org.), *Los grupos étnicos y sus fronteras. La organización social de las diferencias culturales* (Cidade do México, Fondo de Cultura Económica, 1976) [ed. bras.: "Os grupos étnicos e suas fronteiras", em P. Poutignat e J. Streiff-Fenart (orgs.), *Teorias da identidade*, São Paulo, Editora Unesp, 1998].

diferenciação social fundamentais[14]. Nesse último caso, o discurso da etnicidade toma a forma de discurso político, pelo qual as diferenças objetivas de classe são reduzidas a diferenças culturais, a fim de agrupar, em torno de uma posição objetiva de classe (por exemplo, certa fração dominada de intelectuais ou frações de comerciantes urbanos) e ao redor de projetos particulares, setores sociais que, possuindo distintas condições de classe, compartilham com maior ou menor intensidade uma mesma matriz cultural e simbólica. Trata-se de um autêntico *encobrimento* da condição de classe, cujo perigo fundamenta-se no fato de que, ao se jogar um manto sobre ela, busca-se apenas potencializar o valor cultural de certo tipo de práticas no mercado de bens culturais que permitam a essa fração (cuja ascensão baseia-se na posse de um certo tipo de capital cultural) uma maior capacidade de negociar a definição do capital cultural e político legítimo, mas deixando de pé a distribuição das outras condições objetivas de classe, que também margeiam as classes subalternas a sua consuetudinária subalternidade de classe.

Contudo, resta averiguar as condições de possibilidade de que pautas somáticas como a cor da pele, do cabelo e o sobrenome tenham um valor tão grande na classificação e naturalização das diferenças sociais de classe. É insuficiente afirmar que se trata apenas de construções culturais por meio das quais as diferenças de classe se representam como diferenças naturais. O fato de que as classificações somáticas tenham um papel de bem perceptível, apetecível ou rechaçável nos leva a considerar que não são apenas "expressão", reflexo ou simples "efeitos de farsa" discursivos. As diferenciações étnicas, em geral, e as classificações raciais, em particular, em determinadas circunstâncias como, por exemplo, as coloniais e pós-coloniais bolivianas, podem ser vistas como um tipo de capital específico[15], de bem social específico: o capital étnico que, junto com outros capitais econômicos, culturais, sociais e simbólicos, ajuda a conformar os princípios de diferenciação de classe.

O capital étnico falaria, então, de duas dimensões complementares: por um lado, de práticas culturais distintivas com caráter universal que mascarariam e apagariam os vestígios das condições objetivas de sua produção e controle (língua legítima, gostos e saberes letrados legítimos etc.); por outro, de diferenças sociais objetivas que adquiriram o caráter de diferenças somatizadas e depois apagaram a origem das lutas objetivas em torno da instauração dessas diferenças. A cor da pele e o sobrenome ilustre com o qual os colonizadores explicitaram simbolicamente sua posição objetiva de conquistadores triunfantes, com direito a riquezas, terras e índios,

---

[14] Uma maneira parecida de entender a formação de classes sociais numa região dos Andes se encontra em Peter Gose, *Aguas mortíferas y cerros hambrientos, rito agrario y formación de clase en un pueblo andino* (La Paz, Mamahuaco, 2001).

[15] Pierre Bourdieu, *La distinción* (Madri, Taurus, 1998) [ed. bras.: *A distinção: crítica social do julgamento*, Porto Alegre, Zouk, 2007].

convertem essa diferença simbólica somatizada numa riqueza corporal cuja exibição consagra simbolicamente sua posição objetiva de força e domínio. Trata-se de um produto cultural de significação valiosa dos traços raciais e da estirpe, mas cuja virtude consiste em converter as diferenças conquistadas de fato na vitória política, militar, organizativa e técnica sobre os colonizados em diferenças de sangue que exercem um efeito de naturalização da relação de forças objetivas. Em termos mais horizontais, essa maneira de construção do bem étnico, mas sem seus efeitos de dominação, poderia ser também a estrutura simbólica pela qual os sólidos (e, até certo ponto, fechados) laços de parentesco das comunidades (que articulam circulação de força de trabalho e posse da terra) expressam seu valor social, seu lugar privilegiado no mundo, em relação a outros grupos comunais circundantes.

O capital étnico, com essas características, que hoje em dia possuem um valor maior do que as diferenças fundadas na distribuição dos bens escolares legítimos, é um tipo de capital simbólico que atravessa a eficácia de todos os demais capitais (econômico, social, político, linguístico etc.) e que, além disso, criou seu próprio campo de distribuição, competições e posicionamentos por meio de seu controle. A concorrência pela "branquidão"[16] na sociedade boliviana seria, então, uma forma de somatizar divisões de classe reais ou fictícias, mas que têm toda a força do poder simbólico para produzir efeitos práticos estruturantes ou não estruturantes em classes *enclasantes o desclasantes* na ordem do espaço das condições objetivas de classe. Isso fica evidente, por exemplo, na pretensão que uma pessoa de classe social mais baixa demonstra ao desejar (ou sentir-se capaz de ter acesso a) um pretendente de uma classe social distante da sua pelo fato de possuir o capital étnico (traços somáticos, sobrenome) distintivo de uma classe social localizada num escalão superior do espaço social. Ou ainda na silenciosa busca de qualquer família de qualquer classe social por um par que possa "branquear" cultural e somaticamente sua descendência. A importância objetiva nos processos de divisão de classes e suas possibilidades de conversão em outros capitais (por exemplo, econômicos) podem ser apreciadas na própria estrutura das oportunidades econômicas no mercado laboral boliviano. Segundo uma pesquisa feita por Jiménez Zamora, 67% dos empregos mais vulneráveis e precários são ocupados por indígenas, assim como 28% dos empregos semiqualificados, enquanto apenas 4% dos empregos qualificados são ocupados por eles[17]. Uma interpretação possível desses dados é a existência de uma discriminação dos ofertantes indígenas, qualificados e semiqualifi-

---

[16] Ruth Frankenberg, "The Social Construction of Whiteness", *Annual Review of Anthropology*, n. 18, 1989.

[17] Elisabeth Jiménez Zamora, "El costo de ser indígena en Bolivia: discriminación salarial *versus* segregación laboral", *Revista de la Sociedad Boliviana de Economía Política*, La Paz, v. 1, 2000.

cados, ou melhor, que o número de indígenas com capacidade de oferecer mão de obra qualificada é inferior ao dos mestiços que falam castelhano; que os indígenas qualificados e semiqualificados não se identificam mais com uma identidade indígena ou, por último, uma somatória de duas ou três dessas considerações que provocam esse tipo de segmentação étnica do mercado de trabalho. Em qualquer um desses casos, de maneira aberta ou velada, a etnicidade indígena se apresenta como objeto de sistemática exclusão e desvalorização social.

A mesma conclusão pode ser adotada a partir da revisão da estrutura da renda trabalhista. Os migrantes não indígenas ganham três vezes mais que os migrantes indígenas; estes, geralmente, recebem apenas 30% do salário dos trabalhadores não indígenas para cumprir o mesmo trabalho, enquanto as mulheres não indígenas recebem 60% do salário dos homens[18]. Em termos esquemáticos, um índio "vale" um terço de um homem mestiço que fala castelhano e metade de uma mulher mestiça que fala castelhano.

Contudo, a República e a aquisição de direitos políticos individuais de 1952 até hoje dissolveram, pelo menos formalmente, o regime colonial de divisão do trabalho, tanto econômico como político. O que não desapareceu, porém – pois, mais que uma medida administrativa, trata-se de uma estrutura cognitiva da realidade incorporada – foi a representação racializada ou etnificada do mundo, a naturalização das diferenças e aptidões sociais a partir de determinadas propriedades culturais, históricas, geográficas ou somáticas. A discriminação expressa racialmente, pelo menos na Bolívia, hoje não é mais uma invenção estatal ou tributária: é, sobretudo, um sentido comum. E, na medida em que se trata de uma estruturação imaginada do mundo, pela qual tanto dominantes como dominados se veem e veem os demais no mundo, possui um papel efetivo de estruturação prática desse mundo.

Apagada a memória da ação social que originou essa etnificação das diferenças sociais e da divisão de classes, a hierarquização racial ou étnica do mundo tem força estruturante, porque ajuda a delimitar simbolicamente as diferenças sociais, aumentando, com sua força, a força da diferenciação social. Daí, a presença do capital étnico, ou seja, de um regime de concorrências em torno de bens étnicos (contingentemente atribuídos ao idioma materno, ao lugar de origem, à cor da pele, ao sobrenome) que reforça ou desvaloriza, segundo sua proximidade com a etnicidade legítima ou com a estigmatizada, a aquisição dos outros bens sociais de tipo econômico, relacional ou educativo de cada indivíduo. Dessa forma, hoje, como se pode comprovar nas distintas trajetórias levadas a cabo pelos sujeitos em suas estratégias matrimoniais, nas aquisições culturais, nas hierarquias salariais, na distribuição proporcional de prestígios por procedência cultural e no próprio

---

[18] Idem.

tratamento do corpo, a "branquidão cultural" e a indianidade não são apenas enunciações estigmatizadoras, mas também polos ordenadores do campo dos bens simbólicos legítimos que contribuem para as divisões de classe.

### Estado monocultural, sociedade multinacional

Entende-se que uma nação é uma unidade de idioma, cultura, território e economia. Em parte, isso é verdade, mas como resultado da consolidação da nação, e não como seu ponto de partida ou sua substância definidora.

Há nações que têm mais de um idioma como língua oficial, por exemplo a Bélgica e o Paraguai; em outros casos, inicialmente a nação a se formar conteve em seu interior inúmeros idiomas regionais e locais sem que isso tenha impedido a formação de um espírito nacional que lutasse por sua independência, como no caso dos Estados Unidos e da Alemanha. Atualmente, existem no mundo mais de quatrocentas línguas, mas o número de nações não ultrapassa 190, o que reafirma a suposição de que nem toda língua resulta numa nação, nem toda nação requer um único idioma para formar-se.

Da mesma forma, a unidade cultural que pode ser o resultado de longos séculos de coesão social não é um pré-requisito para a formação nacional. De fato, todas as nações modernas eram no início – e seguem sendo – conglomerados de diversas práticas culturais, mas com a capacidade articuladora de uma identidade nacional que lhes permitiu e lhes permite competir no contexto global. A França, por exemplo, no século XVIII, era um mosaico cultural e linguístico no qual regiões inteiras compartilhavam mais afinidades culturais com as zonas do sul alemão ou com o norte italiano, mas isso não foi obstáculo para a construção da nacionalidade francesa como ente republicano portador de soberania estatal.

Do mesmo modo, a unidade econômica não é pré-requisito para a formação nacional. Israel, muito antes de possuir instituições econômicas relativamente unificadas, já existia como vontade nacional entre todos os que se sentiam conacionais, espalhados por distintas regiões do mundo. Aqui, a economia unificada e, inclusive, o território foram resultados da força de identificação nacional, não sua condição. No fundo, território, cultura e língua são produtos do devir da nação, sua validação histórica e sua verificação material, não o ponto de partida de sua formação. De fato, existem muitos povos que, mesmo possuindo território e unidade cultural, linguística e econômica, não passam de retalhos étnicos ou, ainda, preferem se dissolver em entidades nacionais maiores nas quais acreditam encontrar prerrogativas públicas mais satisfatórias que as que poderiam obter de maneira autônoma. A história de certos povos europeus, africanos e latino-americanos foi, precisamente, a desse devir, enquanto que a de outros povos foi a extinção violenta.

O que importa no território, na língua, na cultura, inclusive na economia, não é seu somatório, porque tampouco somando esses quatro componentes se tem as nações, mas sim como esses elementos são trabalhados para o futuro, ou seja, sua conotação histórica ou o grau de qualificação, utilizáveis pelo conglomerado social que, de antemão, se reconhece num destino comum, numa comunidade de pertencimento e transcendência.

Sabe-se que o idioma ou o território podem ser assumidos como componentes particulares (folclóricos) de uma estrutura social maior, como pertences sem valor dos quais é melhor se desfazer, ou como manifestações de uma identidade separada, irredutivelmente diferenciada daquelas que a rodeiam e dominam – somente nesse caso, a língua, o território ou a cultura se tornam componentes de uma identidade nacional; portanto, o que importa nelas é de que maneira são lidas, interpretadas, significadas, desejadas ou, o que dá no mesmo, como se dá sua forma de politização.

As nações são, então, artefatos políticos, construções políticas que dão sentido de pertencimento a um tipo de entidade histórica capaz de outorgar sentido de coletividade transcendente, de segurança histórica diante das vicissitudes do porvir, de adesão familiar básica entre pessoas que certamente nunca poderão se ver, mas entre as quais, supõe-se, é compartilhado um tipo de identidade, de proximidade histórica, de potencialidades de convivência que não é comum a outras pessoas que conformam a "outredade", a alteridade. Daí a importância e o papel destacado que as construções discursivas e as lideranças podem desempenhar na formação das identidades nacionais, em sua capacidade de articular demandas, disponibilidades, expectativas e solidariedades em esquemas simbólicos de agregação e ação política autônoma do campo de competências culturais, territoriais e políticas dominantes[19]. As nações são fronteiras sociais, territoriais e culturais que existem previamente na cabeça dos conacionais e têm a força de concretizar-se em estruturas materiais e institucionais. Nesse sentido, as nações são comunidades políticas nas quais seus componentes, os que se assumem como parte da nação, se reconhecem de antemão numa institucionalidade que entendem como própria e dentro da qual integram suas lutas sociais, suas competências e mentalidades[20]. Precisamente, a formulação dessas fronteiras simbólicas no imaginário coletivo, a partir da visualização e politização das fronteiras reais da segregação colonial já

---

[19] David Miller, *Sobre la nacionalidad: autodeterminación y pluralismo cultural* (Barcelona, Paidós, 1997); Terry Eagleton, "El nacionalismo y el caso de Irlanda", em *El nacionalismo en tiempos de globalización*, *New Left Review*, Madri, Akal, n. 1, 2000.

[20] Étienne Balibar, "La forma nación: historia e ideología", em Immanuel Wallerstein e Étienne Balibar, *Raza, nación y clase*, cit.

# 180 ÁLVARO GARCÍA LINERA

existente parece ser uma das reivindicações ascendentes do movimento social indígena aimará nos anos 1960[21].

As formações nacionais são de início discursos performativos[22] com a força de gerar processos de construção de comunidades de consentimento político pelas quais as pessoas definem um "nós" separado de um "outros" por meio da reinterpretação, enunciação ou invenção de algum ou alguns componentes sociais (por exemplo, o idioma, a religião, a etnicidade ou a história de dominação) que, a partir desse momento, passam a ser componentes de diferenciação e de vinculação à comunidade, garantindo assim uma segurança coletiva a seus membros no porvir igualmente comum. Trata-se de um tipo de interação comunicativa que produz (ou desenterra, ou inventa) uma irmandade estendida, um parentesco ampliado capaz de criar, primeiro, um efeito de atração gravitacional nos setores populacionais que se sentirão atraídos e, segundo, um efeito complementar de repulsão naqueles que se sentirão excluídos. Por tudo isso é que se diz que as nações são "comunidades imaginadas"[23]. Nesse sentido, as nações não necessitam previamente de uma comunidade étnica para se consolidar – embora isso possa favorecer, originando uma nação mono-étnica.

As nações resultam, em geral, da agregação política de muitas etnicidades, pois a nação há de ser, precisamente, a produção de uma nova etnicidade (real ou

---

[21] "As lutas sobre a identidade étnica ou regional, ou seja, em relação a propriedades (estigmas ou emblemas) vinculadas com sua *origem* ao *lugar* de origem e seus sinais correlativos, como o sotaque, constituem um caso particular das lutas de classes, lutas pelo monopólio do poder de fazer crer, fazer conhecer e fazer reconhecer, por impor a definição legítima das divisões do mundo social e, por meio disso, *fazer* e *desfazer os grupos*: com efeito, o que se ventila nessas lutas é a possibilidade de impor uma visão do mundo social por meio do princípio de divisão que, quando se impõe ao conjunto de um grupo, constitui o sentido e o consenso sobre o próprio sentido e, em particular, sobre a identidade e a unidade que faz efetiva a realidade da unidade e da identidade desse grupo", Pierre Bourdieu, *¿Qué significa hablar? Economía de los intercambios lingüísticos* (Madrid, Akal, 1999), p. 88 [ed. port.: *O que falar quer dizer: a economia das trocas lingüísticas*, Lisboa, Difel, 1998].

[22] O discurso étnico ou regionalista "é um *discurso performativo*, que pretende impor como legítima uma nova definição das fronteiras e fazer conhecer e reconhecer a *região* assim delimitada diante da definição dominante e desconhecida como tal. O ato de categorização, quando consegue fazer-se reconhecer ou é exercido por uma autoridade reconhecida, exerce por si mesmo um poder: como as categorias de parentesco, as categorias 'étnicas' ou 'regionais' instituem uma realidade utilizando o poder de *revelação* e de *construção* exercido pela *objetivação no discurso*". Idem.

[23] Ernest Gellner, *Naciones y nacionalismos* (Madrid, Alianza, 1994) [ed. port.: *Nações e nacionalismo*, Lisboa, Gradiva, 1993]; Benedict Anderson, *Comunidades imaginadas* (Cidade do México, Fondo de Cultura Económica, 1989) [ed. bras.: *Comunidades imaginadas*, São Paulo, Companhia das Letras, 2008]; Montserrat Guibernau, *Los nacionalismos* (Barcelona, Ariel, 1998) [ed. bras.: *Nacionalismos*, Rio de Janeiro, Jorge Zahar, 1997].

fictícia) que permita projetar no passado, de forma imaginária, a pertinência e necessidade de sua existência no presente. Essa ancoragem no passado, que garante uma segurança coletiva no porvir igualmente comum, produz (ou desenterra, ou inventa) uma irmandade estendida, um parentesco ampliado capaz de criar, primeiro, um efeito de atração gravitacional nos setores populacionais que se sentirão atraídos e, segundo, um efeito complementar de repulsão naqueles que se sentirão excluídos. Por tudo isso é que se diz que as nações são "comunidades imaginadas". Mas, ao mesmo tempo, enquanto se trata de processos de remodelação da subjetividade coletiva que cria um sentido de "nós", as nações também são um modo de produzir o "comum", o bem comum que une o grupo e o diferencia dos "outros" grupos – e, nesse sentido, trata-se de comunidades políticas, pois sua força articuladora é, precisamente, a gestão, a distribuição e a conservação desse bem comum. Por isso, não é de estranhar que, às vezes, se confunda Estado com nação, pois ambos tratam da gestão do bem comum, embora o primeiro seja uma ação institucionalizada que trabalha do alto produzindo a ilusão, para os de baixo, de uma comunidade política, segundo Marx, e a nação, ao contrário, exista desde o momento em que se imagina uma comunidade política partindo de baixo e se trabalha para criar uma institucionalidade que condense, para cima, esse apetite político. Nas sociedades modernas, quando funciona apenas a "comunidade ilusória" (Estado), estamos diante dos autoritarismos e dos processos interrompidos de nacionalização, como os da Bolívia. Quando a "comunidade ilusória" resulta da explicitação institucionalizada da "comunidade imaginada" (a nação), estamos diante dos processos de formação de legitimidade política e nacionalização exitosa.

Essa identificação entre nação e concretização institucional da comunidade política sob a forma de Estado levou à afirmação de que apenas se pode falar de nações no sentido estrito quando a intersubjetivação política dos conacionais alcança a autonomia governamental por meio do Estado e que, enquanto isso não ocorre, deve-se fazer referência a nacionalidades. A virtude dessa afirmação fundamenta-se no fato de que não assume uma visão essencialista nem estática da construção nacional, mas a vê como um campo de forças, como um processo, como um devir político que atinge maturidade quando se institucionaliza como Estado.

Na Bolívia, é bastante evidente que, em que pesem os profundos processos de mestiçagem cultural, ainda não se pôde construir a realidade de uma comunidade nacional. No país, existem pelo menos trinta idiomas e/ou dialetos regionais[24], além de dois idiomas que são a língua materna de 37% da população (o aimará e o quéchua) e cerca de 62% se identificam com algum povo originário[25]. E, na

---

[24] Xavier Albó, "Etnias y pueblos originarios", em *Bolivia en el siglo XX*, cit.

[25] INE, *Censo nacional de población y vivienda 2001*, La Paz, 2002.

medida em que cada idioma caracteriza toda uma concepção de mundo, essa diversidade linguística é também uma diversidade cultural e simbólica. Se a isso somarmos o fato de que existem identidades culturais e nacionais mais antigas do que a República – e que, inclusive, hoje reclamam a soberania política sobre territórios usurpados, como no caso da identidade aimará –, fica bastante claro que a Bolívia é, a rigor, uma coexistência de várias nacionalidades e culturas regionais sobrepostas ou moderadamente articuladas[26]. No entanto, apesar disso, o Estado

---

[26] Toda identidade é sempre fruto de um trabalho deliberado no terreno discursivo, simbólico e organizativo que produz um estado de autorreflexividade dos sujeitos para demarcar fronteiras imaginadas (reais ou acreditadas) que os diferenciam de outros sujeitos. Essa vontade distintiva é sempre fruto de uma atividade especificamente dirigida a gerar um fim – portanto, é sempre fabricada, produzida. Nesse sentido, toda identidade é um invento cultural que, de maneira externa ao grupo (por exemplo, os "índios" da colônia), ou pela presença de elites políticas próprias (a identidade aimará contemporânea), visibiliza e ressignifica algum elemento comum entre as pessoas (o idioma, a história, os antepassados, a cultura, a religião etc.), pelo qual se demarcam fronteiras em relação a outras pessoas e se inculcam fidelidades substanciais (um tipo de parentesco ampliado) com os "identificados". Contudo, também é certo que essa produção de identidades não pode ser feita sobre o nada: há mais probabilidades de êxito onde se encontra certo tipo de condições similares de existência objetiva entre as pessoas, mas também é possível que, apesar da existência dessas condições objetivas similares, isso nunca origine uma identidade cultural ou política diferenciada. Toda identidade é historicamente contingente e relacional, fazendo com que seja reprovável qualquer especulação sobre identidades "originárias" e "fabricadas". O único que há de rigoroso aqui seria, em todo caso, perguntar-se sobre as condições de produção de tal ou qual identidade e sua capacidade de mobilização e não sobre sua artificialidade, pois sua identidade é, por sua vez, uma invenção social. Um erro comum sobre o conceito de identidade – por exemplo, o de Lazarte – é confundir a identidade étnica, baseada em práticas culturais, com regime socioeconômico ou aquisição técnica, pois considera-se que reinvindicar-se como aimará ou indígena é antagônico à demanda por internet ou tratores. Enquanto o primeiro relaciona-se com o aparato cultural de significação com o qual os sujeitos conhecem o mundo e atuam nele, o segundo refere-se à organização econômica e ao acesso a recursos sobre os quais atuará a significação de mundo. Um alemão e um inglês podem ter em comum um carro, um celular e uma indústria, mas isso não os torna partícipes de uma mesma identidade cultural, nem seu apego ao idioma e à tradição cultural de suas respectivas comunidades culturais é um regresso à tecnologia da Idade Média. Da mesma forma, o fato de os aimarás reivindicarem estradas, telefonia e tecnologia moderna não significa que o fazem renunciando a seu idioma, a sua tradição, e, que, jubilosos, exijam a imediata castelhanização e mestiçagem cultural. Diferentemente do que acredita Lazarte, a identidade cultural indígena não está associada ao regresso ao arado de *takit'aclla*, como se a identidade estivesse associada a um nível tecnológico específico da sociedade e a uma única atividade (o trabalho agrícola). Os aimarás, por exemplo, mostraram que é possível ser culturalmente aimará na hora do cultivo em *suka kollos* [sistema de cultivo andino, no qual plataformas eram intercaladas com canais por onde passava a água. Segundo estudos arqueológicos, foi desenvolvido pela cul-

é monolíngue e monocultural em termos da identidade cultural boliviana que fala castelhano. Isso supõe que é apenas por meio do idioma espanhol que as pessoas obtêm prerrogativas e possibilidades de ascensão nas diferentes estruturas de poder do país, sejam elas econômicas, políticas, judiciárias, militares ou culturais. Apesar de uma presença majoritária de procedências culturais indígenas rural-urbanas, a "branquidão" somática e cultural é um bem perseguido por todos os estratos sociais, na medida em que simboliza a ascensão social e constitui um extra simbólico que contribui para a conquista de uma posição melhor nos processos de estruturamento e não estruturamento em classes *enclasamiento y desenclasamiento*.

O paradoxal disso tudo é que essa construção compulsiva de identidades étnicas delegadas ou atribuídas (o indígena) a partir do próprio Estado, que permite a constituição da branquidão como capital acumulável e da indianidade como estigma desvalorizador, vem acompanhada de um desconhecimento da etnicidade como sujeito de direito político, numa repetição da clássica atitude esquizofrênica do Estado, que promove institucionalmente a inexistência de identidades étnicas majoritárias ao mesmo tempo que regulamenta a exclusão étnica como meio de monopolização racializada dos poderes sociais.

Na Bolívia, há cerca de cinquenta comunidades histórico-culturais, com distintas características e posições hierárquicas. A maioria dessas comunidades culturais se encontra na porção leste do país, e elas abarcam demograficamente desde algumas dezenas de famílias até cerca de 100 mil pessoas. Na porção oeste

---

tura tiwanakota, que teve como capital Tiwanaku, na Bolívia (N. T.)] pré-coloniais, como também nas épocas da *mita* colonial [sistema de trabalho por turnos que os indígenas faziam em benefício das autoridades coloniais (N. T.)], da *hacienda* republicana e da fábrica moderna. A confusão entre identidade étnica e regime socioeconômico leva a uma leitura petrificada e que, portanto, não serve para dar conta dos complicados processos de construção das identidades étnicas modernas. Como em outras partes do mundo, não há incompatibilidade entre uma demanda identitária indígena, por exemplo, e a modernidade industriosa ou técnica; na verdade, isso põe à prova a própria vitalidade e a capacidade regenerativa das identidades culturais. O fato de os aimarás exigirem tratores, mas por meio de discursos em seu próprio idioma e como parte de um projeto indígena de autonomia política, longe de debilitar o processo de construção identitária, o que faz é inseri-la na própria modernidade, ou melhor, lutar por uma modernidade articulada à tradição e a partir dos repertórios de significação cultural indígenas. Por acaso não é possível ser aimará culturalmente ou nacionalmente ao mesmo tempo que se é engenheiro, operário, industrial ou agricultor? O reducionismo camponês e arcaizante, com o qual alguns ideólogos conservadores pretendem ler a formação da identidade cultural indígena, não apenas peca por desconhecer a história e a teoria social como também está fortemente marcado por um esquema mental etnocentrista que tende a associar o indígena com o atrasado, o rural, isto é, o oposto ao "desenvolvimento" e à "modernidade" trazidos, naturalmente, pelo mundo mestiço que fala castelhano.

do país concentram-se as duas maiores comunidades histórico-culturais indígenas, as que falam quéchua e as que falam aimará.

A primeira, resultante das migrações indígenas e de políticas de colonização espanhola que impuseram o idioma quéchua nos antigos *ayllus* aimarás, em sentido estrito, constitui uma única comunidade linguística e não tanto uma identidade étnica com níveis de politização que estabeleçam uma coesão. Em geral, essa comunidade linguística, apesar de contar com quase 3,5 milhões de componentes, apresenta altos graus de porosidade que os leva, em alguns casos, a fundir-se rapidamente em outras estruturas culturais – especialmente urbano-mestiças –, a agrupar-se em torno de identidades classistas de tipo camponês ou gremial e, em outros casos, a condensar-se em microidentidades étnicas em torno de *ayllus* ou federações de *ayllus* (aqueles localizados em Potosí e em Sucre). Por outro lado, a outra grande comunidade linguística, a aimará, que abarca pouco mais de 2,5 milhões de pessoas, apresenta todos os componentes de uma unidade étnica altamente coesa e politizada. Ao contrário do resto das identidades indígenas, a aimará criou, há décadas, elites culturais capazes de originar estruturas discursivas, com a força de reinventar uma história autônoma que ancora no passado a busca de um porvir igualmente autônomo, além de um sistema de mobilização sindical de massas em torno dessas crenças políticas e, recentemente, uma liderança com capacidade de dar corpo político visível à etnicidade. Em termos históricos, a identidade aimará não é apenas a mais antiga no território boliviano como também, sobretudo, a que criou de forma mais sistemática uma arquitetura de crenças, de discursos políticos centrados no autogoverno, de projetos e de força de mobilização em torno dessas demandas[27]. Diferentemente do resto das identidades culturais indígenas, é a que conta com uma ampla elite intelectual construtora de um discurso étnico que, por meio da rede sindical, foi apropriado por amplos setores populacionais, constituindo-se na única identidade de tipo nacionalitário indígena na atualidade.

Por último, temos a identidade cultural boliviana dominante, resultante dos 179 anos de vida republicana, que, embora inicialmente tenha surgido como artifício político a partir do Estado, hoje possui um conjunto de marcos históricos culturais e populares que a tornam consistente e predominantemente urbana.

Tudo isso não pode nos fazer esquecer que, como toda identidade étnica, na Bolívia estamos diante de identidades flexíveis e, em casos extremos, contingentes às qualidades do contexto, que fazem avançar ou retroceder suas fronteiras segundo os ciclos históricos de expansão econômica e abertura dos espaços de poder governamental.

---

[27] Javier Hurtado, *El katarismo*, cit.; Álvaro García Linera, "La formación de la identidad nacional en el movimiento indígena-campesino aymara", em *Fe y Pueblo* (La Paz, 2003).

Essa pluralidade de comunidades linguísticas e de identidades étnicas faz com que estas sejam portadoras de diferentes configurações simbólicas, visões de mundo, formas organizativas, saberes e práticas culturais e apegos territoriais. No entanto, a maioria dessas referências cognitivas e práticas nunca foi integrada à conformação do mundo simbólico e organizativo estatal legítimo, devido ao fato de que as estruturas de poder social se encontram sob monopólio predominante da identidade étnica boliviana. Isso faz com que se possa dizer que o Estado republicano é um Estado de tipo monoétnico ou monocultural e, nesse sentido, excluidor e racista.

Essa monoculturalidade do Estado é visível no cotidiano, quando, por exemplo, um estudante que teve como língua materna o aimará ou o quéchua é obrigado a incorporar, entre os condicionamentos estruturais para o êxito acadêmico, junto com a disposição de tempo e recursos culturais resultantes de sua condição socioeconômica, a conquista de novas aptidões linguísticas, monopolizadas pelos estudantes que falam castelhano, já que esse é o idioma legítimo para a aquisição dos bens educativos. Nesse caso, o idioma doméstico é o ponto de partida de uma indianidade vista, portanto, como um estigma que deprecia o conjunto de habilidades disponíveis para as distintas competências sociais. Algo similar acontece em grande parte dos âmbitos públicos (serviço militar, cargos administrativos, judicatura, acesso bancário etc.) e não de forma minoritária, mas sim com pouco mais da metade da população. Em certos contextos, o sobrenome, a vestimenta e a cor da pele podem cumprir essa mesma função desvalorizadora da trajetória social.

Sabe-se que todo Estado necessita criar aderências coletivas, sistemas de fins e valores comuns que permitam estabelecer uma coesão imaginária entre os distintos grupos sociais presentes no âmbito de sua influência territorial. A escola, o sistema de registros de nascimento, de documentos de identidades, de sufrágio, os rituais públicos, o conjunto de símbolos cívicos, entre outros, criam essa base de filiação cultural que, a longo prazo, gera uma etnicidade estatalmente inventada. O problema é quando essa monoetnização do Estado é feita selecionando de forma arbitrária um conjunto de aptidões, competências e valores monopolizados por determinados grupos em detrimento de outros. Esse problema se complica quando esses componentes identitários estão sob controle predominante de setores limitados ou minoritários da população ou, pior ainda, quando a aquisição desses componentes de legitimação étnica é um empreendimento falido ou mutilado pela desvalorização simbólica, estatalmente referendada, a que são submetidas as pessoas que incursionam nesses processos de des-etnificação e re-etnificação, que é precisamente o que acontece na Bolívia.

Num país de aproximadamente 8 milhões de habitantes, em termos linguísticos, mais de 4 milhões têm como idioma materno o aimará ou o quéchua, ou são bilíngues, incluindo aí o castelhano. Entretanto, nenhuma repartição pública, nenhum instituto de ensino superior, nenhum posto de hierarquia econômica, política ou cultural tem o idioma aimará ou o quéchua como meio de comunicação oficial. O monolinguismo estatal, ao consagrar arbitrariamente um único idioma como língua de Estado, desvaloriza, na prática, as outras línguas como meio de acesso aos cargos públicos ou como mecanismo de ascensão social urbana e, de maneira velada, coage os bilíngues ou monolíngues a abandonar seus idiomas, pois não estão incluídos entre os bens culturais legítimos.

O fato de que existem cada vez mais pessoas que falam o castelhano ou que combinam o castelhano com outro idioma nativo não é nenhuma "escolha" fundada no reconhecimento das virtudes da mestiçagem monoétnica do Estado, mas um efeito das relações étnicas de dominação que hierarquizaram, com a força do poder estatal, bens culturais específicos em detrimento de outros.

Com isso, é facilmente compreensível a negativa de várias comunidades camponesas indígenas ao ensino bilíngue na escola primária (castelhano/aimará, por exemplo); trata-se de um ato racional de cálculo de expectativas. Claro, de que serve aprender a ler e escrever em aimará se isso não vai ser útil para adquirir empregos urbanos, nem para tramitar em repartições públicas, nem para ter acesso a uma profissão reconhecida? Por isso, a diminuição das pessoas que só falam um idioma nativo, junto com o crescimento do bilinguismo ou do bloco de pessoas que só falam castelhano, não deve surpreender ninguém, já que é o resultado direto da coerção cultural e simbólica do Estado. É fácil prever que as taxas de medição do bilinguismo e do monolinguismo nativo cresceriam notavelmente se as estruturas de poder estatal, de maneira normativa e generalizada, fossem bilíngues ou trilíngues, como acontece em outros Estados modernos multiculturais e multinacionais.

### Sociedade multicivilizatória e Estado esquizofrênico

A monoetnicidade ou mononacionalidade do Estado, numa sociedade multiétnica ou multinacional, é, portanto, o primeiro desajuste de uma relação eficiente e democrática entre sociedade e Estado. No entanto, esse não é o único problema da complexidade estrutural daquilo que chamamos Bolívia. O outro eixo de desarticulação social substancial é o que Zavaleta chamou de "o matizado", que pode ser resumido como a coexistência sobreposta de vários modos de produção, de vários tempos históricos e sistemas políticos[28]. Em termos mais operacionais, pode-se dizer que a Bolívia é um país onde coexistem de forma desar-

---

[28] René Zavaleta, *Lo nacional popular en Bolivia* (Cidade do México, Siglo XXI, 1986); Luis Tapia, *La producción del conocimiento local. Historia y política en la obra de René Zavaleta* (La Paz, Cides/Muela del Diablo, 2002).

ticulada várias civilizações, mas onde a estrutura estatal empresta a lógica organizativa de uma só dessas civilizações: a moderna mercantil capitalista.

Seguindo Elias[29], em linhas gerais, pode-se entender o regime civilizatório como o emaranhado social e as pautas do comportamento por meio das quais as pessoas estão acostumadas a viver. Isso supõe os modos de diferenciação das funções sociais, as formas de constituição dos institutos do monopólio da violência física e impositiva, as maneiras de simbolizar as previsões prolongadas de sequências nas relações entre as pessoas (a técnica) e os mandatos e proibições que modelam o vínculo entre as pessoas[30]. Trata-se, portanto, de um conjunto coerente de estruturas generativas de ordem material, política e simbólica que organizam de maneira diferenciada as funções produtivas, os processos técnicos, os sistemas de autoridade e a organização política, além dos esquemas simbólicos com os quais coletividades extensas dão coerência ao mundo. Um regime civilizatório é muito mais que um modo de produção, pois integra a matriz cognitiva e os procedimentos de autoridade que regulam a vida coletiva. Assim, uma civilização pode atravessar vários modos de produção –, por exemplo a comunidade arcaica e a comunidade rural –, que, sendo distintos, compartilharam matrizes organizativas da vida similares. Da mesma forma, uma civilização pode abarcar vários territórios descontínuos e vários povos ou nações, como a civilização capitalista mundial, que compreende mais de uma centena de nações-Estado, ou a civilização comunal, que abrange por igual aqueles que falam aimará e quéchua radicados em comunidades agrárias.

Na Bolívia, pode-se afirmar que existem quatro grandes regimes civilizatórios[31]:

---

[29] Norbert Elias, *El proceso de la civilización* (Cidade do México, Fondo de Cultura Económica, 1993) [ed. bras.: *O processo civilizador*, Rio de Janeiro, Jorge Zahar, 1993]; ver também Fernand Braudel, *Civilización material, economía y capitalismo* (Madri, Alianza, 1984) [ed. bras.: *Civilização material, economia e capitalismo*, São Paulo, Martins Fontes, 1996].

[30] Um uso pioneiro do conceito de civilização para estudar os povos indígenas foi feito por Guillermo Bonfil Batalla, ainda que de maneira diretamente associada às características sociais do camponês (orientação à produção autossuficiente, solidariedade familiar, reciprocidade, propriedade comunal da terra, a natureza como corpo vivo dialogante etc.). Ver Guillermo Bonfil Batalla, *México profundo. Una civilización negada* (Cidade do México, SEP/Ciesas, 1987).

[31] Em um texto recente (*Tink'asos*, n. 17), Rafael Archondo tentou realizar um conjunto de observações à nossa proposta sobre a multinacionalização do Estado. Lamentavelmente, o esforço pela estética da palavra irônica sacrificou a razão argumentativa e o conhecimento. Ele assinala que o Estado não pode ser "síntese" (conotada) da sociedade, mas apenas "do político" (?), como se a autoridade que garante os direitos de cidadania dos membros de um território, os impostos que sustentam a administração burocrática ou o regime de propriedade que hierarquiza acessos aos bens coletivamente gerados só afetassem as pequenas elites

A civilização moderna mercantil-industrial, que abarca pessoas que, possuidoras de uma racionalidade eminentemente mercantil e acumulativa, teriam passado por processos de individuação, de desarraigamento comunitário tradicional. São pessoas que vivem a separação do político em relação ao econômico e assentam o fundamento de suas condições de existência, seja como atores dominantes, seja como subordinados, em atividades trabalhistas assalariadas, como a mineração e a manufatura industrial, o sistema bancário, o grande comércio, os serviços públicos, o transporte etc. com seus respectivos circuitos de acumulação e intercâmbio diretamente mercantil de produtos, bens e força de trabalho. Em termos populacionais, não mais que 20% ou 30% da população do país está envolvida direta e tecnicamente nesse emaranhado social.

---

"sedentas de poder", e o resto, a maioria, vivesse uma espécie da não estatalidade tão sonhada pelo anarquismo primitivo. A ingenuidade de uma sociedade fora do Estado seria apenas uma inocente especulação não fosse o fato de que, com isso, se "esquece" ou se esconde que o Estado "vive" dos recursos de toda a sociedade, atribuindo hierarquicamente esses bens em função da força da totalidade das frações sociais e consagrando assim o acesso a esses poderes por meio da coerção que exerce e da legitimidade que obtém da totalidade dos membros da sociedade. O Estado é, pois, uma relação social total, não apenas a ambição dos "capazes" ou dos "sedentos" de poder; o Estado atravessa a todos de algum modo, daí seu conteúdo público. Se o Estado só afetasse as "elites ideologicamente ativas", Archondo deveria se perguntar, então, sobre o sentido fantasmagórico do imposto salarial que paga todo mês, sobre a irrealidade dos títulos de propriedade ou sobre a ficção do voto. Em parte, toda essa ilusão está vinculada com o sonho do burocrata estatal que acredita que não deve nada à sociedade e que o público é apenas uma ação de virtuosos.

O que acontece é que Archondo confunde a administração do Estado com o Estado em si. O primeiro é certamente uma ação de elites que administram o poder estatal, enquanto o segundo é uma ação relacional e maquinal que atravessa, de um modo ou de outro, toda a sociedade. A solidez de um Estado moderno fundamenta-se no fato de ele ser capaz de produzir a relação política em toda a sociedade por meio da legitimidade ativa, permitindo que os interesses dos distintos blocos sociais politicamente ativos fiquem articulados hierarquicamente nas funções estatais e que as elites desses blocos possam acessar de forma competitiva os distintos mecanismos de poder – que é precisamente o que não acontece no país. Aqui, nem o Estado é uma ação relacional social (basta conferir a porcentagem de pessoas que não pagam tributos nem acessam a cidadania política ou social), nem as prerrogativas coletivas de uma maioria populacional (os indígenas como identidade histórico-política) estão integradas aos direitos de cidadania plena.

A candura pré-reflexiva de Archondo se torna uma clara militância política na hora de criticar a proposta de uma multiculturalização ou multinacionalização das estruturas decisórias do Estado. É compreensível que ele desconheça as formas de arranjo institucional que outros estados democráticos multiculturais (Bélgica, Suíça, Índia, Canadá etc.) alcançaram. Nesse caso, simplesmente pode-se recomendar que revise a literatura pertinente antes de se aventurar a adjetivar sobre coisas que não entende.

O segundo regime civilizatório é o da economia e da cultura organizadas em torno da atividade mercantil simples de tipo doméstico, artesanal ou camponês. Pertencem a ele os portadores de uma racionalidade sindical, ou corporativa, e que possuem um regime de instituições políticas baseadas na coalizão normatizada de pequenos proprietários mercantis. Boa parte da chamada informalidade, que atinge 68% do emprego urbano, dos artesãos e dos pequenos proprietários rurais, corresponde a esse segmento social.

---

Mas o que merece uma observação é a opinião de que a presença proporcional das identidades culturais no Estado seria uma forma de *apartheid*. Se Archondo houvesse tido a prudência de revisar o significado das palavras que utiliza com notável falta de reflexão, teria se inteirado de que o *apartheid* significou a exclusão da sociedade das estruturas de poder precisamente a partir do pertencimento a uma comunidade cultural, regulamentada de forma legal. Na Bolívia, de fato isso acontece, só que não de maneira legal, mas na prática, tal como estamos demonstrando, e com efeitos práticos de segregação no acesso a recursos públicos e na mobilidade social. Esse *apartheid* hipócrita, ao qual Archondo se apega, é o que precisamente se deveria desmontar e não legitimar por meio de frases feitas sobre uma "democracia" des-etnizada que consagra a monoetnicidade da estrutura estatal. Em sociedades multiculturais, o *demos* da democracia tem que ser culturalmente plural, porque, de outro modo, deixa de pé os mecanismos de exclusão política pela imposição de um só parâmetro de *demos* que jamais será imparcial ou universal. Aqui, não deixa de ser sintomático o apego de Archondo à ilusão de que a identidade é uma ação de escolha individual, tal como proclama o liberalismo de sociedades culturalmente homogêneas. O que não se deveria perder de vista é que a identidade é um produto de lutas coletivas pelo acesso a recursos a partir da politização de determinados componentes (idioma, religião, história, tradição etc.) e que o Estado também produz identidades, dominantes e dominadas. Trata-se de uma trama de poderes da qual o indivíduo não pode escapar para optar livremente e menos ainda quando elas servem para regular o acesso aos bens econômicos e políticos de uma sociedade, como na Bolívia. A imaculada individualidade à qual Archondo se apega é uma ficção que legitima, travestida de universalista, a identidade estatalmente dominante (pois o Estado monopoliza a educação legítima, o idioma legítimo, a cultura legítima, a história legítima) e reproduz nas ações as identidades dominadas. No fundo, o desmonte dessa dominação que de fato existe é o limite instransponível de todo esse pseudoliberalismo que beira a frivolidade. Archondo deveria se perguntar sobre a "liberdade" que os indígenas têm de "*se branquear*" ou "*se agringar*" exitosamente na hora de optar por intercâmbios matrimoniais, postos de trabalho ou reconhecimentos públicos.
Sobre a angústia que acomete nosso crítico de como identificar as comunidades culturais, esse é um ato político de autovinculação que tem como jurisdição a territorialidade do Estado. Em democracias multiculturais, cada cidadão pode exercer seus direitos como tal a partir de seu pertencimento cultural lá onde ele se localiza, ou optar por representantes de sua comunidade cultural a partir de qualquer lugar, pois o Estado é multicultural em sua estrutura central. Com a diferença de que, lá onde territorialmente uma identidade cultural é maioria, as estruturas decisórias do poder subnacional (regional) têm uma predominância cultural, mas que reconhece os direitos de outras minorias culturais em seu seio.

Em terceiro lugar está a civilização comunal, com seus procedimentos tecnológicos fundados na força de massa, na gestão da terra familiar e comunal, na fusão entre atividade econômica e política, com suas próprias autoridades e instituições políticas que privilegiam a ação normativa sobre a eletiva[32] e na qual a individualidade é um produto da coletividade e de sua história passada.

Por último, está a civilização amazônica, baseada no caráter itinerante de sua atividade produtiva, na técnica fundamentada no conhecimento e na laboriosidade individual, e na ausência de Estado.

Em conjunto, dois terços dos habitantes do país[33] se encontram em alguma das última três faixas civilizatórias ou de sociedade[34]. É claro que esse é um mo-

---

Sobre a questão de considerar as identidades e as diferentes civilizações como espaços fechados, tal como defende Archondo, pode-se revisar as respostas que damos neste texto a argumentações críticas mais sólidas e coerentes. Em todo caso, não é porque Bush utilize as palavras "democracia" e "liberdade" para legitimar suas guerras que os conceitos de democracia e liberdade sejam conceitos bélicos. O mesmo acontece com o conceito de "civilização" empregado por Huntington. Se Archondo tivesse lido o autor antes de usá-lo com afãs comparativos e desvalorizadores, teria se dado conta de que, para Huntington, a civilização é sinônimo de cultura e esta é reduzida a idioma – e, em alguns casos, a religião. E é com isso que arma a leitura conservadora de "choque de civilizações". Em nosso caso, e retomando o emprego sociológico de Elias e de outros investigadores latino-americanos, que seria bom que Archondo revisasse, buscamos articular, com o conceito de civilização, o conceito de modo de produção, em seu fundo técnico e organizativo duro, com o sistema de autoridade política e o modo de significar estruturalmente o mundo. Como todo conceito, não é a realidade, mas uma maneira mental de ordenar dados da realidade e, portanto, é epistemologicamente abusivo querer "mapear" e delimitar geograficamente com régua e lápis as "civilizações". Esse conceito é uma categoria que permite entender como é que nos comportamentos das pessoas se encontram sobrepostas – ou, às vezes, fundidas hierarquicamente – lógicas e técnicas organizativas do modo de produzir e reproduzir material e simbolicamente suas vidas. Desqualificar uma categoria por meio do emprego que lhe dá outro autor, que a define de maneira distinta, é um malabarismo ideológico de fácil aplauso, embora, no sentido intelectual, isso seja uma impostura.

[32] Jürgen Habermas, *Teoría de la acción comunicativa* (Madri, Taurus, 1998).

[33] A agricultura é composta por 550 mil unidades domésticas que abarcam 90% da população agrária; no trabalho urbano, predomina a existência de 700 mil unidades semiempresariais, sendo estas e as unidades familiares responsáveis por 65% do emprego urbano. Sobre isso, ver Horst Grebe, "El crecimiento y la exclusión", em Hugo Montes, *La fuerza de las ideas* (La Paz, Foro del Desarrollo, 2002); Carlos Arce, "Empleo y relaciones laborales", em *Bolivia hacia el siglo XXI* (La Paz, Cides/CNR/ANC/Cedla/CEB/PNUD, 1999).

[34] Uma pessoa que propôs o uso da categoria de civilização para entender a estrutura organizativa dos povos indígenas foi Bonfil Batalla. Para ele, a civilização seria "um nível de desenvolvimento cultural (no sentido mais amplo e inclusivo do termo) suficientemente alto e complexo para servir de base comum e orientação fundamental aos projetos históricos de

A POTÊNCIA PLEBEIA 191

delo conceitual que não exclui vínculos, cruzamentos e hibridismos complexos, produto da colonização, entre esses quatro blocos civilizatórios, ao ressaltar a diferença dos padrões de organização social vigentes no espaço social boliviano[35].

No entanto, em geral, normas, funções, instituições e representações com as quais a vida estatal na Bolívia se constituiu só tomaram como universo de representação, de interpretação e síntese geral as práticas e disposições políticas liberais (regime de partidos políticos, voto individual e secreto, divisão de poderes, separação da política em relação à economia etc.) resultantes de uma inserção na vida moderna mercantil, com seus hábitos de filiação eletiva, de indivíduos parcialmente desprovidos de raízes, linhagem ou conterraneidade tradicional, e, portanto, potencialmente aptos para formas de agregação partidária e constituição do poder público por meio do mercado político moderno[36].

Por outro lado, a maioria da população – submersa em estruturas econômicas cognitivas e culturais não industriais e detentoras de outras identidades culturais e linguísticas – é portadora de outros hábitos e técnicas políticas resultantes de sua própria vida material e técnica. A sobreposição da identidade coletiva à individualidade, da prática deliberativa à eletiva, da coerção normativa como

---

todos os povos que compartilham essa civilização" (Guillermo Bonfil Batalla, *México profundo. Una civilización negada*, cit.). Um conceito de civilização parecido ao utilizado aqui é proposto por Luis Tapia com a categoria de societal. Ver Luis Tapia, *La condición multisocietal. Multiculturalidad, pluralismo, modernidad* (La Paz, Muela del Diablo/Cides-Universidad Mayor de San Andrés, 2002).

[35] A proposta de diferenciar entre três ou quatro blocos a heterogenidade estrutural da Bolívia foi desenvolvida por Luis Tapia em *La condición multisocietal*, cit., e Álvaro García Linera em "Estado y sociedad: en busca de una modernidad no esquizofrénica", em *La fuerza de las ideas* (La Paz, Banco Mundial/Prisma/Ildis/MPD, 2002). Posteriormente, Roberto Laserna, em seu *Bolivia: la crisis de octubre y el fracaso del Ch'enko* (La Paz, Muller y Asociados, 2004), propôs o "conceito" de "distintas economias" para se referir a essa complexidade social boliviana. Deixando de lado essa repentina mudança de horizonte teórico de quem até há poucos meses fazia uma avaliação entusiasta de uma economia em ininterruptível processo de globalização (ver o artigo de Laserna no livro *La fuerza de las ideas*, cit., e minha crítica a esse tipo de esquizofrenia ideológica), a única coisa que se pode classificar de novidade no escrito de Laserna fundamenta-se na atribuição do fracasso da aplicação das reformas liberais à existência dessas "distintas economias". Caso se tratasse de fracassos, talvez fosse mais honesto pensar no fracasso social e na ignorância daqueles ideólogos do livre mercado que se lançaram a aplicar receitas modernizantes num país que não conheciam nem compreendiam. Contudo, ao contrário das "distintas economias" proposta por Laserna, o conceito de multissocietal ou multicivilizatório não apenas incorpora o tema dos "modos de produção" ou economias diferenciadas como também faz referência à existência de múltiplos sistemas de autoridade e múltiplas estruturas simbólicas para definir o mundo que coexistem hierarquicamente na Bolívia.

[36] Norberto Bobbio, *El futuro de la democracia* (Cidade do México, Fondo de Cultura Económica, 1995) [ed. bras.: *O futuro da democracia*, São Paulo, Paz e Terra, 2009].

modo de comportamento gratificável à livre vinculação e ao cumprimento, a despersonalização do poder, sua revogabilidade consensual e a rotatividade de funções etc., são formas de comportamento que mostram culturas políticas diferenciadas das liberais e representativas partidárias, profundamente ancoradas nas próprias condições objetivas de vida, nos próprios sistemas técnicos de reprodução social das pessoas. O cooperativismo, o assembleísmo consensual, a rotação de cargos e o hábito de tipo normativo tradicional demonstram formas de ação, organização e tecnologias políticas enraizadas na própria estrutura econômica e técnica de sistemas civilizatórios não modernos e, portanto, vigentes enquanto esses sistemas econômicos, culturais e simbólicos de organização da vida social se mantenham.

Em sociedades culturais homogêneas e politicamente nacionalizadas, existe um princípio ético político de unificação de critérios que outorga ao Estado, como uma ação de verificação legítima dessa integração histórica, a titularidade final dos recursos e as decisões sobre as formas de gestão destes. Isso pode ser assim porque o Estado, em que pesem suas hierarquias, apresenta-se como síntese imaginada da sociedade, fazendo com que a soberania final não seja um assunto de querela, mas sim de cumprimento deliberado.

Em sociedades complexas como a boliviana, o Estado se apresenta como uma estrutura relacional e política monoétnica e monocivilizatória que, assim como desconhece ou destrói outros termos culturais de leitura e representação dos recursos territoriais, vive com uma legitimidade sob permanente estado de dúvida e de espreita por parte das outras entidades culturais e étnicas e de outras práticas de entendimento da responsabilidade sobre o bem comum, excluídas da administração governamental.

Isso provoca um princípio de incerteza estratégico da legitimidade estatal, desfeita aos poucos por meio de pactos verticais de mútua tolerância, suscetíveis de ser quebrados por qualquer um dos lados, nem bem algum deles se descuide e se debilite. Essa é precisamente a situação do Estado boliviano ao longo de seus 178 anos de vida republicana, o que o converte num Estado não apenas aparente[37], mas também gelatinoso e sob permanente suspeita, devido à sua incapacidade de articular estruturalmente as forças sociais que coabitam em seu espaço de influência geográfica.

Diante da ausência de um princípio nacionalizador de pertencimento ou de parentesco simbólico ampliado entre as pessoas sob influência estatal, a soberania se apresenta como um contínuo cenário de guerras de baixa e alta intensidade, nas quais os sujeitos distintos – o Estado, por meio de suas normas, os empresários, por meio de seus interesses econômicos, e as comunidades, por meio de seus usos

---

[37] René Zavaleta, *Lo nacional popular en Bolivia*, cit.

e costumes – elucidam temporariamente modos caleidoscópicos e fraturados de soberania territorial. A afirmação de que na Bolívia cada região se assemelha a uma republiqueta não faz mais do que afirmar essa situação de incerteza estatal que impede qualquer pretensão de instauração de uma normatividade governamental territorial comumente aceita, acatada e referendada por todos os integrantes da sociedade. Na Bolívia, o Estado não é um emissor hegemônico, pois não conseguiu gerar crenças nem comportamentos compartilhados de longo alento que assentem um princípio básico de soberania aceita. Diante dessa ausência de uma ilusão compartilhada de comunidade política, o Estado e suas normas são vistos sempre como mera ferramenta instrumentável e quase nunca como uma síntese expressiva da sociedade como um todo.

Esse desencontro catastrófico entre estruturas civilizatórias tem sido uma constante de todos os ordenamentos políticos da República, incluindo o que de mais democrático emergiu da Revolução de 1952. Hoje, quando se tenta construir um Estado de Direito, ele volta a se manifestar com maior virulência por causa da articulação extraestatal dessas outras racionalidades e técnicas políticas não liberais, por meio de movimentos sociais indígenas e camponeses.

A limitação da atual institucionalidade democrático-representativa liberal não é um fato resultante da persistência de uma cultura autoritária[38], como se a política dependesse unicamente de hábitos culturais suscetíveis de reparação por ações pedagógicas ou pela evangelização política. É um fato estrutural ancorado na materialidade da coexistência desarticulada, ou pouco articulada, de regimes civilizatórios que não se modificaram por meio de simples mensagens à consciência. De fato, essa crença que tenta reduzir como única via legítima de fazer política as formas liberais representativas e individualizadas não é apenas uma forma de intolerância política, mas também de autoritarismo exacerbado diante da pluralidade cultural das maneiras de fazer e entender a política, incluindo a democracia.

Em sentido estrito, para que funcionasse exitosamente, o regime liberal de democracia representativa, atrás do qual correm desesperadamente as elites, requereria uma série de requisitos imprescindíveis ou condições de possibilidade primárias. Em *primeiro lugar*, o que uma vez Zavaleta denominou de preconceito da igualdade como ação de massas[39]. Claro, se do que se trata é que ao mercado político de partidos concorram indivíduos com faculdades de intercambialidade de bens políticos independentes das coerções "extra-políticas", a fim de garantir a

---

[38]  H. C. F. Mansilla, *Autonomía e imitación en el desarrollo* (La Paz, Cebem, 1994); Jorge Lazarte, "Entre dos mundos: la cultura democrática en Bolivia", em *Democracia y cultura política en Bolivia* (La Paz, BID/PNUD/CNE, 2001).

[39]  René Zavaleta, *Las masas en noviembre* (La Paz, Juventud, 1983).

livre elegibilidade pessoal e o princípio de igualdade de cada opção na constituição da "vontade geral", no mercado devem se confrontar pessoas portadoras dos mesmos direitos jurídicos de transação e das mesmas prerrogativas políticas diante do poder público. Esse é o sustento do mercado econômico e, com mais razão, do mercado político. Trata-se certamente de uma ilusão jurídica e política; no entanto, uma ilusão bem fundada na medida em que, no ato eleitoral, as pessoas "creem" que têm o mesmo poder que os demais, independentemente de sua posição econômica ou cultural, assim como creem que, no mercado, têm os mesmos direitos e opções que seus competidores, clientes e ofertadores. Mas, então, isso requer:

a) A generalização da lógica mercantil pela sociedade, na maioria de suas atividades produtivas, consumidoras, culturais, intelectivas e éticas – coisa que acontece por meio da generalização e da condução técnica do regime de produção capitalista e pela extinção de estruturas produtivas não capitalistas, como as agrário-camponesas, comunais, artesanais. Isso é o que se chama subsunção real[40]. Situada nas exigências do bom funcionamento da democracia representativa, a ausência de subsunção real, ou melhor, a existência de estruturas produtivas não capitalistas, de regimes de intercâmbio não mercantil, é um obstáculo à constituição de sujeitos em condição de igualdade com capacidade de assumir o mercado como fundamento racional de seus comportamentos sociais, incluídos o político.

No caso da Bolívia, é bastante evidente que nos encontramos com um domínio da racionalidade capitalista, mas não com sua generalização. Indo além: cerca de dois terços dos circuitos econômicos se movem sob parâmetros não industriais. Por isso, no que diz respeito a esquemas mentais, não apenas é escassa a presença de um sentido de igualdade social em correspondência à pequenez de uma economia capitalista posta em marcha plenamente como também há espaços de igualdade fragmentados, territorializados por lugar de residência, por parentesco, conterraneidade etc. Uma das condições estruturais da democracia representativa é, portanto, inexistente na formação social boliviana.

b) O outro componente da constituição da igualdade política é a dissolução daqueles modos de diferenciação no acesso a direitos políticos fundados na cultura, na etnicidade, na religião ou no gênero, que impediriam o escrutínio numérico como modo de resolução da vontade geral. Isso significa que a conformação dos capitais políticos relevantes deve limitar-se aos bens culturais institucionalizados, pública e indiferenciadamente emitidos. É o caso das titu-

---

[40] Karl Marx, *El capital* (Cidade do México, Siglo XXI, 1985), cap. VI (inédito) [ed. bras.: *O capital*, Rio de Janeiro, Civilização Brasileira, 1968].

lações. Dado que os colonialismos, entre outras coisas, instituem a etnicidade e a cultura herdada como bens sociais hierarquizantes e como formas de capital político que garante ou exclui direitos políticos, a razão da democracia representativa requer a descolonização política e certos graus de homogeneização cultural da sociedade. A isso se chamou "nacionalização da sociedade" e é um requisito da formação de cidadania e de aptidão representativa liberal.

Não pode haver representação liberal em meio à vigência de regimes coloniais que impõem uma cultura, uma etnicidade ou uma religião minoritária como bilhetes de ingresso à participação política. No caso da Bolívia, contudo, essa é precisamente a realidade. Sobre a presença de populações *majoritárias* portadoras de uma cultura, de usos linguísticos e de uma etnicidade particular, encontra-se um grupo social minoritário, portador de um idioma, de uma cultura e de etnicidade diferentes, mas instituídas como legítimas e dominantes. Assim, os hábitos racistas e coloniais das elites políticas, supostamente empenhadas em processos de modernização política, são, ao mesmo tempo, uns dos mais importantes obstáculos a essas suas tendências liberalizantes da política.

Em *segundo lugar*, para que essa forma liberal de intercâmbio político funcione, é preciso um mínimo do que Weber definiu como "fins e valores comuns", capazes de promover um sentido comum e relativamente articulado do público e que validem como norma aceita a competição de ofertas políticas, as regras de eleição e as equivalências políticas das propostas eleitorais.

A possibilidade de que o mercado político seja assumido como o lugar da constituição dos poderes públicos repousa num corpo de crenças compartilhadas de que essa é a melhor forma de constituir a intervenção da sociedade na gestão daquilo que a une (o mundo dos fins sociais), mas, além disso, de que, entre os membros da sociedade, exista a certeza de que possuem, de maneira duradoura, algo em comum: o mundo dos valores compartilhados.

Trata-se de uma ação espiritual e cultural, mas também procedimental, capaz de inaugurar uma narrativa de um corpo social que é, por sua vez, uma maneira de inventar sua coesão e seu desejo de permanência. A possibilidade de que essas estruturas de percepção e de ação social existam, em tempos modernos, tem exigido certa homogeneidade cultural estatalmente induzida (daí que as nações sejam, em parte, artifícios estatais), mas, sobretudo, os efeitos culturais e organizativos da *subsunção real*, que não é outra coisa senão a destruição ou a debilitação de outras formas de filiação social e a extinção ou subalternização de outras redes de constituição espiritual do corpo social, como foram a família, a localidade, a comunidade agrária etc.

A persistência de outros mecanismos de identificação social, de obtenção de valores coletivos locais, tem a virtude de impossibilitar a agregação de vontades políticas por meio de um partido, pois esta última se sustenta sobre *filiações eletivas*, voluntárias, de indivíduos desarraigados de outras formas de vinculação coletiva. A persistência de estruturas tradicionais de produzir e de pensar, pelo contrário, gera tanto formas de *filiação normativa* – enquanto o indivíduo é o que é pela pré-existência e pelo pertencimento ao grupo – quanto formas de *participação política e sistemas de autoridades políticas* locais ancoradas nas características dessas estruturas civilizatórias. Nesse caso, a coletividade (de parentesco, comunal, trabalhista), condição da individualidade e da prática política, é entendida como a responsabilidade e obrigatoriedade do indivíduo na reprodução simbólica, econômica, ritual e cultural da trajetória da coletividade.

No modelo liberal, pelo contrário, a individualidade é o ponto de partida da constituição da coletividade e, para que isso ocorra, devem haver desaparecido previamente as estruturas coletivas concretas que interpõem outro sentido de pertencimento e de participação – o que, por sua vez, requer a generalização das relações capitalistas de produção, coisa que na Bolívia acontece de maneira limitada e não majoritária, embora, sim, dominante.

## Um Estado multinacional e multicivilizatório

Como modificar, porém, esse desencontro entre vida estatal e composição socioeconômica do país? A opção que aqui propomos é que deixemos de simular modernidade política e homogeneidade cultural numa sociedade predominantemente pré-moderna, multicivilizatória e pluricultural. Isso significa romper a esquizofrenia de elites que durante séculos vêm sonhando em ser modernas e brancas, que copiam instituições e leis modernas para aplicá-las numa sociedade em que os indígenas são maioria e a modernidade mercantil e organizativa é inexistente para mais da metade da população – e assim continuará sendo nas décadas seguintes.

A existência real de múltiplas identidades étnicas no país e a própria comprovação histórica da gelatinosidade estatal, que vive permanentemente à espreita de sistemas sociais integrados de modo débil a um regime de legitimidade normativa de longo alento, obrigam-nos a assumir com seriedade e franqueza o debate sobre etnicidades, comunidades culturais e nações sem Estado[41] como sujeitos políticos e territoriais decisivos para a conformação e consagração de qualquer ordem estatal duradoura no país.

Diante do reconhecimento de identidades étnicas, culturais e linguísticas na maior parte do território boliviano e abarcando a maior parte da população, há várias opções a empreender. A primeira é negar ou simular um reconhecimento

---

[41] Montserrat Guibernau, *Los nacionalismos*, cit.

dessa diversidade, mas traçar políticas de extinção por meio da exclusão coercitiva dessas identidades ou de sua desvalorização simbólica, que levem a estratégias de autonegação étnica. Em termos estritos, essa é a política estatal aplicada durante os últimos cem anos, com algumas variantes "brandas" na última década, mas cujo resultado é uma constante reconstituição das identidades excluídas e o surgimento de projetos indianistas secessionistas por parte do Estado boliviano.

Outra opção é a potencialização de projetos de autonomia nacional indígena que pudessem motivar a formação de novos Estados de composição majoritária indígena – no caso, por exemplo, dos que falam aimará, que formam a comunidade cultural que empreendeu, nas últimas décadas, o maior trabalho de politização étnica – que originassem um corpo político nacionalista, além de apresentar uma potencial densidade demográfica para tornar essas propostas de autodeterminação política novamente viáveis. Esse tipo de programa político começou a revitalizar-se nos últimos anos, em especial na região aimará, e marca uma pauta de diferenciação radical com o resto dos movimentos indígenas do continente. Essa trajetória não deveria ser estranha para nós, pois, no fundo, uma nacionalidade é uma etnicidade desterritorializada ou, se preferirem, uma nação é uma etnia exitosamente identificada com um território[42] por meio da conformação de um regime político de soberania estatal sobre ela. A diferença entre uma etnia e uma nação fundamenta-se unicamente no fato de que a última empreendeu um processo de estruturação de uma comunidade política institucionalizada por meio de um regime de Estado. Quando uma etnia conquista autonomia em relação a um sistema de dominação, torna-se nação, e o conjunto de lutas e reivindicações indígenas postos em marcha nas últimas décadas pelo povo aimará o coloca como candidato potencial a constituir uma identidade nacional-estatal.

Uma terceira opção, carente de traumatismos culturais, seria a de desenhar uma nova estrutura estatal capaz de integrar em toda a estrutura institucional, na distribuição de poderes e na normatividade, essas duas grandes dimensões da qualidade social boliviana: a diversidade etnocultural e a pluralidade civilizatória dos regimes simbólicos técnico-processuais de organização do mundo coletivo. Em relação a um regime de direitos cidadãos e de práticas democráticas, isso significaria a constituição de um Estado multinacional e multicivilizatório.

### *A dimensão multinacional ou multicultural da comunidade política*

Está claro que um dos eixos de construção estatal capaz de reconciliar o Estado com a sociedade, de pôr fim à exclusão cultural, fundamenta-se numa

---

[42] T. K. Oommen, *Citizenship, Nationality and Ethnicity*, cit.

profunda reforma estatal que habilite, em termos normativos globais, o reconhecimento da multiculturalidade social e, portanto, a necessidade de construção de uma estrutura político-institucional estatal de tipo multinacional.

Para isso, as distintas experiências internacionais e a teoria política brindam uma série de experiências e reflexões que convém sintetizar de maneira breve para articulá-las com a lógica do lugar – nesse caso, com o conjunto de potencialidades e disponibilidades sociais presentes na realidade boliviana.

No início do século XX, o debate sobre os direitos políticos e territoriais de identidades culturais, povos, etnias ou construções nacionais sem Estado (*stateless nation-building*)[43] girou em torno da necessidade, ou não, da autodeterminação estatal dos povos ou nações que assim o desejassem. As maiores contribuições nesse terreno vieram ao lado do pensamento socialista[44], ainda que também do lado do pensamento liberal tenham havido contribuições similares. Immanuel Wallerstein mostrou que a política dos presidentes estadunidenses Thomas Woodrow Wilson e Theodore Roosevelt de apoiar a autodeterminação das nações, nos Bálcãs e na Rússia, era a aplicação do princípio liberal do sufrágio individual no âmbito da soberania estatal na organização política mundial[45].

Nos anos 1970 e 1980, o debate acerca de teoria política foi realizado entre liberais e comunitaristas. Nessa etapa, os liberais se opunham aos direitos das nações e/ou minorias oprimidas, pois isso desviava a atenção da autonomia individual, considerada central na hora de decidir seu bem estar[46], enquanto os comunitaristas viam os direitos das "minorias" como uma maneira de proteger uma forma de vida em comum que estaria acima das escolhas individuais[47].

---

[43] Michael Keating, "Naciones sin Estado. Nacionalismo minoritario en la era global", em Ferran Requejo (org.), *Democracia y pluralismo nacional* (Barcelona, Ariel, 2002).

[44] Otto Bauer, *La cuestión de las nacionalidades y la socialdemocracia* (Cidade do México, Siglo XXI, 1979); Vladimir Lenin, "Sobre el derecho de las naciones a la autodeterminación", em *Obras completas* (Cidade do México, Salvador Allende, 1982), tomo XVIII [ed. port.: *Sobre o direito das nações à autodeterminação*, Lisboa, Avante!, 1978]; Rosa Luxemburgo, "La cuestión nacional y la autonomía", *Cuadernos de Pasado y Presente*, Cidade do México, Siglo XXI, n. 81, 1979 [ed. bras.: *A questão nacional e a autonomia*, Belo Horizonte, Oficina de Livros, 1988]; Karl Kautsky, "La nacionalidad moderna", *Cuadernos de Pasado y Presente*, cit., n. 73, 1978 [ed. bras.: "A nacionalidade moderna", em Jaime Pinsky, *Questão nacional e marxismo*, São Paulo, Brasiliense, 1980].

[45] Immanuel Wallerstein, *Después del liberalismo* (Cidade do México, Siglo XXI, 1996) [ed. bras.: *Após o liberalismo: em busca da reconstrução do mundo*, Petrópolis, Vozes, 2002].

[46] Jan Narveson, "Collective Rights", *Canadian Journal of Law and Jurisprudence*, n. 2, ano 4, 1991.

[47] Darlene Johnston, "Native Rights as Collective Rights", *Canadian Journal of Law and Jurisprudence*, n. 1, ano 2, 1989.

Nos últimos anos, houve uma proliferação de discussões sobre os direitos das nações e etnicidades sem Estado, tanto no âmbito da construção institucional pluralista quanto da reflexão filosófica sobre o alcance e a justiça desses direitos[48]. Charles Taylor, questionando a existência de Estados etnoculturais neutros que brindariam às distintas percepções culturais o mesmo ambiente para seu desenvolvimento, considera que o reconhecimento de direitos a comunidades culturais diferenciadas permite a satisfação de uma necessidade de visibilidade social que, longe de se opor às liberdades individuais reconhecidas para todos, cria uma base sólida e equitativa de exercício dessas liberdades[49]. Will Kymlicka, pressupondo que essas entidades culturais não exigem direitos que as protejam da modernidade, mas, pelo contrário, reclamam seu acesso a instituições liberais, considera que os direitos coletivos demandados promovem em seu seio a extensão de valores liberais, fazendo com que, do ponto de vista da filosofia liberal, não haja razão alguma para oposição a esses direitos coletivos[50]. Considera, ainda, que aquelas comunidades culturais que enfrentam desvantagens em relação à preservação de sua cultura situam os indivíduos que a compõem numa situação desvantajosa, que rompe o princípio de igualdade da convivência democrática, fazendo com que, para preservar tal princípio, seja necessário o reconhecimento de direitos coletivos especiais que permitam equilibrar suas competências e possibilidades de vida com o restante da sociedade[51].

Há os que consideram o reconhecimento dos direitos das identidades culturais e étnicas "minoritárias" uma reivindicação retrógrada[52]; ao mesmo tempo, alguns liberais consideram que o reconhecimento desses direitos coletivos fomenta a desagregação social, podendo motivar uma espiral de competições mútuas e enfrentamentos entre distintas "etnicidades"[53]. No entanto, como Kymlicka demonstrou em trabalho recente, existem evidências de que, pelo contrário, o reco-

---

[48] William Pfaff, *The Wrath of Nations: Civilization and the Furies of Nationalism* (Nova York, Simon and Schuster, 1993).

[49] Charles Taylor, *El multiculturalismo y la política del reconocimiento* (Cidade do México, Fondo de Cultura Económica, 1993); do mesmo autor, ver também "Valores compartidos y divergentes", em Enric Fossas e Ferran Requejo (orgs.), *Asimetría federal y Estado plurinacional* (Madri, Trotta, 1999).

[50] Will Kymlicka, *La política vernácula* (Barcelona, Paidós, 2003) e *Ciudadanía multicultural* (Barcelona, Paidós, 1996).

[51] Idem, *Liberalism, Community and Culture* (Oxford, Claredon, 1995); do mesmo autor, ver também *La Política vernácula*, cit.

[52] Ralf Dahrendorf, "Preserving Prosperity", *New Statesman and Society*, v. 8, n. 383, 1995.

[53] Cynthia Ward, "The Limits of Liberal Republicanism", *Columbia Law Review*, v. 91, n. 13, 1991.

nhecimento de autogoverno às minorias nacionais colabora para a estabilidade e a coesão dos estados[54].

Na América Latina, o debate sobre os direitos dos povos indígenas vem sendo extenso e vinculado de forma permanente à ação dos Estados ou de movimentos sociais e políticos indígenas. Deixando de lado a leitura estatal indigenista de recorte integracionista dos anos 1940 e 1950[55], as distintas interpretações propostas desde os anos 1970, como consequência de um ressurgimento de movimentos sociais e políticos indígenas, transcorreram a partir da reivindicação de governos indígenas "antiocidentais", passando por cima de muitas das fronteiras estatais republicanas[56], pelo reconhecimento de direitos comunitários locais e pela formação de autonomias regionais com maiores ou menores graus de autodeterminação[57].

Como consequência do levantamento indígena de Chiapas, a discussão política e teórica sobre os regimes de autonomia adquiriu uma maturidade considerável. Devido à complexidade da diversidade étnica no México, mas também à sua já reduzida porcentagem de indígenas em relação à totalidade da população mexicana, essas leituras têm insistido mais nos direitos das minorias étnicas[58] que nos direitos de maiorias nacionais sem Estado. Retomaremos parte desse debate e de suas contribuições posteriormente.

Em termos gerais, o reconhecimento político de identidades culturais ou nacionais diferenciadas no interior de um Estado pode assumir uma escala de graus quanto à "densidade" e "altura" institucional. No caso da "altura" institucional, os direitos políticos podem ficar apenas no âmbito local/comunal ou abranger dimensões mesorregionais ou regionais e, enfim, alcançar a própria estrutura macro ou superior da gestão estatal, como o Executivo, o Parlamento ou a Corte Superior. Até onde pode chegar o reconhecimento de direitos das nacionalidades depende da força de sua coesão política interna, da abertura do Estado e das expectativas democratizantes das demais coletividades sociais existentes dentro dele.

---

[54] Will Kymlicka, "El nuevo debate sobre el derecho de las minorías", em Ferran Requejo (org.) *Democracia y pluralismo nacional*, cit.

[55] Gonzalo Aguirre Beltrán, *Formas de gobierno indígena* (Cidade do México, Fondo de Cultura Económica, 1991).

[56] Fausto Reinaga, *La revolución india* (La Paz, 1980); José Alcina (org.), *Indianismo e indigenismo en América* (Madri, Alianza, 1990).

[57] Héctor Díaz Polanco, *La cuestión étnico-nacional* (Cidade do México, Línea, 1985) e *Autonomía regional, la autodeterminación de los pueblos* (Cidade do México, Siglo XXI, 1991); Luís Bate, *Cultura, clases y cuestión étnico-nacional* (Cidade do México, Juan Pablo, 1984); Héctor Díaz Polanco e Consuelo Sánchez, *México diverso. El debate por la autonomía* (Cidade do México, Siglo XXI, 2003).

[58] Héctor Díaz Polanco e Consuelo Sánchez, *México diverso*, cit.; *Revista Chiapas*, Cidade do México, n. 11, 2001.

Quanto à densidade de direitos, esta pode ir desde o reconhecimento de direitos de propriedade sobre terras e recursos naturais até o de direitos territoriais e soberanias políticas pactuadas sobre determinados recursos. Tais direitos podem ainda abarcar o reconhecimento contingente da presença de membros das culturas excluídas, em algum nível, do aparelho de Estado, até a construção de uma "cultura societária" entendida como uma cultura territorialmente concentrada, baseada num idioma compartilhado, usado nas instituições políticas e sociais, tanto na vida pública quanto privada – governo, escolas, direito, economia, empregos públicos, meios de comunicação[59].

Em termos gerais, a cidadania é a integração de uma pessoa como membro competente de uma comunidade política por meio de um conjunto de práticas jurídicas, econômicas e políticas definidas como direitos[60]. Isso supõe a existência de um conjunto de fins e valores comuns capazes de constituir, de maneira duradoura, uma comunidade política que em geral é fruto de processos de homogeneização econômica em torno de economias sólidas de tipo industrial e de mercado, além de procedimentos dilatados de integração cultural. Em sociedades multiétnicas ou multinacionais, a comunidade política só pode ser construída a partir de mecanismos que, sem eliminar a *particularidade cultural* das pessoas, permita que elas tenham os mesmos direitos e oportunidades para constituir parte da institucionalidade política. Para permitir isso, alguns autores propuseram o exercício de uma *cidadania diferenciada*[61] que dá origem ao exercício de direitos políticos plenos enquanto se pertence a uma determinada comunidade etnocul-

---

[59] Will Kymlicka, "El nuevo debate sobre el derecho de las minorías", em Ferran Requejo (org.) *Democracia y pluralismo nacional*, cit.

[60] Sobre o tema de cidadania, pode-se conferir Thomas Humphrey Marshall e Tom Bottomore, *Ciudadanía y clase social* (Madri, Alianza, 1998) [ed. bras.: *Cidadania e Classe Social*, Brasília, Senado Federal/Centro de Estudos Estratégicos/Ministério da Ciência e Tecnologia, 2002]; Jürgen Habermas, "Ciudadanía e identidad nacional", em *Facticidad y validez* (Madri, Trotta, 1998) [ed. bras.: "Cidadania e identidade nacional", em *Direito e democracia: entre facticidade e validade*, Rio de Janeiro, Tempo Brasileiro, 1997, v. II]; Charles Tilly (org.), "Citizenship, Identity and Social History", *International Review of Social History*, Nova York, 1996; David Held, "Between State and Civil Society: Citizenship", em G. Andrews (org.), *Citizenship* (Londres, Lawrence and Wishart, 1995); vários autores, *Ciudadanía, el debate contemporáneo* (Barcelona, Paidós, 1996); *Revista Metapolítica*, Cidade do México, 2000, n. 15.

[61] Iris Marion Young, *Justice and the Politics of Difference* (Princeton, University of Princeton Press, 1990); Charles Taylor, *El multiculturalismo y la política del reconocimiento*, cit.; Will Kymlicka, *Ciudadanía multicultural*, cit.; Gerd Baumann, *El enigma multicultural* (Barcelona, Paidós, 2001); Luis Villoro, *Estado plural, pluralidad de culturas* (Cidade do México, Paidós, 1998). Para uma crítica ligeira dessas interpretações, ver Giovanni Sartori, *La sociedad multiétnica* (Madri, Taurus, 2001).

tural ou nacional no interior do próprio Estado. Desse modo, as identidades et-nonacionais excluídas contariam com meios institucionais que garantiriam sua representação, enquanto identidades culturais, nas instituições políticas, incluin-do sua capacidade de veto coletivo diante de qualquer futura decisão que afete a comunidade étnica.

A comunidade política como lugar de cidadania seria, então, um processo de construção coletiva no qual diversas identidades étnicas excluídas estariam reconhecidas em suas prerrogativas e poderes como coletividades. Essa cidadania diferenciada pode assumir várias formas, como o Estado autonômico ou o Estado multinacional.

Alguns autores locais têm considerado que um Estado multicultural ou mul-tinacional se oporia à "ideia" do fundamento democrático do Estado assentado na cidadania universal, ou *demos*. Aqui, não podemos deixar de nos preocupar com a ignorância desses "críticos" sobre o abundante debate acadêmico em ciência polí-tica a respeito. Correntes intelectuais sobre as quais não recai nenhuma suspeita de postura antidemocrática, como a dos liberais comunitaristas ou a dos liberais mul-ticulturalistas, há mais de uma década vêm trabalhando a temática da "democracia multinacional" como parte dos esforços para ampliar o suporte democrático dos Estados modernos em sociedades multiculturais e, de fato, a realidade tem demons-trado que não apenas sociedades recentemente descolonizadas avançaram na for-mação de Estados democráticos com instituições multinacionais (Índia, Malásia, Nigéria, África do Sul), como também o fizeram sociedades altamente industria-lizadas e com longa tradição democrática (Bélgica, Suíça ou Canadá). Com cerca de 8 mil grupos etnoculturais no mundo e somente cerca de duzentos Estados, está claro que mais de 90% dos Estados modernos têm que afrontar algum tipo de multiculturalidade, majoritária ou minoritária, em seus territórios.

É, portanto, incoerente separar o *etnos* do *demos*, pois, em sentido estrito, todo *demos* é também um *etnos*, já que, ao fim e ao cabo, o exercício da "cidadania universal" supõe uma língua de educação pública, de acesso às funções estatais superiores e aos serviços públicos; supõe uma história, heróis, festividades e come-morações adequadas à narrativa histórica de uma cultura em particular, o que promove de maneira inevitável uma identidade cultural singular acima de outras identidades. Isso é precisamente o que acontece na Bolívia, onde, em que pese o fato de cerca de 45% das pessoas terem como idioma materno uma língua indíge-na e 62% se autoidentificarem como indígenas, existem um mercado linguístico hierarquizado em torno do castelhano e um mercado trabalhista estratificado et-nicamente, no qual as funções públicas são monoculturais e a etnicidade mestiça que fala castelhano assume a função de um capital que ajuda a produzir os sistemas de divisão de classe. Em sociedades multiculturais, nenhum Estado é neutro e nenhum *demos* é resultado de regras procedimentais da democracia liberal. Isso sempre foi resultado de imposições culturais, dominações e exclusões étnicas.

O que o debate da democracia multinacional busca é trabalhar um *demos* não como "nação política", mas como "comunidade política", suscetível, portanto, de ser produzida como articulação multicultural ou multinacional de uma sociedade culturalmente plural. Quando se confunde *demos* com "nação política", o que temos é um tipo de etnocentrismo que atribui valores universais ao que seriam apenas valores, saberes e práticas particulares de uma cultura dominante e resultado da colonização e da guerra.

Ocultar esse fato sob as suposições de um universalismo etnocentrista[62], isto é, negar-se a buscar alternativas democráticas de superação, é precisamente a expressão de um tipo de colonialismo mental que reforça a continuidade de instituições estatais coloniais, etnificadas e racializadas, como as do Estado boliviano. E isso, longe de ajudar a "coesão" interna de uma sociedade que nunca foi coesa, apesar de todos os artefatos liberalizantes e modernizantes do Estado monocultural, faz com que se reforcem as estruturas de dominação cultural e étnica, provocando a longo prazo maiores possibilidades de rebeliões étnico-nacionais. Nesse sentido, a multinacionalização ou multiculturalização do Estado não o etnifica, pois este encontra-se sempre etnificado, por mais que se esconda detrás do respeito aos "direitos universais". O que a multinacionalidade estatal faz é desmonopolizar a etnicidade do Estado, permitindo às outras etnicidades dominadas e excluídas compartilhar as estruturas de reconhecimento social e de poder político.

---

[62] Deve-se recordar que há tempos as ciências sociais conseguiram esclarecer que muitos dos chamados "valores universais" modernos são arbitrariedades históricas, produto de determinadas correlações de forças materiais e discursivas que trasmutaram valores e interesses locais e parciais em valores gerais – primeiro locais e depois "universais". Como nos recorda Richard Rorty, o fato de que alguém, em apego a sua capacidade de raciocínio e argumentação, possa assumir um compromisso moral com esses valores não exclui a compreensão de sua contingência e temporalidade; conferir Richard Rorty, *Objetividad, relativismo y verdad* (Barcelona, Paidós, 1996) [ed. bras.: *Objetividade, relativismo e verdade*, Rio de Janeiro, Relume-Dumará, 1991]. A mistificação dos "universalismos" como norma acima da sociedade e de sua capacidade de reflexão argumentativa não apenas é insustentável do ponto de vista intelectual como também é uma impostura ideológica, por trás da qual velhos e novos autoritarismos podem se ocultar (como o "socialismo real" de ontem, a "economia de livre mercado" de hoje). Contudo, as democracias multiculturais e as reivindicações etnoculturais não têm por que ser contraditórias com o exercício dos hoje predominantes valores "universais" de igualdade, tolerância e liberdade individual. Como já assinalou o liberal Kymlicka, os direitos coletivos de autogoverno dos povos e nacionalidades dominadas ou colonizadas são a melhor maneira de defender a "cultura societária de cada povo", pois possibilitam o "contexto de escolha individual" das opções e valorações sobre a igualdade e a liberdade fundantes de nada menos do que a cidadania moderna.

No caso boliviano, a existência de duas grandes comunidades linguísticas (aimará e quéchua), uma delas com elevados graus de politização nacionalitária (a aimará), além da existência de várias dezenas de comunidades linguísticas e culturais menores, revela uma multiplicidade de comunidades culturais portadoras de fins e valores diferenciados da identidade nacional dominante e majoritária: a boliviana. Essa complexidade multicultural do país, no entanto, não é capturada pelas estruturas administrativas do Estado, que se mantêm monoculturais, monolinguísticas e monoétnicas, limitando de forma radical o exercício da cidadania e dos direitos democráticos.

Um modo de iniciar a resolução desse desencontro entre pluralidade cultural da sociedade e monopolização étnica de um Estado que reproduz discriminação e dominação colonial reside precisamente em empreender processos de reconhecimento assimétrico e diferenciado de identidades nacionais e étnicas, em escala macro e regional. Claro, no caso da Bolívia, nem toda comunidade cultural distinta da boliviana é nacional; existem identidades culturais menores e menos politizadas, em especial no leste do país, cujo reconhecimento político estatal passa por procedimentos organizativos distintos aos daquelas comunidades culturais nacionais, como a aimará, que requerem uma modificação substancial da estrutura organizativa geral do Estado.

Trata-se, então, de garantir, por meio de uma concepção pactária do poder, a convivência, pela articulação da pluralidade numa unidade política comum de uma sociedade diferencial, ou seja, que tem tanto comunidades nacionais como outras que não o são. O primeiro passo nesse sentido é a concessão de *autonomias regionais por comunidade linguística e cultural* com distintos graus de autogoverno político, dependendo da densidade política e da extensão das identidades culturais demandantes. Entendemos como autonomia, seguindo Rotchild e Hartzell, um arranjo institucional que

> [...] delimita uma entidade ou uma série de entidades de caráter regional com administração própria dentro de um Estado, de maneira que tenham responsabilidades explícitas na elaboração de políticas em um ou mais âmbitos de tipo político, econômico ou cultural [...]. O objetivo da autonomia territorial é ceder responsabilidades sobre matérias específicas e, em alguns casos, permitir um certo grau de autodeterminação a um grupo que constitui a maioria dentro dos limites de uma determinada região.[63]

---

[63] Donald Rothchild e Carolina Hartzell, "La seguridad en sociedades profundamente divididas: el papel de la autonomía territorial", em William Safran e Ramón Maíz (orgs.), *Identidad y autogobierno en sociedades multiculturales* (Barcelona, Ariel, 2002).

Apenas por meio de diferentes formas de autogoverno as distintas culturas podem encontrar seu espaço de reconhecimento, validação e desenvolvimento, já que o autogoverno permite estruturar um sistema de instituições políticas capazes de premiar e legitimar as práticas culturais da coletividade (o idioma, a vestimenta, os hábitos etc.) e criar um campo de competências administrativas, econômicas e culturais baseadas numa homogeneidade linguística.

Em regiões indígenas camponesas do altiplano, dos vales e do trópico, verificam-se, na prática, essas estruturas em certas formas de autogoverno local, por exemplo comunidades e sindicatos agrários, ou a existência de várias comunidades[64] anteriores à República da Bolívia. Porém, o que não existe é uma estrutura superior de autogoverno entre muitas comunidades ou entre todas as centenas (ou milhares) de comunidades e bairros urbanos partícipes de uma grande comunidade linguística e cultural, o que implica que os membros dessas mesmas comunidades culturais, para se vincular aos distintos aparatos governamentais de gestão econômica, educativa, administrativa, policial ou militar, sejam obrigados a abandonar seus saberes culturais (linguísticos, orais etc.) e se valer do idioma, dos saberes e dos hábitos, ambiguamente aprendidos, da identidade cultural dominante que regula a gestão estatal. É o caso de qualquer comunal ou morador de bairro que fale aimará ou quéchua e, para fazer tramitar um registro de propriedade, por exemplo, tenha de utilizar o castelhano como idioma exclusivo para reconhecer sua petição, redigir os memorandos e obter assim a legalidade de seu direito como proprietário. Pela mesma esquizofrenia linguística e cultural deve passar diariamente qualquer pessoa cujo idioma materno seja indígena, desde o pai de família diante do diretor ou professor da escola até o vendedor urbano na prefeitura, o dirigente sindical diante do departamento de estradas, o comerciante diante da alfândega, o estudante diante do professor universitário, a moradora diante dos fiscais cobradores de serviços de luz ou água.

Em tudo isso, deve-se reconhecer que a Lei de Participação Popular* permitiu, menos por intenção própria e mais pelo impulso das comunidades, que várias prefeituras modificassem parcialmente os usos linguísticos na gestão administrativa. É possível observar que, devido à organização política dos sindicatos campo-

---

[64] William Carter e Mauricio Mamani, *Irpa Chico: individuo y comunidad en la cultura aymara* (La Paz, Juventud, 1988); Silvia Rivera, *Ayllus y proyectos de desarrollo en el Norte de Potosí* (La Paz, Aruwiyiri, 1993).

\* A Lei de Participação Popular faz parte de um pacote de reformas implementadas pelo governo de Gonzalo Sánches de Lozada e entrou em vigor na Bolívia em 1994. Assegura relativa autonomia de gestão pública aos municípios urbanos e rurais, além de reconhecimento jurídico e determinados direitos de participação local às formas de organização social dos povos indígenas. (N. E. B.)

neses, alguns prefeitos e membros de equipes administrativas falam idiomas indígenas em sua vinculação com os eleitores da região e, em alguns casos, estão submetidos a formas de controle social praticadas pelas comunidades indígenas[65]. No entanto, em todos esses casos, trata-se simplesmente de formas de autogoverno municipal de baixa intensidade, na medida em que essas autoridades somente possuem competências municipais e, o que é decisivo, delimitadas e decididas a partir do governo central monopolizado por coletividades monoétnicas dominantes. Isso ajudaria a explicitar por que, apesar das conquistas da municipalização do território boliviano, da tomada eleitoral de algumas prefeituras por comunidades indígenas e da própria formação de municípios indígenas[66], estes não puderam conformar um campo de competências culturais e políticas em torno de uma homogeneidade linguística indígena. Caso se trate simplesmente de executar as diretrizes normativas decididas por coletividades mestiças que falam castelhano e o resto das competências governamentais, que tanto no aspecto local quanto regional e superior baseiam-se no uso do idioma castelhano, o indígena não passa de um idioma de uso meramente local e privado, sem opções de viabilizar ascensão social e cidadania plena. A introdução de idiomas indígenas em alguns escritórios de atendimento governamental ou de serviços não solucionaria o problema, pois esse continuaria sendo um idioma oficialmente marginal, já que seguiria sem assumir a categoria de idioma oficialmente praticado, ou seja, de exercício pleno de cidadania, de ascensão social e de competência pelas hierarquias públicas legítimas.

O reconhecimento de formas de autogoverno em territórios delimitados por comunidades idiomáticas seria um tipo de *jura singularia* (direito particular) que permitiria, de maneira imediata, a criação de um campo de competências e acumulação de capitais políticos, culturais, econômicos, escolares e burocráticos sobre a base de uma homogeneidade linguística que revalorizaria e legitimaria estatalmente os distintos idiomas indígenas. Com isso, seria colocada de pé uma "cultura societária", ou seja, uma cultura territorialmente concentrada, baseada numa língua compartilhada que é usada num amplo leque de instituições sociais tanto da vida pública quanto privada (educação, governo, economia, meios de comunicação, tributações etc.). A importância da construção dessas culturas societárias fundamenta-se no fato de que, sem promover secessões[67], é reconhecido às comu-

---

[65] José Blanes, *Mallkus y alcaldes* (La Paz, Pieb/Cebem, 2000); Xavier Albó, *Ojotas en el poder local* (La Paz, Cipca/Hisbol, 1999).

[66] Diego Pacheco, "Tierra, territorio y productividad", em Aipe, *Visiones y contextos para un nuevo desarollo rural* (La Paz, Cosude/Aipe/DRU, 2002).

[67] Sobre o direito à secessão, ver Wayne Norman, "Secesión y democracia", em Ferran Requejo (org.), *Democracia y pluralismo nacional*, cit.

nidades culturais distintas da até hoje dominante o mesmo direito que ela praticou em seu processo de construção nacional, pois toda nação estatal é, em sentido estrito, uma cultura societária[68].

Quanto às características do autogoverno das comunidades culturais e/ou linguísticas, podem variar segundo a extensão territorial da identidade cultural, a densidade demográfica e os graus de polinização étnica e nacionalitária que atravessaram as distintas coletividades. No caso de identidades reduzidas, um nível mínimo de autogoverno regional, capaz de garantir o desenvolvimento da cultura, a cidadania multicultural e o exercício democrático de direitos políticos diferenciados e suscetíveis de romper a exclusão atual, teria que reconhecer:

a) O direito dos povos indígenas (e não somente das comunidades) à livre determinação e, portanto, à autonomia política como parte do Estado boliviano[69]. Isso supõe a possibilidade de que várias comunidades indígenas, *ayllus* ou identidades étnicas maiores (por exemplo, laymes e qakachacas) confederem-se para originar uma região autonômica com autogoverno indígena regional de composição monoétnica ou pluriétnica.

b) A eleição de autoridades executivas e formação de estruturas de deliberação regional pelas comunidades culturais resultantes da federação de povos e etnias indígenas. As federações provinciais, as federações de *ayllus*, com seus sistemas de *cabildo*\* ou sistemas alternativos de eleição individual de representantes, poderiam cumprir esse papel de governo regional mínimo.

c) A preservação do princípio de proporcionalidade e representação étnica equilibrada na formação dos governos regionais autonômicos, a fim de impedir a sobreposição de um grupo étnico ou comunidade linguística sobre outros.

---

[68] Exemplos dessas formas de autonomia por comunidade cultural em territórios especiais existem na Finlândia, na região dos Asland; na Catalunha e no País Basco, na Espanha; nas ilhas Açores e Madeira, em Portugal; e, num futuro próximo, na Inglaterra, com os territórios da Irlanda do Norte e da Escócia. Sobre isso, ver Eliseo Aja, *El estado autonómico* (Madri, Alianza, 1999). Um estudo sobre os limites da aplicação desse modelo de organização estatal foi realizado por Shaheen Mozaffar e James Scarritt, "Por qué la autonomía territorial no es una opción viable para resolver el conflicto étnico en las sociedades plurales africanas", em William Safran e Ramón Maíz (orgs.), *Identidad y autogobierno en sociedades multiculturales*, cit.

[69] Sobre o amplo debate acerca da ambiguidade da declaração da OIT e do Grupo de Trabalho da ONU em relação ao reconhecimento do direito dos "povos" à autodeterminação, ver Bartolomé Clavero, *Derecho indígena y cultura constitucional en América*, cit.

\* Na Bolívia, o *cabildo* é uma espécie de assembleia aberta não oficial, na qual a população opina sobre temas locais ou nacionais e decide sobre ações e posições a serem assumidas em relação a determinados assuntos. (N. T.)

d) A integração dos habitantes não indígenas de cidades ou bairros compreendidos dentro da territorialidade autonômica como sujeitos dos mesmos direitos individuais e coletivos na conformação dos sistemas de autoridade regional.

e) A jurisdição territorial da autonomia com competências administrativas diferenciadas e negociadas com o Estado no âmbito educativo, judicial, de titulação agrária, manejo e proteção de recursos naturais (água, florestas, flora, fauna e recursos minerais). Isso supõe uma redefinição do sentido da territorialidade a fim de articular a soberania estatal com os direitos de propriedade e soberania indígenas pré-existentes ao Estado republicano.

f) O acesso a fundos do Estado sob os princípios da equidade e solidariedade, com a finalidade de que as regiões mais empobrecidas pelas extorsões e exclusões precedentes possam participar do bem comum regulado estatalmente.

g) A participação das regiões autônomas baseadas em comunidades culturais e/ou linguísticas nas instâncias de decisão geral ou superior. A redistribuição das deputações uninominais para dar lugar à criação de distritos, de acordo com as regiões autonômicas e comunidades étnico-culturais, poderia permitir precisamente essa articulação entre o micro e o macro da organização multicultural do Estado[70].

Essa forma de autonomia poderia ser implementada entre comunidades culturais e linguísticas relativamente pequenas, como as do Leste, entre comunidades linguísticas ou étnicas diferenciadas, mas que juntas seriam capazes de levantar uma região autonômica mais sólida, mas também entre identidades étnicas mais ou menos compactas, como as existentes no norte de Potosí e Sucre, ou entre várias identidades étnicas diferenciadas, mas possuidoras de um mesmo idioma, como o caso das comunidades culturais que falam quéchua e que, apesar de compartilhar uma mesma base linguística, apresentam diversidade identitária muitas vezes irredutível entre si.

---

[70] Sobre a origem de alguns desses pontos, conferir o extenso debate sobre autonomias indígenas ocorridas no México como consequência do levantamento zapatista. Ver, em particular, "Postura del EZLN para la plenaria resolutiva de las partes. Tema I: derechos y cultura indígena", San Andrés (México), jan. 1996, ms.; comunicado de fevereiro, "Resultados de la consulta a las bases zapatistas sobre la mesa I de derechos y cultura indígena" (1996), *Convergencia Socialista*, ano 1, n. 1, jul./ago. 1997; "Pronunciamiento conjunto que el gobierno federal y el EZLN enviaran a las instancias de debate y decisión nacional, correspondiente al punto 1.5 de las reglas de procedimiento", San Andrés, 16/02/1996, ms.; "La autonomía como nueva relación entre los pueblos indios y la sociedad nacional", *Hojarasca*, Cidade do México, n. 38 e 39, 1994; "Comparación entre la iniciativa de ley elaborada por la Cocopa y presentada por el ejecutivo y las reformas aprobadas por el congreso de la unión", *Chiapas*, Cidade do México, n. 11, 2001; Héctor Díaz Polanco e Consuelo Sánchez, *México diverso*, cit.

Ao mesmo tempo, contudo, existe pelo menos uma comunidade linguística e cultural de dimensão e qualidade nacionais, a aimará, cujo processo de politização interna e coesão nacionalista exige uma estrutura de autogoverno autonômico mais complexo.

Pela história de construção nacional aimará[71], pela formação de uma narrativa autonomista política de longo alento, pela consolidação de uma elite nacionalista com grande capacidade de irradiação discursiva, pela persistência e expansão de seus repertórios culturais e por seu próprio peso demográfico altamente politizado graças a estruturas de ação coletiva como a Confederación Sindical Única de Trabajadores Campesinos en Bolivia (CSUTCB), e os partidos indianistas (Partido Indio, PI; Movimiento Indio Tupac Katari, MITKA; Movimiento Revolucionario Tupac Katari, MRTK, com seus desdobramentos posteriores, e o mais exitoso, o Movimiento Indígena Pachacuti, MIP), a demanda de reconhecimento político dessa comunidade nacional requereria pelo menos os seguintes pontos de caracterização do autogoverno da autonomia regional por comunidade linguística:

a) O direito da nacionalidade aimará (não apenas de comunidades) à livre determinação e, portanto, à autonomia política como parte do Estado boliviano.

b) O reconhecimento constitucional da autonomia regional por comunidade linguística, a fim de garantir, independentemente da conjuntura, tal reconhecimento da igualdade entre as culturas no Estado. Toda reforma da Constituição requer inevitavelmente a participação e aprovação majoritária da região autônoma. Por sua vez, a região autônoma gozaria de seu próprio regime normativo constitucional, considerado norma básica da região autônoma, embora de categoria imediatamente inferior à constituição da comunidade política do Estado boliviano.

c) Um Executivo e uma câmara legislativa nacional aimará, dentre cujos membros seja eleito o Executivo do regime autônomo. Essa assembleia deve exercer suas funções sobre a jurisdição territorial contínua na zona onde se fala aimará (urbana-rural), ser eleita diretamente pelos próprios membros da comunidade cultural e ser responsável unicamente diante dela.

d) Um governo autônomo com competências políticas totais no sistema educativo primário e superior, na administração pública, na titulação de terras, nos meios de comunicação, nos impostos, na moradia, nas obras públicas, no turismo, no comércio, na indústria, no transporte, no comércio interior, no meio

---

[71] Xavier Albó (org.), *Raíces de América: el mundo aymara* (Madri, Alianza/Unesco, 1988); Álvaro García Linera, "La formación de la identidad nacional en el movimiento indígena-campesino aymara", em *Fe y pueblo*, cit.

ambiente, no direito civil, na polícia[72] e nos recursos naturais, como água, florestas, flora, fauna, recursos minerais etc. Temas como a legislação trabalhista, a propriedade intelectual e industrial, a propriedade de recursos hidrocarburíferos e a legislação mercantil devem ser compartilhadas entre a comunidade autônoma e o Estado[73]. Como no caso anterior, isso supõe uma redefinição do sentido da territorialidade, a fim de articular a soberania estatal com os direitos de propriedade e soberania indígenas pré-existentes ao Estado republicano.

e) Um financiamento estável e previsível para o funcionamento do regime autônomo. Isso pode ser alcançado por meio da fixação da arrecadação de determinados impostos no âmbito da região autônoma, mais a aplicação do princípio da equidade e da solidariedade estatal por meio da transferência condicionada e incondicionada de recursos por parte do Estado para o funcionamento regular da administração autonômica[74].

f) A integração das minorias não indígenas de cidades ou bairros compreendidos dentro da territorialidade autonômica aimará como sujeitos dos mesmos direitos individuais e coletivos na conformação dos sistemas de autoridade regional, além do reconhecimento de direitos de minorias culturais às comunidades culturais que não falam aimará, com possibilidade de ter acesso a sistemas de educação que preservem sua identidade cultural. No caso da área metropolitana de La Paz, um enclave em meio a uma territorialidade cultural aimará, isso pode ser objeto de um duplo tratamento. Por um lado, o reconhecimento de um estatuto especial como região territorial autônoma, como a cidade de Bruxelas, na Bélgica[75], com um estatuto bilíngue na construção do autogoverno, de tal forma que a câmara legislativa esteja composta proporcionalmente ao número de membros da sociedade vinculados à

---

[72] No caso da Alemanha, 80% da equipe policial dependem dos *Länder*, isto é, das regiões autônomas, enquanto apenas 20% estão a cargo do Estado federal. No caso da Catalunha e do País Basco, na Espanha, as polícias autonômicas tendem a se converter nas únicas que possuem competência sobre a segurança cidadã na região autônoma, com exceção do controle dos serviços supracomunitários, como fronteiras, aeroportos etc., onde existe uma polícia estatal com competências especiais. A respeito, ver Eliseo Aja, *El estado autonómico*, cit.

[73] Idem.

[74] Sobre as distintas maneiras de financiamento do regime de autonomias, ver Esther Seijas, *Configuración asimétrica del sistema de comunidades autónomas* (León, Universidad de León, 2003), 2 v.

[75] Miquel Caminal, *El federalismo pluralista. Del federalismo nacional al federalismo plurinacional* (Barcelona, Paidós, 2002); ver também Patrick Peeters, "Federalismo: una perpectiva comparada. Bélgica se transforma de Estado unitario en Estado federal", em Enric Fossas e Ferran Requejo, *Asimetría federal y estado plurinacional*, cit.

comunidade linguística aimará e à comunidade linguística que fala castelhano – proporção essa que também deveria se manter no Executivo regional, com exceção do presidente regional. Isso permitiria, localmente, uma distribuição da administração das competências regionais da cidade por vinculação cultural e linguística. Outra opção é que a cidade de La Paz e os membros das zonas limítrofes que assim o desejem, por afinidade cultural, se mantenham como parte descontínua da comunidade cultural que fala o castelhano, sob o estatuto de um regime municipal similar ao de hoje, como o resto das cidades e zonas agrárias que não se reconhecem como partícipes de identidades culturais indígenas.

Esse conjunto de regras mínimas permitiria uma imediata revalorização das culturas indígenas, uma ampliação democrática da participação social nas estruturas de poder estatal e, o mais substancial, uma igualação política das culturas por uma justa etnização positiva de determinadas estruturas estatais. Desse modo, o idioma e a cultura aimará encontrariam um sistema de instituições públicas que garantiriam seu desenvolvimento e legitimariam sua utilização pública e privada, além de formar-se um esquema regional-nacional de legitimação econômico-administrativa para seu conhecimento e utilização.

Em sentido estrito, trata-se da consagração de um espaço social de grande escala capaz de garantir um regime de aptidões, competências e acumulações de distintos tipos de capital[76] (econômico, político, cultural, social, estatal, sindical etc.), assentados numa homogeneidade linguística e cultural. Em outros termos, se assentaria a formação de uma cultura societária aimará em igualdade de condições de desenvolvimento político normativo com a cultura societária mestiça que fala castelhano[77].

---

[76] Pierre Bourdieu, *La distinción*, cit.

[77] Recentemente, Félix Patzi criticou nossa proposta das autonomias indígenas no livro *Sistema comunal* (La Paz, CEA, 2004). Ele considera que o regime de autonomias não afeta o núcleo do regime do capital e, portanto, não seria revolucionária sua reivindicação. O primeiro erro de Patzi está no fato de que ele confunde o tema das identidades culturais com o tema da diversidade civilizatória. O primeiro se refere à existência de várias identidades linguísticas ou culturais num mesmo território, atravessando indistintamente lógicas produtivas (capitalista, comunitária, familiar etc.) e distintas classes sociais (comunais, empresários, operários, camponeses etc.), ao passo que a segunda se refere à sobreposição de lógicas de sociedade, produtivas, organizativas, políticas e simbólicas diferenciadas (civilização mercantil-industrial, comunal etc.). O desmonte das relações de dominação étnico-cultural, como o demonstra a história política de outros países, não é necessariamente uma ação anticapitalista, muito menos socialista. De fato, isso se dá, em geral, dentro dos processos de democratização e descolonização sociais modernos que formam

Dependendo dos graus de integração e politização étnica das identidades culturais que falam quéchua, em teoria é possível pensar na formação de um segundo governo autonômico em grande escala, baseado na comunidade linguística indígena de maior extensão do país, como é precisamente o quéchua.

Mas, para que essas formas de autogoverno indígenas em nível local, regional ou nacional não gerem processos centrífugos que habilitem tendências separatistas do Estado boliviano e, mais do que isso, para completar a desmonopolização étnica da estrutura macro ou geral do Estado boliviano, a fim de consolidar o reconhecimento em escala superior das comunidades culturais e das regiões linguísticas indígenas, exige-se, simultaneamente a esses processos de construção

---

parte do desenvolvimento capitalista, o que não exclui o fato de que, no caso boliviano, sua extinção seja, de longe, uma gigantesca revolução descolonizadora das relações políticas e econômicas. Por um lado, o desmonte das relações de dominação civilizatória afeta sim a própria expansão do regime capitalista e, embora possa passar pelo tema da dominação cultural, tem sua dinâmica interna própria. Estudar até que ponto é possível avançar na transformação das relações de dominação civilizatórias é um tema que não se resolve de maneira voluntária, mas sim a partir do estudo da estrutura de forças reais e potenciais da luta social contemporânea. Em segundo lugar, embora os indígenas sejam "maioria", isso é circunstancial, na medida em que depende da fortaleza da construção identitária indígena, que é uma ação política e histórica, e não somática natural. Mais ainda, em sentido estrito, a maioria indígena é uma somatória geral de distintas minorias culturais e nacionais indígenas: os aimarás, os quéchuas, os guaranis, os mojeños etc. No caso dos quéchuas, inclusive, mais que uma identidade comum, como no caso dos aimarás, estamos diante de identidades territoriais e locais bastante fragmentadas, que impossibilitam falar de uma efetiva maioria quéchua socialmente mobilizável. Em sentido estrito, aimarás, quéchuas, guaranis etc., mas também os mestiços, como identidades socioculturais mobilizadas, são todos "minorias" diante dos demais, o que justifica com mais razão a necessidade de modos de autogoverno territorial em que estas são maioria e sua posterior articulação, em nível macro, num regime de instituições superiores multinacionais. Em terceiro lugar, o tema da afetação da sociedade capitalista e a possibilidade de uma sociedade comunitarista não é um tema de lógica livresca, mas da lógica histórica. Não se supera o capitalismo, como o faz Patzi, com uma mera dedução teórica de um esquema conceitual, mas pela continuação do "movimento real que se desenvolve diante de nossos olhos". A superação do capitalismo pelo comunitarismo social tem que ser perscrutada nos acontecimentos históricos e nas lutas reais das comunidades – e nada disso Patzi pôde comprovar. O erro de sua posição está em confundir a proposta de um modelo teórico e voluntarista de emancipação a longo prazo com uma proposta de conjuntura política de acordo com a correlação de forças existentes e potenciais, como é nossa proposta de autonomias indígenas. De resto, está claro que a racionalidade camponesa do trabalho familiar, não comunal, aplicado à produção industrial – que é, no fundo, a proposta "emancipadora" de Patzi – pouco ou nada tem de real comunitarização das condições de reprodução social.

autonômicos, uma redistribuição de competências entre o Estado e o governo autonômico e uma presença real e proporcional das comunidades culturais indígenas na composição do sistema de instituições e poderes que regulam a comunidade política superior do Estado boliviano.

No caso da comunidade nacional aimará, isso poderia ser cumprido por meio de:

a)  Reforma do Estado boliviano, com a finalidade de estabelecer democraticamente sua unidade, preservando a diversidade político-cultural pela integração constitucional de comunidades político-indígenas regionais numa nova comunidade política superior, na qual o poder se encontra compartilhado e dividido entre um governo geral com responsabilidades nacionais e governos constituintes que dispõem de responsabilidades regionais ou subnacionais. Isso supõe, portanto, dois âmbitos de governo articulados verticalmente: o estatal e o autonômico. No caso de conformação das autonomias departamentais* nas zonas onde se fala castelhano, aproveitando a reconfiguração territorial do Estado produzida pelas autonomias indígenas, esses regimes de governo departamental poderiam ser vinculados da mesma forma ao novo ordenamento vertical dos poderes do Estado boliviano.

b)  Representação e participação da comunidade autonômica nos entes de governo geral do Estado, tanto nas Câmaras alta e baixa como nos ministérios.

c)  No caso da Câmara baixa, composta por representantes de toda a nação, e com competências sobre o governo do Estado, a presença numérica de deputados aimarás deve estar de acordo com a porcentagem que os aimarás representam em relação ao total dos habitantes da Bolívia, isto é, entre 25% e 30%, o que implicaria o controle de cerca de 25% a 30% das cadeiras do Parlamento geral. No caso de outras comunidades autonômicas indígenas, como as do Leste, é possível estabelecer o critério de sobrerrepresentação, a fim de potencializar a presença de comunidades culturais pequenas[78].

d)  No caso da Câmara alta, que representa os departamentos, deve haver igual presença proporcional dos governos autonômicos, segundo critérios de igualdade e simetria institucional. Em ambos os casos, tanto no da Câmara baixa quanto no da alta, seria possível estabelecer critérios de "duplo mandato"[79],

---

\*  Na Bolívia, os departamentos equivalem à divisão do território brasileiro em estados. (N. T.)

[78]  Arend Lijphart, *Las democracias contemporáneas* (Barcelona, Ariel, 1998) [ed. port.: *As democracias contemporâneas*, Lisboa, Gradiva, 1989] e *Modelos de democracia. Formas de gobierno y resultados en treinta y seis países* (Barcelona, Ariel, 2000) [ed. bras.: *Modelos de democracia*, Rio de Janeiro, Civilização Brasileira, 2003].

[79]  Wouter Pas, "La estructura asimétrica del federalismo belga", em Ferran Requejo e Enric Fossas, *Asimetría federal y estado plurinacional*, cit.

de tal maneira que alguns dos parlamentares eleitos para o Parlamento autonômico estejam também presentes de maneira direta no Parlamento estatal.

e) No caso do Executivo do Estado, deve haver presença proporcional das principais comunidades linguísticas (castelhano, aimará, quéchua) na composição do gabinete, a fim de levar à própria cabeça do Executivo a diversidade linguística do país e equilibrar as prerrogativas das comunidades linguísticas mais importantes. Isso, certamente, não anula a disputa partidária, mas obriga esse sistema a multiculturalizar-se, isto é, a estabelecer alianças partidárias multiculturais para poder governar.

Trata-se, no fundo, de conformar culturalmente um tipo de governo consociacional (consociação com consenso[80]), ou de tipo federativo plurinacional devolutivo[81], capaz de articular uma representação equilibrada de todas as culturas e comunidades linguísticas no desenho institucional, tanto no núcleo do Estado como nos espaços de governo local e regional. Dessa maneira, o espaço de reconhecimento, de valorização e legitimidade social dos idiomas indígenas mais importantes ampliaria seu raio oficial de reconhecimento e, portanto, sua aptidão para ser utilizados como idiomas legítimos estatalmente, ou seja, como capital linguístico capaz de alcançar postos na administração pública, na gestão do governo central, na direção econômica do país etc.

A possibilidade de estruturar os sistemas de governo geral a partir da distribuição proporcional dos cargos por comunidade linguística rompe a monoculturalidade do atual Estado boliviano, e amplia, no que diz respeito à estrutura estatal superior, a validez dos idiomas indígenas principais, possibilitando, assim, a igualdade política entre culturas e idiomas, que se convertem por igual em dispositivos paralelos e equilibrados de ascensão social e cidadania.

Por último, essa igualdade política administrativa entre o idioma castelhano e o idioma aimará e quéchua inicia o processo estrutural de dissolução da herança colonial que havia feito da etnicidade um capital, de tal maneira que os sistemas de divisão de classe, o acesso a bens, a oferta de força de trabalho e a possibilidade de acessar cargos de poder em geral deixam de ter o idioma ou a cultura (mestiça que fala castelhano) como um algo a mais que incrementa a eficácia e o volume dos outros capitais.

### A dimensão multicivilizatória da comunidade política

Contudo, o problema a resolver no país não é apenas o da multiculturalidade ou multinacionalidade de seus integrantes, mas também o da diversidade de

---

[80] Arend Lijphart, *Modelos de democracia*, cit.
[81] Miquel Caminal, *El federalismo pluralista*, cit.

sistemas e técnicas políticas pelos quais as pessoas assumem o exercício e a ampliação de suas prerrogativas públicas. A cidadania é um estado de autoconsciência e auto-organização política da sociedade, reconhecido como legítimo pelas normas de direitos estatais. O problema surge quando o Estado prescreve um conjunto de normas, de rotas exclusivas por meio das quais os cidadãos podem expressar e praticar essa produção de mandatos políticos de eficácia pública, anulando, ignorando ou reprimindo assim outros caminhos, outras formas institucionais, outras práticas, culturas políticas ou sistemas de autoridade.

Não existe só uma forma de exercer direitos políticos e de intervir na gestão do bem comum. A democracia liberal, por meio do voto individual, da disputa eleitoral, da formação de coletividades políticas eletivas e do mercado político[82], é um modo de constituição democrática de cidadania correspondente a sociedades que passaram por processos modernos de individuação que erodiram as fidelidades normativas e dos regimes de agregação de tipo tradicional (parentesco, conterraneidade etc.). Isso acontece, em geral, nos países que se integraram de maneira majoritária e dominante a processos econômicos industriais que substituíram as economias camponesas, artesanais e comunitárias que sustentavam materialmente a existência de modos normativos de constituição da agregação social. Na Bolívia, a economia apresenta tamanha heterogeneidade que podemos qualificar apenas 20% como do tipo mercantil-industrial moderno; o restante está ocupado por sistemas técnico-processuais tradicionais ou semimercantis, ancorados numa forte presença dos sistemas gremiais e comunitários na organização dos processos produtivos. Daí que as formas de filiação corporativa, gremial e comunitária se apresentem como sistemas de constituição de sujeitos coletivos praticados na sua maioria em cidades e zonas agrárias como modos de filiação social, de resolução de conflitos, de mediação e autorrepresentação política.

É certo que essas técnicas de democracia deliberativa, de democracia étnica e cidadania corporativa tradicional – regidas por parâmetros morais e políticos distintos dos liberais e efetivadas por meio de instituições não partidárias de tipo associativo e assembleístico – possuem uma existência preponderantemente local e regional. No entanto, momentos diferentes da história mostram que esses sistemas podem se articular em rede, em sistemas macro de democracia que abarcam milhares de comunidades e numerosas associações, assumindo a forma de exercício democrático em grande escala (federações sindicais provinciais, federações ou confederações de *ayllus*, bloqueios de estradas, participação eleitoral etc.). Com um pouco de esforço e apoio, como aquele que o Estado dá aos partidos para não

---

[82] Norberto Bobbio, *El futuro de la democracia*, cit.; Robert Dahl, *La democracia y sus críticos* (Barcelona, Paidós, 1998).

desaparecer, essas práticas democráticas não liberais poderiam ter facilmente uma existência regular e em escala macroestatal.

Considerar que a democracia representativa de corte liberal é a única maneira de pôr em marcha o exercício de responsabilidade política é supor erroneamente que a Bolívia seja um país economicamente moderno em seu aparato técnico organizativo e que a individuação seja majoritária, pois esses são requisitos prévios à implementação de modelos de democracia representativa.

Na Bolívia, as identidades coletivas normativas por bairro, *ayllu*, comunidade, associação trabalhista, precedem, em sua maioria, qualquer manifestação de individualidade e são utilizadas cotidianamente para exercer controle social, para reivindicar demandas, para eleger representantes, para introduzir querelas igualitárias, para formar uma moral cívica de responsabilidade cidadã. No entanto, essas instituições de corte democrático[83] – que possuem suas próprias técnicas de deliberação, de rendição de contas, de eleição de autoridades, de introdução de querelas, de formação de opinião pública, de dissensos e consensos, de igualdade política entre seus membros, ou seja, de exercer direitos democráticos em sua definição substancial – não são levadas em consideração pelo Estado atual que, pelo contrário, emprega esforços sistemáticos para disciplinar de maneira autoritária o conjunto dessas outras expressões de democratização social aos moldes democrático-liberais.

Essas técnicas políticas diferenciadas, esses sistemas de autoridade indígeno-camponeses[84] e urbano-plebeus[85] formam parte do complexo emaranhado multicivilizatório da realidade boliviana, visível também por meio de outras práticas sociais, como as que se desenvolvem no entendimento e no exercício da justiça do *ayllu*[86], nas técnicas escriturais andinas (têxtil e de trançado), na predominância de repertórios textuais (a oralidade, a visualização, táctil etc.)[87], na

---

[83] Para uma discussão da ação democrática além do olhar procedimental e minimalista liberal, ver Jacques Rancière, *El desacuerdo: política y filosofía* (Buenos Aires, Nueva Visión, 1996); Luis Tapia, *La velocidad del pluralismo* (La Paz, Muela del Diablo, 2002).

[84] Silvia Rivera, *Ayllus y proyectos de desarrollo en el Norte de Potosí*, cit.; Alison Spedding e David Llanos, *No hay ley para la cosecha. Un estudio comparativo del sistema productivo y de las relaciones sociales en Chari y Chulumani* (La Paz, Pieb/Sinergia, 1999).

[85] Álvaro García Linera, "Sindicato, multitud y comunidad. Movimientos sociales y formas de autonomía política en Bolivia", em Álvaro García Linera, Raúl Prada, Raquel Gutiérrez, Luis Tapia e Felipe Quispe, *Tiempos de rebelión* (La Paz, Comuna, 2001).

[86] Marcelo Fernández, *La ley del ayllu* (La Paz, Pieb, 2000) e *El sistema jurídico indígena* (Santa Cruz, Cejis, 2003). Conferir também os dez livros sobre justiça comunitária elaborados pelo Ministério de Justiça e Direitos Humanos em 1999.

[87] Denise Arnold e Juan Yapita, *El rincón de las cabezas. Luchas textuales, educativas y tierras en los Andes* (La Paz, Universidad Mayor de San Andrés, 2000).

gestão de recursos coletivos[88] e de direitos familiares vinculados às responsabilidades políticas[89] etc.

A possibilidade de uma real igualdade política da sociedade passa, então, por uma supressão da estrutura mono-organizativa do atual Estado boliviano, que simplesmente reconheceu e instituiu como únicas instituições legítimas de exercício político de direitos (cidadania e democracia liberal) aquelas provenientes da civilização minoritária dominante (mercantil-industrial). Uma igualdade política substancial entre culturas e identidades requer uma igualdade de modos de produzir política em todos os níveis da gestão governamental (geral, regional e local), ou seja, trata-se de uma igualdade das diferentes práticas, sistemas de autoridade e instituições políticas pertencentes às distintas comunidades culturais e regimes civilizatórios que coexistem no território boliviano.

A essa composição de instituições e formas políticas provenientes de diversas matrizes civilizatórias ou de sociedades que coexistem em condições de igualdade, Luis Tapia chamou "política mestiça"[90], capaz de gerar processos de democratização e cidadanização sólidos e estendidos.

Na medida em que essas distintas formas de produção técnica e organizativa da política pertencem a regimes civilizatórios distintos, seus ritmos e tempos históricos são heterogêneos, fazendo-se necessário pensar numa sincronicidade pontual, por períodos curtos, para que "se inclua na deliberação e ação global sua presença, força, opinião e decisão"[91]. Um exemplo dessas sincronicidades pontuais dos regimes políticos civilizatórios é o que, em escala regional, se dá em municípios do Chapare ou do norte de Potosí, quando, no momento da eleição de autoridades municipais via partido e voto individual (regime liberal), a decisão de escolher aqueles que integrarão o conselho é tomada sob formas de deliberação e *cabildeo\** de sindicatos agrários ou *ayllus*.

Nesse caso, os sistemas institucionais tradicionais articulam-se com os "modernos". Em alguns deles, essa composição de instituições políticas também se dá, na prática, no momento das eleições de representantes parlamentares – porém, trata-se de uma ação eventual que se sustenta sobre circunstâncias excepcionais de politização e auto-organização de comunidades e *ayllus*. Uma composição democrática de instituições e formas políticas diferenciadas deveria supor a regulamentação, expan-

---

[88] Gerben Gerbrandy e Paul Hoogendam, *Aguas y acequias, los derechos del agua y la gestión campesina de riego en los Andes bolivianos* (La Paz, Plural, 1998).

[89] Alison Spedding e David Llanos, *No hay ley para la cosecha*, cit.

[90] Luis Tapia, *La condición multisocietal*, cit.

[91] Idem.

\* Relativo aos *cabildos*. (N. T.)

são e institucionalização dessas experiências locais e efêmeras de articulação civilizatória, o que poderia ser normatizado por meio dos seguintes pontos:

a)  O reconhecimento constitucional de sistemas políticos e sistemas de conformação de autoridade praticados pelas comunidades camponesas, *ayllus*, bairros e grêmios (federações, confederações, associações) como sistemas legítimos de eleição e tomada de decisões em âmbitos pontuais do sistema de governo em escala geral, regional e local.

b)  Os âmbitos legítimos de eleição de representantes nos quais atuariam esses outros sistemas de deliberação são (1) os representantes parlamentares do nível superior do Estado (ou comunidade política geral), nas regiões em que essas formas de organização política são predominantes ou têm uma presença parcial; e (2) os Parlamentos das regiões autonômicas de autogoverno indígena. A combinação porcentual dos representantes eleitos por meio de partidos ou de estruturas corporativas seria negociada, dependendo da amplitude, história e presença de cada uma dessas formas organizativas, em cada região autonômica e circunscrição departamental.

c)  A obrigatoriedade de reconhecimento, em qualidade de sanção ou veto, de sua deliberação sobre temas centrais da gestão estatal (propriedade estatal de recursos, investimento público global, reformas constitucionais etc.).

d)  O reconhecimento institucional, com efeito de legalidade estatal, das formas de gestão comunal da Justiça, do controle de recursos coletivos e dos conhecimentos médicos praticados de maneira regular pelas comunidades culturais indígenas. A ampliação, em escala regional e estatal geral, de instituições de administração burocrática e política que permitam legitimidade social, aprendizagem regular e obtenção de recursos para as referidas práticas.

e)  O reconhecimento constitucional de sistemas de rotação de autoridades e de rendição de contas a entes coletivos (não apenas individuais, como no regime liberal) por parte das autoridades políticas que compõem os distintos níveis de verticalidade do Estado (municípios, regiões autonômicas, governos departamentais, Estado geral).

Um Estado multicivilizatório significaria precisamente o reconhecimento de mecanismos múltiplos, de múltiplas técnicas e sentidos de entender, praticar e regular as pulsões democráticas da sociedade, em correspondência às múltiplas formas de exercer a cidadania a partir da pluralidade das matrizes civilizatórias da sociedade.

Devido às qualidades de sua formação histórica, a complexa realidade social boliviana produziu variadas técnicas de comportamento político democrático, e um Estado efetivamente democrático exigiria reconhecer, em grande escala, no âmbito das tomadas de decisão fundamentais das políticas públicas, a legitimidade institucionalizada das distintas maneiras de praticar e entender a democracia como uma ação que enriquece a compreensão da democratização do poder político. Esse é precisamente o caráter multi-institucional da estrutura estatal, que, junto com uma redefinição das etnicidades legítimas e das normas de administração territorial, correspondentes às práticas e soberanias étnicas, poderiam originar um tipo de Estado multinacional e multicivilizatório.

Se a Bolívia é uma sobreposição de várias culturas e várias civilizações, seu Estado, como síntese, deveria ser uma institucionalidade capaz de articular, de compor uma engenharia política formada por uma presença proporcional das culturas e identidades linguísticas, além de poder contar com instituições modernas e tradicionais, deliberativas, representativas e assembleísticas para a tomada de decisões em escala geral, "nacional".

## Complexidade administrativa

Uma vez que a superação da exclusão das comunidades culturais indígenas e seus sistemas de autoridade passem inevitavelmente por uma reforma do Estado que multiculturalize a totalidade das instituições públicas e que componha múltiplas lógicas organizativas da ação política nos distintos níveis de governo, é claro que a preparação dos quadros administrativos para a adequação a essas funções complexas deve interiorizar formas igualmente complexas de formação, de procedência étnica e de habilidades organizativas. A respeito, é possível levantar, no mínimo, a necessidade das seguintes mudanças na formação dos quadros administrativos a fim de adequá-los à implementação de um Estado multicultural e multicivilizatório:

a)  Processos de recrutamento de funcionários públicos em proporção similar ao número de cargos públicos que cada comunidade linguística utiliza em relação à totalidade dos cargos administrativos do Estado, tanto no nível micro, regional, quanto no macro.

b)  Seleção e hierarquização dos funcionários por competência meritocrática no interior de cada um dos segmentos administrativos escolhidos pelo pertencimento a uma comunidade linguística.

c)  Desenho de escalões de ascensão meritocrática de acordo não apenas com saberes letrados e racionalização burocrática[92], mas também com conhecimento da lógica organizativa das culturas indígenas e dos repertórios textuais das civilizações não mercantil-industriais. Na medida em que a racionalidade burocrática é produto da interiorização social da moderna lógica do mercado

---

[92]  Max Weber, *Economía y sociedad* (Cidade do México, Fondo de Cultura Económica, 1987) [ed. bras.: *Economia e sociedade*, São Paulo, Imprensa Oficial, 2004].

e da fábrica[93] na regulamentação dos saberes administrativos legítimos do Estado, a aceitação de uma pluralidade de reconhecimento de méritos administrativos introduz a pluralidade dos sistemas de autoridade e de conhecimento de gestão pública no funcionamento estatal. Isso significa a alternância ou coexistência de vários tipos de capital meritocrático na carreira administrativa e na gestão governamental.

d)  Formação nas carreiras administrativas de governo nos três idiomas majoritários do país.

Com tudo isso, trata-se da necessidade de que as carreiras de formação de quadros burocrático-administrativos sejam democratizadas pelo reconhecimento dos idiomas indígenas como meios legítimos para acessar e ascender a funções públicas e do reconhecimento de uma pluralidade de técnicas e saberes administrativos como caminhos válidos para o acesso ao mérito.

Contudo, uma vez que o processo de extinção da discriminação étnica passa por uma reforma gradual mas estrutural do Estado, existem várias vias para iniciar esse processo. Uma possibilidade seria uma reforma "a partir de baixo", que fosse instaurando nos níveis intermediários formas de autogoverno indígena em territórios especiais, que depois servissem de experiência a outras regiões. Isso supõe uma iniciativa local e tolerância e o apoio do Estado desde os níveis máximos de direção.

Outro modo de reforma é "a partir de cima", de tal maneira que se adote a decisão de modificar partes principais da arquitetura organizativa do sistema de autogoverno a partir dos níveis superiores do Estado, para que, depois, isso vá caindo em cascata sobre os níveis intermediários (autonômicos) e micros (autogovernos indígenas locais). Isso exigiria reformas constitucionais imediatas que, por exemplo, multiculturalizassem a curto prazo a composição do Congresso e do funcionamento de algumas repartições públicas da administração pública.

Se, como vimos, a chave para erodir os processos de exclusão étnica em sociedades multiculturais fundamenta-se na igualdade entre os idiomas e as práticas culturais nos âmbitos da gestão pública, a fim de legitimar estatalmente todas as culturas no uso e na ascensão social, requer-se que o Estado consagre, desde os níveis mais altos e mais amplos possíveis dos sistemas de autogoverno, as culturas majoritárias – nesse caso, identificadas pelas comunidades linguísticas. Por exemplo, a ocupação normatizada e regularizada de ministérios a cargo de indígenas e uma pequena maioria indígena, e/ou a distribuição proporcional do Parlamento por vinculação linguística. Isso permitiria a emissão de um sinal estatal de que os idio-

---

[93]  David Osborne e Ted Gaebler, *Un nuevo modelo de gobierno* (Cidade do México, Gernika, 1994); Jon Elster e Rune Slagstad, *Constitucionalismo y democracia* (Cidade do México, Fondo de Cultura Económica, 1999).

mas indígenas seriam reconhecidos como capitais linguísticos para a ocupação de cargos públicos, a cidadania real e a ascensão social.

Em conjunto, todas essas transformações significariam que, no âmbito dos poderes legislativos, judiciários e executivos, além de distribuírem proporcionalmente sua administração unitária geral e territorial de acordo com a procedência étnica e linguística, as formas de gestão, representação e intervenção social deveriam incorporar múltiplos mecanismos políticos compostos, como a democracia representativa (por meio dos partidos), a democracia deliberativa (por meio das assembleias), a democracia comunal (por meio da ação normativa de comunidades e *ayllus*) e assim por diante. Trata-se, então, de compor, em escala macro e generalizada, instituições modernas com tradicionais e representação multicultural com representação geral, em correspondência com a realidade multicultural e multicivilizatória da sociedade boliviana.

Em outras palavras, trata-se de buscar uma modernidade política baseada naquilo que na realidade somos, e não simulando o que nunca seremos nem poderemos ser.

Tudo isso, certamente, aponta para uma ampliação radical da democracia, na medida em que iguala as possibilidades reais de cidadania, tanto no âmbito dos direitos coletivos das identidades culturais como no exercício de práticas organizativas para o acesso ao reconhecimento público. Por sua vez, a radicalidade desse processo reside no desmonte das estruturas de dominação colonial e civilizatória persistentes até agora, não apenas desde o nascimento da República mas desde o momento do nascimento da colonialidade indígena, no século XVI, e que, ao longo dos séculos, vêm se reciclando por meio das distintas formas de pseudomodernizações econômicas e políticas impostas.

# V. ESTRUTURAS DOS MOVIMENTOS SOCIAIS

SINDICATO, MULTIDÃO E COMUNIDADE. MOVIMENTOS SOCIAIS E FORMAS DE AUTONOMIA POLÍTICA NA BOLÍVIA*

## Reformas liberais e reconstituição do tecido social

A Bolívia é um país marcado pela gelatinosidade de suas estruturas institucionais e pela posição marginal que ocupa no contexto internacional, mas também é onde, talvez por isso mesmo, certas coisas tendam a acontecer de maneira antecipada em relação a outros lugares. Nos anos 1950, o país viveu uma insurreição proletária, adiantando-se à irradiação do movimento operário que depois se daria em várias nações do continente. Da mesma forma, nos anos 1970, aproximou-se rapidamente da onda autoritária dos governos militares e, no fim daquela década, abraçou a reconquista de regimes democráticos. Em 1984, cinco anos antes da queda do Muro de Berlim, viveu a derrubada do horizonte esquerdista forjado nos quarenta anos anteriores devido ao fracasso da coalizão de esquerda que levou o país a uma bancarrota econômica. No fim dos anos 1980, enquanto outras nações procuravam experimentar, com governos populistas, uma saída alternativa ao estatismo e ao neoliberalismo à espreita, a Bolívia submergiu num radical processo de neoliberalização econômica e cultural que levou toda uma geração de furibundos radicais do "socialismo" a se converter em furibundos radicais do livre mercado, da "governabilidade pactuada" e da privatização.

Em quinze anos, essas políticas produziram grandes mudanças sociais. Não somente foi entregue às empresas transnacionais o controle sobre 35% do PIB, colocando o Estado no papel de mendigo internacional – e de policial encarregado de disciplinar as classes perigosas – como, além disso, modificaram-se os padrões de desenvolvimento econômico. O Estado produtor cedeu lugar ao capital estran-

---

\* Em *Tiempos de rebelión* (La Paz, Comuna/Muela del Diablo, 2001). (N. E. A.)

geiro como locomotiva econômica[1], enquanto os capitalistas locais retrocederam ao papel de sócios minoritários intermediários ou raquíticos investidores de áreas subalternas da atividade comercial e produtiva.

Isso levou à conformação de um sistema produtivo "dualizado"[2] entre um punhado de empresas medianas com capital estrangeiro, tecnologia de ponta e vínculos com o campo econômico mundial, no meio de um mar de pequenas empresas, oficinas familiares e unidades domésticas articuladas, sob múltiplas formas de contrato e trabalho precário, a esses escassos, mas densos, núcleos empresariais. Nessa estrutura, na qual as empresas econômicas se deslocalizam[3] no interior das infinitas e diminutas atividades produtivas e comerciais, as relações trabalhistas são precárias, os contratos, temporários, a tecnologia, escassa e a chave que sustenta a economia fundamenta-se na extorsão crescente das fidelidades parentais, numa maquinaria gigantesca de mercantilização híbrida do trabalho de crianças, idosos, mulheres e familiares[4].

Abandonando o ideal da "modernização" por meio da substituição das estruturas tradicionais urbanas e camponesas, a nova ordem empresarial subordinou de maneira consciente e estratégica a oficina informal, o trabalho domiciliar e as redes sanguíneas das classes subalternas aos sistemas de controle numérico da produção (indústria e mineração) e aos fluxos monetários das bolsas estrangeiras (o sistema bancário). O modelo de acumulação tornou-se assim um híbrido que unificou, de forma escalonada e hierarquizada, estruturas produtivas dos séculos XV, XVIII e XX, por meio de tortuosos mecanismos de cobranças de dívidas e extorsão das forças produtivas domésticas, comunais, artesanais, camponesas e pequeno-empresariais da sociedade boliviana. Essa "modernidade" barroca – embora tenha mantido de pé o modelo de regulação e acumulação econômica fundado na exportação de matérias-primas, na débil produção industrial para um mercado interno raquítico e no uso intensivo da força de trabalho como principal força produtiva técnica do processo trabalhista, com as novas modalidades que a gestão produtiva e circulatória de riquezas assume – reconfigurou a estrutura das classes sociais na Bolívia, as formas de agregação dos setores subalternos e as identidades coletivas.

---

[1] Luis Carlos Jemio e Eduardo Antelo, *Quince años de reformas estructurales en Bolivia: sus impactos sobre inversión, crecimiento y equidad* (La Paz, Cepal/Universidad Católica Boliviana, 2000) e Fundación Milenio, *Las reformas estructurales en Bolivia* (La Paz, Fundación Milenio, 1999).

[2] Pierre Bourdieu, "Por una nueva *Aufklärung*", em *El campo político* (La Paz, Plural, 2001).

[3] Idem, *Les estructures sociales de l'économie* (Paris, Seuil, 2000) [ed. port.: *As estruturas sociais da economia*, Lisboa, Instituto Piaget, 2001].

[4] Álvaro García Linera, *Reproletarización. Nueva clase obrera y desarrollo del capital industrial en Bolivia* (La Paz, Comuna, 1999); ver também: *La condición obrera, estructuras materiales y simbólicas del proletariado de la Minería Mediana, 1950-1999*, cit.

Nesses quinze anos, vimos desaparecer de cena a Central Obrera Boliviana (COB), que desde 1952 condensava as características estruturais do proletariado, de sua subjetividade e da ética coletiva. A condição operária e a identidade de classe do proletariado boliviano desapareceram junto com o fim das grandes concentrações operárias e, por conta disso, morreu *uma forma* organizativa, com capacidade de efeito estatal, em torno da qual se aglutinaram durante 35 anos outros setores carentes da cidade e do campo.

Diante disso, surgiu uma estrutura operária numericamente maior do que a de décadas anteriores, mas materialmente fragmentada em diminutas oficinas, legais e clandestinas, contratos eventuais e temporários, sistemas de ascensão fundados na competição e sindicatos carentes de legitimidade perante o Estado. Entrou em cena, então, uma nova forma de proletarização social, vasta mas sem enraizamento organizativo, desterritorializada[5] e atravessada por uma profunda desconfiança interna, com mentalidade precária e imediatista, resultado do nomadismo dos jovens operários, obrigados a combinar o pequeno comércio, o contrabando, o trabalho assalariado ou o trabalho agrícola de acordo com as temporadas e suas necessidades[6].

No campo, da mesma forma, o livre comércio, a nova legislação agrária e a municipalização transformaram drasticamente as relações entre Estado e a estrutura comunal agrária, modificando as pautas de reprodução social, as estratégias de percurso familiar e as hierarquias de dominação colonial. As grandes mobilizações urbano-rurais recentes encontraram suas condições de possibilidade nesses processos de reconfiguração da vida social.

Fruto desses cataclismos socioeconômicos, emergiram mais uma vez estruturas de auto-organização social poderosas e radicais, que fecharam o curto ciclo da legitimidade neoliberal forjada em quinze anos, por meio da desorganização, estatalmente inferida, das antigas maneiras de agregação popular (os sindicatos), do desmoronamento moral dos subalternos e de uma indústria cultural de consagração liberal que cooptou um leque amplo de ideólogos e intelectuais abatidos.

Estudar brevemente as características dessas formas de auto-organização social emergentes, comparando-as com a antiga forma sindical e observando suas condições de possibilidade e suas potencialidades históricas é o objetivo daquilo que vamos abordar nas páginas seguintes.

---

[5] Raúl Zibechi, "La disgregación de la clase obrera", em *La mirada horizontal: movimientos sociales y emancipación* (Montevidéu, Nordan/Comunidad, 1999).

[6] Álvaro García Linera, "Procesos de trabajo y subjetividad en la nueva condición obrera", em Guillermo Campero et al., *Culturas obreras y empresariales* (La Paz, PNUD, 2000).

## Contexto, estruturas, estratégias e simbolismos da mobilização social

Existem diferentes vertentes teóricas para o estudo dos movimentos sociais. Alguns autores têm trabalhado como força mobilizadora a reação emocional resultante da defasagem entre as expectativas coletivas e os resultados[7]; outros têm adequado a lógica da razão instrumental à dinâmica da ação coletiva; e outros, ainda, têm insistido na importância da "oportunidade política" (fechamento dos espaços políticos, divisão nas elites, presença de aliados, repressão etc.) na participação dos movimentos sociais[8].

Há investigações que têm abordado a importância de um contexto internacional específico como facilitador de certas ações coletivas[9], ao passo que outras têm se preocupado com a dimensão das orientações culturais definidoras das ações conflituosas que dão lugar aos movimentos sociais[10] e às etapas possíveis que precedem sua institucionalização[11]. De maneira pontual, Oberschall propôs uma leitura dos movimentos sociais como "empresas de protesto" caracterizadas por sua capacidade de ação estratégica, pela amplitude dos recursos mobilizados e pelas redes sociais de articulação interna e externa[12]; autores próximos a ele centraram-se em movimentos sociais que resultem de uma crise de Estado e afetem

---

[7] Ralph Turner e Lewis M. Killian, *Collective Behavior* (Englewood Cliffs, Prentice-Hall, 1957); Mancur Olson, *The Logic of Collective Action* (Cambridge, Harvard University Press, 1965) [ed. bras.: *A lógica da ação coletiva*, São Paulo, Edusp, 1999]; Ted Gurr, *Why Men Rebel?* (Princeton, Princeton University Press, 1971).

[8] Sidney Tarrow, "States and Opportunities. The Political Structuring of Social Movements" e Donatella Della Porta, "Social Movements and the State: Thoughts on the Policing of Protest", em Mayer Zald, Doug McAdam e John McCarthy (orgs.), *Comparative Perspectives on Social Movements* (Nova York, Cambridge University Press, 1996); Charles Brockett, "The Structure of Political Opportunities and Peasant Mobilization in Central America", *Comparative politics*, Nova York, v. 23, n. 3, 1991; Sidney Tarrow, *El poder en movimiento. Los movimientos sociales, la acción colectiva y la política* (Madri, Alianza, 1997) [ed. bras.: *O poder em movimento: movimentos sociais e confronto político*, Petrópolis, Vozes, 2009].

[9] Anthony Oberschall, "Opportunities and Framing in the Eastern European Revolts of 1989", em Mayer Zald, Doug McAdam e John McCarthy (orgs.), *Comparative Perspectives on Social Movements*, cit.; ver também Anthony Oberschall, *Social Movements: Ideologies, Interests, and Identities* (New Brunswick, Transaction, 1993).

[10] Alain Touraine, *Producción de la sociedad* (Cidade do México, Unam/Ifal, 1995) e "An Introduction to the Study of Social Movements", *Social Research*, v. 52, 1985; conferir também Alberto Melucci, "The New Social Movements: a Theoretical Approach", *Social Science Information*, n. 2, 1980.

[11] Claus Offe, *La gestión política* (Madri, Ministerio de Trabajo y Seguridad Social, 1992).

[12] Anthony Oberschall, *Social Conflict and Social Movements* (Englewood Cliffs, Prentice-Hall, 1972); Franck Poupeau, *Le "mouvement du 93"* (Paris, École des Hautes Études, en Scienses Sociales, 1999).

o sistema político. Por sua vez, Gamson[13] propôs a identificação dos processos de formação das solidariedades, enquanto Poupeau incorporou, ao estudo da racionalidade implícita e explícita da mobilização, a dimensão estatal ou contraestatal da ação coletiva, as estratégias de decomposição da dominação, a forma de institucionalização da ação social e a função do "capital militante" como força dinamizadora[14].

Em termos estritos, consideramos que o modelo de "novo movimento social" proposto por Touraine nos anos 1970 não é pertinente para estudar os movimentos sociais contemporâneos na Bolívia, uma vez que essa teoria centra-se nos conflitos que questionam os marcos culturais dentro das instituições sociais[15] – o que é importante, mas deixa de lado os conflitos dirigidos contra o Estado, as estruturas de dominação e as relações que contrapõem as elites governantes e as massas, que caracterizam as atuais ações coletivas. Nesse sentido, para o estudo dos acontecimentos na Bolívia, são mais úteis os aportes oferecidos por Oberschall, Tarrow, Tilly, Jenkins, Poupeau e Eckert, que se centram nos efeitos dos movimentos na estrutura política da sociedade, sem perder de vista, no entanto, que a ação coletiva é muito mais que um cálculo consciente de objetivos dependentes de meios para alcançá-los, e que vínculos como a solidariedade, as pautas morais de igualdade e a identidade, que também formam a racionalidade interna da ação, são componentes sociais pelos quais as pessoas são capazes de se mobilizar.

Recuperando vários dos elementos oferecidos por esses autores, consideraremos aqui os movimentos sociais como estruturas de ação coletiva capazes de produzir metas autônomas de mobilização, associação e representação simbólicas de tipo econômico, cultural e político. De maneira analítica, em seu interior podem-se diferenciar, pelo menos, os seguintes aspectos: as condições de possibilidade material que habilitam um espaço amplo, mas limitado, de prováveis âm-

---

[13] William Gamson, "The Social Psychology of Collective Action", em Aldon D. Morris e Carol McClurg (orgs.), *Frontiers in Social Movement Theory* (New Haven/Londres, Yale University Press, 1992).

[14] Franck Poupeau, Le *"mouvement du 93"*, cit.

[15] Alain Touraine, *Producción de la sociedad*, cit. Um autor que retoma várias das contribuições de Touraine para a leitura dos movimentos sociais na América Latina na década de 1980 é Fernando Calderón, *Movimientos sociales y política* (Cidade do México, Siglo XXI/Unam, 1985). Uma leitura parecida, que procura focar-se no deslocamento da esfera "estadocêntrica" para a "sociocêntrica" dos chamados "novos movimentos sociais" na Bolívia (movimento de mulheres, ecologista, cultural etc.), é de Fernando Mayorga, no artigo "La sociedad civil en Bolivia", em *Sociedad civil y democracia participativa* (La Paz, Ildis, 1999). Para uma crítica ao reducionismo culturalista dessas interpretações, ver William Carroll (org.), *Organizing Dissent* (Toronto, Garamond, 1997).

bitos de interação social e que, sob circunstâncias excepcionais de trabalho coletivo, geram a emergência de determinado movimento social; o tipo e a dinâmica das estruturas de agregação corpuscular e molecular dos sujeitos mobilizados; as técnicas e os recursos de mobilização e, portanto, a trama material do espírito de corpo mobilizado; os objetivos explícitos e implícitos da ação social manifestos nos discursos e na ação do corpo social mobilizável; a narrativa do *eu* coletivo, isto é, o fundamento cultural e simbólico de autolegitimação do grupo constituído no momento de sua mobilização; a dimensão política (estatal ou antiestatal) e democrática (reinvenção da igualdade e do público) postas em jogo.

A forma sindicato

A história da conformação da condição de classe do proletariado urbano e mineiro na Bolívia durante o século XX é a história do sindicato como modo de construção de identidade coletiva.

O sindicato significou para os trabalhadores, principalmente mineiros e fabris, durante pelo menos cinquenta anos (1940-1990), a rede organizativa da identidade de classe e da acumulação da experiência de classe, isto é, de sua existência mobilizada como classe. Em geral, as outras formas organizativas que competiram para desempenhar esse papel de condensador histórico da subjetividade operária, como os partidos políticos, foram transitórias e superficiais – eram mais um conglomerado de propagandistas externos que desapareciam nem bem a repressão despontava no centro de trabalho. Não foram, pois, estruturas que conseguiram se enraizar no *habitat* proletário, ainda que certamente sua influência cultural tenha ajudado a criar uma linguagem discursiva e, em parte, um imaginário coletivo. Contudo, a assimilação da experiência de classe veio exclusivamente pelo lado do sindicato, pois os trabalhadores, no fim das contas, não dispunham de nada além dele para enfrentar a vida, a repressão e a morte. O sindicato foi o único lugar duradouro para experimentar as vicissitudes da existência coletiva; o sindicato foi a única rede de apoio, amizade e solidariedade contínua e o autêntico lugar para o trabalhador assumir-se como corpo coletivo. O que os trabalhadores realizaram na história de 1940 a 1990 foi sob a forma sindicato: ali lutaram, fizeram uma revolução (e isso não é pouca coisa), obtiveram direitos, conquistaram saúde e moradia, protegeram suas famílias, enterraram seus mortos. Daí sua durabilidade e prioridade na construção da memória de classe operária.

Várias foram as formas prévias de agregação trabalhista que surgiram, desde o final do século XIX, nas empresas mineiras, nas pequenas manufaturas e nos serviços, mas nenhuma delas marcou com tanta força a maneira de se olhar e de se entregar à história como o sindicato. De início, caixas de socorro, centros de estudo, ligas e federações foram experiências organizativas que, durante os primeiros trinta anos do século XX, empregaram uma massa crescente de trabalhadores que havia optado pela mercantilização de sua capacidade produtiva como principal recurso para a obtenção de meios de vida. Operários assalariados, *cajchas*, artesãos autônomos, vendedores, trabalhadores por conta própria que haviam abandonado a organização do *ayllu* ou da *hacienda* fundaram modos de proteção e resistência sob linguagens de tolerância e rebelião que evocam uma arraigada memória agrária. Em momentos semelhantes, não é raro que a organização seja territorial, isto é, abarque pessoas de distintos ofícios assentadas numa mesma área geográfica. Proletários, empregados, comerciantes e alfaiates podem participar de uma mesma organização, o que lhes dá força de mobilização local – embora existam possibilidades maiores de que os interesses específicos dos assalariados fiquem diluídos na mobilização de outros setores que possuam maior experiência organizativa e de manejo dos códigos da linguagem legítima.

A transição à forma sindical não foi abrupta. Primeiro foram os sindicatos de diversos ofícios, emergentes nos anos 1920, que mantiveram a tradição de agregação territorial; depois, os sindicatos de ferroviários, de cozinheiros e de mineiros começaram a segmentar a identidade coletiva de acordo com o ofício exercido e, enfim, por centro de trabalho. Finalmente, depois da Guerra do Chaco, essa foi a forma predominante adquirida pela organização trabalhista.

Já foi dito que o surgimento do sindicalismo foi fortemente influenciado pela presença de trabalhadores estrangeiros – que teriam transmitido sua experiência aos trabalhadores bolivianos –, e dos próprios trabalhadores bolivianos, após passarem temporadas no norte do Chile e da Argentina empregados como assalariados. É provável que esse fator tenha de fato contribuído, mas não de maneira decisiva, uma vez que a composição organizativa da condição social não é fruto de uma ação discursiva; antes, requer condições de possibilidade material capazes de ser engatilhadas, despertadas pela memória ou pela linguagem.

Particularmente, considero quatro elementos como decisivos para a consagração da forma sindical, que se sobrepôs a outras maneiras de organização trabalhista:

a)  As características dos processos de acumulação de capital e de consumo da força de trabalho, que passaram a concentrar grandes volumes de meios e força de trabalho para levar adiante uma produção "massiva".

    Não são muitas as empresas capazes de cumprir esses requisitos, mas aquelas que o são passam a representar um papel de primeira linha na conformação da nova experiência sindical, na autopercepção operária de ser "aquilo que sustenta o país", graças à quantidade de recursos e dinheiro que despende seu trabalho, e, sobretudo, à consolidação de uma cultura operária que articula o trabalho, o lugar de moradia, as celebrações, os encontros familiares e a descendência.

Esses grandes centros de trabalho (caso das empresas Volcán, Soligno, Forno, Siglo XX-Catavi, Huanuni, Colquiri, Caracoles e Manaco, entre outras), por suas características estruturais de concentração de enormes montantes de investimento técnico e capital variável, apoderavam-se de uma força produtiva organizativa – a saber, a força de massa, que permite elevar gratuitamente a produtividade trabalhista em comparação com formas tradicionais e artesanais da produção. Mas, ao mesmo tempo, isso ajuda a criar outra força produtiva associativa do trabalho, a força da massa operária resultante da concentração, em reduzidos centros geográficos, de enormes conglomerados operários portadores das mesmas condições de trabalho e, portanto, passíveis de assumir seu número como um fato social de força mobilizável. Da mesma forma, tais enormes investimentos e concentrações trabalhistas, na medida em que são responsáveis por maiores índices de produção e geração de excedente econômico, mineiro e fabril, complementam essa autopercepção de força coletiva operária com uma certeza estrutural de sua importância econômica. Assimilada como experiência coletiva, essa certeza deriva da centralidade econômica operária tão característica da subjetividade proletária do movimento sindical. Nesse caso, a pouca (mas determinante) subsunção real dos processos de trabalho ao capital[16] é, na realidade, a única coisa moderna no país, o que permite a formação de condições de possibilidade das características do movimento operário organizado.

b) A consolidação de um tipo de trabalhador com contrato por tempo indeterminado e regular, fator essencial para a aprendizagem dos novos e complexos sistemas trabalhistas e para mantê-los em marcha de forma ininterrupta. Os principais centros de trabalho fabril e mineiro não eram capazes de suprir o hábil artesão, portador pessoal do virtuosismo do trabalho, mas podiam integrá-lo num sistema de trabalho industrial permanente, em que ele passou a ser denominado "operário-artesão de indústria". A maneira contratual que permitiu reter essa força de trabalho – virtuosa e imprescindível para pôr em marcha o investimento em máquinas, mas errante por seus hábitos artesanais e agrários – foi o contrato por tempo indeterminado, tão característico do proletariado boliviano, mais especificamente desde os anos 1940, convertido em força de lei a partir dos anos 1950. O contrato por tempo indeterminado assegurou a retenção do operário de ofício, de seu saber, de sua continuidade trabalhista e sua adesão à empresa por longos períodos. De fato, essa foi uma necessidade empresarial que permitiu levar adiante a efetividade das mudanças tecnológicas e organizativas dentro do investimento capitalista das gran-

---

[16] Karl Marx, *El capital* (Cidade do México, Siglo XXI, 1985), cap. VI (inédito) [ed. bras.: *O capital*, Rio de Janeiro, Civilização Brasileira, 1968].

des empresas que requeriam a presença ininterrupta de trabalhadores disciplinados e adequados às exigências das máquinas. Mas, além disso, na medida da interiorização dessa condição material como experiência coletiva operária, permitiu-se criar uma representação social do tempo homogêneo e de práticas acumulativas que fecharam um ciclo de vida operário assentado na aposentadoria e no apoio das novas gerações.

O contrato por tempo indeterminado permite prever o porvir individual num devir coletivo de longo prazo; portanto, permite comprometer-se com esse porvir e esse coletivo, porque suas conquistas podem ser usufruídas com o tempo. Estamos falando da construção de um *tempo de classe*, caracterizado pela previsibilidade, por um sentido de destino seguro e por enraizamentos geográficos que possibilitem compromissos a longo prazo e ousadias virtuosas em nome de um porvir factível pelo qual vale a pena lutar, pois existe, é palpável.

Ninguém luta sem um mínimo de certeza de que pode ganhar, nem sem um mínimo de convicção de que seus frutos poderão ser aproveitados com o tempo. O contrato por tempo indeterminado do operário funda de forma positiva a crença num porvir pelo qual vale a pena lutar, porque ao fim e ao cabo somente se briga por um futuro quando se sabe que existe futuro.

Portanto, esse moderno operário de ofício se apresenta diante da história como um sujeito condensado, portador de uma temporalidade social específica e de uma potência *narrativa* de classe de longo alento sobre as quais se levantam as ações autoafirmativas de classe mais importantes do proletariado no último século.

A virtude histórica desses operários fundamenta-se, a rigor, em sua capacidade de ter trabalhado essas condições de possibilidade material e simbólica para seus próprios fins.

c) Existência de um sistema de fidelidades internas que permite converter a associação por centros de trabalho num valor acumulável. Isso é possível por meio da implantação de um procedimento de ascensões trabalhistas e promoções dentro da empresa, baseados na ascensão por tempo de serviço, na aprendizagem prática ao redor do mestre de ofício e na disciplina trabalhista industrial legitimadas pelo acesso a prerrogativas monetárias, cognitivas e simbólicas, divididas de forma escalonada entre os segmentos operários.

O espírito corporativo épico do sindicalismo boliviano nasceu, precisamente, da coesão e do comando de um núcleo operário composto pelo mestre de ofício, cuja posição recriava ao seu redor uma cadeia de comandos e fidelidades operárias por meio da acumulação de experiências ao longo do tempo e da aprendizagem prática, que era depois transmitida aos recém-chegados por uma rígida estrutura de disciplinas operárias, recompensadas com o "segredo" do ofício e com maior remuneração por tempo de serviço. Essa racionalidade no interior do centro de trabalho tornou possível a presença de um trabalhador que possuía uma narrativa social dupla. Trata-se, em primeiro lugar, de uma *narrativa do tempo histórico* que vai do passado para o futuro, verossímil pelo contrato fixo, pela continuidade na empresa e pela vida no acampamento ou na vila operária. Em segundo lugar, de uma *narrativa da continuidade da classe*, uma vez que o aprendiz reconhece seu devir no mestre de ofício, ao passo que esse veterano, de posição hierárquica mais elevada, vai entregando pouco a pouco seus "segredos" aos mais jovens, que farão o mesmo com os próximos novatos, numa cadeia de heranças culturais e simbólicas que asseguram a acumulação da experiência sindical de classe.

A necessidade de ancorar esse "capital humano" na empresa, pois dele depende grande parte dos índices de produtividade da maquinaria e é nele que estão corporificados saberes indispensáveis para a produção, levou a classe patronal a consolidar de forma definitiva o operário no trabalho assalariado por meio da institucionalização da ascensão trabalhista por tempo de serviço.

Isso, sem dúvida, exigiu a eliminação do forte vínculo dos operários com o mundo agrário mediante a ampliação dos espaços mercantis para a reprodução da força de trabalho, a alteração de hábitos alimentícios, de formas de vida e de ética do trabalho, o que se pode considerar um violento processo de sedentarização da condição operária e uma paulatina extirpação de estruturas de comportamento e conceitualização do tempo social ligadas aos ritmos do trabalho agrário. Hoje sabemos que essas transformações nunca foram completas; que, inclusive agora, elas continuam mediante a luta patronal para anular o tempo de festividades ou *pijcheo* e que, em geral, provocaram o nascimento de estruturas mentais híbridas que combinam racionalidades agrárias, como o intercâmbio simbólico com a natureza ritualizado em festas, *wajtas* e *pijcheos*, ou as formas assembleístas de deliberação, com comportamentos próprios da racionalidade industrial, como a associação por centro de trabalho, a disciplina trabalhista, a unidade familiar patriarcal e a mercantilização das condições de reprodução social.

A sedentarização operária como condição objetiva da produção capitalista em grande escala fez com que os acampamentos mineiros e bairros operários já não fossem unicamente dormitórios provisórios de uma força de trabalho itinerante, como eram até então; permitiu que estes se tornassem centros de construção de uma cultura operária a longo prazo, na qual espacialmente ficou depositada a memória coletiva da classe.

A chamada "acumulação no seio da classe"[17], é, nesse sentido, também uma estrutura mental coletiva arraigada como cultura geral, com capacidade de se preservar e se ampliar. A possibilidade do que denominamos *narrativa interna de classe* e a presença de um espaço físico de *continuidade e sedimentação* da experiência coletiva foram condições de possibilidade simbólica e física que, com o tempo, permitiram a constituição dessa forma de identidade política transcendente do conglomerado operário, com a qual puderam ser construídos momentos duradouros da identidade política do proletariado, como a Revolução de 1952, a resistência às ditaduras militares e a reconquista da democracia parlamentar.

d) A fusão dos direitos cidadãos com os direitos trabalhistas resultantes do reconhecimento, por parte do Estado, a partir dos anos 1940, da legitimidade da organização sindical. De início, com exceção das caixas de socorro fomentadas pela classe patronal, as organizações de trabalhadores foram ignoradas de forma sistemática pelo empresariado e pelos integrantes do Estado. Foram a pressão, a persistência e a força de massa que obrigaram empresários e funcionários governamentais a reconhecer as federações e sindicatos como interlocutores válidos. No entanto, desde o fim da década de 1930, o próprio Estado começou a tomar a iniciativa de promover a organização sindical, validando-a oficialmente e potencializando-a como mecanismo de negociação tripartite juntamente com a classe patronal. Assim, em 1936 o governo decretou a sindicalização obrigatória; posteriormente, outros governos promoveram a estruturação de organizações sindicais com caráter nacional – como a CSTB em 1939, a FSTMB em 1944, a CGTFB em 1950 etc. O sindicalismo emergiu no cenário nacional, portanto, como criação autônoma, mas também como iniciativa tolerada e depois sustentada pelo próprio Estado. Essa natureza dupla do sindicato, cheia de tensões permanentes, contradições e inconsistências que ora inclinavam a balança para o lado da autonomia operária, ora para o de sua cooptação pelo Estado, atravessaria seu comportamento nas décadas posteriores.

Contudo, desde então e até 1985, o sindicato foi a forma legítima de acesso aos direitos públicos, o que permitiu que a noção de Estado, a hegemonia estatal e seus preceitos homogeneizadores se expandissem, por meio dos sindicatos, sobre os enormes tumultos de migrantes do campo que marchavam para as cidades e fábricas. O fato de o sindicato ter assumido a forma de cidadania legítima significou que, a partir de então, os direitos civis sob os quais a sociedade buscava se enxergar como coletividade satisfeita em termos políticos tivessem o sindicato

---

[17] René Zavaleta, *Las masas en noviembre* (La Paz, Juventud, 1985).

como espaço de concessão, de direção e de realização. Além disso, o próprio sindicato aparecia como a rede organizativa de formação e acumulação de um capital político específico[18].

Desde então, ser cidadão significa ser membro de um sindicato. Seja no campo, seja na mina, na fábrica, no comércio ou na atividade artesanal, a maneira pela qual se adquiriam identidade palpável diante dos demais e reconhecimento como interlocutor válido pelas autoridades governamentais era o sindicato. Ali ficava depositada a individualidade social plausível, permitindo ao sindicato erigir-se como interlocutor tácito entre sociedade civil e Estado, porém com a virtude de se tratar de uma cidadania que reclamava de forma permanente sua validação nas ruas, na ação tumultuosa da força de massa – que é, definitivamente, desde a insurreição de abril de 1952, a linguagem da consagração cidadã no Estado e por ele.

Foi sobre tal base estrutural que os trabalhadores puderam produzir essa forma singular de presença histórica chamada "movimento operário", o qual, no fundo, é uma forma de autoagregação com fins de mobilização prática, uma estrutura cultural de filiação coletiva, de sedimentação de experiências comuns, de um sentido compartilhado da história imaginada, de rotinas institucionais de verificação de existência do coletivo e de símbolos que referendam cotidianamente o espírito de corpo.

A formação histórica desse modo de existência coletiva foi um processo social que, atravessando revoluções, perseguições, congressos, mártires e documentos, teve como ponto de partida e de chegada inevitável o próprio centro de trabalho. Essa teria sido a primeira característica básica dessa forma de mobilização social. Na medida em que o sindicato operário supõe um tipo de trabalhador assalariado pertencente a uma empresa com mais de vinte operários (exigência de lei) e com contrato por tempo indeterminado (costume), a forma-sindicato tem a empresa como célula organizativa. O sindicato é, então, uma unidade e, a longo prazo, a identidade operária por centro de trabalho. Claro, enquanto a presença visível e pública do trabalhador foi sendo assumida pelo sindicato de empresa, rechaçando outras formas organizativas (como as de bairro, esportivas, culturais etc.), este foi se construindo no referente identitário da condição operária capaz não somente de engendrar uma narrativa que proporcionasse a coesão de seus membros, mas também de converter-se em centro de atração e porvir dos outros conglomerados sociais não sindicalizados.

Isso marca de maneira interna a dinâmica da base organizativa do movimento operário. Sua força, sua expansão e sua durabilidade são diretamente propor-

---

[18] Stéphane Beaud e Michel Pialoux, *Retour sur la condition ouvrière* (Paris, Fayard, 1999) [ed. bras.: *Retorno à condição operária*, São Paulo, Boitempo, 2009].

cionais à consistência, à amplitude e à diversificação das plantas produtivas instaladas sob modalidades de subsunção real, contrato indefinido e acumulação vertical, e por isso é que se pode associar a formação do movimento operário tanto com uma das fases da expansão do capitalismo como com um modelo de regulação e acumulação do capital. Não é de estranhar, então, que o ocaso dessa forma particular da identidade operária tenha sido resultado da modificação técnico-organizativa dos modos de gestão e regulação empresarial que, a rigor, estão fazendo desaparecer a grande empresa, o contrato por tempo indeterminado e a ascensão por tempo de serviço, ampliando enormemente o segmento operário que essa *forma sindicato* não levou em conta na sua política de agrupamento e filiação.

A segunda característica dessa *forma* de existência social das classes trabalhadoras também é produto dessa ancoragem estrutural: a formação de um discurso unificador e de um horizonte de ação central em torno do litígio pelo valor histórico-moral da força de trabalho. Já que a empresa é o ponto articulador da filiação social, o material primário que identifica a todos como seus membros é a venda da capacidade de trabalho, o salário. É claro que isso marca de maneira fundamental os motivos da agregação e as pautas da reivindicação pelas quais o grupo se fará visível publicamente. Entretanto, não limita necessariamente o horizonte de ação social coletiva em relação a uma economia política do salário. Para que a luta pelo salário seja o centro das demandas mobilizadoras (ou uma delas), para que o salário seja tratado como uma economia de regateios mercantis entre proprietários privados representados de maneira corporativa (associação de empresários/sindicatos) ou como uma técnica de autovalorização do trabalho, ou seja, de reapropriação do resultado comum do trabalho social, vai depender de como essa relação salarial será trabalhada e significada historicamente pelos trabalhadores.

No caso. do sindicalismo operário, é evidente que o salário nunca foi colocado como único referente aglutinador e mobilizador. Ao longo do tempo, ele sempre veio acompanhado da busca de formas complexas do valor social da força de trabalho (por exemplo, os direitos sociais), de demandas políticas (cogoverno, foro sindical, democracia política etc.) e de gestão do bem público (nacionalização da grande mineração, modificação de políticas governamentais etc.). No entanto, também é certo que a questão salarial e a economia política do valor da força de trabalho desempenharam um papel central na construção da identidade operária, de sua institucionalização e de seu modo de interpelar os poderes dominantes. De maneira geral, a visão do salário como regateio de mercadores prevaleceu sobre a do salário como reapropriação da capacidade criativa do trabalho (a autovalorização); daí ter sido esse um movimento operário com uma débil interpelação às redes de poder intraempresarial, às formas de gestão produtiva e aos usos tecnológicos na produção.

Contudo, essa fortaleza coesora por empresa foi cimentando lentamente a terceira característica dessa forma de mobilização social: uma sólida estrutura organizativa que, sustentada pela consistência da identidade por centro de trabalho, abarcou o território nacional numa extensa e compacta rede de comandos hierarquizados por ramos de oficio, múltiplos ramos de oficio, por departamento e, por último, em escala nacional.

A Central Obrera Boliviana (COB), fruto desse poderio de interunificação trabalhista, foi a única estrutura de mobilização de efetiva dimensão nacional criada pelos trabalhadores e – isso foi outra de suas virtudes – com um sistema de práticas organizativas e estruturas materiais (edifícios, documentos, contribuições) institucionalizados de forma permanente.

Assembleias por centro de trabalho, direções por empresa, congressos de setor, congressos departamentais, congressos nacionais ampliados, direções por ramo, por departamento e no âmbito nacional foram a encenação institucional de uma trama de participação e deliberação que conseguiu abarcar a parte mais significativa do proletariado boliviano e cuja materialidade, cujo peso na experiência social, e apesar de seu sistemático desmantelamento pelas elites dominantes, segue ainda pesando de maneira notável nas práticas organizativas das novas experiências de organização social das classes subalternas.

Essa rede organizativa, assim como as técnicas de delegação controlada de autoridade e os meios materiais da existência da coletividade, arraigou permanentemente um sentido de pertencimento e de participação capaz de permitir não somente a consolidação de uma cultura organizativa fundamentada no cotidiano da atividade trabalhista dos operários, mas também a continuidade temporal de uma trajetória social de classe capaz de se sobrepor às perseguições militares, às demissões empresariais e aos massacres e sanções com os quais o Estado penalizava de forma contínua a solidez da autonomia operária. No paralelo, essa estrutura organizativa funcionou como um sistema de comandos e hierarquias centralizado na escala, primeiro, do ramo de trabalho (federações e confederações) e, depois, no âmbito nacional (a COB), de ampla eficácia em relação à mobilização de seus afiliados.

Quarta característica: força de massa mobilizável e disciplinada em torno dos comandos hierárquicos por centro de trabalho, ramo de ofício e direção nacional. Nem toda estrutura de organização e participação de escala departamental ou nacional é imediatamente uma força de massa mobilizável. Isso requer uma forma particular de acumulação de experiências, que no caso do movimento operário se apresentou com a força de um dogma virtuoso da formação da classe.

As justificações não são poucas para essa maneira tão compacta de autorrepresentação das classes subalternas. Que os operários descubram que a ação conjunta e disciplinada amplia as margens de possibilidade de suas demandas é uma experiência geral de todos os trabalhadores assalariados, confrontados com as competições do mercado de trabalho, que desvalorizam permanentemente a medida histórico-moral da mercadoria força de trabalho possuída pelos trabalhadores. Mas que a unidade da classe se apresente como um preconceito de massa institucionalizado numa só organização nacional e, além disso, sob a forma de sindicato requer algumas maneiras singulares de processar as regras do mercado trabalhista e do devir da autovalorização.

Para que a unidade da classe e, depois, a unidade do popular se institucionalizassem numa só estrutura sindical nacional e em alguns hábitos de disciplina interna hierarquicamente escalonada, foi necessária não apenas uma irrupção vitoriosa do operário e do popular fundidos – tal como ocorreu na insurreição de abril de 1952 – como também foi decisivo que a experiência organizativa desse acontecimento fundador do "popular" se desse como disciplina sindical, precisamente o modo de articulação das estruturas militarizadas operárias e plebeias, modo esse que derrotou em três dias o exército oligárquico. Temos aqui, então, a fundação de um marco da ação da massa, que obtém seu triunfo social pela mobilização conjunta em torno do sindicato e de uma estrutura de comandos e fidelidades claramente delimitados em torno da institucionalidade estatal. A cultura dos pleitos petitórios que agregavam demandas setoriais de vários centros de trabalho e de vários setores sociais num só documento referendava a cada ano uma memória coletiva do entrelaçamento de demandas e ações como modo de reconstruir a unidade da massa.

Daí que o devir posterior do sindicato unitário e suas práticas de disciplina sindical escalonada como forma de identidade de classe não sejam simplesmente lembranças desse fato iniciador; em grande parte são também a reatualização – claro que não mais vitoriosa, mas sofredora e dramática – desse aglutinamento operário para suportar, resistir ou bloquear o caminho das ditaduras, das demissões e dos massacres – e de renovados fluxos de reconhecimento entre as bases e os dirigentes.

A disciplina se apresenta, assim, como uma experiência marcada pelas melhores conquistas da classe (a revolução) e pela defesa da posição de classe (a resistência às ditaduras); trata-se, então, de um comportamento premiado pela história da conquista da cidadania da classe. Isso permitiu, portanto, habilitar uma certeza de mobilização – a saber, o número mínimo de afiliados mobilizáveis por uma demanda que, no terreno da negociação, brinda uma força poderosa de dissociação do adversário.

O fato de que o devir coletivo tenha realizado um sistema de comandos não significa que este possa ser exercido impunemente. Sua permanência exige uma série de práticas organizativas internas que constituem a quinta característica dessa *forma* de ação histórica. Uma dessas práticas é a democracia assembleísta e deliberativa exercida no interior de cada estrutura hierárquica do sistema sindical.

A partir da assembleia de empresa, de ramo de ofício, departamental ou nacional, os operários souberam criar, como substância articuladora de sua interunificação, um tipo de democracia radical que combinou de maneira certeira um sentido moral de responsabilidade pessoal com o bem comum, um regime de controle dos representantes (dirigentes) por parte dos representados (bases sindicais), alguns mecanismos periódicos de prestação de contas a eleitores coletivos (assembleias) e uma virtude cívica de intervenção generalizada dos sindicalizados na formação da opinião pública e na elaboração do horizonte de ação que conformaram as culturas democráticas modernas mais arraigadas e duradouras na sociedade boliviana. Isso não evita a presença de hábitos coletivos que tendem a obstruir a prática democrática ampliada – como os limites ao dissenso, uma vez deliberados os argumentos e tomadas por maioria as resoluções –, o uso de meios sutis de coação interna etc. Entretanto, isso tampouco pode eclipsar o grande volume de uma ampla gama de práticas democráticas incorporadas como acervo histórico da constituição da classe operária.

O sentido da responsabilidade individual surgiu devido à crença (e depois ao hábito) memorável de buscar melhorias pessoais por meio da conquista de melhorias para os demais membros, seja do grupo de trabalho, seja do centro laboral, seja do ramo de ofício, seja de todos os sindicalizados. É evidente que isso foi favorecido pelas características técnicas do processo de trabalho que exigia formas de fidelidade grupal para a transmissão de saberes, mas o fato de essa possibilidade técnica ter se transformado em preconceito de classe foi, sobretudo, uma criação da própria identidade da classe operária.

A cultura deliberativa no interior da democracia assembleísta, por sua vez, não era apenas resultado da convergência verificável de iguais (o grande déficit contemporâneo da democracia liberal), enquanto portadores de força de trabalho que outorgava a cada trabalhador a certeza da validade de sua opinião no conjunto, mas era fruto também da dependência dos representantes em relação ao temperamento e à decisão dos representados, o que obrigava que as decisões tomadas fossem produto de um consenso discursivo entre as bases sindicalizadas e não uma arbitrariedade dos dirigentes. Mas, além disso, dado que os dirigentes subordinavam boa parte de seus gastos e atividades às contribuições das bases, havia um vínculo material entre eles e as bases que limitava ainda mais a possibilidade de decisões autônomas dos primeiros. Nesse sentido, são conhecidas as sessões de assembleias operárias de avaliação crítica da ação dos dirigentes, em que estes prestam contas de suas ações diante da coletividade, com risco de censura ou destituição, e na quais se elaboram os passos seguintes do movimento sindical por meio de uma lista interminável de oradores que permite a criação consensual dos pontos de vista que eles devem apresentar publicamente como coletividade.

É o exercício dessas práticas democráticas que tem sustentado um mecanismo eficaz de mobilização social autônoma articulada a partir dos centros de trabalho – e, até certo ponto, a existência prática, mais do que reflexiva, de uma maneira distinta de gerir os assuntos públicos e de soberania política.

E esse é o sexto componente da *forma sindicato*. Tal como se constituiu, a estratégia de ação política do movimento operário esteve profundamente influenciada pelo horizonte estatal, não no sentido de apetência estatal, mas no de subordinação à normatividade e à leitura que o Estado nacionalista expedia. As práticas de soberania política estruturadas em torno do sindicato, de maneira geral, estiveram restritas ao âmbito das estratégias e da intensidade do litígio contra o Estado e não tanto assim na perspectiva do fim da querela ou do desconhecimento radical das reivindicações que a aceitação do papel de soberano e dirimidor por parte dos trabalhadores havia suposto. Isso significa que um arraigado espírito demandante diante do Estado incubou-se entre os trabalhadores, espírito esse certamente belicoso, porém dentro dos marcos de significação e modernização propalados pelo Estado nacionalista.

Surgiu, assim, um modelo de mobilização baseado no pacto e integrado à racionalidade estatal que, com exceção de pontuais momentos extremos de perigo de morte, não se atreveu a enxergar como soberano, preferindo entrincheirar-se no olhar do peticionário, recriando assim a legitimidade estatal que somente pode existir como monopolizadora das violências física e simbólica legítimas[19] quando existem sujeitos sociais que admitem, ou suportam e recriam, essa expropriação de prerrogativas públicas.

Contudo, essa delegação recorrente do direito a governar concedido à pequena estirpe – que sempre se atribuiu tal direito – decerto não é mero resultado de uma interiorização pré-reflexiva dos hábitos do governado: é fruto também de um sistema de recompensas sociais que o sindicato pôde acolher por meio da institucionalização e da atenuação de sua atividade mobilizadora. Os benefícios sociais, a cidadania sindical, os bônus salariais, os bens materiais do sindicato e, em geral, o conjunto de direitos sociais que obteve depois da Revolução de 1952 e, a rigor, como sua prevenção estrutural, deram lugar a uma economia de demandas cidadãs (cidadania sindical e direitos sociais) e concessões políticas (legitimidade do Estado nacionalista e integração em suas estruturas simbólicas de emissão) que atravessaram a moderação das formas sindicais de mobilização.

O movimento operário e a forma sindicato sob a qual ele existiu foi uma síntese intensa de três economias que constituíram a coluna vertebral dessa forma

---

[19] Pierre Bourdieu, *La noblesse d'état* (Paris, Minuit, 1989).

de mobilização e identidade histórica: a) uma economia mercantil do valor histórico moral da força de trabalho; b) uma economia moral da submissão e da resistência; c) uma economia política e simbólica da autonomia e do horizonte de ação.

Com a fusão desses três componentes internos da existência da classe operária, a forma sindicato foi capaz de criar, de maneira cíclica, um espaço de irradiação social ou um bloco composto de classes sociais. A COB, que é o nome desse processo histórico, ao permitir institucionalizar e fundar o diagrama da narrativa da classe operária, possibilitou às outras classes subalternas adquirir existência pública e sedimentação histórica verificável. A COB foi uma trama da autoconstrução de classes sociais, mas em torno dos símbolos, códigos e parâmetros organizacionais do movimento operário. A filiação sindical apagou ou deslocou outras formas de auto-organização dos subalternos; as práticas deliberativas foram parcialmente imitadas pelos outros componentes, ao passo que o discurso e a disciplina operária por centro de trabalho foram integrados como acervo coletivo por um espectro maior de frações e classes sociais, adequando-as, claro, a seus próprios fins e habilidades.

A *forma massa*, que nas palavras de Zavaleta foi o modo da presença ativa da centralidade operária e de sua irradiação[20], não se mostrou apenas no momento da mobilização da COB (1970-1971/1978-1981/1982-1985), mas também no período de mobilização de alguns poucos sindicatos ou da COB como centro convocatório, aglutinador e representante do levantamento de múltiplos setores dessindicalizados ou portadores de outras fidelidades corporativas não especificamente sindicais, como aconteceu com a população indígeno-urbana em relação aos sindicatos mineiros em 1981 ou da população civil de La Paz em 1979, após a convocatória à greve indefinida decretada pela COB.

Cada uma dessas compactações de blocos de classes sociais são singularidades históricas, excepcionalidades que articulam, espacial e geograficamente, o operário em torno do sindicato, o popular assalariado em torno do operário e o plebeu em torno do sindical, rompendo o diagrama de forças estatais e criando um ponto de inflexão na estrutura de legitimidade governamental. Daí a carga eminentemente política desse tipo de articulação social, que ocasionou grandes modificações da vida política nacional – em alguns casos, processos de democratização social (1978-1982) e, em outros, de regressão conservadora (1971, 1985), dependendo da densidade e da continuidade propositiva desse "bloco histórico composto", segundo Zavaleta.

---

[20] René Zavaleta, *Las masas en noviembre*, cit. Ver também o estudo das diferenças que propõe Zavaleta entre "forma massa", "forma classe" e "forma multidão" em Luis Tapia, *La producción del conocimiento local: historia y política en la obra de Zavaleta* (Rio de Janeiro, Iuperj, 1997), tese de doutorado.

## A forma multidão

Nos últimos treze anos, toda a base que fez dos sindicatos e da COB o núcleo das identidades subalternas urbanas vem sendo desmontada de forma sistemática. E não se trata de dizer que agora não existem mais operários, ou que não há dirigentes radicais ou que o Muro de Berlim caiu. Na realidade, a história social se sustenta sobre fatos mais poderosos do que os preconceitos.

### Novo modelo de desenvolvimento empresarial

Embora em termos técnico-produtivos a Bolívia continue sendo, como há décadas, um espaço geográfico onde se sobrepõem racionalidades produtivas, técnicas trabalhistas e formas associativas correspondentes a diferentes épocas históricas e civilizações (a capitalista, a comunal, a camponesa, a doméstica artesanal etc.) – e se, da mesma maneira, como há séculos, continue sendo um país predominantemente exportador de matérias-primas (gás, petróleo, minerais, soja etc.) –, o modo de articulação parcial ou defeituosa entre essas estruturas produtivas modernas e tradicionais variou de modo notável.

Até os anos 1980, em correspondência com o modelo de desenvolvimento fordista que prevalecia à escala mundial, as elites dominantes na Bolívia, a seu modo híbrido e retardado, empreenderam processos de substituição de importações, de ampliação do mercado interno de consumidores e produtores, de conversão de camponeses autossuficientes em proprietários e assalariados, de diversificação da base produtiva com a intervenção do Estado na criação de empresas, de gestão do salário por meio dos direitos sociais etc. Para empresários, governantes, opositores, intelectuais e financiadores externos, despontava no horizonte uma lenta dissolução das estruturas produtivas tradicionais, consideradas vícios passageiros que deveriam abrir caminho à "modernidade" do trabalho assalariado, da grande indústria, das grandes concentrações de operários não qualificados*, do mercado de produtos e terras, do comércio generalizado e da homogeneidade cultural e consumista regulada por um Estado socialmente protetor e economicamente empresarial.

Esse modelo, hoje, já não funciona. Ainda que o Estado mantenha uma forte intervenção no âmbito da regulação do preço da força de trabalho, da segurança para os investimentos, da norma do preço do dinheiro e da poupança pública, foi privado de suas funções proprietário-empresariais, o que faz com que

---

\* Na expressão original em espanhol, *obreros de cuello azul*. A tradução literal para o português seria "operários de colarinho azul", em oposição aos operários de colarinho branco, ou seja, trabalhadores qualificados. (N. T.)

não seja mais responsável nem pela geração de excedentes econômicos, nem pelo controle dos setores produtivos mais decisivos da economia capitalista local.

As áreas econômicas de maior investimento de capital, de maior geração de excedentes e de mais intensa articulação com o mercado mundial estão nas mãos de capitais transnacionais, que se converteram no principal agente de promoção da economia moderna[21].

A chamada "burguesia nacional", em suas vertentes de burguesia de Estado e de burguesia aferrada ao mercado interno, é um setor empresarial subalterno, reduzido a pequenas atividades artesanal-comerciais; já as burguesias exportadoras (mineiras, agroindustriais), junto com a bancária, integraram seu destino como sócias minoritárias e tecnicamente servis do grande investimento estrangeiro – que não abriu novas áreas econômicas, simplesmente desenvolveu a colonização intensiva daquelas que já haviam sido habilitadas pela intervenção do Estado: petróleo, gás, telecomunicações, eletricidade, transporte aéreo, ferrovias e sistema bancário.

No entanto, a novidade nesse remodelamento da economia boliviana não é apenas a mudança no regime de propriedade e concentração do capital; é também a modalidade de concentração técnica desse investimento.

O modelo fordista, ou sua vertente latino-americana de "substituição de importações", supôs um tipo de acumulação extensiva baseada na criação de grandes fábricas que acoplavam distintas funções trabalhistas e agregavam enormes contingentes de trabalhadores em âmbitos territoriais compactos. Hoje, pelo contrário, o investimento estrangeiro e local está desenvolvendo um modelo desagregado de investimento técnico e de ocupação trabalhista. Os processos produtivos em geral, como os da mineração, do petróleo e da indústria, foram fragmentados em pequenos núcleos de investimento intensivo de capital e reduzida força de trabalho assalariado. Em áreas como as do comércio e do sistema bancário, produziu-se uma descentralização de tarefas. Está surgindo, assim, um modelo econômico técnica e populacionalmente atomizado em pequenos centros de trabalho articulados em rede, de maneira horizontal, entre setores de economia moderna mercantilizada. Contudo, além disso, e este é o terceiro novo componente da estrutura econômica atual, esse modelo é também articulado verticalmente com áreas de economia tradicional artesanal, familiar e camponesa por várias vias: compra e venda de força de trabalho temporária precária sob consumo empresarial temporário; compra e venda de força de trabalho na forma de produtos semielaborados, que depois são integrados a processos industriais ou comercial-empresariais; consumo de produtos industriais como parte da reprodução da economia camponês-comunal e das unidades econômicas doméstico-artesanais

---

[21] Udape, *Bolivia: prospectiva económica y social 2000-2010* (La Paz, PNUD, 2000).

urbanas; acesso à mercadoria-dinheiro por meio de crédito e poupança; e, por último, confisco e expropriação empresarial, das condições de reprodução vital da sociedade (água, terra, serviços básicos). A particularidade que assumem esses novos vínculos de dominação entre esses dois níveis da estrutura social dualizada da sociedade boliviana é decisiva para entender as novas modalidades da atual reconstituição do tecido social plebeu.

Diferentemente do que acontecia em meados do século passado, quando o ideal de modernização passava pela erosão paulatina dos sistemas tradicionais de economia camponesa, artesanal e comunal, hoje o sistema bancário, a indústria, o grande comércio, a grande mineração privada, a agroindústria de exportação, cada um a seu modo, refuncionalizaram o uso de sistemas trabalhistas, associativos e culturais da economia camponesa, artesanal e doméstico-familiar para a obtenção de matéria-prima (leite, lã, soja, trigo, arroz, minerais, coca); para a elaboração de partes de componentes do produto total (joias de ouro, sapatos, têxteis, pasta base); para o abastecimento da força de trabalho temporária e para a tendência à baixa do salário urbano (petróleo, indústria); ou para a obtenção de taxas de juros superiores à média (sistema bancário).

Na medida em que o projeto de desenvolvimento capitalista, posto em marcha pelas reformas liberais, reforçou uma estrutura econômica caracterizada por pequenos nodos de modernização técnica e organizativa – que articulam verticalmente uma gama gigantesca de atividades, tecnologias, saberes e redes organizativas econômicas tradicionais, artesanais, camponesas e familiares – criou-se um regime de acumulação híbrido e fragmentado de uma lógica de escassa "modernização" de enclaves econômicos transnacionalizados (mineração, sistema bancário, petróleo, telecomunicações, cocaína) sobreposta e parcialmente articulada, sob modalidades de exação, dominação e exploração de estruturas econômicas não modernas de tipo agrário-comunal, pequeno-camponesa, artesanal, microempresarial, doméstico-familiar etc. Pode-se dizer que o modelo de desenvolvimento contemporâneo é uma integração defeituosa de espaços majoritários de subsunção formal com pequenos, mas densos e dominantes, espaços de subsunção real[22] de estruturas trabalhistas, de circulação e consumo sob o capital.

### Reconfiguração das classes sociais, dos modos de dominação política e das resistências

As transformações nos processos técnico-organizativos da economia vieram acompanhadas de modificações na composição técnica e política das classes populares. Em particular, a mais afetada foi a classe operária.

---

[22] Karl Marx, *El capital*, cit.

O número de trabalhadores assalariados e de pessoas que precisam mercantilizar alguma capacidade produtiva para repor suas forças é, hoje, duas vezes maior do que há quinze anos, quando o sindicalismo era o eixo em torno do qual girava o país. O que acontece é que as condições de possibilidade material e simbólica sobre as quais a *forma* sindical e a trajetória do antigo movimento operário se levantaram não existem mais.

As grandes empresas e fortalezas operárias que forjaram uma cultura de agregação corporativa foram substituídas por inúmeras fábricas de pequeno e médio porte, capazes de estender o trabalho industrial até o domicílio, produzindo um efeito de desagregação social contundente e de fragmentação material da força de massa do trabalho[23]. O contrato fixo que sustentou o sentido de previsibilidade é hoje uma exceção diante da subcontratação, da eventualidade e do contrato por obra, que tornam precária a identidade coletiva e promovem o nomadismo trabalhista, limitado em sua capacidade de forjar fidelidades a longo prazo[24]. Isso provoca uma "hibridação", segundo Mikhail Bakhtin, da condição de classe, bem como a emergência de "identidades contingentes"[25] dos trabalhadores segundo a atividade, os ofícios trabalhistas, os contextos culturais em que se encontrem temporariamente e a dinâmica de "contornos difusos" entre o espaço do trabalho e do não trabalho[26]. A transmissão de saberes por estratificações trabalhistas estáveis e a ascensão por tempo de serviço têm sido substituídas pela polivalência, a rotação de pessoal e a ascensão por mérito e competência, quebrando a função do sindicato como mecanismo de ascensão, a estabilidade social[27] e a estrutura de comandos disciplinados tão próprios da antiga forma sindical de mobilização.

Por último, o sindicato foi proscrito da mediação legítima entre Estado e sociedade para ser lentamente substituído pelo sistema de partido, erodindo ainda mais a eficácia representativa que antes possuía como mediador político e portador

---

[23] Pablo Rossell e Bruno Rojas, *Ser productor en El Alto* (La Paz, Cedla, 2000).

[24] Carlos Arce, "Empleo y relaciones laborales", em *Bolivia hacia el siglo XXI* (La Paz, Cides/CNR/ANC/Cedla/CEB/PNUD, 1999) e *Crisis del sindicalismo boliviano: consideraciones sobre sus determinantes materiales e ideológicas* (La Paz, Cedla, 2001).

[25] Homi K. Bhabha, *The Location of Culture* (Londres/Nova York, Routledge, 1994) [ed. bras.: *O local da cultura*, Belo Horizonte, UFMG, 1998]; Pnina Werbner e Tariq Modood (orgs.), *Debating Cultural Hybridity: Multi-Cultural Identities and the Politics of Anti-Racism* (Londres, Zed, 1997).

[26] Ulrich Beck, *Un nuevo mundo feliz: la precariedad del trabajo en la era de la globalización* (Barcelona, Paidós, 2000).

[27] Álvaro García Linera, *Estructuras materiales y mentales del proletariado minero*, cit.

de cidadania[28]. Em sua substituição arbitrária, mas ao mesmo tempo instável, levantou-se um sistema de partidos políticos que levou à dualização da vida política entre uma elite que se reproduz de forma endogâmica na posse privativa da gestão do bem público e uma imensa massa votante clientelizada e sem capacidade real de intervir na gestão do bem comum.

Nesse ambiente, a precariedade simbólica, resultante de uma precariedade institucionalizada, alça-se como moderação social que potencializa um sentido comum de imprevisibilidade a longo prazo, de ausência de narrativa coletiva, de individualismo exacerbado e de fatalismo diante do destino que erode, por enquanto, "o sentimento de pertencimento a uma comunidade de destino"[29], como o que o antigo movimento operário boliviano conseguiu articular.

A certeza de que se deve lutar em conjunto para melhorar a situação da vida individual afunda pouco a pouco, dando lugar, de maneira majoritária, mas não absoluta, a um novo preceito de época segundo o qual é melhor acomodar-se individualmente às exigências patronais e governamentais para obter algum benefício. Isso faz com que a longa cadeia de dispositivos objetivos de submissão e de intimidação se ponha em movimento para interiorizar na subjetividade assalariada a reticência (temporária) em modificar sua situação por meio da ação conjunta, da solidariedade. Surge, assim, uma nova e complexa qualidade material da identidade e da subjetividade do trabalhador contemporâneo.

Significa a morte da COB, ou seja, do sentido, das condições e das projeções da ação operária em comum que prevaleceram durante quarenta anos, e do modo de inclusão do sindicato na composição estatal. É a morte, então, não do sindicalismo, mas de uma maneira particular, material e simbólica, de ser do sindicalismo, que não existe nem vai existir mais. É ainda a morte de *uma forma* da condição operária e do movimento operário – e não, portanto, do Movimento Operário, que nos anos seguintes poderá adotar outras *formas* históricas. A antiga interunificação em suas formas, suas modalidades e características não existe mais e evocá-la ou desejá-la hoje é um tributo ao idealismo ingênuo que acredita ser suficiente enunciar as ideias para que elas se façam efetivas.

De maneira geral, assistimos, na última década, à dissolução da única e duradoura estrutura de unificação nacional com efeito estatal que as classes trabalhadoras produziram, que abriu um longo período de pulverização de demandas e agregações dos setores dominados da sociedade boliviana. Ao mesmo tempo, porém, assistimos também a uma lenta e multiforme reconstituição de identidades

---

[28] Patricia Chávez, *Los límites estructurales de los partidos de poder como estructuras de mediación democrática: Acción Democrática Nacionalista en el Departamento de La Paz* (La Paz, Faculdade de Sociologia da Universidad Mayor de San Andrés, 2000), tese de licenciatura.

[29] Stéphane Beaud e Michel Pialoux, "Retorno à condição operária", cit.

trabalhistas, a partir dessa fragmentação e apesar dela, que na década seguinte puderam pôr de pé novas formas históricas do movimento operário e de agrupamento das classes trabalhadoras.

Mas a dissolução das condições de possibilidade da forma sindicato também foram em parte as condições de possibilidade do surgimento de outras formas de interunificação social e de ação coletiva. Claro, a fragmentação dos processos de trabalho, a morte do operário de ofício, com sua cadeia de comandos e fidelidades corporativas, e a substituição do sindicato como mediador político demoliram a forma de unificação nacional por centro de trabalho e legitimidade estatal, mas, na medida em que não foram substituídos por outras estruturas de filiação social, de identidade coletiva duradoura, nem por outros mecanismos de mediação política estatalmente regulamentados, houve, na última década, um regresso ou fortalecimento social de formas de unificação locais de caráter tradicional e de tipo territorial[30].

### A multidão

Não vamos nos deter aqui sobre as circunstâncias particulares que permitiram a emergência da *forma multidão* nas jornadas de mobilização social de janeiro a setembro de 2000 – existem trabalhos detalhados a esse respeito[31]. O que vamos tentar fazer é uma análise mais estrutural dessa forma de ação coletiva que se apresenta de maneira recorrente na história social boliviana, embora com distintas características em cada contexto.

1.  *Modo de unificação territorial e flexível.* Uma vez que grande parte das unificações por centro de trabalho foi atacada pelas políticas de flexibilização trabalhista, pela livre contratação e fragmentação produtiva e por formas pré-existentes de organização territorial, como as associações de moradores*,

---

[30]  O conceito de *forma multidão* que propomos aqui difere daquele defendido por Zavaleta, que, em geral, trabalhou esse conceito em relação ao comportamento do proletariado como sujeito espontâneo, como "plebe em ação e não como classe". Sobre isso, ver René Zavaleta, "Forma clase y forma multitud en el proletariado boliviano", em *Bolivia hoy* (Cidade do México, Fayard, 1983); conferir também *Las masas en noviembre*, cit. Aqui, pelo contrário, trabalharemos a *multidão* como bloco de ação coletiva que articula estruturas organizadas autônomas das classes subalternas por meio de construções discursivas e simbólicas de hegemonia, que têm a particularidade de variar em sua origem entre distintos segmentos de classes subalternas.

[31]  Luis Tapia, Raquel Gutiérrez, Raúl Prada e Álvaro García Linera, *El retorno de la Bolivia plebeya* (La Paz, Comuna, 2000); Thomas Kruse e Humberto Vargas, "Las victorias de abril: una historia que aún no concluye", *Observatorio Social de América Latina*, Buenos Aires, Clacso, set. 2000.

*  Em espanhol, *junta de vecinos* ou, literalmente, "junta de vizinhos". (N. T.)

os sindicatos por jurisdição (camponeses e sindicais) ou as associações por ramo de ofício adquiriram relevância de primeira ordem. A debilidade do sindicalismo de empresa abriu caminho para um maior protagonismo por parte dessas estruturas unificadoras, antes ofuscadas por eles. Pensou-se que, como consequência do desmantelamento das estruturas de unificação nacional, como a COB, se assistiria a um longo processo de desorganização suscetível de ser disciplinada e capturada por instituições clientelistas, como os partidos, as ONGs ou a Igreja. Entretanto, o desmoronamento das antigas estruturas de mobilização nacional com efeito estatal mostrou uma multifacetada, complexa e generalizada urdidura organizativa da sociedade subalterna enraizada em âmbitos locais de preocupação.

Mas, além disso, enquanto um dos eixos da estratégia neoliberal de reconfiguração da geração de excedente econômico é aquele que se refere à subsunção de valores de uso pela lógica do valor de troca – ou, o que dá no mesmo, da mercantilização das condições de reprodução social básica (água, terra, serviços), antes reguladas por lógicas de utilidade pública (local ou estatal) – as riquezas sociais diretamente envolvidas nessa expropriação foram, a rigor, aquelas que possuíam uma função territorial, como a terra e a água, criando-se, assim, as condições de possibilidade material para a reativação prática das antigas estruturas sociais de agregação territorial e para a produção de novas estruturas de unificação emergentes dos novos perigos. Esse é o caso das *associações de irrigadores*, que, assentando-se muitas vezes em conhecimentos e habilidades organizativas tradicionais praticadas há séculos[32], mas adequadas às novas necessidades, criaram meios de agrupamento e de filiação modernas para defender a gestão da água segundo "usos e costumes".

Em geral, esses núcleos de agrupamento ou têm uma vida ativa local, por sua pouca idade, ou são encurralados num estreito marco devido à crescente exclusão estatal da lógica política corporativa que guiou a relação entre Estado e sociedade desde os anos 1940. No entanto, são a persistência, a amplitude, a própria herança coletiva e individualizada de ação geral e a própria generalidade da agressão localmente suportada que têm ajudado esses nós a criar uma rede extensa de mobilização e ação comum, primeiro regional, depois provincial* e, por último, departamental.

---

[32] Omar Fernández, *La relación tierra-agua en la economía campesina de Tiquipaya* (Cochabamba, UMSS, 1996), tese de licenciatura em economia; Gerben Gerbrandy e Paul Hoogendam, *Aguas y acequias, los derechos del agua y la gestión campesina de riego en los Andes bolivianos* (La Paz, Plural, 1998); Paul Hoogendam (org.), *Aguas y municipios* (La Paz, Plural, 1999).

\* A Bolívia é dividida, territorialmente, em municípios, províncias e departamentos. No entanto, as províncias não possuem aparelhos administrativos, são apenas divisões das regiões geográficas. (N. T.)

A Coordinadora del Agua y la Vida, nome regional e temporário de uma das manifestações da *forma multidão*, é, em primeiro lugar, uma rede de ação comunicativa[33], num sentido parecido com aquele proposto por Habermas, de tipo horizontal, na medida em que é o resultado da formação prática de um espaço social de encontro entre "iguais": aqueles afetados pela problemática da água, com iguais direitos práticos de opinião, intervenção e ação e que, por meio de complexos e variados fluxos comunicacionais internos, criam um discurso unificador, algumas demandas, algumas metas e alguns compromissos para obtê-las de maneira conjunta. Em segundo lugar, é uma rede de ação prática, com capacidade de mobilização autônoma em relação ao Estado, à Igreja, aos partidos políticos e às ONGs.

O decisivo dessa multidão é que, diferentemente daquela que permite agregar individualidades sem filiação ou dependência alguma que não seja a euforia da ação imediata, ela é majoritariamente a agregação de indivíduos coletivos, ou seja, uma associação de associações em que cada pessoa presente no ato público de encontro não fala por si mesma, e sim por uma entidade coletiva local, diante da qual deve prestar contas de suas ações, de suas decisões, de suas palavras.

É muito importante que se leve isso em conta, pois, ao contrário do que acredita Habermas, o poder de intervenção no espaço público nunca está repartido de forma igualitária: sempre há pessoas e instituições portadoras de maior experiência discursiva e maior habilidade organizativa (o chamado "capital militante" proposto por Poupeau), o que lhes permite influir numa assembleia, num *cabildo* ou numa reunião, inclinando as decisões a favor de uma postura enquanto silencia outras. Isso pode ser verificado, por exemplo, nas intervenções estridentes e nas "amarrações" de uma assembleia, por meio das quais alguns partidários de estruturas políticas da antiga esquerda planejam suas intervenções. Entretanto, tais intervenções de "profissionais do discurso" e de pseudo-radicalismo fácil – pois não respondem a ninguém por seus atos – têm como muralha de sua influência a responsabilidade que cada participante de uma assembleia possui em suas palavras, suas decisões e seus compromissos para com seu distrito, para com seus representados do bairro, comitê ou comunidade, que são os que em última instância aceitam ou rechaçam os acordos adotados nas assembleias. E essas associações, sob cuja identidade os indivíduos atuam, são, sobretudo, organizações territoriais nas quais repousa boa parte da infraestrutura comunicacional (rádios e jornais de público local, locais de reunião, zonas de bloqueio etc.) e a força e a am-

---

[33] Jürgen Habermas, *Teoría de la acción comunicativa* (Madri, Taurus, 1992), tomo II.

plitude da mobilização. A multidão não é um redemoinho de desorganizados; pelo contrário, é uma ação organizada de pessoas organizadas previamente, como foi a COB em sua época, só que agora contando com estruturas territoriais como pontos de reunião.

Mas, além disso, e essa é uma virtude em relação à *forma sindicato* – embora, como descritas no início, as organizações de tipo territorial sejam a coluna vertebral que sustenta a ação pública, as mobilizações e a pressão social da multidão –, elas não criam uma fronteira entre filiados e não filiados, como o sindicato fazia. Em suas reuniões locais ou departamentais, nas ações de massas, nas assembleias e *cabildos*, nas mobilizações, bloqueios ou enfrentamentos, outras pessoas, carentes de filiação grupal (indivíduos) ou representantes de outras formas de organização (sindicatos operários, *ayllus*), também podem intervir, opinar, participar etc., ampliando enormemente a base social de ação e legitimidade.

Nesse sentido, a *multidão* é uma rede organizativa bastante flexível (e, até certo ponto, frouxa) que, ao apresentar um eixo de aglutinação bastante sólido e permanente, é capaz não apenas de convocar, dirigir e "arrastar", como fazia a COB, outras formas organizativas e uma quantidade imensa de cidadãos "soltos" – que, por sua precariedade trabalhista, pelos processos de modernização e individualização, carecem de fidelidades tradicionais –, como também é uma estrutura de mobilização capaz de integrar às suas próprias redes a dinâmica interna de deliberação, de resolução e de ação, individualidades e associações, com a finalidade de empreender a busca de um objetivo imediato ou de longo prazo.

2. *Tipos de reivindicações e base organizacional.* As principais demandas em torno das quais esses centros locais de associação começaram a se articular foram a gestão da água, o acesso à terra e o preço dos serviços básicos que, em conjunto, delimitam o espaço de riquezas vitais e primárias que sustentam materialmente a reprodução social.

No caso dos trabalhadores do campo, a defesa da gestão da água e da terra, e a cultura de complexas redes sociais vinculadas a essa gestão, fazem frente às tentativas de substituir o significado concreto da riqueza (satisfação de necessidades) e suas formas diretas de regulação (filiação familiar-comunal) por um significado abstrato da riqueza (o lucro empresarial) e outros modos de regulação distantes do controle dos usufrutuários (legislação estatal). A novidade e a agressividade dessa reconfiguração do uso da riqueza social se fundamentam não tanto na mercantilização, frequente em comunidades camponesas e em *ayllus*, mas no fato de, apesar de evidentes desigualdades e hierarquias internas na gestão desses recursos, o valor mercantil se converter em substância e medida, tanto da própria riqueza como de seu controle e regulação.

Nas comunidades camponesas, a mercantilização de recursos não está regulada por acordos cujo caráter seja apenas de adesão à estrutura comunal e de cumprimento de responsabilidades políticas e festivas, mas também por normas que, em maior ou menor medida, estão submetidas a convenções e acordos coletivos que subordinam o comércio de bens a necessidades de reprodução da entidade comunitária fundada em outra lógica econômica.

No caso dos trabalhadores e moradores urbanos e suburbanos, a luta contra a elevação dos preços dos serviços (água potável, eletricidade, transporte) está ligada à defesa daquilo que se poderia chamar um "salário social indireto", manifesto por meio das tarifas dos serviços básicos. Diferentemente do salário de empresa, que o trabalhador recebe por remuneração ou seguridade social, esse salário social tem a ver com a maneira pela qual o Estado regula a provisão de serviços indispensáveis para a reprodução. O primeiro tipo de salário é o que mais foi afetado nos últimos vinte anos pelas reformas estruturais e pela deterioração trabalhista, enquanto o segundo é o que agora começa a ser objeto de disputa social e que, por afetar as pessoas em geral, tanto as que trabalham em grandes fábricas como as de oficinas artesanais, cria a possibilidade estrutural de uma interunificação global das forças do trabalho fragmentado.

Em ambos os casos, estamos, em primeiro lugar, diante da reivindicação de demandas territorialmente assentadas, pois a condição direta de usufruto dessas riquezas é dada pela ocupação de um espaço do território. Em segundo lugar, estamos diante de objetivos de mobilização que buscam conter o avanço da lógica mercantil e das regras da acumulação capitalista em áreas de riqueza social antes geridas por outra racionalidade econômica.

Nesse sentido, utilizando a classificação dada por Tilly em seu trabalho sobre a passagem das estruturas tradicionais de poder local para estruturas de poder nacionais e modernas[34], pode-se dizer que, devido a esse caráter defensivo das necessidades e tradições locais por parte do movimento social gerado em Cochabamba, estamos diante de um tipo de ação coletiva "reativa" similar às que ele estudou no século XVIII europeu. A preexistência de "comunidades solidárias locais" como base da mobilização, e o fato de que a grande força de agregação dos *irrigadores* tenha recolhido a vigorosa tradição da cultura e da experiência organizativa do movimento camponês formado entre os anos 1930 e 1960[35], tende a

---

[34] Charles Tilly, Louise Tilly e Richard Tilly, *The Rebellious Century: 1830-1930* (Cambridge, Harvard University Press, 1975).

[35] José Gordillo, *Campesinos revolucionarios en Bolivia: identidad, territorio y sexualidad en el Valle Alto de Cochabamba, 1952-1960* (La Paz, UMSS/Plural/Promec/Universidad de la

reforçar esse olhar. Entretanto, como já explicamos no ponto anterior, a *forma multidão* não somente apresenta redes de associação com base comunal ou tradicional como também contém, e de maneira crescente, grupos de base associativa e eletiva emergentes dos intermitentes e mutilados processos de modernização social.

Precisemos essa última ideia. Embora o ponto de partida corpuscular da Coordinadora sejam as formas organizativas – das quais muitas podem ser classificadas como de tipo tradicional, porque estão fundadas em lógicas pré ou não mercantis de acesso à terra, à água ou aos serviços públicos –, a aderência ao movimento, tanto pessoal como grupal, é de tipo eletivo, próprio dos movimentos sociais modernos. Nas chamadas formas tradicionais de associação, a individualidade é resultado da coletividade[36], e exercitam-se em seu interior mecanismos de deliberação, *consenso deliberativo e obrigatoriedade participativa*. Isso acontece em boa parte da vida interna das organizações locais da Coordinadora. Mas, nas ações conjuntas empreendidas sob a forma de multidão atuante, o acoplamento de sindicatos, associações de irrigadores, bairros populares nominalmente integrantes de sua estrutura organizativa, foram fruto de uma eleição livre à margem de qualquer coação, sanção ou pressão. A Coordinadora não possui um mecanismo de vigilância, controle e sanção de seus integrantes e sustenta sua convocatória na autoridade moral daqueles que a representam, nos acordos e convencimentos levados adiante nas assembleias regionais e na adesão voluntária à ação coletiva. Diferentemente da forma sindicato, portadora de condutas "modernas", que criou uma estrutura estável de controle e mobilização de seus membros, a Coordinadora carece disso e apela, sobretudo, à justeza e ao convencimento da causa empreendida como garantia da contundência da mobilização. Assim, o resultado é que a diferenciação entre moderno e tradicional fica sumamente ambígua, e às vezes arbitrária, pois faz parecer que, em geral, os movimentos sociais são ao mesmo tempo "modernos" e "tradicionais", "defensivos" e "ofensivos" etc.

Por outro lado, as mobilizações de setembro e abril, tanto no altiplano como em Cochabamba, usaram, ampliaram e criaram espaços públicos para buscar legitimidade regional e nacional para suas demandas. Por meio de técnicas de comunicação tradicionais (mas também de técnicas modernas), influíram de maneira notável na opinião pública para ampliar sua base de aderentes e, circunstancial-

---

Cordillera, 2000); também José Gordillo (org.), *Arando en la historia; la experiencia política campesina en Cochabamba* (La Paz, UMSS/Plural/Ceres, 1998).

[36] Sobre essas formas de constituição da individualidade social, ver Karl Marx, "Formas que preceden a la producción capitalista", em *Grundrisse: elementos fundamentales para la crítica de la economía política* (Cidade do México, Fondo de Cultura Económica, 1985), tomo I.

mente, persuadir ou obrigar as elites governantes a modificar as leis. Lançaram mão das liberdades de associação, reunião, deliberação e manifestação para tornar suas necessidades conhecidas, para recrutar partidários, para neutralizar o Estado etc. Em outras palavras, os movimentos sociais de abril e setembro utilizaram e ampliaram os componentes institucionais e democráticos do que se denomina "sociedade civil moderna", e que são direitos civis e políticos que não apenas estão associados aos sistemas pluripartidaristas, como assinalam Arato e Cohen[37], como também, sobretudo, são direitos de cidadania conquistados pelos próprios movimentos sociais, em particular pelo movimento operário durante os séculos XIX e XX tanto na Europa[38] e nos Estados Unidos[39] como na Bolívia[40].

Por último, a *forma multidão* também colocou em cena demandas e ações de tipo "proativas"[41], uma vez que, na medida em que se foi consolidando, ampliando e radicalizando o movimento social, a base mobilizada da Coordinadora começou a buscar o reconhecimento às suas formas de democracia assembleísta como técnica de gestão de demandas civis, assim como da institucionalização de outras maneiras de exercer os direitos democráticos – como o referendo levado a cabo em março de 2000 ou a convocatória a uma assembleia constituinte – e do controle direto do poder político em nível departamental durante as jornadas de mobilização ou a proposta da implementação de uma forma autogestionada da provisão de água potável. Temos, assim, uma combinação entre defesa de recursos anteriormente possuídos (a água), com a demanda de recursos que antes não existiam – nesse caso, direitos democráticos e poder político, que fazem da multidão uma forma de mobilização profundamente tradicional e radicalmente moderna, por um lado, e, por outro, defensiva e ofensiva ao mesmo tempo.

*Identidade.* O fato de formações territoriais e demandas de reprodução vital sustentarem o movimento social da Coordinadora e, paulatinamente, as mobilizações na cidade de El Alto contra o aumento das tarifas de luz e água e pela criação de uma universidade pública habilita um leque de possibilidades de autoidentificação diferentes das que haviam prevalecido até então. Não é o acesso à terra o que as agrupa, ou seja, o sindicalismo agrário não é centro de agregação,

---

[37] Jean Cohen e Andrew Arato, *Sociedad civil y teoría política* (Cidade do México, Fondo de Cultura Económica, 2000).

[38] Anthony Giddens, *Profiles and Critiques in Social Theory* (Londres, Macmillan, 1982).

[39] David Montgomery, *El ciudadano trabajador; democracia y mercado libre en el siglo XIX norteamericano* (Cidade do México, Instituto Mora, 1997).

[40] René Zavaleta, *Las masas en noviembre*, cit.; Luis Tapia, *Turbulencias de fin de siglo: estado-nación y democracia en perspectiva histórica* (La Paz, Iincip/Umsa, 1999); Álvaro García Linera, "Ciudadanía y democracia en Bolivia", *Ciencia Política*, La Paz, Iincp/Umsa, ano 4, segunda época, 1999.

[41] Charles Tilly, *The Rebellious Century*, cit.

embora possa participar; tampouco é a remuneração salarial o que os convoca, ou seja, não é a identidade operária aquilo que os engloba, ainda que também esteja envolvida: são a água e os serviços que atravessam camponeses, operários fixos, operários e operárias temporárias, pequenos comerciantes, trabalhadores de oficinas, artesãos, desocupados, estudantes, donas de casa etc. Trata-se de indivíduos que, apesar da diversidade de ocupações e práticas culturais, têm uma necessidade em comum: o acesso à água e aos serviços públicos como componente essencial e majoritário de sua reprodução (possuidores de recursos escassos). Esses indivíduos têm acesso a tais bens sob modalidades tradicionais ou modernas, como "valores de uso" ("usos e costumes"/serviços públicos) e, além disso, geralmente "não vivem do trabalho alheio"[42].

Esses três componentes constitutivos e comuns de todos os setores participantes da mobilização são os que ficaram agrupados como "povo simples e trabalhador", que viria a desempenhar o papel do lugar discursivo do autorreconhecimento entre iguais, de irradiação para outros segmentos sociais e do ponto de partida para a sedimentação de uma narrativa coletiva do grupo que, ao fazê-lo, existe a rigor como grupo, como identidade social.

As formações de identidade são, sobretudo, enunciações de significação que demarcam fronteiras sociais, que inventam um sentido de autenticidade e alteridade com efeito prático no desenvolvimento do sujeito assim construído. Porém, são construções discursivas que trabalham sobre suportes materiais, sobre fatos, sobre vestígios da ação prática. Isso significa que não há uma identidade exclusiva para alguns agentes sociais envolvidos em alguns fatos sociais, mas tampouco há todas as identidades possíveis; existe um espaço amplo, mas claramente delimitado, de possíveis conformações identitárias correspondentes à qualidade diversa, complexa, mas delimitada, dos agentes e suas inter-relações, que produzem os acontecimentos. No caso da Coordinadora como movimento social, é evidente que essa identidade plebeia e trabalhista que hoje a caracteriza poderia ser substituída por outras identidades, dependendo da atividade dos sujeitos e grupos que atuam em seu interior. No entanto, a identidade que com maior vigor começou a se consolidar é a do "povo simples e trabalhador", capaz de integrar identidades locais urbanas e rurais e de herdar a antiga identidade nacional do movimento operário, centrada na virtude do trabalho.

*Ascendência operária e capital de solidariedade.* Já foi dito reiteradas vezes que a força da mobilização e os sujeitos coletivos que constituem a coluna vertebral

---

[42] Sobre o conceito de "pessoas que não vivem do trabalho alheio" e sua importância na conformação de identidades coletivas entre as classes subalternas na sociedade moderna, ver Karl Marx, *La guerra civil en Francia*, incluídos seus dois rascunhos (Pequim, Lenguas Extranjeras 1975) [ed. bras.: *A guerra civil na França*, São Paulo, Global, 1986].

da ação coletiva foram e são as organizações de irrigadores[43], e que em termos práticos o mundo operário (e o que resta da antiga *forma sindical*), no que diz respeito à mobilização e à força de massas, atuou diluída nas estruturas territoriais dos bairros, dos irrigadores e das assembleias regionais.

Entretanto, há uma forte presença dos dirigentes operários no espaço público; há, entre os novos núcleos de direção operária, um discurso crítico e um conhecimento mais elaborado em relação às redes de poder e domínio do capitalismo contemporâneo; há uma experiência organizativa e militante entre os núcleos operários organizados de forma sindical[44], herdada da longa trajetória da *forma sindicato*; e há uma estrutura material de organização operária composta de edifícios, publicações e vínculos orgânicos com outros setores trabalhistas (associações de moradores, comerciantes, trabalhadores do transporte, federações camponesas, universitários, profissionais etc.) que, em conjunto, foram incorporados como força produtiva técnica e como força produtiva organizativa ao novo movimento social da *multidão*.

Essa contribuição foi decisiva no momento de articular forças de descontentamento e demandas sociais dispersas, pois permitiu unir reivindicações regionalizadas e esforços isolados numa grande torrente de querela globalizada e contribuiu para a formação de algumas estratégias de mobilização e de lutas simbólicas de uma extensão e de um impacto nunca antes vistos na história dos movimentos sociais na Bolívia.

Um elemento de dimensão subjetiva, mas preponderante, no momento de se estabelecerem as alianças entre setores tão diversos, foi a liderança moral do dirigente operário regional que permitiu concentrar em sua pessoa e trajetória política uma ruptura com as práticas clientelistas da vida política e sindical que continuamente frustram as ações autônomas das classes subalternas. O fato de esse dirigente ter se mantido à margem da cooptação partidária e do mercado de fidelidades eleitorais permitiu a criação de um referente moral de compromisso social capaz de despertar sentimentos de crença, adesão e confiança na autonomia da ação social, na claridade dos objetivos e na honradez dos dirigentes. No fundo, ninguém se mobiliza se não acredita no efeito prático dessa mobilização, ou ninguém luta em associação com outros e pelo bem-estar dos outros se previamente não se gerou um "capital de solidariedade" que converta a ação associada e desprendida num bem social reconhecido, gratificado, almejado e acumulado pelos

---

[43] Luis Tapia, Raquel Gutiérrez, Raúl Prada e Álvaro García Linera, *El retorno de la Bolivia plebeya*, cit.

[44] Pierre Bourdieu, "Contre la politique de dépolitisation", em *Contre-feux 2* (Paris, Raisons d'Agir, 2001) [ed. bras.: *Contrafogos 2: por um movimento social europeu*, Rio de Janeiro, Jorge Zahar, 2001].

agentes da ação social. Esse capital de solidariedade seria um tipo de capital simbólico que, com o tempo e sua generalização, dá continuidade histórica aos movimentos sociais. Porém, em momentos como os atuais, em que prevalece uma suspeita comum da utilização da solidariedade como plataforma político-partidária, o fato de que dirigentes e organizações sociais de antigo e novo prestígio social possam referendar, com seu comportamento, a valoração da solidariedade como um valor em si mesmo, contribuiu para a consolidação de redes dispersas de solidariedade e para a crescente formação desse espaço de conversão da solidariedade em riqueza reconhecida e almejada socialmente.

*Soberania e democratização social.* Resultado da ampliação à escala departamental de uma série de práticas democráticas locais – e, além disso, da necessidade de assumir responsabilidades à medida que a mobilização vai minando a presença da administração estatal – a atual *forma multidão* vem se comportando basicamente como uma forma de democracia e de soberania política.

Tendo como base as estruturas territoriais em que a assembleia, a deliberação e a consulta direta são práticas cotidianas para atender assuntos particulares de vizinhos, justiça, trabalho comum, arbitrariedade policial, trâmites ou até vínculos clientelistas com partidos políticos ou com o Estado, essas práticas estendidas de democracia direta começaram a se converter em suporte para a consulta e elaboração de estratégias de mobilização, primeiro no âmbito regional ou provincial. Mas, à medida que as redes de mobilização centradas numa mesma demanda cresceram em escala departamental, esses saberes democráticos e essas técnicas de deliberação tiveram que se expandir, assim como reconfigurar-se, para abrir caminho a uma complexa e sistemática estrutura de exercício democrático de prerrogativas públicas, de associação, de formação de uma opinião pública e, com o tempo, de resolução e execução da gestão de um bem público (a água), fazendo com que, sem necessidade de pensá-lo ou desejá-lo, se convertessem num tipo de organização social que não reconhecia nenhuma fonte de autoridade senão a si mesma; ou seja, de governo assentado num emaranhado de práticas democráticas assembleístas, deliberativas e representativas que supriram, nas ações, o sistema de partidos políticos, o poder legislativo e o judiciário e – estiveram a ponto de fazê-lo – o monopólio estatal da força pública.

Assembleias de bairro, comunidades camponesas, de sindicato e de irrigadores; assembleias provinciais e regionais, assembleias departamentais e *cabildos* deram lugar a uma estrutura hierarquizada que combinou democracia assembleísta e deliberativa em cada um dos níveis horizontais com democracia representativa entre os distintos níveis escalonados que permitiram formar critério público entre iguais no âmbito local (assembleia territorial) e departamental (*cabildo*), e condensação executiva de opiniões em nível departamental (assembleia de representantes locais, porta-vozes da Coordenadora).

Por repetidas vezes (fevereiro, abril, setembro, outubro), essa rede compacta de assembleias e de práticas democráticas plebeias não apenas se apresentou como demandante de direitos diante do Estado, com seu sistema de partidos e Parlamento, como também o substituiu como mecanismo de governo, como sistema de mediação política e como cultura de obediência. Daí que, diferentemente do que propõe Touraine[45] em relação aos "novos movimentos sociais" – que não seriam movimentos políticos dirigidos à conquista do poder –, a *multidão*, na prática, é uma politização extrema da sociedade possuidora de uma força organizativa capaz de pôr em dúvida a pertinência dos sistemas de governo prevalecentes, do regime de democracia liberal, e de erigir, até agora provisoriamente, sistemas alternativos de exercício do poder político e de vida democrática legítima.

A virtude desse movimento social é que ele nasceu e questionou as relações de dominação vigentes e, na medida em que existe uma forte cultura de autogoverno local, essas lógicas do poder e da democracia assembleísta podem ser projetadas em escala departamental ou nacional, colocando em disputa a maneira de enunciar o público, a maneira de geri-lo; ou seja, a forma de governo.

É evidente que isso não mascara a dificuldade e ambiguidade com as quais esse desejo de poder político do movimento social se forma. Partindo de classes populares acostumadas a uma economia e resistências morais[46] dos dominados, regidas por uma lógica de demandas e concessões com as elites referendadas nesses atos como dominantes, a formação de um espírito coletivo de soberania é permanentemente substituído pelos velhos hábitos de obediência àqueles que, supõe-se, estão capacitados para governar, ou por um recuo da participação local desinteressada no geral, permitindo que o geral seja novamente assumido pelas elites governantes tradicionais.

A história para a conformação de uma empresa autogestionária da água em Cochabamba é um exemplo dessa confrontação incessante entre o servo e o soberano no interior do comportamento individual e coletivo de cada um dos sujeitos envolvidos. Contudo, fica claro que as classes subalternas abriram com sua própria experiência um campo de exercícios possíveis do poder, de democratização social e transformação das relações de dominação que pudessem guiar ações posteriores.

*Institucionalidade e amplitude.* Diferentemente do que foi o movimento operário, a *forma multidão* carece de mecanismos duradouros de convocatória e consulta que permitam estabelecer uma rotina nos âmbitos de presença de seus

---

[45] Alain Touraine, *Producción de la sociedad*, cit.

[46] Edward Thompson, *Tradición, revuelta y conciencia de clase* (Barcelona, Crítica, 1979) [ed. bras.: *Tradição, revolta e consciência de classe*, São Paulo, Companhia das Letras, 1987]; Claude Grignon e Jean-Claude Passeron, *Lo culto y lo popular: miserabilismo y populismo en sociología y literatura* (Buenos Aires, Nueva Visión, 1991).

componentes. Embora os sujeitos coletivos locais que a compõem mantenham, continuamente, práticas de assembleia, a atuação mancomunada como multidão é sempre uma incerteza que somente se resolve na prática. Daí que cada convocatória à mobilização seja, por sua vez, um referendo sobre a vitalidade, a continuidade ou a debilidade da Coordinadora, que permite então forjar uma cultura organizativa que assume a unidade como resultado de um paciente trabalho, e não como um fato dado, ao qual basta evocar para tê-lo presente, tal como, por exemplo, começou a acontecer com a COB nas últimas décadas.

No entanto, essa virtude coletiva vem acompanhada de um déficit de presença estrutural e material de continuidade, de permanência organizacional, ou seja, de institucionalização que permita um seguimento contínuo das tarefas acordadas, da consulta de novos objetivos etc. Assim, em alguns momentos, a Coordinadora significa meio milhão de habitantes, enquanto em outros esse número não ultrapassa uma centena de membros permanentes ativos. Talvez uma forma de superar esse déficit organizativo passe pela consagração, institucionalização e ritualização simbólica das assembleias locais e regionais existentes como assembleias instituídas da Coordinadora; pela regularização de uma assembleia departamental com um mínimo de delegados, certos de que a qualquer momento outros possam se incorporar; e pela implementação de mecanismos de eleição e de revogabilidade de dirigentes em assembleias de delegados. Exige-se também a formulação de dispositivos de contribuições econômicas que permitam aos representantes desempenhar funções de organização permanente, mas também para que haja um melhor controle dos dirigentes por parte da base.

Nesse caso, falaríamos de uma forma de institucionalização interna diferente da proposta por Claus Offe em seu modelo de etapas do movimento social, segundo o qual a institucionalização levaria os dirigentes da mobilização à sua inclusão no sistema político dominante[47]. A institucionalização interna, pelo contrário, não apenas articularia num mesmo processo social a função "expressiva" e a "instrumental", como também manteria de pé a demanda inicial da ação social, de modificação radical do campo político, de suas regras e sujeitos legítimos.

Outra das dificuldades que a *forma multidão* enfrenta é seu caráter regionalizado. Depois da Coordinadora del Agua em Cochabamba, houve tentativas de construir instâncias parecidas nas cidades de El Alto, Santa Cruz, Tarija etc., que poderiam dar um caráter nacional a essa forma de mobilização social. As condições de possibilidade para isso estão dadas pelas próprias políticas neoliberais, que socializaram nacionalmente a escassez, a precariedade e a agressão às condições vitais de reprodução. A conquista dessa estruturação local de movimentos sociais

---

[47] Claus Offe, "Reflexiones sobre la autotransformación institucional de la política de los movimientos: un modelo experimental por etapas", em *La gestión política*, cit.

de *multidão* e a interconexão em escala nacional permitiria uma grande capacidade de mobilização e efeito estatal. Mas, enquanto isso acontece, parece que nos próximos anos a vitalidade dessa forma de movimento social se assentará primeiramente no âmbito regional. A constituição nacional da multidão, caso aconteça, será resultado de um longo e paciente trabalho de interunificação de confianças, apoios mútuos, lideranças e solidariedades pacientemente trabalhadas em escala local.

## A forma comunidade

### Os ciclos das reformas

A atual estrutura econômica e social do mundo indígeno-camponês do altiplano e dos vales circundantes que motivou a reconstituição do movimento comunal indígena entre abril e outubro é bastante variada, mas, ao mesmo tempo, possui componentes comuns decisivos.

Grande parte das comunidades e *ayllus* mobilizados das províncias de Omasuyus, Larecaja, Manko Cápac, Los Andes, Camacho, Murillo, Ingavi, Aroma, Tapacarí e Bolívar, entre outros, tem como antecedente mais imediato de sua constituição o processo social de reforma agrária iniciada em 1952, que permitiu a comunidades cativas pela antiga *hacienda* e a colonos[48] recuperarem parte de suas terras, tomando assim posse das que ocupavam provisoriamente e ampliando suas extensões, o que fez com que as formas de propriedade baseadas na *hacienda* e no trabalho servil desaparecessem. Conformou-se, desde então e até agora, um sistema de propriedade da terra que combina, de maneira flexível e diferenciada, segundo a área, a propriedade individual-familiar com a propriedade e posse comunal de terras de cultivo, em algumas comunidades, e de terras de pastoreio e recursos hídricos, na maioria[49].

---

[48] Xavier Albó (org.), *Raíces de América: el mundo aymara* (Madri, Alianza/Unesco, 1988); Silvia Rivera, "Estructura agraria contemporánea y efectos a largo plazo de la Reforma Agraria boliviana", em *Estructura agraria en Bolivia* (La Paz, INA, 1979); Silvia Rivera, *Oprimidos pero no vencidos. Luchas del campesinado aymara y quechua de Bolivia. 1900-1980* (La Paz, Hisbol/CSUTCB, 1984); Danilo Paz, *Estructura agraria boliviana* (La Paz, Popular, 1983).

[49] William Carter e Mauricio Mamani, *Irpa Chico* (La Paz, Juventud, 1988); Mauricio Mamani, "Agricultura a los 4.000 metros", em Xavier Albó, *Raíces de América*, cit.; Enrique Mayer e Ralph Bolton, *Parentesco y matrimonio en los Andes* (Lima, Universidad Católica, 1980); Miguel Urioste, *La economía del campesino altiplánico en 1976* (La Paz, Cedla, 1989); Pierre Morlon (org.), *Comprender la agricultura campesina en los Andes centrales: Perú-Bolivia* (Lima, Ifea-CBC, 1996); Alison Spedding e David Llanos, *No hay ley para la cosecha* (La Paz, Pieb, 1999); Hans Van den Berg, *La tierra no da así nomás* (La Paz, Hisbol, 1994); Félix Patzi, *Economía comunera y explotación capitalista* (La Paz, Edcom, 1996).

A POTÊNCIA PLEBEIA    259

Esse acesso direto à terra, combinado com a indústria doméstico-rural de tecidos, construção e artesanato, permitiu articular as condições de uma economia familiar-comunal com elevado índice de autorreprodução. O crescimento populacional que não pode ser detido no trabalho agrícola, a variação dos consumos alimentares propiciada pelo Estado, a Igreja e instituições, assim como o aumento das rotas de transporte, a ampliação da demanda urbana e da oferta industrial que, em conjunto, modificaram os fluxos de intercâmbio e as expectativas de ascensão social, criaram novas necessidades de consumo, de trabalho e de renda que, nessas últimas quatro décadas, levaram a uma maior estratificação ocupacional[50] e a um crescimento da vinculação, sob relações de dominação, entre a produção familiar-comunal e a economia mercantil, agrária e urbano-capitalista dominante.

Outras comunidades, entretanto, algumas localizadas nas províncias de Franz Tamayo, Muñecas, Bautista Saavedra e Loayza, apesar das mudanças de 1952, não alcançaram a plena consolidação da base para a autonomia econômica, a soberania da posse territorial. Assim, mantêm vínculos de dependência com *hacendados* ou seus descendentes, que ainda controlam o poder comercial e político local.

No entanto, a maioria das comunidades-*ayllus* que sustentaram as mobilizações é formada por estruturas produtivas, culturais e de filiação que combinam modos de organização tradicionais com vínculos com o mercado, a migração urbana e lentos processos de diferenciação social interna. A posse da terra mistura formas de propriedade ou posse familiar com a comunal: as regras de posse territorial estão fortemente vinculadas a responsabilidades políticas no interior da comunidade-*ayllu*; os sistemas de trabalho assentados na unidade doméstica mantêm formas não mercantis de circulação da força de trabalho e da laboriosidade coletiva para a semeadura e a colheita; o sistema ritual e de autoridades locais vincula a responsabilidade rotativa de cada família no exercício da autoridade sindical e no ciclo de celebrações locais com a legitimidade e a continuidade da posse familiar das terras de cultivo e pastoreio e das técnicas produtivas básicas, guiadas por padrões culturais de reprodução da unidade comunal.

Embora seja crescente a parte do produto familiar que se incorpora ao mercado e a do consumo que precisa ser complementado com produtos urbanos, não estamos diante de camponeses plenamente mercantilizados nem diante de comunidades resultantes da mera agregação de proprietários privados. A comunidade se apresenta como uma entidade social de vínculos tecnológicos, formas de circu-

---

[50] Pablo B. Pacheco e Enrique Ormachea, *Campesinos, patrones y obreros agrícolas: una aproximación a las tendencias del empleo y los ingresos rurales* (La Paz, Cedla, 2000); conferir também Pablo Pacheco, *La dinámica del empleo en el campo. Una aproximación al caso boliviano* (La Paz, Cedla, 1998).

lação de bens e pessoas, transmissão de herança, gestão coletiva de saberes e recursos, sedimentação de experiências, funções políticas e projeção de porvires que se antepõe e define a própria individualidade.

O mercado de terras que lentamente vem se praticando no altiplano está regulado por compromissos e responsabilidades comunais. A força de trabalho não circula de maneira prioritária como mercadoria e, embora existam formas primárias de mercantilização recoberta pela ideologia da reciprocidade, a principal fonte de abastecimento de força produtiva são as redes familiares dependentes de um complexo sistema de fluxos trabalhistas medidos por proximidade social, necessidade mútua, tempo de trabalho e o resultado do trabalho, além do fato de que mais da metade das necessidades de reprodução comunal são autoabastecidas. Daí sua posição social como comunais e não como camponeses, o que já supõe a mercantilização da produção do consumo e a privatização parcelada da terra.

Em conjunto, falamos das comunidades e dos *ayllus* como estruturas civilizatórias portadoras de sistemas culturais, de sistemas temporais, de sistemas tecnológicos, de sistemas políticos e de sistemas produtivos estruturalmente diferenciados das constituições civilizatórias do capitalismo dominante[51]. O encontro dessas configurações de sociedades, assim como a formação de relações de subsunção das primeiras às segundas, deu-se a princípio como colonialismo político e mercantil (colonialismo espanhol), para depois desembocar num colonialismo estatal produtivo e cultural (a República). A maneira pela qual essa relação arbitrária de dominação-exploração foi, primeiro, somatizada, e depois "naturalizada", foi o racismo.

Em toda a zona andina, a colonização estruturou duas Repúblicas: a de índios e a de espanhóis, ambas com legislações separadas, mas também com funções sociais diferenciadas: as terras, o poder político, a cultura e o idioma legítimos, o controle das minas, das empresas e dos negócios nas mãos dos espanhóis; o trabalho servil, o tributo, a obediência, a linguagem proscrita, os deuses clandestinos e a cultura estigmatizada nas mãos dos índios. A colonização da América, como toda colonização, foi uma ação de forças que estabeleceu uma divisão entre dominados e dominantes, entre possuidores e despossuídos, porém com a diferença de que a "naturalização" dessa brutal ação de forças, sua legitimação, sua leitura e justificação se deram em nome da diferença de culturas ("umas mais aptas para o governo e outras para a escravidão"), ou de religiões ("umas mais civilizadas e outras profanas"), ou de raças ("umas mais humanas e racionais que as outras").

---

[51] Sobre a dinâmica do processo civilizatório que acompanha a instauração da sociedade moderna, ver Norbert Elias, *The Civilizing Process: the Development of Manners* (Nova York, Urizen, 1978) [ed. bras.: *O processo civilizador*, Rio de Janeiro, Jorge Zahar, 1993].

Daí que toda colonização seja também, no plano simbólico e discursivo, uma "guerra de raças". A própria modernidade, com suas divisões sociais, é uma continuidade dessa guerra[52].

A República boliviana nasceu sob esses fogos que consagravam prestígio, propriedade e poder em função da cor da pele, do sobrenome e da linhagem. Bolívar separou claramente a "bolivianidade", atribuída a todos aqueles que haviam nascido sob a jurisdição territorial da nova República, dos "cidadãos", que deviam saber ler e escrever o idioma dominante (castelhano) e não ter vínculos de servidão, o que fez com que, de saída, os indígenas carecessem de cidadania[53]. As Constituições posteriores, até 1953, consolidaram uma cidadania de casta para os herdeiros do poder colonial e uma exclusão institucionalizada de direitos políticos para as populações indígenas, estigmatizadas em termos linguísticos, culturais e somáticos. Os processos de democratização e homogeneização cultural iniciados com a Revolução de 1952, longe de abolir essa segregação, mascararam-na com uma cidadania diferenciada segundo o idioma materno, o lugar de origem, o ofício, o sobrenome e a fisionomia corporal. Assim, surgiu a cidadania de primeira para as pessoas que podiam exibir os brasões simbólicos da branquidão social (sobrenome, redes sociais, porte pessoal) e, portanto, em condição de aceder a cargos de governo, de comando institucional ou empresarial e ao reconhecimento social, e a cidadania de segunda para aqueles que, por sua origem rural, seu idioma ou cor da pele, eram "dissuadidos" para ocupar os postos subalternos, as funções de obediência e as ascensões sociais mutiladas. Com isso, reconstituiu-se a lógica colonial e o Estado racista. Como no século XVI, depois de 1952, um sobrenome de "estirpe", a pele mais branca ou qualquer certificado de branqueamento cultural que apagasse os vestígios de indianidade passaram a contar como um ponto a mais, como um crédito, um capital étnico capaz de lubrificar as relações sociais, outorgar a ascensão social, agilizar trâmites e permitir o acesso aos círculos de poder.

A rigor, essa foi a denúncia do movimento indianista-katarista dos anos 1960-1980[54], que conseguiu unificar uma crescente intelectualidade urbana de origem cultural aimará e cujos integrantes deram os primeiros passos na formação discursiva, na influência passiva nas comunidades em que, por meio de seu sindicalismo, vinte anos depois protagonizariam o levante indígena mais importante dos últimos cinquenta anos.

As reformas estruturais da economia e do Estado iniciadas em 1985 com Víctor Paz Estenssoro e reforçadas durante a gestão de Sánchez de Lozada centra-

---

[52] Michel Foucault, *Genealogía del racismo* (Buenos Aires, Caronte, 1998).

[53] Wolf Gruner, "Un mito enterrado: la fundación de la República de Bolivia y la liberación de los indígenas", *Historias. Revista de la Coordinadora de Historia*, La Paz, n. 4, 2000.

[54] Javier Hurtado, *El katarismo* (La Paz, Hisbol, 1986).

ram-se prioritariamente no âmbito "formal", contável, da economia, ou seja, naquele minoritário segmento em que predomina a racionalidade mercantil-capitalista da ação econômica. Relocalização e fechamento de empresas, racionalização do orçamento estatal, "livre comércio", reforma tributária, desregulação, privatização, capitalização, flexibilização trabalhista, fomento às exportações e a lei Inra (que criou o Instituto Nacional de Reforma Agrária) centraram-se em prol da racionalidade empresarial, da taxa de lucro na gestão de força de trabalho, mercadorias, dinheiro e terras. Entretanto, com o tempo, seus efeitos se fizeram sentir de maneira dramática nas condições de vida das comunidades.

A livre importação de produtos, decretada em 1986 – a princípio, para deter a especulação e satisfazer uma perigosa demanda de consumidores urbanos que ameaçava se transformar em conflito político e, mais tarde, para adequar as normas comerciais aos ventos neoliberais que sopravam do Norte, que exigiam a abertura das fronteiras para o ingresso de produção e capitais transnacionais –, iniciou com o passar do tempo um processo de desestabilização do fluxo de trabalho e de produtos das unidades familiar-comunais para a cidade, provedoras de três quartos dos produtos alimentícios dos centros urbanos, em função de uma regulação de preços sobre margens estreitas e estáveis de variação de produtividade entre unidades econômicas camponesas-comunais. Esse modo de regulação de preços, vigente durante cerca de quarenta anos, foi destruído, a partir de meados dos anos 1980, pela crescente produtividade industrial (e pelas distintas formas de renda agrária moderna) aplicada à agricultura em países vizinhos e diante das quais, pela lógica da formação da taxa de lucro[55] empresarial, a produção camponês-comunal ficou estruturalmente impossibilitada de participar na regulação do preço de venda que deveria permitir-lhe um montante de renda (como proprietária) e lucro (como investidora e administradora da produção). Pelo contrário, essa subordinação às regras capitalistas na formação dos preços habilitada de forma crescente pela livre importação e por produtos agrícolas não apenas começou a entorpecer a reposição do esforço entregue (como produtor direto), como também começou a sugar uma quantidade maior de esforço familiar (seja de outros parentes, seja de outras áreas de trabalho, como a artesanal), a fim de permitir a reprodução simples da unidade produtiva[56]. Porém, embora a abertura comercial tenha de fato permitido também uma diminuição de preços de vários produtos industriais, devido à concorrência, tal diminuição é sempre proporcionalmente menor à média que afeta a produção camponesa, pois esta, por seu caráter não capitalista, carece em termos estruturais de competências para intervir na regulação da

---

[55] Karl Marx, *El capital*, cit., tomo III.

[56] Álvaro García Linera, "Comunidad, capital y explotación", *Temas Sociales. Revista de Sociología*, La Paz, Universidad Mayor de San Andrés, n. 20, 1998.

taxa de lucro e no preço de venda empresarial. Nos termos de Nikolai Bukharin, estaríamos diante de uma arriscada abertura da "tesoura de preços"[57] das produções camponesas-comunais e industriais, provocando uma ampliação da drenagem do trabalho não pago da civilização comunal à urbano-capitalista. As formulações discursivas de uma fissura campo-cidade, presente em vários dos dirigentes médios da mobilização de setembro-outubro, poderiam ser lidas como denúncias morais da violação das fronteiras toleradas dessa exploração econômica.

Paralelamente a isso, as reformas estruturais agrediram outros dois componentes da reprodução comunal: a diversificação econômica urbana e a ocupação de terras de colonização interna no Leste por membros das unidades familiares e das comunidades indígenas. Nos últimos anos, devido à nova legislação agrária, aplicada principalmente para o acesso às terras nas planícies, e à flexibilização trabalhista generalizada em todas as atividades mercantis urbanas, as unidades comunal-camponesas estão sofrendo um cerco que redobra sua ancoragem na economia de subsistência extorquida pelo intercâmbio desigual.

Essa muralha teria sido erguida pela impossibilidade que lhes foi imposta de ampliar, como vinham fazendo há décadas, a fronteira agrícola camponesa do altiplano para as planícies do Leste. Antes, devido à pressão demográfica no Leste, onde a posse familiar foi reduzida a alguns poucos metros quadrados, milhares de famílias camponesas se dirigiam até lá para semear conforme os moldes da economia de subsistência, completando os tradicionais ciclos reprodutivos de longa duração, territorialmente fragmentados, da estrutura comunal. Hoje, milhares e milhares de hectares foram concedidos a *hacendados*, já não existe terra de "colonização" e o pouco de ingresso exitoso na economia de mercado (produção de coca e contrabando, que geravam cerca de 500 milhões de dólares anuais) vem sendo proscrito pelo Estado.

Mas, além disso, a possibilidade de uma transição estável do campo (onde se concentra ainda cerca de 45% da população do país) para a cidade também se encontra bloqueada pela precariedade trabalhista e pelo livre comércio que, literalmente, arruinou milhares e milhares de pequenas atividades informais, artesanais e industriais que anteriormente acolhiam a força de trabalho migrante do campo, pondo fim a muitas de suas expectativas de integração social, de ascensão e cidadanização plena. Isso fez com que se habilitasse um espaço de receptividade e disponibilidade a novos projetos de modernização, cidadania e integração, como os que estão sendo articulados pelo discurso da identidade étnico-nacional indígena há décadas, e com maior força desde a nova liderança aimará na estrutura sindical-comunal da Confederación Sindical Única de Trabajadores Campesinos de Bolivia (CSUTCB).

---

[57] Nikolái Bukharin, "La nueva política económica y nuestros objetivos", em *La acumulación socialista* (Madri, Alberto Corazón, 1971).

Uma tentativa ideológica e burocrática de dissuadir a consolidação dessa identidade nacional-indígena foi a presença de um profissional aimará na vice-presidência e a promulgação da Lei de Participação Popular (PP), as quais criaram uma retórica multicultural na compreensão de que os povos indígenas eram reconhecidos em sua diferença cultural, mas com prerrogativas públicas iguais. Paralelamente, de maneira institucional, criaram-se escritórios, cargos públicos (centralizados e descentralizados), financiamentos e opções de ingresso salarial que conseguiram cooptar uma errante intelectualidade citadina, que acreditava encontrar, nessa espécie de cruzada civilizatória da indiada, um referente nobre para legitimar a venda de seus serviços ideológicos ao novo regime político.

Por sua vez, a PP originou uma divisão administrativa de municípios que em grande parte fragmentou e criou um efeito de descentralização das demandas do movimento indígeno-camponês, gestado desde os anos 1970, assim como de sua estrutura de mobilização. A formação de 313 municípios com prerrogativas financeiras e recursos econômicos territorializados começou a condensar, no âmbito local, as demandas antes centralizadas pela CSUTCB, provocando desprendimentos reais – não formais, pois continuavam afiliados – de núcleos populacionais camponeses e comunais antes articulados de maneira direta e mobilizável pela Confederação.

Viabilizando essa tentativa de fragmentação da força de massa, descentralizou-se e ampliou-se a racionalidade burocrático-estatal de territórios sociais anteriormente desvinculados de um contato direto com a maquinaria governamental e de maior potencialidade de autonomia organizativa. Essa recolonização estatal de espaços territoriais veio acompanhada de uma modificação do que se poderia denominar *amplitude de eficácia* da ação política e *racionalidade institucionalizada* da política.

No primeiro caso, o dos alcances da intervenção política, a PP criou, em nível local, um marco normativo de competências fiscalizadoras, de mecanismos de representação (os partidos), de administração descentralizada de recursos e de disciplinamento cultural em relação ao "poder municipal", que criou de maneira institucional uma segmentação no acesso a oportunidades de gestão do público "nacional" para os habitantes das cidades e gestão do público local-municipal para as pessoas do campo. Mas essa dualização territorializada do grosso da intervenção política sofreu uma nova partição no momento em que o acesso a esses sistemas normativos passou a ser regulado por uma linguagem legítima (começando pelo idioma castelhano, terminando pela hermética linguagem da redação dos Programas Operativos Anuales, POAs; e dos Programas de Desarollo Educativo Municipal, PDEM; etc.), redes de eficácia da intencionalidade estratégica (vínculos de parentesco com as esferas de poder nacional) e dinheiro e tempo livre para pôr em marcha os aparelhos de encenação de representação política (os partidos), que excluem, digamos, de maneira "naturalizada", os comunais indígenas do controle da política, tanto local quanto nacional, à medida que, sem esforço, essas faculdades de administração do geral tendem a se concentrar de maneira monopolizante nas mãos de redes de parentes, secularmente administradoras do poder estatal, e a administração do poder municipal nas mãos das elites dos pequenos povoados, ansiosas por um branqueamento cultural.

Paradoxalmente, por meio da linguagem da "modernização política" se reconstroem e se renovam as velhas hierarquias coloniais nas quais os índios são excluídos de qualquer poder que não seja a clientelização de seu voto, as *mistis* dos povoados redistribuem entre si o poder político local e os *q'aras* se ocupam da administração nacional.

No que diz respeito ao segundo componente da dimensão política que instaura a "Participação Popular" – a saber, a lógica e materialidade da ação política –, ele se assemelha, em sua intencionalidade, a uma nova "extirpação de idolatrias" colonial, só que, nesse caso, política. Consideradas rudimentos arcaicos e externos à "modernidade política", arbitrária e falsa por si só, as práticas e instituições políticas comunais se converteram em objeto de sistemática ignorância, desvalorização e substituição por esquemas procedimentais liberal-representativos assentados no voto individual, no sistema de partidos, no mercado político, na autonomização dos representantes e na conceituação da política como renúncia negociada de soberania política. Como apontaram outras pesquisas, esse tipo de prática não apenas gera processos de despolitização e usurpação da responsabilidade pública[58], que nada têm a ver com a virtude republicana do cidadão e a instauração de um regime democrático de bom governo, como também institucionaliza a impostura histórica de querer erigir instituições políticas "modernas" (ou de subsunção real) segundo os cânones particulares ocidentais, numa sociedade que, de acordo com os mesmos parâmetros, é majoritariamente não moderna ou pré-moderna (ou de subsunção formal[59]) e, além de tudo, onde essas elites modernizantes fazem todos os esforços para desmontar o pouco de modernidade que havia, como a grande produção industrial, os sindicatos operários e a seguridade social que garantiam uma cidadania efetiva.

É preciso complementar apenas que tais desencontros reatualizam, no terreno da institucionalidade política, uma razão colonial que legitima e premia um instrumental organizacional, o da representação liberal da vontade política, próximo ou pertencente a uma estrutura civilizatória e a alguns segmentos popula-

---

[58] Guillermo O'Donell, "¿Democracia delegativa?", em Romeo Grompone, *Instituciones políticas y sociedad* (Lima, IEP, 1995) [ed. bras.: "Democracia delegativa", *Novos Estudos*, São Paulo, Cebrap, n. 31, 1991].

[59] Patricia Chávez, *Los límites estructurales de los partidos de poder como estructuras de mediación democrática*, cit.

cionais que descendem, por sobrenome, cultura e poder, das "castas encomendeiras", enquanto castiga, discrimina e destrói sistemas políticos comunais e assembleístas, correspondentes à estrutura civilizatória indígena.

A reivindicação desses procedimentos políticos e a anulação de sua exclusão colonial formalizada pela PP foi uma das demandas implícitas da ação do movimento indígena em setembro-outubro.

Temos, então, quatro componentes básicos que habilitaram as condições de possibilidade da formação do movimento social indígena: a) características socioculturais que permitem falar de uma estrutura civilizatória comum em toda a área de conflito; b) intensificação da expropriação/exploração do trabalho comunal pela civilização capitalista, em sua variante neoliberal, por meio de compra e venda de mercadorias e da precariedade do mercado de força de trabalho em comunidades fortemente vinculadas aos circuitos comerciais entre campo e cidade; c) acumulação acentuada, nos últimos anos, de politização e construção identitária em torno da ressignificação da história passada, da língua compartilhada, do resgate da herança cultural possuída, da construção de mitos unificadores e de um porvir autônomo e possível (nacionalismo indígena) devido ao trabalho meticuloso de uma nova geração de militantes das próprias comunidades, formados no sindicalismo e na vida orgânica de organizações políticas radicalizadas; d) fracasso das políticas estatais de cooptação das demandas indígenas, além da marcada reatualização das exclusões coloniais que engendraram um debilitamento das pautas de integração social e uma predisposição a distância ou desfiliação das comunidades em relação ao sistema político e cultural dominante.

Em termos gerais, pode-se falar do mundo indígena contemporâneo como uma estrutura social submetida a três modos analiticamente diferenciáveis de injustiça e dominação: a "injustiça da redistribuição" e a "injustiça do reconhecimento", própria das "comunidades bivalentes" das quais nos fala Fraser[60], e da dominação civilizatória, que viria a ser um conflito de poder na ordem substantiva das racionalidades da integração social.

### *A rebelião indígena*

No entanto, a soma desses componentes por si só não gera rebeliões; no máximo, produz estados de desmembramento de sociedades e estados de ânimos predispostos a messianismos religiosos ou populistas, algo fácil de comprovar, hoje, em determinados segmentos da população comunária e dos bairros periféricos. As rebeliões sociais como a do altiplano, pelo contrário, são processos

---

[60] Nancy Fraser, "¿De la redistribución al reconocimiento? Dilemas de la justicia en la era postsocialista", em *Pensamiento crítico contra la dominación, New Left Review*, Madri, Akal, n. 0, 2000.

de autounificação comunitária portadores de projetos políticos com alto grau de autonomia, cuja produção requer outros componentes que fincam suas raízes na memória coletiva e em sua capacidade de projetar horizontes de ação racionalmente fundados nessa história coletiva – ou, pelo menos, no que imaginam ser sua história.

A rebelião aimará do altiplano pôde acontecer, a rigor, porque ali se trombaram penúrias contemporâneas com heranças históricas e representações da vida que leem o passado, que significam o mundo vivido como uma ação de dominação colonial que deve ser abolida. Daí a profunda carga política da ação das comunidades, pois, em sua ação, em seu simbolismo, em seu discurso corporal e em sua maneira de dividir o mundo entre *q'aras* e aimarás, há toda uma recuperação da história, uma denúncia do racismo interno que acompanha a vida republicana e uma proposta de democratização do poder, do público, da produção do comum. Ainda, "a oportunidade política" – no sentido proposto por Tarrow – que permitiu "engatilhar" como rebelião social esse conjunto de potencialidades sociais e de seculares cisões civilizatórias foi, por um lado, a intenção governamental de mercantilizar a água controlada pelas comunidades, brindando, assim, um espaço de unidade imediata entre elas diante do iminente "perigo de morte" que, nas palavras de Sartre[61], permite reatualizar os pactos de fidelidade prática entre os membros do grupo.

Por outro lado, a presença de um dirigente sindical-comunal, Felipe Quispe, à frente da CSUTCB – que, por suas características, permitiu condensar, em estado de insurgência, âmbitos de predisposição e de vontade coletiva acumulados há tempos nas comunidades indígenas do altiplano e vales adjacentes –, portador da construção discursiva e política mais elaborada da identidade indígena contemporânea, possuidor de uma longa trajetória na luta pela autonomia e independência das nacionalidades indígenas em relação à tutela e à cooptação estatal, partidária e institucional nas quais caiu grande parte de outros antigos dirigentes indianistas-kataristas, personificador de um elevado prestígio por sua liderança política, pelos anos de cadeia como preso político, pela ferocidade de sua linguagem diante dos poderosos, para os quais jamais olhou de baixo, e sim de cima, conseguiu articular antigas e novas fidelidades de *ayllu* num movimento social que pôs em crise o ordenamento estatal e a configuração republicana.

Aqui, a institucionalidade (a CSUTCB) e a personalidade do dirigente, vinculado de forma sistemática às comunidades – às quais recorreu uma por uma para consultar sobre a ação conjunta –, conseguiram traduzir a cumplicidade tácita do sofrimento e da discriminação suportada por todos, isoladamente, numa

---

[61] Jean-Paul Sartre, *Crítica de la razón dialéctica* (Buenos Aires, Losada, 1979), tomo I [ed. bras.: *Crítica da razão dialética*, Rio de Janeiro, DP&A, 2002].

vivência de resistência comunitária. Nesse caso, sua palavra desempenhou o papel da "palavra do porta-voz", da qual nos fala Bourdieu[62], como explicitador da situação das comunidades, com a força de constituir publicamente a situação de interunificação dessas comunidades, de fazer existir essa unificação e de mobilizá-las.

### As tecnologias sociais do movimento comunal

O levante aimará de setembro-outubro não foi apenas uma explosão de descontentamento, ou um ato para lembrar que a Bolívia é um país onde outras nações encontram-se dominadas. Antes de tudo, ali se desenvolveu intensamente uma série de mecanismos de mobilização social que, como acontecera em abril na cidade de Cochabamba, marcava pautas e tendências para uma regeneração da política e do bom governo – no caso, por meio do *ayllu em ação* ou da mobilização atuante de uma estrutura civilizatória comunal-andina.

Em primeiro lugar, o levante aimará significou a substituição do poder estatal por um poder político comunal suprarregional descentralizado em vários nodos (*cabildos*). A poucos dias da mobilização, o sistema estatal de autoridades (subgovernos departamentais*, corregedores, prefeituras, postos policiais, administração estatal) foi dissolvido em toda a área de mobilização comunal (Sorota, Cambaya, Achacachi, Huarina, Ancoraimes, Pukarani etc.) e substituído por um complexo sistema de autoridades comunais (denominadas dirigentes sindicais, mas que, na verdade, funcionavam sob a lógica comunal da responsabilidade pública rotativa ligada à legitimidade da posse familiar-comunal da terra). Essa estrutura de poder político alternativo tinha as assembleias de comunidade (sindicato camponês) como ponto de partida e suporte da mobilização. Ali se tomam as decisões e ali, internamente, não existe força capaz de mobilizá-las que não seja o convencimento – decidido em assembleia – da justeza da demanda e do objetivo da ação coletiva.

Acima dele estão os representantes de dezenas de comunidades (subcentrais); acima delas, representantes de várias subcentrais agrupadas numa federação provincial, que é o nível organizacional até onde o controle das bases comunais sobre a ação de seus dirigentes chega, pois esses são membros que continuam lavrando as terras em suas comunidades. Nessa rede recaiu a capacidade de mobilização das cerca de dez províncias do departamento de La Paz, que concentram a maior parte da população aimará rural do país, apoiadas pelas comunidades que falam o quéchua do norte do departamento e das zonas altas de Cochabamba.

---

[62] Pierre Bourdieu, *El campo político* (La Paz, Plural, 2001).

* *Subprefecturas*, no original em espanhol. Na Bolívia, o termo *prefectura* se refere ao governo estadual. (N. T.)

Dado que o bloqueio provocou grandes concentrações, formaram-se quatro *cabildos* interprovinciais, que chegaram a agrupar até 25 mil comunais. Eles deliberavam de forma permanente, independentemente do fato de outros persistirem nos bloqueios ao longo das centenas de quilômetros das estradas que confluíam à cidade de La Paz. Como fruto desses *cabildos*, formaram-se os Comitês de Bloqueio, cujos representantes vinham das zonas mais aguerridas e mobilizadas, que constituíram o autêntico Estado Maior da mobilização, enquanto coordenavam as comunidades de base com os dirigentes máximos, que se moviam por outras províncias ou se encontravam na cidade para preparar as mesas de negociação com o governo. E, por último, estavam Felipe Quispe e alguns dirigentes da CSUTCB, movimentando-se entre as comunidades mobilizadas, as reuniões de coordenação com outros setores (professores rurais, trabalhadores do transporte, sindicais) e as negociações oficiais com o governo.

Durante dezoito dias, nada se moveu, ninguém transitou pelas vias e nenhuma decisão foi tomada fora dessas redes de poder que ocuparam estradas, povoados medianos e meios de comunicação. Nas ações, a autoridade territorial da zona de rebelião se deslocou do Estado às estruturas sindicais da comunidade e a seus *cabildos*, e por quinze dias elas se revelaram formas de exercício de poder governamental eficientes e coordenadas numa extensa região do país.

Em segundo lugar, o levante aimará significou um sistema comunal produtivo aplicado à guerra de movimentos. A possibilidade de tanta gente se manter por tantos dias nas estradas se sustentou pelo sistema de "turnos", mediante o qual, a cada 24 horas, as pessoas mobilizadas de determinada comunidade eram substituídas pelas de outra, a fim de permitir que a primeira descansasse, durante alguns dias se dedicasse a suas tarefas agrícolas e regressasse à mobilização quando fosse novamente seu "turno". Para cada cem pessoas mobilizadas numa das centenas de bloqueios, havia um círculo de outras mil ou 2 mil que esperavam sua vez para se deslocar. Daí o cálculo conservador de que somente no altiplano se mobilizaram cerca de 500 mil comunais. A logística do bloqueio esteve também assentada nas próprias comunidades. Cada grupo levava sua alimentação comunal, que depois era somada às de outras famílias e comunidades num *apt'api** que consolidava solidariedades e estabelecia uma coesão, por meio do alimento, do que se vinha fazendo na guerra.

Por outro lado, a técnica de bloqueio que inviabilizou qualquer tentativa de desbloqueio militar foi o traslado da instituição do trabalho comunal – no qual

---

\* No mundo aimará, ato de socialização entre familiares, comunais ou comunidades em que compartilham-se os alimentos. Deriva do vocábulo *apthapiña*, que significa "pegar da colheita". (N. T.)

todas as famílias trabalham coletivamente na terra de cada uma das famílias – ao âmbito guerreiro. Ao longo das vias, poderosas máquinas humanas produtivas se punham em movimento, semeando de pedras e terra cada metro de asfalto. Nem bem passavam os tratores e os soldados, essa poderosa força produtiva agrícola que permite o lavradio ou a semeadura em curto tempo, agora servia para forrar a estrada de infinitos obstáculos.

De maneira objetiva, os comunais aimarás ocuparam militarmente o espaço e exerceram sua soberania sobre ele por meio de tensão de instituições comunais, tanto políticas quanto econômicas e culturais. Enquanto isso, o Estado, onde aparecia, o fazia como um intruso inepto a quem a geografia e o tempo se apresentavam como forças alheias e incontroláveis. A única maneira de compensar essa impotência foi por meio das mortes, que jogavam os mobilizados na direção de uma adversidade maior, pois, com a contagem dos cadáveres, os aimarás começaram a propor desalojar os quartéis construídos nas províncias rebeldes. Em termos militares, porém, o Estado perdeu a iniciativa; perdeu o controle do tempo, perdeu o controle do território e fracassou em sua tentativa de repressão. Essa derrota militar do Exército estatal é um acontecimento que certamente marcará também os passos seguintes que o movimento indígena empreenderá na construção de sua autonomia política.

Em terceiro lugar: ampliação da democracia comunal ao âmbito regional-nacional e produção de uma moral pública de responsabilidade civil. A pedagogia de democratização da vida pública – nesse caso, da decisão de deslocar a institucionalidade estatal, de conservar a água como um bem comum e de abolir o colonialismo republicano – foi sem dúvida extraordinária e exerceu-se pela aplicação dos saberes democráticos praticados no âmbito das comunidades camponesas em escala suprarregional, o que permitiu entrar em acordo sobre objetivos coletivos, consultar reiteradamente as bases acerca da continuidade da mobilização, chegar a consensos sobre as demandas, coordenar a defesa territorial das comunidades mobilizadas diante do avanço do Exército e controlar a vida política nas zonas sublevadas.

Sob essa nova forma de poder político, as práticas democráticas por meio das quais a população recuperou sua capacidade de intervenção e gestão na formulação do bem comum e no uso da riqueza coletiva foram:

a) Os *cabildos* e as assembleias, que funcionaram como organismos púbicos de intercâmbio de razões e argumentos do qual ninguém estava excluído, nem sequer os funcionários estatais, mas como iguais ao resto dos comunais indígenas; ou seja, assembleias e *cabildos* funcionaram como espaços de produção de igualdade política real e de formação de opinião pública, ambos componentes básicos do que se denomina "democracia deliberativa", mas não como complemento do estado de direito, como o havia desejado Habermas[63], e sim como interpelação a um Estado que institucionalizou a desigualdade entre homens e mulheres pertencentes a culturas distintas.

b) Os participantes dessas condensações de cultura democrática exerceram um princípio de soberania, na medida em que não obedeciam a nenhuma força externa que não fosse a decisão acordada por todos; daí o radicalismo com que suas decisões eram recebidas pelo Estado.

c) As deliberações entre iguais se sustentaram em movimentos sociais (as comunidades mobilizadas) portadores de uma moral de responsabilidade pública (local) na qual regem formas de ação normativamente reguladas[64]. Sem dúvida, isso faz com que muitos dos valores coletivos que guiam os comportamentos de seus integrantes sejam regidos por princípios prévios e obrigatórios, capazes de limitar a geração de novos consensos substanciais – como acontece, por exemplo, na escala comunal, onde o público tem a mesma dimensão territorial que o espaço de eficácia dos valores normativos. Daí ser possível falar da presença de um "princípio de comunidade"[65], que obriga as pessoas a atuar dentro da coletividade, sob a suposição implícita de que esses laços de unidade já existam antes de qualquer atitude que se tome em relação a eles. No entanto, no marco das ações coletivas em grande escala, a esfera pública, o comum que interconecta os sujeitos coletivos, ultrapassa o marco das regulações normativas locais e tende a ser fruto de uma nova interação comunicativa produtora de novos consensos e normas coletivas.

A democracia comunal funde, então, a *ação comunicativa* pela qual os comunais deliberam seus acordos para formar, no âmbito do discurso, um horizonte de ação comum com a *ação normativa*, que faz com que os acordos assim produzidos contem com um caráter obrigatório em relação aos sujeitos coletivos e individuais partícipes em sua elaboração. Isso se explica pela preponderância do comum sobre o individual nas estruturas sociais tradicionais. Entretanto, as assembleias buscam, sobretudo, a produção de consenso por meio de longas sessões de persuasão mútua; e, embora não falte a formação de dissensos minoritários, essas minorias não perdem seu direito à voz dissidente nem o de aprovar, numa nova assembleia, uma mudança na correlação de forças. O decisivo não se fundamenta, portanto, na

---

[63] Jürgen Habermas, *Facticidad y validez* (Madri, Trotta, 1998).

[64] Idem, *Teoría de la acción comunicativa*, cit.

[65] Ranajit Guha, *Elementary Aspects of Peasants Insurgency in Colonial India* (Oxford, Oxford University Press, 1983); ver também Partha Chatterjee, "La nación y sus campesinos", em Silvia Rivera e Rossana Barragán, *Debates post coloniales: una introducción a los estudios de la subalternidad* (La Paz, Historias/Sephis/Aruwiyiri, 1997).

coerção para o cumprimento, muitas vezes simbolizada pela ameaça do uso do chicote, mas numa moral carregada de responsabilidade pública que exige daqueles que concordaram com uma escolha a cumpri-la, a referendá-la com a ação.

Em quarto lugar, o levante significou política de igualdade. Um dos componentes mais impactantes da mobilização social, tanto nas declarações de seus porta-vozes como na gestualidade coletiva dos comunais bloqueadores, foi a derrubada simbólica do preconceito da desigualdade entre índios e *q'aras*, entre aimarás e *mistis*. "Hei de negociar de presidente a presidente", "inquilinos", "assassinos" e "carniceiros" foram frases lançadas por um indígena que, afirmando-se como tal, usava os tons, os epítetos e as representações discursivas antes reservadas às elites dominantes. E, por isso, foi acusado de racista, ou seja, justamente por assumir a norma da igualdade diante de qualquer habitante.

A estrutura simbólica colonial que havia acostumado colonizados e colonizadores ao fato de que os indígenas se dirigiam aos *q'aras* em atitude de submissão, de súplica, de genuflexão ou de reclamo choroso de repente se quebrou perante a marca deixada por um dirigente que não lhes tinha medo, que lhes dizia que podia governá-los e que não implorava, mas se impunha. Enquanto isso, nas vias bloqueadas, acontecia uma coisa parecida, pois, em vez de idosos e meninos mendicantes nas margens das estradas, havia comunais insolentes que não ouviam os pedidos de passagem lançados dos luxuosos Mitsubishis com *insulfilm*. A indiada havia se rebelado e, com isso, o medo, o pavor se apoderou de famílias que, por vias das dúvidas, reservaram passagens de avião para Miami ou Madri. No fundo, enquanto os indígenas ocupavam a geografia como prolongação de seu corpo coletivo, os outros, os *q'aras*, assumiram a consciência da impostura de sua soberania real; o território se apresentou então como um imenso corpo suspeito de emboscadas, cujo controle se diluía na medida em que se apagavam as luzes de seus *shoppings*. A incursão punitiva, com tanques e aviões para desocupar as vias bloqueadas ou para "resgatar" a esposa do vice-presidente da mancha indígena que se desprendia dos morros que rodeavam as luxuosas residências do Sul, foi a linguagem fundadora que voltava a renascer nas elites dominantes.

As palavras, os gestos, a corporalidade e a estratégia desses indígenas insurgentes haviam rompido uma hierarquia étnico-cultural centenária por meio do exercício e da reivindicação do direito básico da igualdade. O pedido não era extremo, mas poderoso o suficiente para provocar um cataclismo no sistema de crenças dominantes e reinventar o sentido do político[66].

---

[66] "Não existe política porque os homens, graças ao privilégio da palavra, colocam em comum seus interesses. Existe política porque os que não têm direito a ser considerados seres falantes se fazem contar entre estes e instituem uma comunidade pelo fato de colocar em comum a distorção, que não é outra coisa senão o enfrentamento mesmo, a contradição de dois

No fundo, o que se exercia por meio das ações era uma economia de direitos de igualdade cidadã. Direito de falar, de ser ouvido e de ser reconhecido pelos poderes instituídos – daí todos os delegados das comunidades terem exigido falar, elaborando intermináveis listas de oradores, uma vez que as até então inacessíveis autoridades de governo viram-se obrigadas a sentar-se frente a frente com a direção indígeno-camponesa. Direito, pois, de participar dos benefícios do "intelecto social geral"[67], do conhecimento universal e das criações tecnológicas da modernidade por parte de uma estrutura social que sustenta sua produtividade econômica sobre o antigo arado egípcio – daí a reclamação sobre a ausência de internet em Patamanta e sobre falta de tração motorizada para as tarefas agrícolas. Direito a prerrogativas públicas similares entre o campo e a cidade, entre os produtores do campo e os habitantes da cidade – daí o desafio de negociar não apenas em brilhantes edifícios urbanos, mas também nos estropiados escritórios sindicais de Achacachi. Direito à cidadania plena entre indígenas e *criollos*, entre aimarás e *q'aras* – daí o convencimento irrenunciável do *mallku** de que um indígena poderia ser presidente de todos os bolivianos. Enfim, direito a formular as pautas da modernidade coletiva e da igualdade entre culturas, idiomas, cores e sobrenomes.

Curiosamente, a igualdade não estava presente na longa lista de demandas ao governo, mas era explicitada por meio de sofisticadas estratégias simbólicas que recorriam à textura do corpo coletivo, à maneira de ocupar o espaço, ao dramatismo dos gestos, ao ruído, ao atrevimento, à brincadeira, ao discurso de assembleia e aos relatos nas rádios que, ao cobrirem de maneira memorável a informação pública e os planos de ação coletiva em idioma aimará, sem que as autoridades governamentais e militares se dessem conta, ajudaram a criar um tipo de espaço público paralelo ao oficial urbano, exigindo assim o reconhecimento, na prática, de outras textualidades na construção das narrativas sociais da nação.

Em quinto lugar, significou uma política de identidade e alteridade. A rebelião de abril, mas, sobretudo, a de setembro-outubro, foi, em primeiro lugar, uma guerra simbólica, uma luta pelas estruturas de representação, hierarquização, divisão e significação do mundo. À medida que os esquemas mentais dominantes (coloniais) eram impugnados, outros se interpunham e se levantavam, orientando

---

mundos alojados num só: o mundo em que são e aquele em que não são, o mundo onde há algo 'entre' eles e os que não os reconhecem como seres falantes e contabilizáveis e o mundo onde não há nada." Jacques Rancière, *El desacuerdo: política y filosofía* (Buenos Aires, Nueva Visión, 1996).

[67] Antonio Negri e Michael Hardt, *Imperio* (Cambridge-MA, Harvard University Press, 2000) [ed. bras.: *Império*, trad. Berilo Vargas, São Paulo, Record, 2001].

* Autoridade política entre os indígenas andinos. (N. T.)

a ação mobilizada dos contestadores da ordem estabelecida. Por isso que não se deve buscar apenas nos papéis escritos a dinâmica da rebelião indígena, ou seu programa, sua estratégia orientadora, mas nos outros símbolos que a rebelião produziu e que produziram a rebelião.

Aí está, em primeiro lugar, o uso do idioma aimará ou quéchua para confeccionar publicamente, em meios de comunicação, em assembleias e diálogos, o tecido, a intensidade, a amplitude e os passos do levantamento. Em segundo lugar, o conhecimento comunal do território, de suas estradas, de sua importância, dos modos de cobri-lo e usá-lo a seu favor. Em terceiro, o uso de sistemas de deliberação por meio de assembleias, que criou um sistema de consulta e execução coletiva em grande escala. Em quarto, a lógica de uma economia comunal com alto grau de autossustentabilidade que permitiu controlar o tempo de guerra em função dos dilatados ciclos de semeadura-colheita e quebrar a sustentabilidade dos tempos de produção-consumo mercantil-capitalista.

Mas sabe-se que o idioma, o território e a lógica organizativa ou econômica diferentes podem ser assumidos como componentes particulares, regionais ou folclóricos de uma estrutura social maior, como pertences sem valor dos quais é melhor se desfazer, ou como manifestações de uma identidade separada, diferenciada irredutivelmente das que a rodeiam e dominam. Somente nesse caso, a língua, o território ou a cultura e a organização se tornam componentes de uma identidade nacional; portanto, o que importa é como são lidas, interpretadas, significadas, desejadas ou, o que dá no mesmo, de que forma se dá sua politização[68]. Foi precisamente isso que aconteceu na rebelião indígeno-camponesa de setembro dirigida pela CSUTCB: o conhecimento territorial se transformou em materialidade de soberania que separou dois mundos, o deles e o dos *q'aras*. O idioma, de meio de comunicação, tornou-se meio de diferenciação entre um "nós" e um "eles" verificável pelo saber linguístico e seu modo de aquisição. Por sua vez, a participação nas técnicas organizativas e os saberes produtivos aplicados à ação de mobilização se converteram em meios de reafirmação eletiva de um pertencimento a uma coletividade que precede a todos e os empurra à imaginação de um porvir igualmente comum e autônomo, ou seja, de uma nação.

Em conjunto, esses componentes do movimento social, tal como tenderam a ser ressignificados, começaram a recriar os eixos de uma identidade cultural contraposta e separada da dominante, de um sentido de filiação coletiva, de alte-

---

[68] Sobre a formação da identidade étnica no caso do movimento indígena equatoriano, ver Pablo Ospina, "Reflexiones sobre el transformismo: movilización indígena y régimen político en el Ecuador (1990-1998)", em Julie Massal e Marcelo Bonilla (orgs.), *Los movimientos sociales en las democracias andinas* (Ecuador, Flacso/Ifea, 2000). Ver também Jorge León, *El levantamiento indígena: de campesinos a ciudadanos diferentes* (Quito, Cedime, 1994).

A POTÊNCIA PLEBEIA    275

ridade irredutível e que, pela dimensão de disputa territorial e de autonomia política que adquiriu essa construção comunal de destino compartilhado, tem todas as características de uma rearticulação de identidade nacional indígena, majoritariamente aimará, cuja vitalidade ou existência efêmera pôde ser medida nos anos seguintes.

Em geral, as nações são artefatos políticos, construções políticas que criam um sentido de pertencimento a um tipo de entidade histórica capaz de outorgar espírito de coletividade transcendente, de segurança histórica diante das vicissitudes do porvir, de adesão familiar básica entre pessoas que certamente nunca poderão se ver, mas entre as quais, supõe-se, um tipo de identidade é compartilhado, de proximidade histórica, de potencialidades de convivência que não se possui com outras pessoas que conformam a outredade, a alteridade. Daí a importância e o papel destacado que as construções discursivas e as lideranças podem assumir na formação das identidades nacionais, em sua capacidade de articular demandas, disponibilidades, expectativas e solidariedades em esquemas simbólicos de agregação e ação política autônoma do campo de competências culturais, territoriais e políticas dominantes[69].

As nações são fronteiras sociais, territoriais e culturais que existem previamente nas cabeças dos conacionais e que têm a força de materializar-se em estruturas físicas e institucionais. Nesse sentido, são comunidades políticas nas quais seus componentes, aqueles que se assumem como nação, reconhecem-se antecipadamente numa institucionalidade que concebem como própria e dentro da qual integram suas lutas sociais, suas competências e mentalidades[70]. A rigor, a formulação dessas fronteiras simbólicas no imaginário coletivo, a partir da visualização e politização das fronteiras reais da segregação colonial já existente, parecia ser a primeira de uma série de tarefas nacionalitárias do atual movimento social indígena – que, por isso, se apresenta ao mesmo tempo como um movimento de construção nacional indígena[71].

---

[69] Terry Eagleton, "El nacionalismo y el caso de Irlanda", em *El nacionalismo en tiempos de globalización, New Left Review*, Madri, Akal, n. 1, 2000; Ver também David Miller, *Sobre la nacionalidad: autodeterminación y pluralismo cultural* (Barcelona, Paidós, 1997).

[70] Étienne Balibar, "La forma nación: historia e ideología", em Immanuel Wallerstein e Étienne Balibar, *Raza, nación y clase* (Madri, Iepala, 1991).

[71] "As lutas sobre a identidade étnica ou regional, ou seja, em relação a propriedades (estigmas ou emblemas) vinculadas com sua *origem* ao *lugar* de onde vêm e seus sinais correlatos, como o sotaque, constituem um caso particular das lutas de classes, lutas pelo monopólio do poder de fazer crer, fazer conhecer e fazer reconhecer, por impor a definição legítima das divisões do mundo social e, por meio disso, *fazer* e *desfazer os grupos*: com efeito, o que se ventila nessas lutas é a possibilidade de impor uma visão do mundo social por meio do princípio de divisão que, quando se impõe ao conjunto de um grupo, constitui o sentido e

Na medida em que as formações nacionais são a princípio discursos performativos[72] capazes de gerar processos de construção de comunidades de consentimento político por meio das quais as pessoas definem um "nós" separado de um "outros" – pela reinterpretação, enunciação ou invenção de algum ou alguns componentes sociais (por exemplo, o idioma, a religião ou a etnicidade, a história de dominação) que, a partir desse momento, passam a ser componentes de diferenciação e de vinculação à comunidade, garantindo a seus membros uma segurança coletiva no porvir igualmente comum –, trata-se de um tipo de interação comunicativa que produz ou desenterra ou inventa uma irmandade estendida, um parentesco ampliado capaz de criar: a) um efeito de atração gravitacional para certos setores populacionais que se sentirão atraídos e b) um efeito complementar de repulsão para com aqueles que se sentirão excluídos – por tudo isso é que se diz que as nações são "comunidades imaginadas"[73]. Porém, ao mesmo tempo que são processos de remodelação da subjetividade coletiva que cria um sentido de "nós", as nações também são uma forma de produzir o "comum", o bem comum que une o grupo e o diferencia dos "outros" grupos. Nesse sentido, trata-se de comunidades políticas, pois sua força articuladora é, precisamente, a gestão, a distribuição, a conservação desse bem comum. Desse modo, a política das necessidades vitais que disputa a forma de gestão dos bens comuns imprescindíveis para a reprodução social é, na atualidade, uma força social que, em alguns casos (como o da Coordinadora del Agua), está conduzindo a uma regeneração da vida democrática e plebeia da nação boliviana. Em outros casos, porém (exemplo da CSUTCB), permite a formação de uma identidade nacional indígena separada da identidade boliviana. Parece que essas foram as duas formas mais prováveis de

---

o consenso sobre o sentido e, em particular, sobre a identidade e a unidade que faz efetiva a realidade da unidade e identidade desse grupo". Em Pierre Bourdieu, *¿Qué significa hablar? Economía de los intercambios lingüísticos* (Madri, Akal, 1999), p. 88 [ed. port.: *O que falar quer dizer: a economia das trocas lingüísticas*, Lisboa, Difel, 1998].

[72] O discurso étnico ou regionalista "é um *discurso performativo*, que pretende impor como legítima uma nova definição das fronteiras e fazer conhecer e reconhecer a *região* assim delimitada diante da definição dominante e desconhecida como tal. O ato de categorização, quando consegue fazer-se reconhecer ou é exercido por uma autoridade reconhecida, exerce por si mesmo um poder: como as categorias de parentesco, as categorias "étnicas" ou "regionais" instituem uma realidade utilizando o poder de *revelação* e de *construção* exercido pela *objetivação no discurso*". Idem.

[73] Ernest Gellner, *Naciones y nacionalismos* (Madri, Alianza, 1994) [ed. port.: *Nações e nacionalismo*, Lisboa, Gradiva, 1993]; Benedict Anderson, *Comunidades imaginadas* (Cidade do México, Fondo de Cultura Económica, 1989) [ed. bras.: *Comunidades imaginadas*, São Paulo, Companhia das Letras, 2008]; Montserrat Guibernau, *Los nacionalismos* (Barcelona, Ariel, 1998) [ed. bras.: *Nacionalismos*, Rio de Janeiro, Jorge Zahar, 1997].

ação coletiva ascendente, que nos anos seguintes erodirão as estruturas de dominação, ampliando as práticas de politização e democratização da vida coletiva. Se assim for, estaremos diante da irradiação de duas novas formas de autodeterminação social.

*La Paz, janeiro de 2001*

# VI. CRISE ESTATAL
# E ÉPOCA DE REVOLUÇÃO

CRISE DE ESTADO E SUBLEVAÇÕES *INDÍGENO-PLEBEIAS* NA BOLÍVIA*

Foi Kant quem definiu o Estado como uma união de pessoas que se propõem a viver juridicamente, isto é, em exercício da liberdade sob uma lei e uma coação universal[1]. Além de entender o Estado como a ideia do direito no ato, o que interessa aqui é a concepção do Estado como o "Eu comum" do sistema de liberdades que uma sociedade possui. Entretanto, foi Marx quem nos chamou a atenção sobre o caráter ilusório dessa comunidade[2]. Não que o Estado não seja um resumo da coletividade; o que sucede é que ele é uma síntese alienada enquanto transfigura os conflitos internos da sociedade sob a aparência da autonomia das funções estatais. Daí ser possível dizer que o Estado é uma síntese da sociedade, mas uma síntese qualificada pela parte dominante da sociedade[3].

Nos últimos anos, as escolas derivacionista e regulacionista[4] trabalharam os processos sociais pelos quais as estruturas estatais modernas –, e seus âmbitos de autonomia política – respondem às distintas configurações dos processos produtivos, aos modos de gestão da força de trabalho e à própria articulação das redes transnacionalizadas dos circuitos do capital social global. Isso significa que, quando falamos do Estado, estamos falando de algo muito mais complexo do que um

---

* Publicado originalmente em *Memorias de octubre* (La Paz, Comuna/Muela del Diablo, 2004). (N. E. A.)

[1] Immanuel Kant, *Crítica de la razón práctica* (Buenos Aires, Ateneo, 1951) [ed. bras.: *Crítica da razão prática*, São Paulo, Martins Fontes, 2008].

[2] Karl Marx, "De la crítica de la filosofía del derecho de Hegel", em *Obras Fundamentales* (Cidade do México, Fondo de Cultura Económica, 1981) [ed. bras.: *Crítica da filosofia do direito de Hegel*, São Paulo, Boitempo, 2005].

[3] René Zavaleta, *El estado en América Latina* (La Paz, Los Amigos del Libro, 1989).

[4] Robert Boyer e Yves Saillard, *Théorie de la regulation. L'état des savoirs* (Paris, La Découverte, 1990).

conjunto de instituições, normas ou procedimentos políticos, pois trata-se, no fundo, de uma relação social conflituosa que atravessa toda a sociedade, uma vez que realiza a continuidade de seu sistema de necessidades (propriedade, impostos, moeda, direitos trabalhistas, créditos etc.) e representa a articulação entre suas competências políticas e suas atividades cotidianas.

Essa maneira de entender o Estado como totalidade foi sistematizada por Gramsci, que propôs o conceito de Estado, em seu "sentido integral", como a soma da sociedade política e da sociedade civil, acolhendo, a seu modo, o legado hegeliano de que a sociedade civil é o momento constitutivo do Estado – que, por sua vez, devido à estrutura de suas instituições, sintetiza o ideal de eticidade de uma coletividade, isto é, costumes, valores e crenças que os membros de uma sociedade compartilham[5].

A importância das crenças como elemento fundamental na constituição do poder político foi o que levou Durkheim a descrever o Estado como "o órgão de fato do pensamento social e, sobretudo, o órgão da disciplina moral", o que, entretanto, não deve fazer com que esqueçamos o âmbito da "violência organizada" como núcleo do poder estatal[6]. Coerção e crença, ritual, instituição e relação, sociedade civil e sociedade política são, portanto, elementos constitutivos da formação dos Estados. Weber sintetizou tal composição do fato estatal por meio da definição do Estado como uma organização política contínua e obrigatória que mantém o monopólio do uso legítimo da força física[7].

Isso significa que há Estado não apenas quando, em determinado território, certos funcionários logram monopolizar o uso da coerção física, mas também quando esse uso é legítimo, isto é, quando se estabelece na crença social a legitimidade de tal monopólio. Consequentemente, isso supõe, segundo Bourdieu, um monopólio paralelo, o da violência simbólica, que não é outra coisa senão a capacidade de impor e consagrar, nas estruturas mentais das pessoas, sistemas cognitivos, princípios de visão e de divisão do mundo considerados evidentes, válidos e legítimos pelos membros da sociedade[8].

---

[5] Antonio Gramsci, *Notas sobre Maquiavelo, sobre política y sobre el estado moderno* (Cidade do México, Juan Pablo, 1975) [ed. bras.: *Maquiavel, a política e o Estado moderno*, São Paulo, Civilização Brasileira, 1984]; G. W. F. Hegel, *Fundamentos de la filosofía del derecho* (Buenos Aires, Siglo Veinte, 1975) [ed. bras.: *Princípios da filosofia do direito*, São Paulo, Martins Fontes, 2003].

[6] Émile Durkheim, *La división del trabajo social* (Cidade do México, Premiá, 1985) [ed. bras.: *Da divisão do trabalho social*, São Paulo, Martins Fontes, 2004].

[7] Max Weber, *Economía y sociedad* (Cidade do México, Fondo de Cultura Económica, 1987) [ed. bras.: *Economia e sociedade*, Brasília, UnB, 2004, 2 v.].

[8] Pierre Bourdieu, *Razones prácticas* (Barcelona, Anagrama, 1997).

## Crise de Estado

Mas, como demonstrou Elias, os monopólios que dão lugar aos Estados são processos históricos que necessitam reproduzir-se continuamente[9]. Assim, a estatalidade da sociedade não é um dado, um fato fixo, mas um movimento. Esse monopólio do "capital de força física" e do "capital de reconhecimento" que dá lugar ao Estado gera ao mesmo tempo outro capital, o "capital estatal", que é um poder sobre as distintas espécies de capital (econômico, cultural, social, simbólico), sobre sua reprodução e suas taxas de reconversão. Isso faz com que o cenário de disputas e competições sociais no Estado sejam, no fundo, confrontos sociais pelas características, o controle e a direcionalidade desse capital estatal administrado de forma burocrática.

Em síntese, em termos analíticos é possível distinguir na organização do Estado pelo menos três componentes estruturais que regulam seu funcionamento, sua estatalidade e sua capacidade representativa. O primeiro é a *estrutura de forças sociais*, tanto dominantes como dominadas, que define as características administrativas e a direção geral das políticas públicas. Todo Estado é uma síntese política da sociedade, só que hierarquizada em coalizões de forças que possuem uma capacidade maior de decisão (capital estatal burocrático) e outras forças compostas por grupos cujas capacidades de influência na tomada de decisões dos grandes assuntos comuns são menores ou escassas. Nesse sentido, os distintos tipos ou formas estatais correspondem, analiticamente, às distintas etapas históricas de regularidade estrutural da correlação de forças que sempre são resultado e cristalização temporária de um curto período de conflagração intensa, mais ou menos violento, de forças sociais que disputam a reconfiguração das posições e das tomadas de posição no controle do capital estatal.

Em segundo lugar, está o *sistema de instituições*, de normas e regras de caráter público pelo qual todas as forças sociais logram coexistir, de modo hierárquico, durante um período duradouro da vida política de um país. No fundo, esse sistema normativo de incentivos, de limites, proibições e garantias sociais que se objetiva por meio de instituições é uma forma de materialização da correlação de forças fundantes que deu lugar a um tipo de regime estatal e se reproduz por meios legais mediante esse marco institucional.

Como terceiro componente de um regime de Estado, está o sistema de *crenças mobilizadoras*. Em termos estritos, todo Estado, sob qualquer de suas formas históricas, é uma estrutura de categorias de percepção e de pensamentos comuns, capazes de configurar, entre setores sociais governados e governantes, dominantes

---

[9] Norbert Elias, *El proceso de la civilización* (Madri, Fondo de Cultura Económica, 1987) [ed. bras.: *O processo civilizador*, Rio de Janeiro, Jorge Zahar, 2008, 2. v.].

e dominados, um conformismo social e moral sobre o sentido do mundo que se materializa, mediante os repertórios e ritualidades culturais do Estado[10].

Quando esses três componentes da vida política de um país mostram vitalidade e funcionamento regular, falamos de uma excelente correspondência entre regime estatal e sociedade. Quanto algum ou os três fatores estancam, se diluem ou se quebram de maneira irremediável, estamos diante de uma *crise de Estado*, manifesta no divórcio e no antagonismo entre o mundo político, suas instituições e o fluxo de ações das organizações civis. A rigor, é isso o que vem acontecendo na Bolívia há três anos. O que mais chama a atenção nessa crise estatal é que, diferentemente daquelas que se repetem ciclicamente a cada quinze a vinte anos, a atual crise apresenta uma dimensão dupla. Parafraseando Braudel, podemos dizer que hoje se manifesta a crise de uma estrutura estatal de "longa duração" e outra de "curta duração". A primeira tem a ver com a deterioração radical e com o questionamento das certezas societais, institucionais e cognitivas que atravessam de maneira persistente os distintos ordenamentos estatais da vida republicana, às quais chamaremos *estruturas de invariância estatal*. A crise de "curta duração", por sua vez, refere-se ao modo "neoliberal" ou recente de configuração do Estado, que chamaremos *estruturas estatais temporárias*, ainda que suas variadas formas históricas utilizem, moldem e ergam sistemas de poder que dão lugar às estruturas invariantes. Vejamos brevemente como isso se manifesta.

### A trama das forças sociais

Desde meados da década de 1980, a constituição da estrutura de forças coletivas que deram lugar ao chamado Estado "neolibral-patrimonial" contemporâneo na Bolívia teve como ponto de partida a derrota política e cultural do sindicalismo operário articulado em torno da COB, que representava a vigência de múltiplas prerrogativas plebeias na administração do excedente social e na gestão do capital estatal (cidadania sindical, cogestão operária etc.). Foi sobre essa desagregação do sindicalismo ligado ao Estado que se consolidou um bloco social composto por frações empresariais vinculadas ao mercado mundial, partidos políticos, investidores estrangeiros e organismos internacionais de regulação que ocuparam o cenário dominante da definição de políticas públicas.

Durante quinze anos, a tomada de decisões na gestão pública (reformas estruturais de primeira e segunda geração, privatizações, descentralização, abertura de fronteiras, legislação econômica, reforma educacional etc.) teve como único sujeito de decisão e iniciativa essas forças sociais que reconfiguraram a organização econômica e social do país sob promessas de modernização e globalização.

---

[10] Gilbert Joseph e Daniel Nugent (orgs.), *Aspectos cotidianos de la formación del Estado* (Cidade do México, ERA, 2002).

Hoje, essa composição de forças vem ruindo de maneira acelerada. Por um lado, a desorganização e a despolitização do tecido social que desarmaram as classes subalternas e garantiram a aristocratização do poder estatal durante quinze anos foram revertidas. Os bloqueios de abril-setembro do ano 2000, assim como os de julho de 2001 e junho de 2002, indicaram uma reconstituição regional de diversos movimentos sociais com capacidade de impor, à base da força de sua mobilização, políticas públicas, regime de leis e até modificações relevantes da distribuição do excedente social. Leis como a de número 2029 e o anteprojeto da Lei das Águas, que buscavam redefinir o uso e propriedade de recursos hídricos, assim como as adjudicações de empresas estatais a mãos privadas, a aplicação do imposto ao salário etc., foram anuladas ou bastante modificadas de forma extra-parlamentar pelos bloqueios dos movimentos sociais e pelos levantes populares. Decretos presidenciais como o de acabar com o mercado atacadista da coca ou de interdição em Los Yungas* tiveram que ser anulados pelo mesmo motivo, ao passo que artigos de leis financeiras foram alterados em função das demandas corporativas ou nacionais de grupos sociais organizados (Confederación Sindical Única de Trabajadores Campesinos de Bolivia, CSUTCB, vendedores, aposenta-dos, camponeses, *cocaleros*, cooperativas de mineiros, polícias etc.), evidenciando a emergência de blocos sociais complexos que, à margem do Parlamento (e agora apoiados nele), têm a força de frear a implementação de políticas governamentais, de mudar leis e de impor, por métodos não parlamentares, determinadas reivindi-cações e redistribuições dos recursos públicos. O importante dessas forças emer-gentes é que, devido às características de sua composição interna (plebeias, indígenas) e de suas reivindicações aglutinadoras, são blocos sociais antes excluídos da tomada de decisões, que, além de se autorrepresentar, buscam modificar substancialmente as relações econômicas. Com isso, seu reconhecimento como força de ação cole-tiva passa obrigatoriamente por uma transformação radical da coalizão social com capacidade de controle do capital estatal e do uso dos bens públicos, isto é, da forma estatal dominante nas últimas décadas, que se sustentou sobre estratégias de marginalização e individuação das classes subalternas.

O mais notável dos atuais processos de reconstituição dos movimentos sociais é que as forças de ação coletiva mais compactas, influentes e dirigentes são, con-tudo, indígenas, isto é, são frutos de uma comunidade cultural diferenciada e de um projeto político. Diferentemente do que ocorreu desde os anos 1930, quando os movimentos sociais foram articulados em torno do sindicalismo operário por-tador de um ideário de mestiçagem e resultante da modernização econômica das elites empresariais, hoje os movimentos sociais com maior poder de interpelação ao ordenamento político são de base social indígena, emergentes das regiões agrá-

---

\* Região situada a noroeste da província de La Paz, tradicional área de cultivo da coca e palco de debate acerca da legalidade do plantio nos últimos anos. (N. T.)

rias, bloqueadas ou à margem dos processos de modernização econômica impulsionados pelo Estado. Os aimarás do altiplano, os *cocaleros* de Los Yungas e do Chapare, os *ayllus* de Potosí e Sucre e os indígenas do Leste tomaram o protagonismo social dos sindicatos operários e organizações populares urbanas. E, apesar do caráter regional ou local de suas ações, compartilham uma mesma matriz identitária indígena que interpela o núcleo invariante do Estado boliviano há 178 anos: sua monoeticidade. O Estado boliviano, em qualquer de suas formas históricas, caracterizou-se por ignorar os indígenas como sujeitos coletivos detentores de prerrogativas governamentais. E o fato de que hoje eles apareçam de maneira autônoma como principal força de pressão reivindicadora põe em questão a qualidade estatal, herdada da colônia, de concentrar a definição e o controle do capital estatal em blocos sociais culturalmente homogêneos e diferenciados das distintas comunidades culturais indígenas que existiram antes que houvesse a própria Bolívia e que ainda hoje constituem a maioria da população[11].

Por outro lado, a aliança das elites econômicas dominantes mostra claros sinais de fadiga e de conflitos internos devidos ao estreitamento dos marcos de apropriação do excedente econômico resultante da crise internacional e dos limites financeiros do Estado liberal (privatização de empresas públicas, externalização do excedente, erradicação da folha de coca, contração da massa tributária pelo crescimento da instabilidade etc.). Num ambiente marcado pelo pessimismo a longo prazo, cada uma das frações do poder começa a puxar para o seu lado, enfrentando as demais (redução dos lucros transferidos ao Estado pelas empresas capitalizadas, resistência das empresas petroleiras e processadoras de combustíveis em modificar os preços de compra do petróleo, renegociação do preço do gás vendido ao Brasil, rechaço ao pagamento de impostos sobre a terra etc.), rachando assim a unidade de destino compartilhado que havia garantido, na última década, a formação da coalizão social no monopólio do capital estatal.

Além disso, em relação aos padrões de longa duração ou de invariância epocal das estruturas sociais, um elemento presente como pano de fundo da crise do bloco empresarial de poder e da própria insurgência dos atuais movimentos sociais, surgidos das margens da modernidade capitalista, é o caráter primário exportador[12] e de enclave da economia boliviana. O fato de a modernidade industrial se apresentar como pequenas ilhas num mar de informalidade e economia camponesa semimercantil, ainda que empurre para baixo os custos salariais, limita a formação de um mercado interno capaz de diversificar a atividade empresarial de valor

---

[11] Instituto Nacional de Estadística (INE), *Censo Nacional de Población y Vivienda 2001* (La Paz, INE, 2002).

[12] José Valenzuela Feijóo, *¿Qué es un patrón de acumulación?* (Cidade do México, Unam, 1990).

agregado, além de tornar endêmica sua vulnerabilidade às flutuações do preço mundial de matérias-primas, secularmente em baixa. Nesse sentido, pode-se dizer que a crise estatal de "longa duração" é o correlato político de uma crise econômica igualmente de "longa duração" de um padrão de acumulação primário exportador incapaz de reter produtivamente os excedentes e, portanto, sem possibilidade de dispor internamente dos volumes de riqueza necessários para construir processos duradouros de coesão social e adscrição estatal.

Não se deve esquecer que as construções nacionais modernas, como fatos de unificação cultural e política, se sustentam sobre processos bem-sucedidos de retenção e redistribuição do excedente industrial-mercantil. Daí as propostas de autonomia departamental dos comitês cívicos – ciclicamente reivindicadas cada vez que há uma renda hidrocarbonífera de que dispor – ou de autogoverno indígena, com a qual distintos grupos sociais regionais questionam a configuração do bloco de poder estatal e o ordenamento institucional, desvelam a seu modo as falhas de uma ordem econômica de longa data que nos últimos anos só exacerbou seus componentes mais elitistas, monoprodutivos e externalizáveis no mercado mundial.

### Regime de instituições políticas

Durante os últimos dezoito anos, junto com a divisão de poderes e a centralidade parlamentar, os partidos políticos adquiriram maior importância na organização da institucionalidade governamental. Apoiados no reconhecimento outorgado de forma autoritária pelo Estado, pois nunca foram relevantes por si mesmos, pretenderam substituir o antigo regime de mediação política desempenhado pelos sindicatos, que reunia a herança coletivista das sociedades tradicionais com o moderno corporativismo do operário de ofício de grande empresa.

Sistema de partidos, eleições e democracia representativa são, hoje, os mecanismos pelos quais se definiu de modo prescritivo o exercício das competências cidadãs.

Entretanto, está claro que os partidos não lograram converter-se em mecanismos de mediação política, isto é, em veículos de canalização das reivindicações da sociedade ao Estado. As investigações sobre seu funcionamento e as próprias denúncias da opinião pública mostram que eles são, acima de tudo, redes familiares e empresariais pelas quais se compete pelo acesso à administração estatal como se se tratasse de um bem patrimonial e nos quais os modos de vinculação com a massa votante estão organizados basicamente em torno de vínculos clientelísticos e de prebendas[13].

---

[13] Patricia Chaves, "Los límites estructurales de los partidos de poder como estructuras de mediación democrática: Acción Democrática Nacionalista" (La Paz, Universidad Mayor de San Andrés, 2000), tese de licenciatura em sociologia.

Dessa maneira, destruída a cidadania sindical do Estado nacionalista, mas apenas assomada uma nova cidadania política moderna de tipo eletiva, a sociedade começou a criar ou a retomar outras formas de mediação política, outras instituições de exercício de representação, organização e mobilização política à margem dos partidos. São esses os novos (e velhos) movimentos sociais, com suas tecnologias de deliberação, de assembleísmo, de *cabildeo* e de ação corporativa. Daí ser possível afirmar que, em termos de sistemas institucionais, existem hoje dois campos políticos na Bolívia. Em regiões como Chapare, Yungas e norte de Potosí, a institucionalidade das comunidades encontra-se sobreposta não só à organização partidária, mas também à própria institucionalidade estatal, na medida em que prefeitos, magistrados e subprefeitos estão subordinados de fato às federações camponesas. No caso do altiplano norte, várias subprefeituras e postos policiais provinciais desapareceram nos últimos três anos, devido às mobilizações; em capitais provinciais foram criadas "polícias comunitárias" que resguardam a ordem pública em nome das Federações Camponesas e, de maneira recorrente, cada vez que há um novo bloqueio, centenas de comunidades do altiplano erigem o que denominam o Gran Cuartel Indígena de Q'alachaca, uma espécie de confederação circunstancial de *ayllus* e comunidades em estado de militarização.

Decerto, tudo isso tem a ver com o que uma vez Zavaleta denominou o "Estado aparente", no sentido de que, pela diversidade societal ou civilizatória do país, amplos territórios e numerosas populações do que hoje denominamos Bolívia seriam portadores de modos de produção que não interiorizaram a racionalidade capitalista como hábito ou reforma técnica dos processos de trabalho, que teriam outro sentido de temporalidade, outros sistemas de autoridade e de entendimento daquilo que é público, arvorando fins e valores coletivos diferenciados daqueles que o Estado oferece como concepção de mundo e destino[14]. Essa é uma constante na história dos distintos estados bolivianos e hoje atravessa processos de autounificação institucional crescente, tanto coercitivos como simbólicos, sob a forma de nacionalismos e identidades étnicas que dão lugar a uma dualização dos sistemas políticos e princípios de autoridade – em alguns casos, de maneira permanente (territórios agrário-indígenas politizados) e, em outros, esporádica (zonas urbanas de Cochabamba, La Paz e El Alto). Resulta, então, que o Estado neoliberal começou a colocar diante de si algumas ordens institucionais fragmentadas e regionais que lhe arrebatam o princípio de autoridade governativa e a lógica de ação política. Ao mesmo tempo, con-

---

[14] Luis Tapia, *La condición multisocietal. Multiculturalidad, pluralismo, modernidad* (La Paz, Muela del Diablo/Cides-Universidad Mayor de San Andrés, 2002).

tudo, essa outra institucionalidade, na medida em que está ancorada nos saberes coletivos daquela parte do mundo indígena situada na margem da subsunção real – ou, caso se prefira, do capitalismo de racionalidade técnica –, é baseada em normas, procedimentos e culturas políticas tradicionais, corporativas, não liberais, que colocam em questão a centenária simulação histórica de uma modernidade e de uma liberalidade política estatal de texto e instituição que não é acatada nem sequer pelas elites proponentes, que, apesar de tudo, não abandonaram jamais o velho método da política senhorial e patrimonial. A corrupção generalizada no aparato do Estado, que chegou a afetar a própria legitimidade governamental não é mais que a representação moderna do antigo hábito prebendal e patrimonial com a qual as elites no poder assumem, entendem e produzem a função estatal.

A cultura política liberal e as instituições liberais que hoje em dia são superadas pelos movimentos sociais, e deixadas de lado no comportamento real das elites no poder, formam um sistema de valores e procedimentos que pressupõe a individualização da sociedade, isto é, a dissolução das fidelidades tradicionais, das relações senhoriais e dos sistemas produtivos não industriais, coisa que na Bolívia acontece apenas, no melhor dos casos, com um terço da população. Entretanto, apesar desse "matizamento" de uma sociedade que estrutural e majoritariamente não é industrial nem individualizada, o Estado, em todas as suas formas republicanas, inclusive a "neoliberal", numa espécie de esquizofrenia política, construiu regimes normativos liberais, isto é, instituições modernas que não correspondem, senão como sobreposição hipostasiada, à lógica da dinâmica social. Daí o fato de a institucionalidade generalizada dos movimentos sociais indígenas e plebeus que privilegiam a "ação normativa" sobre a "ação comunicativa"[15] questionar a validade de uma institucionalidade estatal republicana que aparenta modernidade numa sociedade que carece, e ainda está privada, das bases estruturais e materiais dessa modernidade imaginada.

Por último, outro momento paradigmático desse eclipse institucional do Estado "neoliberal", e potencialmente repetível em maior escala, aconteceu recentemente quando as instituições armadas do Estado, seu núcleo substancial e final, se enfrentaram nas imediações do palácio do governo. Com isso, não só desmoronou a estrutura de mandos e fidelidades que dão continuidade e verificabilidade ao espírito de Estado; não só se dissolveu o princípio de coesão e unidade estatal, que é algo como o instinto de preservação básico de qualquer Estado, como também não se pôde exercer o mandato fiscal que, no dizer de Elias, é o monopólio que sustenta o monopólio da violência – e ambos, o Estado.

---

[15] Jürgen Habermas, *Teoría de la acción comunicativa* (Madri, Taurus, 1992), tomo II.

## Matriz de crenças sociais mobilizadoras

Por mais de uma década e meia, os "dispositivos de verdade" que articulavam expectativas, certezas e adesões práticas de importantes setores da população foram as ofertas de livre mercado, privatização, governabilidade e democracia liberal representativa.

Todas essas propostas foram ilusões bem fundadas, pois – ainda que nunca tenham logrado se materializar de maneira substancial – permitiram realinhar o sentido da ação e as crenças de uma sociedade que imaginou conseguir, por meio disso e dos sacrifícios que requeria, lograr o bem-estar, a modernidade e o reconhecimento social. Classes altas, classes médias e subalternas urbanas – estas últimas esvaziadas das expectativas e inclusões no Estado protetor e no sindicato como centro de trabalho – acreditaram ter encontrado nessa oferta de modernização uma nova via de estabilidade e ascensão social, dando lugar assim a um novo espaço de apetências, grandezas e competições individuais consideradas legítimas.

Hoje, passados quinze anos dessa aposta coletiva e diante de uma crescente brecha entre expectativas imaginadas e realidades obtidas, gerou-se uma população frustrada e em processo de divórcio social com respeito à ação estatal, o que está levando, em alguns casos, a um pessimismo social e, em outros, a uma atração por diferentes convicções emanadas à margem do Estado ou que ignoram abertamente uma boa parte do regime de rotinas e rituais de dominação estatal.

A modernidade anunciada traduziu-se no regresso a formas de extração de mais-valia absoluta e a um incremento da informalidade no trabalho – de 55% para 68% em vinte anos. A promessa de ascensão social produziu uma concentração da riqueza ainda maior e uma reatualização da discriminação étnica nos capitais legítimos para o ascenso aos espaços de poder. A privatização, longe de ampliar o mercado interno, converteu-se na perda do maior excedente econômico dos últimos cinquenta anos (os hidrocarbonetos) e na estrangeirização acelerada das débeis poupanças sociais.

O sistema de convicções e esquemas mentais que permitiu articular governantes com governados evidencia hoje um acelerado processo de esgotamento, pela impossibilidade material de se mostrar executável, dando lugar mais uma vez a um estado de disponibilidade cultural da população para novas fidelidades e crenças mobilizadoras. De fato, novos discursos que contribuíram para a erosão das certezas estatais hoje começam a encontrar receptividade em amplos grupos sociais, que começam a utilizar essas propostas como ideias de forças, isto é, como crenças a cuja materialização estão dispostos a destinar tempo, esforço e trabalho; como aconteceu nas zonas do altiplano aimará, esses novos discursos começam a promover modos de encenação e ritualização alternativas de poder e mando (substituição de bandeiras bolivianas pelas *wiphalas\** indígenas, o chicote e o bastão de mando em vez do escudo como símbolos de poder etc.).

Entre as novas ideias-força com caráter expansivo que começam a aglutinar setores sociais está a reivindicação nacional-étnica do mundo indígena, que permitiu o avanço de um tipo de nacionalismo indígena no setor aimará do altiplano e a constituição de uma esquerda eleitoralmente bem-sucedida e encabeçada por caudilhos índios nas últimas eleições gerais. Outras propostas, como a recuperação estatal dos recursos públicos privatizados e a ampliação da participação social e da democracia por meio do reconhecimento de práticas políticas não liberais de cunho corporativo, assembleístico e tradicionais (comunidade indígena, sindicato etc.), são convicções que estão deslocando fidelidades liberais e privatizadoras emanadas do Estado.

Pode-se dizer que o Estado perdeu o monopólio do capital de reconhecimento e hoje, pelo menos por um tempo, está atravessando um período de transição de estruturas cognitivas com efeito de inclusão e mobilização de massa. O notável dessa mutação cognitiva é que uma parte das novas crenças articuladoras das convicções sociais, ao mesmo tempo que enfrentam os discursos da modernidade neoliberal, afetam também as certezas últimas e primárias do ideário republicano do Estado, como no caso da crença numa desigualdade substancial entre indígenas e mestiços ou no convencimento de que os indígenas não estão capacitados para governar o país. O fato de estes, acostumados a entregar seu voto aos *mistis*, terem votado amplamente em outros indígenas em 2002, de os líderes sociais serem indígenas ou de as novas esquerdas estarem "acaudilhadas" por indígenas certamente demonstra um cataclismo das estruturas simbólicas de uma sociedade profundamente colonial e racializada em sua maneira de significar e ordenar mentalmente.

Em suma, está claro que na Bolívia os três pilares da estrutura estatal "neoliberal", e em geral estatal republicana, mostram uma deterioração crescente e é essa superposição de crises estatais que ajuda a explicar a radicalidade do conflito político, mas também a complexidade e sua irresolução no que diz respeito à construção da hegemonia urbana por parte das forças sociais indígenas, na medida em que é ali que o indígena encontra maiores espaços de hibridez ou dissolução diante da constituição, não isenta de ambiguidades e contramarchas, de uma identidade cultural mestiça, tanto de elite como popular.

---

\* Bandeiras de origem andina multicoloridas. Cada cor simboliza algum aspecto da cultura indígena (a terra, a energia, o tempo, o espaço cósmico etc). Simbolizam ainda as classes exploradas e oprimidas. Seu nome deriva das palavras aimarás *whiphay*, que é uma expressão de alegria, e *phalax*, "o sonho gerado por conduzir uma bandeira". (N. T.)

Contudo, sabe-se que as crises estatais não podem durar muito, porque não há sociedade que suporte longos períodos de incerteza e vazio de articulação política. Mais cedo do que se imagina haverá uma recomposição duradoura de forças, crenças e instituições que abrirão um novo período de estabilidade estatal. A pergunta que fica é se essa mutação estatal virá de um incremento do autoritarismo das frações no poder – o que faria com que entrássemos em algo semelhante a um "Estado neoliberal autoritário" como nova fase estatal, que talvez pudesse se sobrepor à crise de "curta duração", mas não à de "longa duração", o que levaria a uma nova manifestação dos problemas num futuro breve – ou se, ao contrário, haverá abertura de novos espaços de exercício de direitos democráticos (Estado multicultural, institucionalidade combinada entre liberalismo e comunitarismo-indígena) e redistribuição econômica (papel produtivo do Estado, autogestão etc.) capazes de confrontar, pela ampliação dos sujeitos e da institucionalidade estatal, as duas dimensões da crise. Nesse último caso, os fatos políticos parecem ter se encadeado de tal maneira que uma resolução democrática da crise estatal neoliberal passa inevitavelmente por uma simultânea resolução multicultural da crise da colonialidade do Estado republicano.

### As clivagens étnico-classistas da crise estatal

Foi Zavaleta quem afirmou que as hegemonias também se cansam, o que é o mesmo que dizer que há momentos em que o Estado deixa de ser irresistível e que a massa se separa dos marcos cognitivos que a levaram a *desejar* sua realidade tal como as elites de poder *organizavam* a subalternidade da plebe, inaugurando assim um período de crise de Estado, pois não há Estado que se orgulhe disso, que não garanta sua perdurabilidade na concordância moral entre as estratégias de reprodução das elites governantes e as apetências e a tolerância dos subalternos. Isso significa que o Estado é acima de tudo um maquinário de produção de ideologia, de esquemas simbólicos de legitimação dos monopólios do poder. A coerção exercida pelo Estado é, portanto, só a *última ratio* de todo o poder político, mas para sê-lo deve se sustentar na legitimidade e unidade de sua própria força, coisa que a rigor se rompeu em fevereiro de 2003, quando policiais e militares se mataram nos arredores da praça Murillo em consequência de um motim policial que recusava o aumento de impostos dos assalariados.

Entretanto, foi a sublevação de outubro de 2003 a expressão máxima da dissidência da plebe em relação ao Estado "neoliberal-patrimonial" e, portanto, do esgotamento dessa *forma* estatal, pelo menos com as características com as quais a conhecemos até agora. Se toda crise estatal percorre em geral quatro etapas (manifestação da crise, transição ou caos sistêmico, surgimento conflituoso de um novo princípio de ordem estatal e consolidação do Estado), outubro – com seus centenas de milhares de indígenas e plebe urbana sublevados nas cidades de La Paz e El Alto, que culminou com a fuga do então presidente da República, Sánchez de Lozada – sem dúvida marcou o ingresso à etapa da transição. A sucessão constitucional, mais do que um apego ao parlamentarismo, foi o apego popular à velha presunção da personalização do poder, que consuetudinariamente faz com que a plebe insurreta creia que a mudança de pessoas já é uma mudança de regime do poder. Porém, houve também uma espécie de lucidez histórica a respeito das consequências posteriores, que trariam, na atual correlação de forças, o encerramento da institucionalidade liberal.

Contudo, a população sublevada em outubro teve algo de sábio: sua discordância irreversível do sistema de crenças hegemônicas do Estado neoliberal. Entretanto, assim como não há dominação estatal legítima sem o consenso dos dominados – o que na Bolívia vem se desgastando desde os bloqueios do ano 2000 – tampouco há discordância bem-sucedida sem a capacidade de postular uma ordem estatal alternativa, que foi precisamente o que os insurretos experimentaram atrás de cada uma das barricadas, que paralisaram o Estado, mas sem ser elas mesmas um projeto de poder alternativo e legítimo. Daí essa trégua ambígua e confusa na qual um comunicador ilustre das velhas elites canaliza o programa mínimo dos sublevados (renúncia de Sánchez de Lozada, Assembleia Constituinte, nova lei de hidrocarbonetos etc.), ao mesmo tempo que deixa de pé toda a engrenagem governamental da reforma neoliberal (capitalização, superintendência, flexibilização trabalhista etc.).

### Época revolucionária

Foi Marx quem propôs o conceito de "época revolucionária"[16] para entender os extraordinários períodos históricos de vertiginosas mudanças políticas – de abruptas modificações das posições e do poder das forças sociais, de reiteradas crises estatais, de recomposição das classes, das identidades coletivas, de suas alianças e de suas forças políticas promovidas pelas reiteradas ondas de sublevação social –, causadas por fluxos e refluxos de insurgências sociais e separadas por relativos períodos de estabilidade, mas que a cada passo questionam ou obrigam a modificar, parcial ou totalmente, a estrutura geral da dominação política.

Uma *época revolucionária* se caracteriza por ser um período relativamente longo (vários meses ou anos) de intensa atividade política em que: a) setores, blocos ou classes sociais antes apáticos ou tolerantes com os governantes lançam-se abertamente a desafiar a autoridade e a reclamar direitos ou petições coletivas por meio de ações de mobilização direta (Coordinadora del Agua y el Gas, CSUTCB,

---

[16] Karl Marx e Friedrich Engels, *Sobre la revolución de 1848-1849* (Moscou, Progresso, 1981).

indígenas, moradores, *cocaleros, regantes* etc.); b) uma parte ou a totalidade desses setores mobilizados propõe-se ativamente a apropriar-se do poder do Estado (MAS[17], CSUTCB, COB); c) setores importantes da cidadania dão apoio e adesão a essas propostas e pretensões (por exemplo, os centenas de milhares de mobilizados na Guerra da Água, contra o aumento de impostos, ou na Guerra do Gás, apoiando candidaturas indígenas nas eleições), fazendo com que a separação entre governantes, que tomam decisões, e governados, que as acatam, comece a se dissolver pela crescente participação da massa em assuntos políticos; e d) incapacidade por parte dos governantes de neutralizar essas aspirações políticas, com a consequente polarização do país em "soberanias múltiplas"[18] que fragmentam a sociedade (o famoso princípio de "autoridade", extraviado em abril de 2000 e que permanece assim até hoje).

Nas *épocas revolucionárias*, as sociedades se fragmentam em coalizões de blocos sociais possuidores de propostas, discursos, lideranças e programas de poder político antagônicos e incompatíveis entre si, dando lugar a "ciclos de protesto"[19] ou ondas de mobilizações, seguidas de recuos e momentos de retrocesso e estabilidade, em que os mobilizados mostram a debilidade dos governantes (de Hugo Banzer, em abril e outubro de 2000 e junho de 2003), incitam ou "contagiam"[20] outros setores a utilizar a mobilização como mecanismo bem-sucedido de reivindicação (professores, aposentados, sem-terra, "geração sanduíche", universidades) e afetam os interesses de determinados setores do bloco governante, com o consequente desequilíbrio da estrutura de poder, o que acaba dando lugar a ações de resposta dos afetados (a chamada "Meia-Lua"* empresarial e cívico-política do leste do país) e, em seguida, a outra onda de mobilização, gerando assim um processo de instabilidade e turbulência política que se alimenta de si mesmo.

Nem toda época revolucionária culmina com uma revolução, no sentido de mudança pela força do poder do Estado, que deveria ser precedida, então, de uma

---

[17] O Movimiento al Socialismo (MAS) é a organização política liderada pelo dirigente indígeno-camponês Evo Morales. Mais que um partido no sentido estrito, é uma coalizão eleitoral de múltiplos movimentos sociais urbano-rurais que, com base na decisão de assembleias de comunidades e sindicatos, pôde introduzir um elevado número de deputados no Parlamento, convertendo-se na segunda maior força eleitoral do país desde julho de 2002.

[18] Charles Tilly, *Las revoluciones europeas: 1492-1992* (Madri, Crítica, 2000) [ed. port.: *As revoluções europeias: 1492-1992*, Barcarena, Presença, 1996].

[19] Sidney Tarrow, *El poder en movimiento. Los movimientos sociales, la acción colectiva y la política* (Madri, Alianza, 1997) [ed. bras.: *O poder em movimento*, Petrópolis, Vozes, 2009].

[20] Anthony Oberschall, *Social Movements: Ideologies, Interests, Transaction* (Nova Jersey, Transaction, 1993).

* Conjunto das províncias do leste ("oriente") do país, cujo mapa político tem o formato de meia-lua. (N. T.)

situação revolucionária insurrecional. Há épocas revolucionárias que também podem dar lugar a uma restauração, pela força política, do velho regime (golpe de Estado), ou a uma modificação negociada e pacífica do regime político pela incorporação parcial (reformismo moderado) ou substancial (reformismo radical) dos insurgentes e suas propostas de mudança no bloco de poder.

Uma *época revolucionária* é precisamente o que caracteriza a atual situação política na Bolívia. Desde o ano 2000, há uma crescente incorporação de setores sociais na deliberação política (água, terra, gás, Constituinte) por meio de suas organizações de base sindical, comunal, vicinal ou corporativa; há uma contínua debilitação da autoridade governamental, fragmentação da soberania estatal e, certamente, uma ascendente polarização do país em dois blocos sociais cujos projetos de economia e de Estado são radicalmente distintos e opostos.

Num dos polos políticos, o núcleo fundamental da força de ação coletiva com efeito estatal que possui um projeto de país diferenciado de tudo o que existiu até agora é o movimento indígena, em sua vertente rural-camponesa e operário-urbana, com o que o componente étnico nacional, regional e de classe está claramente delimitado. Esse polo tem, em suma, uma proposta de economia centrada no mercado interno, tomando como eixo a comunidade camponesa, a atividade artesanal, familiar e microempresarial urbana, num papel revitalizado do Estado como produtor e industrializador e num protagonismo dos indígenas na condução do novo Estado.

Por sua vez, no outro polo ordenador do campo político, o setor que possui uma imagem clara do que deve ser o país em termos de vinculação com os mercados externos, do papel do investimento estrangeiro, de subordinação do Estado aos negócios privados e de preservação, ou restauração, da velha ordem que os elevou (sua viabilidade é, igualmente, tema de outro debate) é o empresariado agroexportador, financeiro e das petroleiras, que desempenham o papel mais dinâmico, modernizador e ascendente da atividade econômica nacional. Mas, ao mesmo tempo, trata-se de setores que, além de ter criado um discurso abertamente racializado, estão ancorados nas zonas leste e sudeste do país, lugares que a irradiação organizativa do polo de movimentos sociais não alcança de fato, apesar da existência de certas estruturas de ação coletiva.

Isso significa que a polaridade política possui três componentes simultâneos que lhe dão corpo: uma base étnico-cultural (indígenas/*q'aras*-gringos), uma base classista (trabalhadores/empresários) e outra regional (Oeste/Meia-Lua). No caso do polo das "esquerdas", a identidade mobilizadora é predominantemente étnico-cultural (ou nacional-indígena), em torno da qual a identidade propriamente operária ou se dissolve (num tipo inovador de obreirismo indígena), ou complementa de forma secundária sua liderança (COB, fabris, Cooperativistas). No caso da polaridade das "direitas", a identidade mobilizadora e discursiva é de cunho regional – daí a importância dos comitês cívicos na articulação dessas forças conservadoras.

Isso está levando a uma dissociação entre poderio econômico no "Leste", e poderio político dos movimentos sociais no "Oeste" e, com isso, a um desequilíbrio das estruturas de sustentação da estabilidade, pois os componentes do poder encontram-se divididos em duas zonas distintas, em duas regiões distintas, sem possibilidade imediata de que uma logre deslocar ou derrotar a outra da posição que ocupa. O poder econômico ascendente, apesar de seus problemas, se deslocou do Oeste para o Leste (investimento estrangeiro em hidrocarbonetos, serviços e agroindústria), mas o poder sociopolítico de mobilização foi reforçado no Oeste, dando lugar a uma nova incerteza geográfica do poder estatal nos anos seguintes. O interessante disso, que poderíamos chamar de *o paradoxo de outubro*, é que essa separação regional expressa ao mesmo tempo uma divisão e uma confrontação étnica e de classes nitidamente diferenciadas: empresários no Leste (Departamento de Santa Cruz, Beni, Tarija) com poder econômico, indígenas e setores plebeus do Oeste (La Paz, Cochabamba, Potosí, Oruro) com poder político, ambos espreitando um Estado, uma burocracia e uma correlação de forças políticas governamentais que territorial, social e culturalmente não expressam com perfeição a nova configuração econômica, geográfica, classista e política da sociedade boliviana. Certamente há empresários, indígenas, mestiços, operários e camponeses em todo o país, mas os discursos e as identidades ascendentes e articuladoras da região têm essas qualidades diferenciadas por procedência de classe, adscrição étnica e enraizamento territorial.

Em suma, o mapa da correlação de forças sociopolíticas do país apresenta um campo político polarizado ao extremo, com tendência para saídas de força, tanto golpistas (MNR)[21] como insurrecionais (CSUTCB/COB), e para saídas eleitorais, tanto de tipo restauradoras do velho regime (ADN)[22] como de transformação progressiva deste (MAS). Em nenum dos casos, as forças e tendências dos polos extremos ou das saídas moderadas lograram articular um bloco majoritário dos demais componentes e muito menos de outros segmentos cidadãos, que, embora não apareçam como forças organizadas e visíveis, são indispensáveis para produzir liderança social com capacidade de impacto e poder estatal duradouro.

---

[21] Movimento Nacionalista Revolucionário, partido político que incitou a Revolução de 1952 e que nos anos 1980 promoveu as reformas liberais determinadas pelo chamado Consenso de Washington.

[22] Ação Democrática Nacionalista, partido fundado pelo ditador Hugo Banzer no momento de sua queda e que o levou a participar com êxito de sucessivas eleições e a ocupar a presidência da República no período 1997-2002.

Do ponto de vista dos movimentos sociais, e de suas perspectivas de transformação indígeno-plebeia das estruturas, está claro que eles estão impulsionando duas alternativas: um caminho de mudanças graduais e uma via insurrecional de transformação revolucionária do Estado. No primeiro caso, seria preciso articular em torno de Morales – em consenso amplo e negociado com os outros líderes e movimentos sociais, sem cujo apoio o triunfo de Morales teria sido impossível – um bloco eleitoral, tanto para as eleições municipais como para a Constituinte e para as gerais (as antecipadas ou as de 2007), da totalidade desses movimentos com *força política* real, a fim de gerar um polo popular e indígena forte, compacto e unificado o suficiente para transmitir ao eleitorado a confiança de um governo com capacidade de mando, com amplo respaldo social e com propostas de mudança consistentes o bastante para atrair aqueles segmentos urbanos, de classe média, populares, ascendentes e inclusive empresariais vinculados ao mercado interno, que hoje são renitentes em aceitar uma saída governamental de cunho indígena. Não poder contar com tal apoio inviabilizaria um triunfo eleitoral e a governabilidade de um candidato indígena.

Entretanto, em qualquer uma das vias, que não são necessariamente antagônicas e podem inclusive se complementar, o polo indígeno-plebeu deve consolidar uma capacidade hegemônica, nas palavras de Gramsci, entendida como liderança intelectual e moral sobre as maiorias sociais do país. Não haverá triunfo eleitoral ou insurreição vitoriosa sem um amplo e paciente trabalho de unificação dos movimentos sociais e uma irradiação prática e ideológica que materialize uma liderança política, moral, cultural e organizativa desse polo sobre a maioria dos estratos populares e médios da sociedade boliviana.

## A LUTA PELO PODER NA BOLÍVIA*

### Crise estatal, renovação de elites e ampliação de direitos

A Bolívia está vivendo os momentos de maior intensidade da luta sociopolítica que já se viu, pelo menos nos últimos cinquenta anos – e talvez nos últimos cem anos. Esse cenário de luta generalizada e ampliada pela reconfiguração do poder econômico, do poder político e do poder cultural, tão conflituoso, pode ser caracterizado como uma época de crise estatal geral. E quais são os sintomas dessa crise?

---

\* Publicado originalmente em *Horizontes y límites del Estado y el poder* (La Paz, Muela del Diablo, 2005). (N. E. A.)

### Crise do modelo econômico

Um elemento estrutural que sustenta e deu lugar a essa crise política é a visibilização dos limites do modelo de crescimento econômico aplicado já há vinte anos. Como sabemos, há duas décadas as elites políticas e econômicas do país adotaram um projeto de modernização econômica, de ampliação do emprego e ascensão social por meio da redução do papel produtivo do Estado, da privatização das empresas públicas e da abertura de mercados. Dizia-se que com isso o país cresceria 10% anualmente, que haveria melhoras no bem-estar social, que centenas de milhares de fontes de emprego seriam criadas.

Passados vinte anos dessas reformas, os resultados são literalmente catastróficos em termos de efeitos econômicos e sociais.

A taxa de crescimento do Produto Interno Bruto desde a capitalização até a presente data é surpreendentemente modesta: 4,9% em 1997, 5% em 1998, 0,4% em 1999, 2,2% em 2000, 1,5% em 2001, 2,7% em 2002 e 2,4% em 2003, o que dá uma média de 2,7% de crescimento do PIB nos últimos sete anos[23]. Se subtrairmos disso a taxa de crescimento demográfico anual de 2,2%[24], verificaremos que a economia cresceu, de fato, uma média de 0,5% ao ano nesse período. Se compararmos essas cifras com a oferta que se fez no momento da capitalização, de um crescimento de 10% ao ano, fica claro que, do ponto de vista das expectativas oferecidas, o processo de capitalização é um fracasso econômico.

Em termos comparativos, entre 1991 e 2002, em momentos de livre mercado e investimento estrangeiro, a economia cresceu em média 3,1% ao ano, muito longe do recorde histórico de crescimento anual de 5,6% entre os anos de 1961 e 1977[25], quando prevalecia o Estado produtor. Nos anos seguintes, essas cifras podem ser menores ainda, uma vez que estamos assistindo a um declínio estrutural do investimento estrangeiro no país – de 1,026 bilhão de dólares em 1998, baixou para 832 milhões em 2000[26], caindo para 160 milhões em 2003[27].

Ainda que nos últimos dois anos a taxa de crescimento venha se mantendo mais uma vez, acima de 3,5% e se tenha experimentado um notável crescimento das exportações (2,1 bilhões de dólares em 2004), isso se sustenta basicamente na ampliação da atividade hidrocarborífera[28], que, pelo menos até junho de 2005,

---

[23] Muller y Associados, *Estadísticas socio-económicas* (La Paz, Muller y Associados, 2004).

[24] Instituto Nacional de Estadística, *Banco de Datos* (La Paz, INE, 2004).

[25] Programa de las Naciones Unidas para el Desarollo, *Informe nacional de desarrollo humano 2004* (La Paz, PNUD, 2004).

[26] Instituto Nacional de Estadística, *Inversión extranjera directa 1996-2002* (La Paz, INE, 2003).

[27] Dados entregues pelo Banco Central de Bolivia, *La Razón*, em 28/4/2004.

[28] Cf. *Nueva Economía*, 27/2/2005.

estava nas mãos de investidores estrangeiros que mandam para fora do país o excedente de gás.

Em termos de estratégia de desenvolvimento, o modelo de privatização-capitalização das empresas públicas, iniciado em 1989, tinha por objetivo atrair investimento externo capaz de melhorar a produtividade empresarial, elevar as receitas do Estado, ampliar a base moderna da economia boliviana e gerar bem-estar social – que no fundo é o objetivo de qualquer política pública.

Entretanto, na última década e meia a informalidade cresceu de 58% para 68%[29], ao passo que sete de cada dez empregos são de baixa qualidade, de tecnologia artesanal e relações semiassalariadas. No mundo assalariado, por sua vez, segundo o ministro de Desenvolvimento Econômico Horst Grebe, oito de cada dez empregos são precários, insatisfatórios e mal remunerados[30]. Pode-se dizer que nas últimas décadas a Bolívia teve uma involução econômica, pelo crescente processo de *desassalariamento* de sua atividade laboral. Tudo isso está dando lugar a uma intensificação da dualização catastrófica da estrutura econômica do país. Por um lado, as grandes empresas que mantêm relações de trabalho assalariado só empregam 7% da população trabalhadora; as pequenas e médias empresas empregam 10%, enquanto a empresa familiar, sob relações de trabalho tradicionais, emprega pouco mais de 80% da população ocupada. De maneira inversa, são as grandes empresas que geram 65% do PIB; a economia familiar produz apenas 25%[31].

A taxa de desemprego pulou de 3% em 1994 para 8,5% em 2001[32] e, segundo o Cedla, em 2003 chegou a 13,2%[33], o que representa um índice de desemprego maior do que aqueles registrados durante a crise econômica e a quebra da produção dos anos 1980. No que diz respeito ao aporte das empresas privatizadas, estas empregam hoje cerca de 6,1 mil pessoas[34], 5 mil trabalhadores a menos do que as 11,1 mil pessoas que trabalhavam antes da privatização[35]. Por sua vez, os salários, apesar dos supostos 2,7 bilhões de investimento das empresas privatizadas e dos 7,3 bilhões de todo o investimento estrangeiro direto (IED) – segundo os

---

[29] Carlos Arce, "Empleo y relaciones laborales", em *Bolivia hacia el siglo XXI* (La Paz, Cides/Umsa/CNR/ANC/Cedla/CEB/PNUD, 1999).

[30] Cf. *La Prensa*, 7/7/2004.

[31] Cf. *Nueva Economía*, 28/12/2004.

[32] Programa de las Naciones Unidas para el Desarrollo, *Informe nacional de desarrollo humano 2004*, cit.

[33] Efraín Huanca, *Economía boliviana: evaluación del 2003 y perspectivas para el 2004* (La Paz, Cedla, 2004).

[34] Alejandro Mercado, *Capitalización y empleo* (La Paz, Fundación Milenio, 2002).

[35] José Valdivia, "La capitalización", em Juan Cháves Corrales (org.), *Las reformas estructurales en Bolívia* (La Paz, Fundación Milenio, 1998).

economistas neoliberais –, IED, ficaram na média de 1,1 mil dólares, em 2002, valor similar ao de 1982 e menor do que o de 1978, quando se chegou a 1,25 mil dólares[36]. No que se refere aos últimos anos, os cálculos do Instituto Nacional de Estadística mostram uma contração de 13,5% da média da renda dos bolivianos entre 1999 e 2003[37].

Em termos da redução das desigualdades sociais, as reformas e o modelo de desenvolvimento privatizante tiveram um efeito contrário. Segundo o Banco Mundial, na Bolívia houve um constante crescimento da diferença entre as rendas do setor mais rico em relação ao setor mais pobre na última década. Se na América Latina a média da diferença é de 1 para 30, na Bolívia essa média é de 1 para 90, sendo que no campo chega a 1 para 170, o que faz com que sejamos um dos países com maior desigualdade do mundo[38].

É claro que uma parte dessas cifras deploráveis do desempenho da economia tem condicionantes estruturais que existem há décadas ou mesmo séculos; portanto, a rigor não se pode culpar apenas a capitalização ou o investimento externo por tais desequilíbrios. Entretanto, o modelo de desenvolvimento sustentado no investimento externo como locomotiva produtiva da economia teve os seguintes efeitos:

1.  Aumentou de forma drástica as desigualdades econômicas, elevou a taxa de concentração da riqueza, aumentou a instabilidade e o desemprego, limitou as taxas de crescimento e reduziu a redistribuição da riqueza.

2.  Inaugurou um tipo de desenvolvimento econômico baseado no protagonismo exclusivo do investimento externo, sendo que esse investimento, em sociedades como as nossas, é do tipo de enclave, de alto investimento tecnológico, baixo emprego, nula diversificação produtiva e de externalização (exportação) dos lucros.

3.  Rompeu os laços de articulação entre a economia moderna e globalizada do país, por um lado, que abarca cerca de 28% da população boliviana[39], e a economia camponesa tradicional, por outro, composta por 550 mil unidades familiares (35% da população), e a economia mercantil familiar-artesanal dos 700 mil estabelecimentos urbanos que agrupam 37% da população nacional[40].

---

[36] Programa de las Naciones Unidas para el Desarollo, *Informe nacional de desarrollo humano 2004*, cit.

[37] Instituto Nacional de Estadística, *Síntesis estadística de Bolivia* (La Paz, INE, 2004).

[38] Guillermo Perry Ferrante, Francisco H. G. Ferreira e Michael Walton, *Desigualdades en América Latina y el Caribe. ¿Ruptura con la historia?* (Banco Mundial, 2004).

[39] Roberto Laserna, *Bolivia: la crisis de octubre y el fracaso del Chenko* (La Paz, Muller y Asociados, 2004).

[40] Horst Grebe, "El crecimiento y la exclusión", em Hugo Montes (org.), *La fuerza de las ideas* (La Paz, Foro del Desarrollo, 2002).

O investimento produtivo do empresariado há décadas é endêmico (não mais de 2% sobre o PIB entre 1985 e 2002)[41] e, ao longo da história, foi o Estado que ajudou, apesar da corrupção e às vezes da ineficiência, a expandir as relações industriais na Bolívia, articular mercados regionais, gerar empregos e abastecer de serviços subvencionados as populações submersas na pobreza extrema, criando certos espaços de fusão entre o moderno e o tradicional, além de habilitar mecanismos de mobilidade e ascensão social imprescindíveis para qualquer processo de nacionalização de populações cultural e incomparavelmente tão diferentes como as que habitam a Bolívia.

Hoje, com a capitalização e suas regras de rentabilidade e exportação do excedente econômico, temos um diminuto trem bala vinculado aos processos de globalização e algumas gigantescas carretas ancoradas em tecnologias dos séculos XVII e XIX, abandonadas a uma sorte de degradação interna sem pontes nem elos que permitam alavancar para a modernidade econômica esses majoritários setores produtivos. O fato de a economia familiar ser a base material dos mobilizados dos últimos anos (camponeses, moradores, sem-terras, *cocaleros*, membros de corporações, indígenas urbanos, cooperativistas, colonizadores) se sustenta sobre essa dissociação entre as esferas econômicas da sociedade boliviana.

### Crise dos componentes de curta duração do Estado
Sobre esse cenário de crise do modelo de crescimento econômico, manifesta desde 1999, surgiu um processo de deslegitimação social do sistema político, de ruptura das crenças conservadoras, de frustração com as promessas de modernidade e os resultados reais alcançados e, com isso, de disponibilidade social para novas crenças e fidelidades, de articulação de novas reivindicações em torno daquilo que Hegel definiu como sistema de necessidades (defesa das condições de reprodução básicas: água, terra, serviços, energia etc.) e o sistema de liberdades (Assembleia Constituinte, autogoverno indígena, democracia comunitária etc.).

Um elemento que ajuda a caracterizar o cenário sociopolítico atual é a ruptura dos componentes que existem em qualquer Estado. Sabe-se que todo Estado conta com três grandes blocos constitutivos: uma correlação de forças, um sistema de instituições e um sistema de crenças. Vejamos o que sucedeu em cada um desses componentes estatais.

---

[41] Instituto Nacional de Estadística, citado em *La Prensa*, em 29/8/2004. A Fundación Milenio cita um informe do Ministério da Fazenda em que se estabelece que no ano de 2001 a Formação Bruta do Capital Fixo (FBCF) privado nacional foi de US$ 89 milhões, enquanto em 2002 havia sido de US$ 84 milhões. Cf. *Informe Milenio sobre la economía en el año 2002* (La Paz, Fundación Milenio, 2003).

A correlação de forças que caracterizou o Estado entre os anos 1985 e 2000 se baseou na concentração, na monopolização do capital burocrático administrativo, da capacidade de decisão; num bloco de poder formado por setores exportadores – basicamente mineração e agroindústria –, parte da banca, o investimento estrangeiro direto e os organismos de apoio multilateral – são, hoje, responsáveis por 85% da nossa dívida externa. Esse foi o bloco de poder que se estruturou nos anos 1980 e 1990, que destituiu os blocos organizados de forma corporativa, como os sindicatos da COB, garantindo assim relativa estabilidade política nos anos 1990.

Essa correlação de forças se modificou de maneira drástica. Outros setores, outros grupos sociais que antes não tinham força de pressão nem poder político, agora têm a capacidade de mudar leis, de trocar de presidente, de modificar políticas públicas. Isto é, o bloco de poder que caracterizou a sociedade boliviana durante vinte anos foi destituído e outros setores externos a esse bloco de poder estão há quatro anos começando a construir forças de pressão capazes de modificar a maneira de influir em políticas públicas. Portanto, o primeiro componente do Estado neoliberal patrimonial encontra-se debilitado.

Outro elemento da crise estatal é a questão das instituições. A institucionalidade democrática de 1985 a 2000 se caracterizou pela divisão dos poderes executivo, legislativo e judiciário; pela subordinação fáctica do judiciário ao executivo, pelo suborno fáctico do legislativo pelo executivo; e pela chamada governabilidade pactuada, que consistia na formação de blocos majoritários no Parlamento que garantiam estabilidade ao presidente. Em troca, o presidente redistribuía, percentualmente à votação que os partidos governistas tinham no Parlamento, a estrutura de cargos da administração pública (em torno de 18 mil a 19 mil fontes de trabalho), loteada por cores e siglas partidárias. Isso caracterizou a chamada governabilidade pactuada.

Esse sistema de estabilidade institucional encontra-se em crise hoje. Em primeiro lugar, temos um executivo sem apoio majoritário no legislativo e um presidente que não tem partidos visíveis no âmbito parlamentar. Além disso, há na Bolívia uma franca dualização do sistema político: por um lado, tomam-se decisões no Parlamento; por outro tomam-se decisões por meio das mobilizações de sindicatos, de comunidades, comitês cívicos e movimentos sociais.

Isso significa que a Bolívia tem neste momento um campo político dualizado. Cada vez menos se faz política nos partidos; a política é feita de forma extrapartidária, nas corporações empresariais, nos comitês cívicos, nos sindicatos, nas associações, nas juntas de moradores, que também são estruturas de ação política. E tanto é assim que o Parlamento não discute agora uma agenda própria: a agenda da Assembleia Constituinte, do Referendo, da Nova Lei de Hidrocarbonetos etc. é imposta pelo povo, o que evidencia tal dualidade de instituições políticas no país e destitui o modelo de democracia pactuada (ou governabilidade pactuada) dos últimos vinte anos, que deram estabilidade ao Estado boliviano.

Por último, o sistema de crenças. Todo Estado é uma engrenagem de crenças; a política é, acima de tudo, a administração das crenças dominantes de uma sociedade. As crenças dominantes, as ideias-força que caracterizaram o país durante dezoito anos foram modernidade, livre mercado, investimento externo e democracia liberal, considerados sinônimos de progresso e de horizonte modernizante da sociedade. Essas ideias, que seduziam a sociedade em todos os seus estratos, debilitaram-se e não provocam mais entusiasmos coletivos. Surgem, então, novas ideias-força: nacionalização, descentralização, autonomia, governo indígena, autogoverno indígena etc. São novas ideias-força que contam com crescente apoio social, que estão se impondo no cenário político e que enfraqueceram aquelas que caracterizaram o neoliberalismo dos últimos dezoito anos.

Portanto, estamos diante da crise das instituições estatais, da crise das ideias-força do Estado, da crise da correlação de forças: da crise de Estado. Isso significa que a atual crise política não é um mero problema de governabilidade, ou seja, não estamos diante de um problema de ineficiência administrativa do presidente – que decerto também o tem. A crise atual ultrapassa a má gestão presidencial e a mediocridade parlamentar. É a própria estrutura institucional do Estado que está em crise: sua correlação de forças, suas crenças e sua institucionalidade estão sendo questionadas, fragilizadas, destituídas ou abrandadas por esses tipos de fenômenos sociais e políticos.

### Crise dos componentes de longa duração do Estado

Como se não bastasse, considero que não estamos assistindo apenas a uma crise do Estado "neoliberal-patrimonial" – o que poderia ser resolvido mediante uma ordem pós-neoliberal, moderada ou radical –, mas, ao mesmo tempo, a uma crise do conjunto de instituições e de estruturas de longa duração do Estado republicano boliviano. Sabe-se que todo Estado tem dois níveis de instituições e componentes: um de longa duração, que se estende por décadas e séculos e é relativo aos componentes estruturais da ordem estatal, e outro composto por elementos de curta duração, que se modificam a cada duas ou três décadas (Estado nacionalista, Estado neoliberal etc.). O fato é que agora não só estão em questão os componentes de curta duração do Estado (seu caráter neoliberal), mas também vários de seus componentes de longa duração, de sua qualidade republicana. Portanto, estamos assistindo a uma dupla crise ou a uma sobreposição de crises: uma crise do Estado em seus componentes de curta duração neoliberais e uma crise do Estado em seus componentes de longa duração republicana. Vejamos como isso acontece.

## A fissura colonial do Estado

Há dois temas centrais na luta política que questionam a estrutura republicana do Estado. O primeiro tem a ver com a presença dos atores sociopolíticos mais influentes do país, que são basicamente os indígenas. Hoje em dia, os movimentos sociais mais impactantes são dirigidos por eles, isto é, são forças indígenas – algo que não acontecia desde 1899, na época da Guerra Federal. Nunca os indígenas haviam tido tanta possibilidade de pressionar e de se contrapor como estamos vendo hoje. Não há dúvida de que são os sujeitos fundamentais da atual interpelação ao Estado.

Sabe-se que a República boliviana foi fundada sobre os mecanismos coloniais que consagravam prestígio, propriedade e poder em função da cor da pele, do sobrenome, do idioma e da linhagem. A primeira Constituição republicana cindiu a "bolivianidade", atribuída a todos aqueles que haviam nascido sob a jurisdição territorial da nova República, dos "cidadãos" – que deviam saber ler e escrever o idioma dominante (castelhano) e careciam de vínculos de servidão, assim como os indígenas careciam, inicialmente, de cidadania.

As distintas formas estatais que se produziram até 1952 não modificaram de forma substancial esse *apartheid* político. O Estado caudilhista (1825-1880) e o regime da chamada democracia "censitária" (1880-1952), tanto em seu momento conservador como no liberal modificaram muitas vezes a constituição política do Estado; entretanto, a exclusão político-cultural se manteve tanto na normatividade estatal como na prática cotidiana das pessoas. De fato, pode-se dizer que em todo esse período a exclusão étnica esteve convertida no eixo articulador da coesão estatal.

Os processos de democratização e homogeneização cultural iniciados em consequência da Revolução de 1952 transformaram em parte o regime de exclusão étnica e cultural do Estado oligárquico. O voto universal ampliou o direito de cidadania política liberal a milhões de indígenas, mas o fez impondo um único modelo organizacional de direitos políticos, o liberal, em meio a uma sociedade portadora de outros sistemas tradicionais de organização política e de seleção de autoridades, sistemas que foram descartados como mecanismos eficientes no exercício de prerrogativas políticas. Da mesma forma, a educação pública e gratuita permitiu que indígenas, que constituíam a esmagadora maioria dos "analfabetos" marginalizados de um conjunto de saberes estatais, pudessem estar mais próximos desses saberes. Entretanto, a aquisição de conhecimentos culturais legítimos ficou limitada à aquisição obrigatória de um idioma alheio, o castelhano, assim como de certas pautas culturais produzidas e monopolizadas pelas coletividades mestiço-urbanas, ativando mais uma vez os mecanismos de exclusão étnica – dessa vez de maneira renovada e eufemizada. Assim, de 1952 a 1976, entre 60% e 65% da população boliviana que tinha como língua materna um idioma indígena só puderam exercer seus direitos de cidadania por meio de um idioma estrangeiro, já que a educação oficial, o sistema universitário, o vínculo com a administração pública, os serviços etc. só podiam se realizar por meio do castelhano, e não pelo idioma quéchua ou o aimará.

Os 178 anos de vida republicana, apesar de seus evidentes avanços quanto à igualdade de direitos individuais, reetnificou a dominação, dando lugar a um campo de competições pela aquisição da etnicidade legítima (o capital étnico), a fim de contribuir para os processos de ascensão social e divisão de classe.

Na Bolívia é por demais evidente que, apesar dos profundos processos de mestiçagem cultural, ainda não se pôde construir a realidade de uma comunidade nacional. Existem no país pelo menos trinta idiomas e/ou dialetos regionais, dos quais dois correspondem à língua materna de 37% da população (aimará e quéchua), enquanto cerca de 62% se identificam com algum povo originário[42]. E, na medida em que cada idioma representa toda uma concepção de mundo, tal diversidade linguística é também cultural e simbólica. Se somarmos a isso o fato de existirem identidades culturais e nacionais mais antigas do que a República que até hoje reclamam soberania política sobre territórios usurpados (caso da identidade aimará), torna-se claro que a Bolívia é, a rigor, uma coexistência de várias nacionalidades e culturas regionais superpostas ou articuladas de forma moderada. Entretanto, e apesar disso, o Estado é monoético e monocultural; nele predomina a identidade cultural boliviana de fala castelhana. Isso pressupõe que a população obtém prerrogativas e possibilidades de ascensão nas diferentes estruturas de poder – tanto econômico, político, judicial e militar como cultural – apenas por meio do idioma espanhol.

Na Bolívia, há no mínimo meia centena de comunidades histórico-culturais com distintas características e posições hierárquicas. A maioria dessas comunidades culturais encontra-se na porção leste do país e abarca, em termos demográficos, desde algumas dezenas de famílias até cerca de 100 mil pessoas. Na porção oeste do país, concentram-se as duas maiores comunidades histórico-culturais indígenas, isto é, os falantes de quéchua e aimará, que somam mais de 5 milhões de pessoas. Os aimarás alcançam pouco mais de 2,5 milhões de pessoas e contam com todos os componentes de uma unidade étnica altamente coesa e politizada. Diferentemente das outras identidades indígenas, a aimará criou há décadas elites culturais capazes de elaborar estruturas discursivas com força de reinventar uma história autônoma que ancora no passado a busca de um futuro autônomo, um sistema de mobilização sindical de massas em torno dessas crenças políticas e, recentemente, uma liderança com capacidade de dar corpo político visível à etnicidade.

---

[42] Instituto Nacional de Estadística, *Censo nacional de población y vivienda 2001*, cit.

Por último, temos a identidade cultural boliviana dominante, resultado dos 180 anos de vida republicana e que, embora tenha surgido como artifício político do Estado, possui hoje um conjunto de objetivos histórico-culturais e populares que a tornam consistente e predominantemente urbana.

Entretanto, a maioria dessas referências cognitivas das comunidades culturais nunca foi integrada à conformação do mundo simbólico e organizativo estatal legítimo, pelo fato de as estruturas de poder social encontrarem-se sob monopólio predominante da identidade étnica boliviana. Daí ser possível dizer que o Estado republicano é de tipo monoétnico ou monocultural e, nesse sentido, excludente e racista.

Isso levou, ao longo de toda a República, a vários ciclos de mobilização indígena, tanto por reivindicações parciais como pelo poder político, seja sob a forma de cogoverno, seja de autogoverno.

A rigor, desde o ano 2000, estamos vivendo mais um ciclo de insurgência indígena, dirigida à disputa da condução estatal e da hegemonia político-cultural da sociedade.

Esse novo ciclo de mobilização indígena tem seu antecedente nos anos 1970, com a emergência do movimento indianista-katarista nos meios intelectuais e sindicais agrários. Primeiro, foi o movimento indígena das terras altas que cobrou presença e discurso interpelador nos anos 1970 e 1980; depois, foram os indígenas das terras baixas que evidenciaram os mecanismos de exclusão de dezenas de povos esquecidos pela sociedade como sujeitos de direito; em meados da década de 1990, por sua vez, os *cocaleros* se converteram no setor que maior esforço realizou para resistir às políticas de erradicação da folha de coca.

Mas abril de 2000 marcou um ponto de inflexão nas reivindicações e na capacidade de mobilização sociopolítica dos movimentos sociais, em especial indígenas. Articuladas em torno da conquista de necessidades básicas e da defesa de recursos territoriais de gestão comunitária, pequenas estruturas organizativas locais, de tipo territorial e não territorial, baseadas no lugar de residência, no controle de bens como a terra e a água, na atividade laboral, corporativa ou simplesmente de amizade, foram criando redes de mobilização coletiva que levantaram novos movimentos sociais – como é o caso da Coordinadora del Agua e de la Vida, dos Sem-Terra, o do Consejo Nacional de Ayllus y Markas del Qullasusyu (CONAMAQ), assim como da revitalização de organizações antigas, como a CSUTCB, a Confederación de Colonizadores, os produtores *cocaleros*, a Coordinadora de Pueblos Étnicos de Santa Cruz (CPESC), as Juntas de Moradores etc.

A importância histórica desses movimentos sociais fundamenta-se em sua capacidade de reconstruir o tecido social e sua autonomia em relação ao Estado, além de redefinir de forma radical o que se entende por ação política e democracia.

Em termos exclusivamente organizacionais, a virtude desses movimentos sociais está no fato de terem criado mecanismos de participação, de inclusão e filiação coletiva em escala regional, mecanismos flexíveis e fundamentalmente territorializados, que se ajustam à nova conformação híbrida e porosa das classes e identidades sociais na Bolívia.

Enquanto o antigo movimento operário tinha como centro a coesão sindical por centro de trabalho, em torno do qual se articulavam outras formas organizativas urbanas, os atuais movimentos sociais têm como núcleo organizativo (CSUTCB; Confederación de Pueblos Indígenas de Bolivia, CIDOB; colonizadores; CPESC; *regantes*, *cocaleros*) a comunidade indígeno-camponesa, na área rural, e as comunidades vicinais na área urbana, ao redor da qual se aglutinam associações trabalhistas (professores rurais), corporativas (de transportes, comerciantes locais), estudantes etc. Aqui, as comunidades indígenas urbanas e rurais, camponesas e vicinais – que, pode-se dizer, formam as células de outra sociedade – são a coluna vertebral articuladora de outros grupos sociais e de outros modos locais de unificação, influenciados pela atividade econômica e cultural camponês-indígena, e fazem dessa ação coletiva, mais que um movimento social, um movimento societal[43], pois trata-se de uma sociedade inteira que se traslada no tempo.

A possibilidade de que um leque tão plural de organizações e sujeitos sociais possa se mobilizar garante-se pela seletividade de fins que permite concentrar vontades coletivas diversas em torno de algumas reivindicações específicas. Isso exigiu descentralizar as reivindicações da problemática do salário direto, próprio do antigo movimento operário, para situá-las em uma política de necessidades vitais (água, território, serviços e recursos públicos, hidrocarbonetos, educação etc.) que envolvem os múltiplos segmentos populacionais subalternos e que, dependendo da situação social dos sujeitos, podem ser lidas como o componente do salário indireto (para os assalariados), como o suporte material da reprodução (moradores, jovens) ou a condensação do legado histórico cultural da identidade (os indígenas).

Mas os atuais movimentos sociais indígenas não são só atividades de protesto e reivindicação; são sobretudo estruturas de ação política. Isso porque os sujeitos de interpelação da demanda que desencadeiam as mobilizações são, em primeiro lugar, o Estado (abolição da Lei de Águas, anulação de contratos de privatização, suspensão da erradicação forçada [da folha de coca], territorialidade indígena, Assembleia Constituinte, nacionalização dos hidrocarbonetos) e o sistema de instituições supraestatais de definição das políticas públicas (FMI, Banco Mundial, investimento estrangeiro). Até a própria afirmação de uma política da identidade indígena (das terras altas e das terras baixas) é feita confrontando o sistema institucional estatal, que em toda a vida republicana radicalizou a dominação e a exclusão dos indígenas.

---

[43] Luis Tapia, *La condición multisocietal*, cit.

Por outro lado, entre os múltiplos movimentos, há aqueles que têm uma orientação de poder. Na medida em que as tentativas de mobilização dos últimos anos estiveram dirigidas a visibilizar agravos estruturais de exclusão política e da injusta distribuição da riqueza, os movimentos sociais retomaram os tradicionais debates locais de deliberação, gestão e controle (assembleias, câmaras municipais), projetando-os localmente como sistemas de instituições de participação e controle público. Esses sistemas paralisaram – e, em alguns casos, dissolveram temporariamente – a estrutura institucional do Estado em várias regiões do país (Altiplano Norte, Chapare, cidade de Cochabamba), dando lugar à coexistência de dois campos políticos com competências normativas, algumas vezes mestiças e outras confrontadas. Paralelamente, em torno dessas experiências de execução prática de direitos, os movimentos sociais começaram a projetar em escala nacional as experiências bem-sucedidas de deliberação e gestão de direitos por meio da formulação de um esboço razoável de "direção da sociedade"[44] que, ao mesmo tempo que demoliu o fatalismo histórico com o qual o projeto neoliberal se legitimou nos últimos vinte anos, delineou um modelo alternativo de reforma estatal e econômica. Tal reforma não promete transformar a ordem das coisas existente nas últimas décadas, mas, indo mais além, propõe-se a desmontar as estruturas de colonialidade vigentes em toda a história republicana.

Pode-se dizer, portanto, que os movimentos sociais e societais transformaram vários aspectos do campo político, modificando o espaço legítimo de produção política, inovando as técnicas sociais desse fazer e redesenhando a condição socioeconômica e étnica dos atores políticos, além de terem mudado os fins e sentidos da política em suas características não só neoliberais, mas fundamentalmente republicanas, propondo-se a transformar o atual Estado monocultural em um Estado e uma institucionalidade multinacional.

### A fissura espacial do Estado

O segundo eixo de fratura estrutural do Estado é o que tem a ver com o traslado dos eixos de decisão político-econômicos de uma região (Noroeste) para outra (Leste).

No dizer de Zavaleta, o território é o profundo dos povos: "Só o sangue é tão importante como o território". Ainda mais se, como sucedeu com nós bolivianos, seu momento agrícola constitutivo e o nascimento de sua República foram decididos pela lógica do espaço, e não pela lógica da sociedade. Isso significa que, diferentemente daquelas sociedades cuja ansiedade coletiva de coesão deu lugar à

---

[44] Giovanni Arrighi, Terence Hopkins e Immanuel Wallerstein, *Movimientos antisistémicos* (Madri, Akal, 1999).

produção do território, aqui somos filhos do espaço, sem o qual não seríamos o que na verdade somos.

Foi também esse autor quem apontou as diferenças entre territórios inerentes e limítrofes. Os primeiros seriam aqueles que definem o destino e o caráter de uma nação, enquanto os outros apenas complementam essa vida central. Assim, a formação dos Estados se daria precisamente por sua capacidade de validar territorialmente esses espaços. Pode-se dizer, portanto, que a densidade de uma nação ou a maneira como se vê e define seus fins se mede pela forma de interiorizar socialmente o espaço como base territorial de sua realização coletiva.

Por isso, quando acontece uma crise de Estado como a que atualmente atravessamos na Bolívia, pode-se dizer que acontece também um tensionamento estrutural do modo como a sociedade recepciona sua territorialidade e do modo como ela se pensa como comunidade política moderna, isto é, como nação.

Sabe-se que o Estado não acontece com a mesma intensidade em todas as partes; ele também pode ser dividido em zonas essenciais e complementares. No primeiro caso, trata-se dos eixos político-geográficos da articulação soberana do Estado. No segundo, trata-se das áreas de irradiação dessa soberania. Esses eixos político-geográficos não são fixos nem perpétuos, mas modificam-se conforme os deslocamentos espaciais dos núcleos articuladores da economia e dos centros de emissão de reforma político-cultural dos países. Assim, por exemplo, o deslocamento da sede de governo de Sucre para La Paz em fins do século XIX significou o deslocamento do eixo político-cultural do Estado de Sucre-Potosí, com sua economia da prata e sua intelectualidade jurídica, para o eixo La Paz-Oruro-Cochabamba, com a nova mineração do estanho, a produção manufatureira, os indígenas aimarás como sujeito político e os letrados liberais que buscavam imaginar a pátria para além dos corpos legais.

Hoje, estamos mais uma vez assistindo a um questionamento da centralidade geográfica do poder, que não significa necessariamente a mudança da sede de governo, mas uma discrepância em torno de qual dinamismo econômico espacial se estruturará o bloco de poder e a concepção de mundo irradiada pelo Estado. Santa Cruz, com sua vitalidade agroindustrial globalizada, e Tarija, com suas reservas de gás, apontam para uma provável conversão no núcleo mobilizador da economia nacional nas décadas seguintes. Em contrapartida, Oruro, com sua economia mineira em retrocesso, e La Paz, que não consegue instaurar um novo padrão tecnológico adequado às novas necessidades produtivas da economia mundial, habilitam o possível traslado da centralidade econômica do Estado do Oeste para o Leste.

Entretanto, a constituição dos eixos político-espaciais do Estado não depende só do poderio econômico das geografias locais, pois o Estado não é uma empresa cujos pivôs se ajustam pela rentabilidade econômica que proporcionam ao todo. Segundo Max Weber, o Estado é uma notória correlação de forças políticas, portadora de legitimidade e hegemonia, ou seja, é uma relação política de dominação legítima que habilita uma comunidade política ilusória entre governantes e governados. A liderança econômica pode ajudar e de fato, com o tempo, dá o suporte material da legitimidade da dominação política. Mas o poderio econômico não é imediatamente poderio político-cultural e pode acontecer, inclusive, de os deslocamentos espaciais do poder serem truncados pela ausência de reforma moral e intelectual da elite economicamente ascendente. Da mesma maneira, pode ocorrer a possibilidade de uma hegemonia política sobre a base de uma economia estancada ou decadente, ainda que tal hegemonia só venha a ser duradoura se acompanhada de uma reforma e de vitalidade econômica.

De fato, isso parece caracterizar a atual situação de hegemonias mutiladas, o que evidencia a atual polarização regional-classista e étnica do país. Por um lado, há uma economia empresarial estancada no Oeste com um empresariado que abdicou de qualquer liderança política, em meio a uma liderança político-cultural plebeia-indígena, ainda que sustentada por uma economia tradicional urbano-camponesa em crise. Por outro, há uma liderança econômica moderna na porção Leste, mas cuja capacidade política é regionalmente limitada, sem que haja muitas possibilidades de que a irradiação geográfica e classista de um dos polos possa se ampliar ao âmbito da especialidade articulada por outro. Claro, é muito difícil que o discurso liberal e de livre empresa com que se arvoram as elites empresariais *cruceñas** cative uma plebe andina que durante dez anos apostou nessa forma de modernidade, obtendo apenas a contração de suas rendas e expectativas de mobilidade social. Um discurso autonomista que não venha acompanhado de um tipo de pós-neoliberalismo carece de possibilidades de seduzir e, portanto, de ser hegemônico no Oeste. Por sua vez, o neoestatismo popular, e em particular a liderança indígena, dificilmente será capaz de cativar uma classe média e um empresariado ascendentes graças ao livre mercado e que, no Oeste e no Leste, são educados secularmente na subalternidade servil dos indígenas.

Entretanto, há um duplo paradoxo em tudo isso. Por um lado, o bloco social que se levanta e reivindica a pujança de uma economia moderna faz uma leitura da territorialidade estatal não moderna, de tipo senhorial; daí carecer de força cultural e simbólica para se alçar a uma liderança nacional. Por outro lado, quem se erige sobre a precariedade de uma economia tradicional, urbano-camponesa, entende o espaço de forma nacional, ainda que careça do substrato material para liderar a economia – pois não se constroem Estados modernos a partir da pequena economia doméstico-familiar.

---

\* Proveniente de Santa Cruz de la Sierra. (N. T.)

Fato é que o empresariado, em todos os momentos, em todas as regiões e apesar de todos os seus modernismos técnicos, nunca deixou de imaginar de maneira patrimonial o poder e o território – no primeiro caso, como privilégio hereditário e, no segundo, como prolongação da lógica senhorial da fazenda. Independentemente da globalização de suas atividades econômicas e de seus estilos de vida, o empresariado *cruceño* entende o espaço regionalmente e abdicou de uma leitura socialmente incorporadora do território nacional. Por isso pode imaginar, em momentos extremos, a fim de garantir uma blindagem espacial de seus interesses, uma dissociação da unidade territorial, pois a territorialidade estatal não se lhe apresenta como uma espacialidade inerente a seu destino, mas tão somente como uma contingência à essencialidade da fazenda. Nesse sentido, a visão do vínculo espacial do Estado é pré-moderna e senhorial, similar à das elites andinas do século XIX, às quais, no dizer de Zavaleta, importava mais o estado da estátua da Virgem de Copacabana do que a perda do litoral.

Para o movimento indígeno-plebeu, ao contrário, a lógica nacional do espaço estatal está incorporada em seu horizonte intelectual: é o legado de uma lógica agrícola de "múltiplos pavimentos ecológicos". É por isso que os indígenas imaginam o poder não só onde há maioria indígena, mas em todo o país (mediante a vitória eleitoral, na versão moderada, por meio da Assembleia Constituinte; ou mediante a instauração do Qullausuyu, na versão radical), pois o espaço de suas pretensões vai até onde o Estado alcança e, inclusive, mais além, como no caso aimará. Trata-se então de uma incorporação moderna da geografia estatal, ainda que seja evidente que a sustentação técnico-econômica desse ímpeto nacionalizador possa ser considerada "pré-moderna". Esses limites e tensões da luta pelo poder encontram hoje um correlato territorial no debate por um Estado autonômico.

### Descentralização político-administrativa e autonomia

Na Bolívia, a luta ou a demanda por autonomia e/ou federalismo remonta aos debates dos anos 1860, em torno das diversas propostas de federalismo. Essas discussões foram retomadas em 1899, quando as elites *paceñas*, em ascensão política, econômica e cultural, que contavam com maior capacidade discursiva e com o apoio de setores sociais mais ativos (os indígenas aimarás e os artesãos), haviam reconfigurado um cenário de forças políticas e buscaram, sob a bandeira do federalismo, trasladar a sede de governo de Sucre para La Paz. Esse traslado com as bandeiras de luta pelo federalismo, na verdade, significou o traslado do eixo econômico Potosí-Sucre, vinculado à mineração da prata e à hegemonia cultural de grupos intelectuais ligados ao âmbito judicial, para a economia do Norte, vinculada à mineração do estanho, que começava a destituir a mineração da prata, às manufaturas de Cochabamba, Oruro e La Paz e a uma presença mais ativa de uma intelectualidade liberal urbanizada, não ligada de forma estrita ao aparato burocrático estatal como em Sucre. Isso significa que o deslocamento da sede de governo de Sucre para La Paz foi um deslocamento do eixo econômico e do eixo político cultural do Sul para o Norte.

O tema do federal e do autonômico renasceu no debate intelectual em Santa Cruz em princípios do século XX, com o Manifesto da Sociedade Geográfica, que criticava o Estado pelo abandono das regiões do Leste e esboçava um modelo de desenvolvimento econômico integral e outro político com forte presença autonômica de autogovernos regionais. Esse tema ressurgiu em 1957, quando se debateram as regalias do petróleo e, depois de múltiplos incidentes e confrontos, se distribuiu de forma departamental uma percentagem das regalias petroleiras – sistema esse que perdura até hoje.

A questão da autonomia da descentralização se fez presente mais uma vez nos comitês cívicos, quando se retomou a democracia nos anos 1982 e 1984. Naquele momento, não foi apenas Santa Cruz que reivindicou descentralização, mas também outros departamentos, como Cochabamba, Sucre e Potosí. Esse ascenso da reivindicação da descentralização departamental foi neutralizado com a aplicação da Lei de Participação Popular, que faz uma descentralização já não política, mas administrativa em nível dos municípios.

A Lei de Participação Popular que descentralizou a administração estatal por meio dos municípios, somada à maior integração das elites regionais, especialmente *cruceñas*, e à estrutura do Estado centralista por meio dos partidos MNR, MIR e ADN, encerrou o ímpeto descentralizador dos anos 1980 e levou as elites empresariais *cruceñas* a ocupar posições de poder fundamentais na estrutura estatal que acompanhou as reformas de livre mercado de todo o período neoliberal.

Entretanto, há cinco anos, a crise estatal iniciada debilitou e fez retroceder a hegemonia neoliberal (partidária e ideológica) inaugurada em 1985. Mas essa debilitação deixou irresoluta a nova liderança nacional. Por um lado, as ideias conservadoras da ordem estabelecida se entrincheiraram e se reforçaram nas regiões Leste e Sul do país (Santa Cruz, Beni, Tarija), enquanto as ideias e os projetos renovadores e progressistas avançaram e lograram uma liderança nas zonas do oeste do país, ainda que nenhum desses projetos políticos tenha conseguido se irradiar nem se expandir como projeto nacional, o que deu lugar a uma regionalização de lideranças.

Nesse sentido, a atual revitalização da reivindicação autonomista em Santa Cruz, encabeçada pelos partidos tradicionais (MNR/MIR/ADN) e pelas corporações empresariais regionais (CAO/Cainco), é uma clara sublevação empresário-regional contra as reivindicações e os ímpetos indígenas-populares de transformação econômica e política; é um levante burguês de reação aos processos de mudança propugnados pelos movimentos sociais. Trata-se de uma série de manifestações, mobilizações e ações diretas dirigidas pelo empresariado regional, em torno de objetivos e convocatórias dos setores que buscam preservar a ordem econômica e estabelecer uma blindagem político-regional a esses interesses, em retrocesso no resto do país. O que chama a atenção é que essa convocatória tem aceitação social e conta com o apoio regional de setores trabalhistas e populares, o que permite falar da presença ativa de uma hegemonia, de uma liderança empresarial na região. Diferentemente do que sucede na porção Oeste do país, onde os movimentos sociais populares e indígenas construíram um sentido comum generalizado que explica as carências sociais, a falta de emprego, a discriminação e a crise em razão do "modelo neoliberal", no Leste, os mesmos problemas que atravessam os setores subalternos são explicados pelo "centralismo", que é uma ideologia e visão de mundo administrada pelas elites empresariais, o que permite entender sua liderança e base social. Isso certamente tem a ver com a debilidade do tecido social popular em Santa Cruz, com a ausência de autonomia política dos setores populares etc., que permitem que as reivindicações e frustrações de vários setores populares urbanos – em particular de jovens migrantes andinos – se articulem individualmente nas promessas que fazem as elites empresariais.

Essa rebelião das elites regionais contra o governo tem a ver fundamentalmente com o fato de que nos últimos dezesseis meses, desde outubro de 2003, as elites empresariais *cruceñas* perderam o controle de boa parte dos recursos do poder público, que durante dezenove anos administraram de maneira ininterrupta. Desde 1985, independentemente dos governos de MNR, ADN ou MIR, as elites *cruceñas* ocuparam postos ministeriais chave na definição das políticas econômicas do país. Estavam posicionadas em cargos de direção dos principais partidos do governo e controlavam áreas de decisão no Parlamento. Isso lhes permitiu influir de maneira direta na definição de políticas públicas que favoreciam seu potencial como moderna fração empresarial. A seu modo, a burguesia *cruceña*, há trinta anos, com particular ênfase nos últimos quinze, fez o mesmo que todo empresariado dominante realizou durante a história republicana: utilizar-se do poder político para ampliar, estender e proteger sua capitalização econômica empresarial setorial.

O rompimento dos laços de poder veio inicialmente com a renúncia de Sánchez de Lozada, que criou uma série de vínculos de fidelidade e apoio com o empresariado *cruceño,* o qual se manteve até o último minuto em que o ex-presidente partia para seu "autoexílio", em outubro de 2003. O segundo momento dessa perda de poder veio pela debilitação política dos partidos nos quais esse empresariado *cruceño* controlava estruturas de influência e decisão (MNR e MIR). O terceiro momento dessa perda de controle pessoal dos aparatos de poder governamental se deu quando o presidente Mesa dispôs nos ministérios representantes *cruceños* provenientes de elites intelectuais e civis distantes das elites econômicas regionais. E o ponto final dessa perda dos recursos do poder governamental veio com os resultados das eleições municipais, que acabaram por debilitar e quase marginalizar das esferas de decisão política os partidos que tradicionalmente haviam sido o centro da política nacional (MNR, MIR, ADN). A partir de então, foi só uma questão de tempo para uma ofensiva empresarial, de maneira corporativa – que é seu último reduto de agregação de interesses (Comitê Cívico e corporações empresariais) – a fim de recuperar posições num esquema de poder que se desprendeu de seu manejo direto e pessoal.

O aumento do diesel em dezembro de 2004 foi o pretexto que permitiu mobilizar, canalizar e liderar um mal-estar social para a defesa de interesses empresariais *cruceños* que, por certo, são os que mais se beneficiam com a subvenção desse combustível por parte do Estado. A atual sublevação empresário-regional é, portanto, uma luta aberta pelo poder do Estado, pelo controle da totalidade, ou de uma parte substancial (tema de terras, regime de impostos, modelo econômico) dos mecanismos de tomada de decisão sobre a maneira de gerir os recursos públicos. O fato de que se trata de um empresariado regional e que as forças armadas tenham de momento uma atitude neutra ou distante do protesto empresarial (devido às insinuações separatistas com as quais às vezes o apresentam os dirigentes cívicos), limita a possibilidade de uma mudança total da estrutura de poder a seu favor, ainda que a força que têm possa obrigar a um trânsito gradual para uma retomada da influência que tinham antes de outubro.

Pelas características dessa luta pelo poder governamental, pelo que esses setores empresariais defenderam e buscam defender, e pela maneira de ter acumulado poder econômico nos últimos anos, essa luta visa também redirecionar, deter o conjunto de reformas políticas e econômicas que estão em marcha devido à pressão popular indígena do Oeste, já que a continuação dessas reformas pode afetar de maneira direta os mecanismos de poder econômico empresarial (Assembleia Constituinte que modifique o sistema de propriedade da terra, nacionalização dos hidrocarbonetos que ponha freio na esperança de algumas regalias para petroleiras regionalizadas etc.). Daí que essa luta pelo poder seja ao mesmo tempo uma resistência à continuidade da chamada "agenda de outubro", resultante da rebelião urbano-rural de outubro de 2003.

Entretanto, essa luta empresarial pelo controle das estruturas de decisão do poder político não toma a forma de uma luta "nacional", geral, de controle total do Estado, o que exigiria por parte do empresariado *cruceño* uma série de propostas, de convocatórias dirigidas para mobilizar o resto do país, para articular interesses de outros setores sociais, já que o horizonte nacional que propugnam e defendem (livre mercado, investimento externo, racismo etc.) foi derrotado em toda a região Oeste em outubro de 2003 e é uma ideologia cansada e em retirada, pelo menos temporariamente. Daí que o empresariado *cruceño* haja apostado em uma regionalização de sua luta política por meio da reivindicação de autonomia. Em sentido estrito, a reivindicação de autonomia dos empresários *cruceños* se apresenta, portanto, como uma luta defensiva, de recuo sobre sua zona de irradiação básica (Santa Cruz) e, com isso, o abandono da luta por uma hegemonia nacional que sentem impossível. A luta pela autonomia *cruceña* é, pois, o retrocesso político em relação ao que antes controlavam as elites *cruceñas* (aparatos de estado "nacional") e é a constatação dos limites regionais de uma burguesia que não se anima a tentar dirigir o país, seja em termos políticos, econômicos ou culturais, recuando ao seu domínio regional para disputar ali o controle, compartilhado com as petroleiras, do excedente de gás existente. A autonomia *cruceña*, convertida em bandeira central da reivindicação empresarial, é, portanto, a luta pelo poder político, mas em sua dimensão fracionada, regionalizada e parcial e a materialização do abandono da disputa do poder geral, "nacional" do país. Sua vitória, caso ocorra, não resolverá a ausência de hegemonia nacional, de liderança e horizonte geral compartilhado pela maioria da sociedade; radicalizará a regionalização da luta de classes, das lideranças políticas e dos projetos de país, incrementando as tendências separatistas que sempre se aninharam feito larvas no comportamento político dos sujeitos sociais do Leste e do Oeste.

Contudo, e apesar desse viés local da disputa do poder político, a reivindicação da burguesia *cruceña* e das empresas petroleiras que a secundam está questionando de forma direta não só um governo, mas a estrutura do Estado, sua base constitucional e, acima de tudo, o controle dos recursos imprescindíveis para qualquer estratégia de desenvolvimento econômico nacional nas décadas seguintes: terra e hidrocarbonetos.

Trata-se, portanto, de uma sublevação reacionária que está pondo em dúvida a viabilidade do Estado e, o mais perigoso, a sustentação material econômica de qualquer processo de reforma ou de transformações progressistas que desejem impulsionar os setores populares e indígenas do país.

Está claro, então, que a atual reivindicação autonômica do Comitê Cívico de Santa Cruz, ainda que tenha uma função democratizadora, é acima de tudo um pretexto de elite para conter projetos de reforma econômica e política desneoliberalizantes. Resulta então que, em torno da agenda *cruceña*, parte dos setores derrotados no âmbito político em outubro começou a se rearticular mais uma vez – falamos do MNR, falamos do MIR e do ADN, que sentem Santa Cruz e seu movimento regional como um território a partir do qual podem começar a irradiar de novo propostas e liderança política.

No que se refere ao atual debate sobre se primeiro deveria se realizar o referendo pela autonomia ou a eleição de constituintes, não se trata de um debate falso: nele se posicionam interesses coletivos de poder. As forças políticas e econômicas que querem autonomia antes de mais nada buscam posicioná-la em nível departamental para postergar a Assembleia Constituinte de maneira indefinida, porque ainda se sentem minoria eleitoral, sentem que aí não poderiam representar um papel dirigente – como vinham fazendo em todas as eleições nacionais anteriores, ainda mais quando os partidos que lhes permitiam converter a minoria demográfica em maioria política (ADN, MIR, MNR) enfrentam um processo de debilitação estrutural. Os que buscam a Assembleia Constituinte, ao contrário, querem fazê-la antes ou no mesmo momento da autonomia, justamente para obrigar esse bloco da porção Leste a participar da Assembleia Constituinte, na crença de que seja aí que esses blocos sociais, populares e indígenas terão maior presença e maioria para promover mudanças nos regimes econômicos, de propriedade e de direitos sociais que beneficiem os setores anteriormente excluídos.

Como se vê, em suma, no debate sobre autonomia estão em jogo as estratégias de posicionamento de cada uma das forças sociais e políticas do país e, por isso, é importante que, ao fazer uma leitura contextual desse tema, se conheça o pano de fundo dos distintos argumentos legitimadores que utilizam os distintos atores. Em sentido estrito, em torno da agenda da autonomia, estão em jogo temas de poder político de grupos, classes e frações sociais.

### Campo político polarizado e empate catastrófico

Sobre esse cenário de crise estatal de duas dimensões – a saber, crise do Estado neoliberal e crise dos componentes republicanos monoculturais e centralistas do Estado boliviano – está se produzindo um crescente processo de polarização social e política, entendida como confrontação de projetos contrapostos, de duas visões distintas de entendimento da vida, da economia, do futuro e do porvir.

Por um lado, podemos instalar um projeto neoconservador, liberal, que no plano econômico siga apostando numa economia aberta, globalizada, de investimento externo e de débil intervenção do Estado. O outro polo aposta numa economia mais centrada no mercado interno, com maior presença de um Estado produtivo e que tenta recuperar a dinâmica econômica de setores tradicionais no campo, nas comunidades, no mundo urbano familiar microempresarial.

No plano político, o primeiro é um projeto que aponta para uma leitura partidária da política, ou corporativa empresarial da política, mantendo a monoculturalidade do Estado, com lideranças do tipo tradicional das velhas elites políticas. O outro aponta para um tipo de comunitarismo sindical, uma reivindicação de mulculturalidade, da presença indígena na tomada de decisões, e está encabeçada por lideranças basicamente indígenas.

A primeira apresenta um confronto de caráter classista; a segunda, um confronto de caráter étnico. Existe ainda uma terceira, que apresenta um confronto regional. Por um lado, essas forças neoconservadoras – que não é um adjetivo, na medida em que pretendem preservar o que existe com algumas modificações –, embora estejam presentes em todo o país, têm sua força dominante em setores do Leste. As forças renovadoras – cuja capacidade de mobilização está presente nas distintas regiões –, tanto em termos eleitorais como de ação coletiva, encontram-se por sua vez nas zonas dos vales e do altiplano. A Bolívia, portanto, está vivendo ao mesmo tempo uma polarização classista, étnica e regional.

Em suma, pode-se dizer que estamos diante de um cenário de conflito generalizado pela redistribuição do poder estatal na Bolívia, entre setores que tradicionalmente tinham poder e novos setores, antes marginalizados das estruturas de decisão do país, que agora pugnam por fazer parte da administração do Estado. Mas o determinante dessa pugna pelo poder é que nenhum dos blocos tem capacidade de se impor sobre o outro.

Temos então polaridades que atravessam as regiões, as classes e as identidades étnicas. Nenhuma dessas polaridades ou desses blocos de poder, porém, é capaz de sobrepor-se aos outros ou seduzi-los. Isto é, em termos gramscianos, estamos diante de um "empate catastrófico". Um empate catastrófico surge quando não existe a capacidade de uma hegemonia completa, mas uma confrontação irresoluta por essa hegemonia entre duas proto-hegemonias, o que gera processos de confrontações permanentes de baixa intensidade, de confrontos e desgastes mútuos que impedem que alguma delas expanda sua liderança sobre o restante da sociedade.

Daí que o mais sensato seja pensar que a única maneira de resolução desse "empate" seja precisamente a do armistício ou, o que dá no mesmo, a de uma redistribuição pactuada do poder estatal. Isso levaria necessariamente a uma ampliação de direitos dos setores mais excluídos e a uma redistribuição negociada das oportunidades econômicas da sociedade.

Indianismo e marxismo:

O desencontro de duas razões revolucionárias*

Na Bolivia, o antigo marxismo não é significativo nem política nem intelectualmente, e o marxismo crítico, proveniente de uma nova geração intelectual, tem influência reduzida e círculos de produção ainda limitados.

---

\* Publicado originalmente em *Revista Donataria*, La Paz, n. 2, março-abril de 2005. (N. E. A.) [Publicado também em "Encarte CLACSO", *Cadernos da América Latina*, São Paulo, CLACSO, n. 2, jan. 2008. Tradução para o português de Rodrigo Nobile. (N. E. B.)]

O indianismo, pelo contrário, pouco a pouco foi se constituindo em uma narrativa de resistência que nestes últimos tempos se propôs como uma autêntica opção de poder.

Nos últimos cem anos, desenvolveram-se na Bolívia cinco grandes ideologias ou "concepções de mundo" de caráter contestatório e emancipatório. A primeira dessas narrativas foi o anarquismo, ao articular experiências e reivindicações de setores sindicais urbanos vinculados ao comércio e ao trabalho artesanal e operário em pequena escala. Presente desde o final do século XIX em alguns âmbitos sindicais urbanos, sua influência mais notável se deu nas décadas de 1930 e 1940, quando conseguiu estruturar federações de associações agremiadas horizontalmente em torno de um programa de conquista dos direitos sindicais e da formação autônoma de uma cultura libertária entre seus filiados[45].

Outra ideologia que enraíza seus fundamentos nas experiências de séculos anteriores é a que podemos chamar de indianismo de resistência, que surgiu depois da derrota da sublevação e do governo indígena dirigido por Zárate Willka e Juan Lero, em 1899. Reprimido esse projeto de poder nacional indígena, o movimento étnico assumiu uma atitude de renovação do pacto de subalternidade com o Estado por meio da defesa das terras comunitárias e do acesso ao sistema educativo. Sustentado numa cultura oral de resistência, o movimento indígena, predominantemente aimará, passaria a combinar de maneira fragmentada a negociação de suas autoridades originárias com sublevação local até ser substituído pelo nacionalismo, em meados do século, como horizonte explicador do mundo nas comunidades.

O nacionalismo revolucionário e o marxismo primitivo são duas narrativas políticas que emergiram com vigor, simultaneamente, depois da Guerra do Chaco, em setores relativamente parecidos (classes médias letradas), com um mesmo adversário, o velho regime oligárquico e patronal.

À diferença desse marxismo nascente, para o qual o problema do poder era um tema retórico que buscava ser resolvido na fidelidade canônica ao texto escrito, o nacionalismo revolucionário, desde o início, perfilou-se como ideologia portadora de uma evidente vontade de poder que deveria ser resolvida de forma prática. Não é por acaso que tal pensamento se aproximava oficialmente do exército – a instituição-chave na definição do poder estatal – e que vários dos seus promotores, como Paz Estenssoro, participassem em gestões dos curtos governos progressistas militares que desgastaram a hegemonia política conservadora da época. Tampouco é por acaso que, com o passar do tempo, os nacionalistas revo-

---

[45] Dibbits I. Walsworth, *Polleras libertarias. Federación obrera femenina, 1927-1965* (Taipamu-Hisbol, 1989); ver também Agustín Barcelli, "Medio siglo de luchas sindicales revolucionarias", em *Bolivia, 1905-1955* (La Paz, Editorial del Estado, 1965).

lucionários tenham passado a combinar de maneira decidida sublevações (1949) com golpes de Estado (1952) e participação eleitoral como mostra de uma nítida ambição de poder.

Obtendo a liderança da revolução de 1952 por fatos e propostas práticas, o Movimiento Nacionalista Revolucionario (MNR) fez com que seu projeto partidário se transformasse em uma concepção de mundo emitida pelo Estado, dando lugar a uma reforma moral e intelectual que criou uma hegemonia político-cultural de 35 anos de duração em toda a sociedade boliviana, independentemente de serem os sucessivos governos civis ou militares.

O marxismo primitivo

Se é que se pode falar de uma presença do pensamento marxista desde os anos 1920, graças à atividade de intelectuais isolados como Tristan Marof[46], o marxismo como cultura política em disputa pela hegemonia ideológica ganhou força nos anos 1940, por meio da atividade partidária do Partido de Izquierda Revolucionaria (PIR), do Partido Obrero Revolucionario (POR) e da produção intelectual de seus dirigentes (Guillermo Lora, José Aguirre Arce, Arturo Urquidi etc.).

O surgimento do marxismo – e sua recepção no âmbito social – veio marcado por dois processos constitutivos. O primeiro consiste em uma produção ideológica diretamente vinculada à luta política, o que afastou a tentação de um "marxismo de cátedra". Os principais intelectuais que se somam a essa corrente participam do ativismo político, seja na luta parlamentar, seja na organização das massas, o que influiu tanto nas limitações teóricas da produção intelectual da época – mais apegada a uma recepção dos esquemas simplistas dos manuais de economia e filosofia soviéticos –, como na constante articulação de suas reflexões com o acontecer prático-político da sociedade.

O outro fato notável desse nascimento pode ser constatado na recepção do marxismo e do próprio nacionalismo revolucionário no mundo sindical, que foi precedida por uma modificação na composição de classe dos núcleos economicamente mais importantes do proletariado mineiro e fabril boliviano. Ambos estavam em pleno trânsito do "operário artesanal de empresa" ao "operário de ofício da grande empresa". Isso significa que o marxismo se enraizou no *locus* operário no momento em que se consolidava a mutação da centralidade dos saberes individuais do trabalho e do virtuosismo artesanal tradicional característico da atividade produtiva nas oficinas e indústrias, na primazia do suporte técnico industrial e numa divisão do trabalho articulada no tempo dos operários industriais nas empresas mineiras de estanho e das fábricas, principalmente têxteis urbanas[47].

---

[46] Tristan Marof, *La justicia del inca* (Bruxelas, Falk Fils, 1926).

[47] Álvaro García Linera, *La condición obrera. Estructuras materiales y simbólicas del proletariado de la minería mediana* (La Paz, Cidesumsa/La Comuna, 2000).

Trata-se, portanto, de um proletariado que interioriza a racionalidade técnica da modernização capitalista da grande empresa, e que está subjetivamente disponível para uma razão de mundo guiada pela fé na técnica como principal força produtiva, na homogeneização laboral e na modernização industrial do país. Trata-se certamente do surgimento de um tipo de proletariado que se encontrava em processo de interiorização da subsunção real do trabalho ao capital como um fenômeno de massa[48]. Foi sobre essa nova subjetividade proletária, que ocupou o centro das atividades econômicas fundamentais do país, que o marxismo, com um discurso de racionalização modernizante da sociedade, conseguiu se fixar durante décadas.

O marxismo dessa primeira época foi, sem dúvida, uma ideologia de modernização industrial do país no plano econômico e de consolidação do Estado nacional no plano político. No fundo, todo programa revolucionário dos distintos marxismos daquela etapa, até os anos 1980, teve, mesmo assumindo diversos nomes – a revolução "proletária" do POR, "democrático-burguesa em transição ao socialismo" do Partido Comunista Boliviano, de "libertação nacional" do Ejército de Liberación Nacional (ELN), "socialista" do Partido Socialista 1 (PS-1) –, objetivos similares: desenvolvimento incessante da modernidade capitalista do trabalho, substituição das relações "tradicionais" de produção (especialmente da comunidade camponesa, que deveria "coletivizar-se" ou "obreirizar-se"), homogeneização cultural para consolidar o Estado e uma crescente estatização das atividades produtivas como base de uma economia planificada e de uma coesão nacional-estatal da sociedade. No fundo, esse marxismo primitivo, por suas fontes e seus objetivos, pode ser considerado uma espécie de nacionalismo revolucionário radicalizado. Daí não ser estranho que os militantes e os quadros das fábricas e das minas, especialmente "poristas" e "piristas", tenham se incorporado rapidamente ao partido triunfador de abril de 1952, e que a massa proletária de influência desses partidos marxistas tenha atuado sob o comando ideológico movimentista nos momentos da definição política. Dessa forma, enquanto nos congressos mineiros ou fabris se podia aprovar o programa de transição trotskista, nas eleições presidenciais e no comportamento político se era movimentista, pois, no fundo, o que diferenciava marxistas e nacionalistas não era tanto o discurso – modernizante, estatista e homogeneizante –, mas a vontade de poder dos últimos para levar adiante o que havia sido prometido.

No entanto, o marxismo chegou a formar uma extensa cultura política em setores operários, assalariados e estudantis, baseada na primazia da identidade operária sobre outras identidades, com a convicção acerca do papel progressista da tecnologia industrial na estruturação da economia, do papel central do Estado

---

[48] René Zavaleta, *Lo nacional popular en Bolivia* (Cidade do México, Siglo XXI, 1986).

na propriedade e na distribuição da riqueza, da nacionalização cultural da sociedade em torno desses moldes e da "inferioridade" histórica e classista das sociedades camponesas majoritárias no país.

Tal narrativa modernista e teleológica da história, em geral adaptada dos manuais de economia e de filosofia, criou um bloqueio cognitivo e uma impossibilidade epistemológica sobre duas realidades que foram o ponto de partida de outro projeto de emancipação, que com o passar do tempo sobrepuseram-se à própria ideologia marxista: a temática camponesa e étnica do país.

Considerada da perspectiva do capitalismo europeu, berço do proletariado chamado a fazer a revolução e a partir da dissolução das relações camponesas tradicionais, a esquerda marxista caracterizou a realidade agrária como representante do "atraso" que deveria dar lugar ao "progresso" da indústria para permitir que se pensasse na emancipação. Nesse sentido, o agro-setor se apresentava como um peso para os sujeitos da revolução social, os proletários, que deveriam buscar a melhor maneira de "arrastá-la" aos "pequenos proprietários" da terra. A leitura classista da realidade agrária que fez o marxismo não se deu pelo lado da subsunção formal e real, que teria permitido desvelar as condições de exploração desse setor produtivo; isso foi feito desde o esquema – de preconceito – do enquadramento a partir da propriedade, com o que trabalhadores diretos foram limitados à categoria dos "pequenos burgueses", de duvidosa fidelidade revolucionária por seu apego à propriedade.

Nesse esquema, a comunidade e suas relações produtivas simplesmente não apareceram no horizonte interpretativo desse marxismo[49] e menos ainda qualquer outra identidade social que não a estritamente econômica – neste caso, camponesa. Os repertórios culturais das classes sociais, a diversidade identitária da sociedade ou a existência de nações e povos indígenas ocuparam um não lugar na literatura e na estratégia esquerdista, com exceção de Ovando Sanz[50], cuja contribuição pioneira fora silenciada pela vulgata partidária de "classes" sociais identificadas não pela estrutura das relações de produção e reprodução social, mas tão somente pelas relações de propriedade, o que provocou um reducionismo classista da realidade social boliviana, além de um reducionismo jurisdicista e legalista da constituição das "classes sociais"[51].

---

[49] Notáveis exceções de uma leitura marxista muito mais consistente sobre o tema agrário na Bolívia podem ser encontradas em Danilo Paz, *Estructura agraria en Bolivia* (La Paz, Popular, 1983); e em Jorge Echazu, *Los problemas agrarios campesinos de Bolivia* (La Paz, Comite Ejecutivo de la Universidad Boliviana, 1983).

[50] Jorge Alejandro Ovando Sanz, *Sobre el problema nacional y colonial en Bolivia* (La Paz, Juventud, 1984).

[51] José Antonio Arce, *Sociología marxista* (Oruro, Universidad Técnica de Oruro, 1963); Guillermo Lora, *Historia del movimiento obrero* (La Paz, Los Amigos del Libro, 1980), tomo III.

Para esse marxismo não havia nem índios nem comunidade, o que fez com que uma das mais ricas vertentes do pensamento marxista clássico fosse bloqueada e rechaçada como ferramenta crítica de interpretação da realidade boliviana[52]; além do mais, tal posição obrigou o emergente indianismo político a se afirmar em combate ideológico, tanto contra as correntes nacionalistas como contra as marxistas, que rejeitavam e negavam a temática comunitária agrária e étnico-nacional como forças produtivas políticas capazes de servir de poderes regenerativos da estrutura social, precisamente como fez o indianismo.

As posteriores conversões em relação a essa temática por parte da esquerda no final dos anos 1980, a partir das quais se "descobriram" a comunidade e a diversidade nacionalista do país, não só foram meramente observadoras – pois a esquerda marxista primitiva tinha entrado em franca decadência intelectual e acabou sendo marginalizada –, como também, além disso, abordaram a temática da mesma maneira superficial e instrumental com que décadas antes fora interpretada a centralidade operária.

Por fim, uma leitura muito mais exaustiva da temática indígena e comunitária veio pelas mãos de um novo marxismo crítico e carente de auspício estatal, que, desde o final do século XX e o começo do XXI, apoiando-se nas reflexões avançadas por Zavaleta, buscara uma reconciliação entre indianismo e marxismo capaz de articular os processos de produção de conhecimento local com os universais[53].

## O indianismo

O voto universal, a reforma agrária – que acabou com o latifúndio no altiplano e nos vales – e a educação gratuita e universal fizeram do ideário do nacionalismo revolucionário um horizonte de época que envolveu boa parte do imaginário das comunidades camponesas que enxergavam nesse modo de cidadanização, reconhecimento e mobilidade social uma convocatória nacionalizadora e culturalmente homogeneizante, capaz de avançar e diluir o programa nacional étnico de resistência gestado décadas antes. Foram momentos de uma crescente "desetnização" do discurso e do ideário camponês, uma aposta na inclusão imaginada no projeto de coesão cultural mestiça irradiada pelo Estado e

---

[52] Sobre a comunidade no pensamento de Marx, conferir Karl Marx e Friedrich Engels, *Escritos sobre Rusia. El porvenir de la comuna rural rusa*, cit.; Lawrence Krader, *Los apuntes etnológicos de Karl Marx* (Madri, Pablo Iglesias/Siglo XXI, 1988).

[53] Luis Tapia, *La condición multisocietal*, cit.; Raúl Prada, *Largo octubre* (La Paz, Plural, 2004); vários autores, *Tiempos de rebelión* (La Paz, La Comuna, 2001); vários autores, *Memorias de octubre* (La Paz, La Comuna, 2004).

pela conversão dos nascentes sindicatos camponeses em bases de apoio do Estado nacionalista, tanto em sua fase democrática de massas (1952-1964), como na primeira etapa da fase ditatorial (1964-1974).

A base material desse período de hegemonia nacional estatal foi a crescente diferenciação social no campo, o que permitiu mecanismos de mobilidade interna por meio dos mercados e da ampliação da base mercantil da economia rural, a acelerada "descampesinização", que levou a um rápido crescimento das cidades grandes e intermediárias, e a flexibilização do mercado de trabalho urbano, que promoveu a crença numa mobilidade real campo-cidade mediante o acesso ao trabalho assalariado estável e ao ingresso na educação superior como formas de ascensão social.

Os primeiros fracassos desse projeto de modernização econômica e de nacionalização da sociedade começaram a se manifestar nos anos 1970, quando a etnicidade, sob a forma do sobrenome, do idioma e da cor da pele, foi atualizada pelas elites dominantes como mais um dos mecanismos de seleção para a mobilidade social, renovando a velha lógica colonial do estruturamento em classes, tida, juntamente com as redes sociais e a capacidade econômica, como os principais meios de ascensão ou descenso social.

Isso, somado à estreiteza do mercado de trabalho moderno, incapaz de acolher a crescente migração, habilitou um espaço de nascente disponibilidade para o ressurgimento da nova visão do mundo indianista que, nesses últimos 34 anos, transitou por vários períodos: o período formativo, o da cooptação estatal e o de sua conversão em estratégia de poder.

### Gestação do indianismo katarista

O primeiro período é o da gestação do indianismo katarista, como construção discursiva política e cultural, formadora de fronteiras culturais como modo de visibilização de exclusões e hierarquias sociais. Inicialmente o indianismo katarista nasceu como discurso político para ressignificar de maneira sistemática a história, a língua e a cultura. Em alguns casos, tal formação discursiva revisou a história colonial e republicana para mostrar as injustiças, as usurpações e as discriminações de que foram objeto os povos indígenas na gestão das riquezas e dos poderes sociais. Em outros, denunciaram-se as travas nos processos de cidadanização e de ascensão social oferecidos pelo projeto mestiço nacionalista iniciado em 1952. Em ambas as vertentes, complementares, trata-se de um discurso de denúncias e de interpelações que, assentado na revisão da história, acusa publicamente a impossibilidade de cumprir os compromissos de cidadania, de mestiçagem, de igualdade política e cultural com os quais o nacionalismo se aproximou do mundo indígena camponês desde 1952.

Isso vinha ocorrendo desde os anos 1970, em plena vigência do modelo estatal centralista e produtor, e foi levado adiante por meio da atividade de uma intelectualidade aimará migrante, temporal ou permanente, que ascede a processos de escolarização superior e vida urbana, mas ainda mantendo vínculos com as comunidades rurais e seus sistemas de autoridade sindical. Esses intelectuais, em círculos políticos autônomos ou em pequenas empresas culturais (o futebol, os programas de rádio, as conferências em praças públicas etc.)[54], construíram, com dirigentes de sindicatos agrários, redes de comunicação e de releitura da história, do idioma e da etnicidade que começam a disputar a legitimidade dos discursos camponeses com os que o Estado e a esquerda convocavam o mundo indígena.

A contribuição fundamental desse período é a reinvenção da indianidade já não como estigma, mas como sujeito de emancipação, como desígnio histórico e projeto político. Trata-se de um autêntico renascimento discursivo do índio por meio da reivindicação e reinvenção de sua história, do seu passado, de suas práticas culturais, de suas penúrias e de suas virtudes, que há de ter um efeito prático na formação de autoidentificações e formas organizativas.

Nessa primeira etapa do período formativo destaca-se a obra de Fausto Reinaga, que pode ser considerado o intelectual mais relevante e influente do indianismo em todo esse período histórico. Sua obra está dirigida à construção de uma identidade, apesar de não haver identidade coletiva que se construa – pelo menos no início –, mas, afirmando-se perante e contra as outras identidades, o indianismo nessa época não só se diferencia da "outra" Bolívia mestiça e colonial, mas também da esquerda obreirista, fortemente associada ao projeto homogeneizante e modernista do Estado nacionalista.

De início, o indianismo ataca o marxismo, enfrentando-o com a mesma veemência com que critica a outra ideologia forte da época, o cristianismo – ambos considerados os principais componentes ideológicos da dominação colonial contemporânea. Para essa desqualificação indianista do marxismo como projeto emancipador há de contribuir a própria atitude dos partidos de esquerda, que seguiram subalternizando o campesinato diante dos operários, opondo-se à problematização da temática nacional indígena no país ao considerar, como hoje fazem as classes altas, qualquer referência a um projeto de emancipação sustentado em potencialidades comunitárias da sociedade agrária como um retrocesso histórico em relação à "modernidade".

A partir desse fortalecimento, em oposição, o discurso katarista indianista, no fim dos anos 1970, dividiu-se em quatro grandes vertentes. A primeira, a sindical, permitiu a formação da Confederação Sindical Única de Trabalhadores Camponeses da Bolívia (CSUTCB), fato que sela simbolicamente a ruptura do

---

[54] Javier Hurtado, *El katarismo* (La Paz, Hisbol, 1985).

movimento dos sindicatos camponeses com o Estado nacionalista em geral e, em particular, com o pacto militar camponês que havia inaugurado uma tutela militar sobre a organização camponesa. A outra vertente é a política partidária, não somente com a formação do Partido Índio, no fim dos anos 1960, mas do Movimento Índio Túpac Katari (MITKA) e do Movimento Revolucionário Túpac Katari (MRTK), que participaram, de maneira frustrada, de várias eleições até o fim dos anos 1980. A terceira vertente, ao lado da política e da sindical, será a corrente acadêmica, historiográfica e de pesquisa sociológica. Diz-se que todo nacionalismo é no fundo um revisionismo histórico e daí não ser de estranhar que uma ampla geração de migrantes aimarás, ingressante no mundo universitário entre os anos 1970 e 1980, se dedique a levar adiante, de maneira rigorosa, tal revisionismo, mediante o estudo de casos de levantes, de caudilhos e de reivindicações indígenas desde a colônia até nossos dias.

Apesar de haver várias correntes nesse momento, a força do movimento indianista katarista centrou-se na CSUTCB. Mas, como em toda identidade dos subalternos, essa força de mobilização não deixou de apresentar a trama de múltiplas camadas estratégicas de interpelação do Estado. Assim, se por um lado é possível encontrar uma forte retórica etnicista nos discursos dos dirigentes, na simbologia usada para se identificar – os retratos dos líderes indígenas, a *whipala* –, de fato, a força discursiva mobilizável da CSUTCB concentra-se basicamente nas reivindicações de tipo classista e econômico, como aquelas que deram lugar ao primeiro grande bloqueio de estradas da flamejante direção sindical sob a direção de Genaro Flores, em dezembro de 1979. As mobilizações da CSUTCB, com predomínio na convocação política e étnica nacional, acima das reivindicações estritamente camponesas, se darão apenas com as rebeliões dos anos 2000, 2001e 2003.

Um segundo momento desse período de formação discursiva e de elite da identidade aimará deu-se quando, desde os primeiros anos da década de 1980, produziu-se uma lenta, mas crescente, descentralização desse discurso; os ideólogos e ativistas do indianismo katarista fragmentaram-se, dando lugar a três grandes correntes. A culturalista, que se refugia no âmbito da música, da religiosidade e que hoje é denominada "*pachamámicos*", é basicamente um discurso que perdeu a carga política inicial e sustenta uma forte carga de folclorização da indianidade. Uma segunda vertente, mais urbana que a anterior, se denominou a dos discursos políticos "integracionistas", na medida em que propaga uma reivindicação do ser indígena como força de pressão para obter certos reconhecimentos na ordem estatal vigente. Trata-se de uma formação discursiva do indígena como sujeito reivindicante, demandante de reconhecimento por parte do Estado, para se incorporar à estatalidade e à cidadania vigente, mas sem perder com isso suas particularidades culturais. A ala katarista do movimento de reivindicação da indianidade é a que dará corpo a essa posição. Aqui o indígena é a ausência de igualdade diante do Estado por um pertencimento cultural (aimará e quéchua), que se torna assim o signo identificador de uma carência de direitos (a igualdade), de um porvir (a cidadania plena) e de uma distinção identitária (a multiculturalidade).

O imaginário desse discurso constitui-se por meio da denúncia da existência de dois tipos de cidadania: a de "primeira classe", monopolizada pelos *q'aras*, e a "cidadania de segunda classe", à qual pertenceriam os indígenas. Mediante essa hierarquização dos níveis de cidadania na sociedade boliviana, o que esse discurso realiza é uma luta pelo reconhecimento da diferença para lograr a supressão desta e alcançar a igualação e homogeneização, pelo menos política, daquilo que se considera uma "cidadania de primeira classe".

Nesse caso, a diferença não é exibida como portadora de direitos – o que requereria pensar numa cidadania multicultural ou na reivindicação de direitos políticos coletivos, cidadanias diferenciadas e estruturas político-institucionais plurais –, mas com iguais prerrogativas políticas diante do Estado. A diferença aqui é um passo intermediário na nivelação, já que o horizonte político que o katarismo projeta para o indígena continua sendo o da cidadania estatal exibida pelas elites dominantes há décadas. De certo modo a distância com o discurso modernizador do nacionalismo revolucionário não está nesse destino fatal do que se deve entender por cidadania e pelo marco institucional para exercê-la, mas no reconhecimento da pluralidade para poder aceder a ela, que será precisamente a contribuição do modesto discurso liberal diante da problemática dos "povos" e das "etnias". Não é de estranhar, portanto, que muitos dos personagens do katarismo, elaboradores desse discurso, tenham colaborado posteriormente com propostas modernizantes e multiculturalistas do antigo partido nacionalista que em 1993 chegou outra vez ao governo.

Paralelamente, nos anos 1980, essa corrente ideológica, mais vinculada ao sindicalismo camponês, teria sido a mais propensa a se aproximar das correntes marxistas e do ainda predominante movimento operário organizado em torno da Central Operária Boliviana (COB). Por exemplo, Genaro Flores conseguira estabelecer alianças com a frente esquerdista Unidade Democrática Popular (UDP) nas eleições de 1980 e alguns de seus quadros políticos se incorporaram à gestão do governo de Siles Suazo.

Nos anos posteriores, dirigentes dessa fração katarista buscaram modificar internamente a composição orgânica da representação social da COB, dando lugar a uma das mais importantes interpelações indígenas para a esquerda operária.

Uma terceira variante discursiva desse movimento indianista katarista foi a vertente já estritamente nacional indígena, promovida de maneira intuitiva inicialmente por militantes, ativistas e teóricos indianistas influenciados por Fausto

Reinaga[55], que buscavam a constituição de uma República Indígena. Trata-se de um discurso que não pede ao Estado o direito à cidadania, mas manifesta que os próprios indígenas devem, porque querem, ser os governantes do Estado. Um Estado que, precisamente por essa presença indígena, terá de se constituir em outro Estado e em outra República, na medida em que o Estado republicano contemporâneo foi uma estrutura de poder construída sobre a exclusão e o extermínio do indígena.

Sob esse olhar, o indígena aparece não só como um sujeito político, mas também como um sujeito de poder, de mando, de soberania. A própria narrativa histórica do indígena que constrói tal discurso vai além da denúncia das exclusões, das carências e dos sofrimentos que caracteriza a reconstrução culturalista; é uma narrativa heroica, até certo ponto guerreira, marcada por levantes, resistências, contribuições e grandezas ciclicamente reconstruídas, de várias formas, e que algum dia terão de ser restabelecidas de maneira definitiva mediante a "revolução indígena".

Nesse caso, o índio é concebido como projeto de poder político e social substitutivo do regime republicano de elites *q'aras*, que são consideradas desnecessárias no modelo de sociedade propugnado. Em sua etapa inicial, esse discurso toma a forma de um pan-indigenismo, na medida em que se refere a uma mesma identidade indígena estendida ao longo de todo o continente, com pequenas variantes regionais. Esse olhar transnacional da estrutura civilizatória indígena pode ser considerado imaginariamente expansivo na medida em que supera o localismo clássico da demanda indígena; ao mesmo tempo, porém, apresenta debilidades na medida em que minimiza as próprias diferenças intraindígenas e as diferenças estratégicas de integração, dissolução ou resistência pelas quais cada nacionalidade optou dentro dos múltiplos regimes republicanos instaurados no século passado.

Daí que, numa segunda etapa, uma corrente interior dessa vertente indianista encabeçada por Felipe Quispe e a organização Ayllus Rojos[56] realizou as novas contribuições daquilo que foi herdado por Reinaga. Por um lado, o reconhecimento de uma identidade popular boliviana resultante dos séculos de mutiladas mestiçagens culturais e sindicais em diferentes zonas urbanas e rurais. Isso é importante porque na ótica inicial do indianismo o "boliviano" era meramente uma invenção de uma reduzidíssima elite estrangeira, cujo papel era o de se retirar aos seus países europeus de origem. Sob esse novo olhar, em compensação, as formas de identidade popular bolivianas, como a operária – e, até certo ponto, a campo-

---

[55] Fausto Reinaga, *La revolución india* (La Paz, Partido Indio de Bolivia, 1970); e *La razón y el indio* (La Paz, Partido Indio de Bolivia, 1978).

[56] Felipe Quispe, *Túpac Katari vive y vuelve, carajo* (La Paz, Ofensiva Roja, 1989).

nesa, em determinadas regiões –, aparecem como sujeitos coletivos com os quais é preciso traçar políticas de aliança, acordos de mútuo reconhecimento etc. Esse foi o significado político da chamada teoria das "duas Bolívias".

A segunda contribuição desse discurso é a da especificidade da identidade indígena aimará. Apesar do esforço por inscrever no indígena múltiplos setores urbanos e rurais, há uma leitura mais precisa e efetiva dessa construção identitária em torno do mundo aimará, não apenas a partir da politização do idioma e do território, mas também de suas formas organizativas, de sua história diferenciada em relação aos outros povos indígenas. Dessa forma, o índio aimará aparece de maneira nítida como identidade coletiva e como sujeito político encaminhado a um destino de autogoverno, de autodeterminação. Certamente, trata-se de uma articulação peculiar entre as leituras da tradição histórica das lutas indígenas de autonomia com as modernas leituras de autodeterminação das nações desenvolvidas pelo marxismo crítico e cuja importância radica em que permite centrar o discurso nos âmbitos territoriais específicos, em massas da população verificáveis e em sistemas institucionais de poder e mobilização mais compactos e efetivos que os da pan-indianidade. Daí que se pode afirmar que foi a partir dessa formação discursiva que o índio e o indianismo se transformam num discurso estritamente nacional: o da nação indígena aimará. Essas duas contribuições do indianismo como estratégia de poder descentraram a inimizade dessa corrente ideológica com algumas vertentes do marxismo, dando lugar a um diálogo, certamente tenso, entre tal corrente indianista e emergentes correntes intelectuais marxistas críticas que ajudaram a definir de maneira muito mais precisa o direcionamento da luta e a construção de poder político nessa estratégia indianista.

### A cooptação estatal

O segundo período da construção do discurso nacional indígena é o da cooptação estatal, que se inicia em fins dos anos 1980, num momento em que intelectuais e ativistas do movimento indígena atravessavam uma forte frustração política, na medida em que suas tentativas de converter a força da massa indígena sindicalizada em votação eleitoral não alcançaram os resultados esperados. Isso teria dado lugar a uma acelerada fragmentação de correntes aparentemente irreconciliáveis dentro do movimento indianista katarista, sem que nenhuma delas conseguisse articular hegemonicamente o resto. A integração e competição no interior das estruturas liberal-republicanas de poder (sistema de partidos, delegação da vontade política etc.) marcaram assim os limites estruturais da leitura integracionista e pactista do indianismo katarista. Também foi uma época na qual, ao mesmo tempo que houve uma permeabilidade maior desse discurso na sociedade, deram-se as primeiras tentativas de reelaboração dessas propostas por partidos de esquerda e intelectuais bolivianos

– não com o afã de entender tal proposta, mas sim de instrumentalizá-la na busca de apoio eleitoral e financiamento estrangeiros.

Ao mesmo tempo que a sociedade e os partidos de esquerda marxista assistiram ao brutal desmoronamento da identidade e da força de massa obreira sindicalmente organizada, a adoção e reelaboração de um discurso etnicista se lhes apresentou como uma opção de nova alteração nos sujeitos suscetíveis de ser convocados. Dessa maneira, a estrutura conceitual com que essa esquerda em decadência se aproxima da construção discursiva indígena não recupera o conjunto da estrutura lógica dessa proposta, o que teria requerido um desmonte da estrutura colonial e vanguardista que caracterizava o esquerdismo da época.

Curiosamente, esse é também um momento de confrontação no interior da CSUTCB, entre o discurso étnico-camponês katarista e indianista e o discurso esquerdista frugalmente etnizado. A derrota de Genaro Flores no congresso de 1988 fechará um ciclo de hegemonia discursiva do katarismo indianista na CSUTCB, dando lugar a uma longa década em que versões despolitizadas e culturalistas da identidade indígena predominaram, muitas vezes diretamente emitidas pelo Estado ou pelas organizações não governamentais. Paralelamente a esse refluxo sindical e frustração eleitoral, uma parte da militância indianista adotou posições organizativas mais radicais formando o Ejército Guerrillero Túpac Katari (EGTK), sob a proposta teórica de autogoverno indígena aimará e a consolidação de estruturas militarizadas nas comunidades do altiplano, influindo quinze anos depois nas características organizativas e discursivas das rebeliões indígenas no altiplano norte no século XXI.

O MNR é o partido político que com maior clareza detecta o significado da formação discursiva de um nacionalismo indígena, visto como um perigo, assim como também as debilidades que atravessava o movimento. Por meio da aliança com Victor Hugo Cárdenas e uma série de intelectuais e ativistas do movimento indígena, o MNR converteu em política de Estado o reconhecimento retórico da multiculturalidade do país, enquanto a Lei de Participação Popular habilitou mecanismos de ascensão social local capazes de sugar o discurso e a ação de boa parte da intelectualidade indígena crescentemente descontente.

A aplicação da Lei de Participação Popular, embora tenha contribuído em alguns casos para um notável fortalecimento das organizações sindicais locais, que têm logrado projetar-se eleitoralmente no âmbito nacional, também pode ser vista como um mecanismo bastante sofisticado de cooptação de líderes e de ativistas locais, que começaram a propugnar suas lutas e suas formas organizativas ao redor dos municípios e das instâncias indigenistas expressamente criadas pelo Estado. Tal mecanismo há de inaugurar um espaço de fragmentação étnica, na medida em que também fomenta o ressurgimento e a invenção de etnicidades indígenas locais, de *ayllus* e associações indígenas separadas entre si, mas vinculadas verticalmente a uma economia de demandas e concessões do Estado. Dessa maneira, a identidade indígena autônoma e assentada na estrutura organizativa dos "sindicatos", formada desde os anos 1970, vai contrapor uma caleidoscópica fragmentação de identidades de *ayllus*, de municípios e de "etnias".

Esse será um momento de reacomodação das forças e correntes internas do movimento indígena, de um rápido amansamento dos discursos de identidade aos parâmetros emitidos pelo Estado liberal, de desorganização social e de escassa mobilização de massas indígenas. Com exceção da grande marcha de 1996 contra a lei do Inra, o protagonismo social das lutas sociais teve que deslocar-se do altiplano aimará às zonas cocaleiras do Chapare, onde predominou um discurso de tipo camponês complementado por alguns componentes culturais indígenas.

### O indianismo dos anos 1990

O terceiro período desse novo ciclo indianista pode ser qualificado como estratégia de poder e se dá em fins dos anos 1990 e princípios do século XXI. É o momento no qual o indianismo deixa de ser uma ideologia que resiste nos resquícios da dominação e se expande como uma concepção de mundo proto-hegemônica, tentando disputar a capacidade de direção cultural e política da sociedade e da ideologia neoliberal que havia prevalecido durante os últimos dezoito anos. De fato, hoje se pode dizer que a concepção de mundo de corte emancipatório mais importante e influente na atual vida política do país é o indianismo e é o núcleo discursivo e organizativo do que hoje podemos denominar a "nova esquerda".

Independentemente de os atores dessa reconstrução do eixo político contemporâneo aceitarem o denominativo de esquerda como identidade[57], em relação à classificação sociológica, os movimentos sociais indígenas, em primeiro lugar, e os partidos políticos por eles gerados têm criado uma "relação de antagonismo entre partes contrapostas"[58] no universo político, precisamente representável por uma dicotomia espacial como a de "esquerdas e direitas", o que não significa que, como antes, seja uma identidade, pois agora estas vêm mais do lado da autoadesão ao indígena (aimará e quéchuas), ao originário (nações ancestrais) ou ao laboral (o "povo simples e trabalhador" da Coordenadora da Água de Cochabamba).

A base material dessa colocação histórica do indianismo é a capacidade de sublevação comunitária com as quais as comunidades indígenas respondem a um crescente processo de deterioração e decadência das estruturas comunitárias cam-

---

[57] O indianismo forte nunca aceitou ser qualificado como de esquerda, pois a esquerda tradicional reproduzia os critérios anti-indígenas e colonialistas das direitas políticas.

[58] Norberto Bobbio, *Derecha e izquierda* (Madri, Taurus, 1998) [ed. bras.: *Direita e esquerda*, São Paulo, Editora Unesp, 2001].

ponesas e dos mecanismos de mobilidade social cidade-campo. Manifestas já desde os anos 1970, as reformas neoliberais da economia incidiram de maneira dramática no sistema de preços do intercâmbio econômico urbano-rural. O estancamento da produtividade agrária tradicional e a abertura da livre importação de produtos fez com que os termos de troca regularmente desfavoráveis para a economia camponesa se intensificassem drasticamente[59], comprimindo a capacidade de compra, de poupança e de consumo dessas famílias. A isso somou-se um maior estreitamento do mercado de trabalho urbano, além de um descenso no nível de renda das escassas atividades laborais urbanas com que periodicamente complementam sua renda as famílias camponesas. Isso restringe a complementaridade laboral urbano-rural com que as famílias camponesas desenham suas estratégias de reprodução coletiva.

Bloqueados os mecanismos de mobilidade social internos e externos às comunidades, com uma migração acelerada às cidades nos últimos anos, mas com uma ampliação da migração de dupla residência daquelas populações pertencentes a zonas rurais com condições de relativa sustentabilidade produtiva (que posteriormente vieram a ser zonas de maior mobilização indígena camponesa), o ponto de início das sublevações e da expansão da ideologia indianista se deu no momento em que as reformas de liberalização da economia passaram a afetar as condições básicas de reprodução das estruturas comunitárias agrárias e semiurbanas (água e terra). Diferentemente do estudado por Bourdieu na Argélia[60], onde a deterioração da sociedade tradicional deu lugar a um subproletariado desorganizado, atrelado a redes clientelares e carente de autonomia política, a deterioração crescente da estrutura econômica tradicional da sociedade rural e urbana deu lugar a um fortalecimento dos laços comunitários como mecanismos de segurança primária e reprodução coletiva.

Foi em parte por isso e também pelo esvaziamento ideológico que essa ausência do porvir modernizante provoca que se pôde expandir a ideologia indianista capaz de brindar uma razão do drama coletivo, precisamente a partir da articulação política das experiências cotidianas de exclusão social, discriminação étnica e memória social comunitária de camponeses índios deixados à própria sorte por um Estado empresário, dedicado exclusivamente a potenciar os diminutos enclaves de modernidade transnacionalizada da economia. A politização que fará o indianismo da cultura, do idioma, da história e da pele, elementos utilizados pela "modernidade" urbana para bloquear e legitimar a contração dos mecanismos de inclusão e mobilidade social, será o componente palpável de uma ideologia comunitarista e

---

[59] Mamerto Pérez, *Apertura comercial y sector agrícola campesino* (La Paz, Cedla, 2004).

[60] Pierre Bourdieu, *Algérie 60. Structures économiques et structures temporelles* (Paris, Les Éditions de Minuit, 1977).

de emancipação que rapidamente erodiu a ideologia neoliberal, então colhedora de frustrações pela excessiva inflação de ofertas que fez no momento de consagrar-se. Paralelamente, esse indianismo conferiu coesão a uma força de massa mobilizável, insurrecional e eleitoral, conseguindo politizar o campo político-discursivo e consolidando-se como uma ideologia com proteção estatal.

Tal indianismo, como estratégia de poder, apresenta na atualidade duas vertentes: uma de corte moderada (MAS-IPSP) e outra radical (MIP-CSUTCB). A vertente moderada é articulada em torno dos sindicatos camponeses do Chapare, enfrentando as políticas de erradicação dos cocaleiros. Sobre um discurso camponês que foi adquirindo conotações mais étnicas nos últimos anos, os sindicatos cocaleiros conseguiram estabelecer uma gama de alianças flexíveis e plurais, em função de um "instrumento político" eleitoral que permitiu aos sindicatos, especialmente os agrários, ocupar postos de governo local e uma brigada parlamentar significativa. Reivindicando um projeto de inclusão dos povos indígenas nas estruturas de poder e colocando maior ênfase numa postura anti-imperialista, essa vertente pode ser definida como indianista de esquerda por sua capacidade de atingir a memória nacional-popular, marxista e de esquerda formada nas décadas anteriores, o que lhe permitiu uma maior recepção urbana, multissetorial e plurirregional a sua convocatória, fazendo dela a principal força político-parlamentar da esquerda e a principal força eleitoral municipal do país.

Por sua vez, a corrente indianista radical tem um projeto de indianização total das estruturas de poder político, com o que, segundo seus líderes, aqueles que deveriam negociar seus modos de inclusão no Estado são os "mestiços", na qualidade de minorias incorporadas em condições de igualdade política e cultural às maiorias indígenas. Se a temática camponesa encontra-se sempre no repertório discursivo desse indianismo, todos os elementos reivindicativos estão ordenados e direcionados pela identidade étnica ("nações originárias" aimarás e quéchuas). Trata-se, portanto, de uma proposta política que se conecta diretamente com o núcleo duro do pensamento indianista do período formativo (Reinaga) e com ele herda a crítica à velha esquerda marxista, a sua cultura que ainda influi passivamente em setores sociais mestiços. Assim, essa corrente se consolidou tão somente no mundo estritamente aimará, urbano e rural, razão pela qual pode ser considerada um tipo de indianismo nacional aimará.

Em que pesem suas notáveis diferenças e enfrentamentos, ambas as correntes compartilham trajetórias políticas similares:

a) Têm como base social-organizativa os sindicatos e as comunidades agrárias indígenas.

b) Os "partidos" ou "instrumentos políticos" parlamentares resultam de coalizões negociadas de sindicatos camponeses e, no lado do MAS, urbano-populares, que se unem para aceder a representações parlamentares, com o que a tríade sindicato-massa-partido, tão própria da antiga esquerda, é deixada de lado por uma leitura do "partido" como prolongamento parlamentar do sindicato.

c) Sua liderança e grande parte de sua intelectualidade e base ampla (em maior medida no MIP) são indígenas aimarás ou quéchuas e produtores diretos, com o que a incursão na política toma a forma de uma autorrepresentação étnica e de classe simultaneamente.

d) A identidade étnica, integracionista em alguns casos ou autodeterminativa em outros, é a base discursiva do projeto político com a qual enfrentam o Estado e interpelam o resto da sociedade, incluindo o mundo obreiro assalariado.

e) Se a democracia é o cenário de partida de suas reivindicações, há uma proposta de ampliação e complexificação da democracia baseada no exercício de lógicas organizativas não liberais e na postulação de um projeto de poder em torno de um tipo de governo de nações e povos.

O que resta saber desse avanço diverso do pensamento indianista é se será uma concepção de mundo que tome a forma de uma concepção dominante de Estado ou se – como parece insinuar-se graças às debilidades organizativas, erros políticos e fracionamentos internos das coletividades que o reivindicam – será uma ideologia de alguns atores políticos que só regularão os excessos de uma soberania estatal exercida pelos sujeitos políticos e pelas classes sociais que tradicionalmente têm estado no poder.

Por último, no que se refere a uma nova relação entre estes indianismos e o marxismo, diferentemente do que sucedeu nas décadas anteriores, em que a existência de um vigoroso movimento obreiro estava acompanhada de uma primária, mas estendida, cultura marxista, hoje o vigoroso movimento social e político indígena não tem como contraparte uma ampla produção intelectual e cultural marxista. O antigo marxismo de Estado não é significativo nem política nem intelectualmente, e o novo marxismo crítico provém de uma nova geração intelectual, além de ter uma influência reduzida e círculos de produção ainda limitados. Contudo, não deixa de ser significativo que esse movimento cultural e político indianista não venha acompanhado de uma vigorosa intelectualidade letrada indígena ou indianista. Se o indianismo atual tem uma crescente intelectualidade prática nos âmbitos de direção de sindicatos, comunidades e federações agrárias e comunitárias, o movimento carece de uma intelectualidade letrada própria e de horizontes mais estratégicos. O grupo social indígena que poderia ter desempenhado esse papel se encontra ainda adormecido, pelo impacto da cooptação geral de quadros indígenas pelo Estado neoliberal na década de 1990. E, curiosamente, é precisamente parte desses pequenos núcleos de marxistas críticos que com maior dinamismo reflexivo vêm acompanhando, registrando e difundindo esse novo ciclo do horizonte indianista, inaugurando assim a possibilidade de um espaço de comunicação e enriquecimento mútuo entre indianismo e marxismo – que serão provavelmente as concepções emancipatórias da sociedade mais importante no século XXI.

## O Estado em transição: bloco de poder e ponto de bifurcação[*]

Pretende-se fazer aqui uma reflexão acerca do Estado em tempos de transição, aquilo que podemos entender por Estado quando sua forma social encontra-se em processo de incerteza, de dúvida ou, caso se prefira, quando se constrói uma nova estrutura estatal. Certamente, o que denominamos Estado é uma relação, ou melhor, uma estrutura de relações políticas territorializadas e, portanto, fluxos de inter-relações e de materializações passadas dessas inter-relações referentes à dominação política e à legitimação política. Esta relação-Estado é sempre um processo histórico político em construção, em movimento, em fluxo. Há, contudo, momentos de sua história em que esse devir se move segundo um marco de procedimentos, hierarquias e hábitos relativamente previsíveis e limitados. São os chamados momentos de "estabilidade" da relação-Estado. Mas quando as hierarquias, os procedimentos e os hábitos da relação-Estado perdem sua ancoragem estrutural primordial, observam-se momentos de "transição" de uma estrutura de relações políticas de dominação e legitimação a outra estrutura, isto é, a outra forma de relação-Estado.

Em um diálogo que tive com Emir Sader sobre essa temática, refleti a respeito de três eixos analíticos do conceito da relação-Estado: o Estado como correlação política de forças sociais, o Estado como instituição e o Estado como ideia ou crença coletiva generalizada. Eu gostaria de resgatar este debate, tomando o Estado, por um lado, como uma correlação política de forças entre blocos e classes sociais com capacidade de influir, em maior ou menor medida, na implementação de decisões governamentais, isto é, como construção de uma coalizão política dominante; por outro, como um maquinário em que se materializam essas decisões em normas, regras, burocracias, pressupostos, hierarquias, hábitos burocráticos, papéis e trâmites, ou seja, como institucionalidade. Estes dois primeiros componentes fazem referência ao Estado como relação material de *dominação e condução política*. Finalmente, em terceiro lugar, pode-se também tomar o Estado como ideia coletiva, como sentido comum de época que garante o consentimento moral entre governantes e governados. Com este terceiro componente, é possível

---

[*] Texto inédito. (N. E. A.)

referir-se ao Estado como relação de legitimação política ou, nas palavras do professor Pierre Bourdieu, como monopólio do poder simbólico[61]. Daí a relação-Estado ser, de certa maneira, uma relação paradoxal. Por um lado, não há nada mais material, físico e administrativamente político do que um Estado (monopólio da coerção, da administração dos impostos como núcleo íntimo e determinante). Ao mesmo tempo, porém, não há nada que dependa mais de seu funcionamento do que a crença coletiva da necessidade (momento consciente) ou da inevitabilidade (momento pré-reflexivo) de seu funcionamento. Da mesma maneira, na administração interna do maquinário, o Estado se apresenta como a totalidade mais idealista da ação política, já que é o único lugar em todo o campo político no qual a ideia se transforma imediatamente em matéria com efeito social geral. Ou seja: é o único lugar onde qualquer decisão pensada, assumida e escrita pelos chefes de governo se transforma imediatamente em matéria estatal, em documentos, informes, memórias, recursos financeiros, execuções práticas etc. Por isso é que se pode dizer que o Estado é a perpetuação e a constante condensação da contradição entre a materialidade e a idealidade da ação política. Tal contradição tende a ser parcialmente superada mediante a conversão da idealidade como um momento da materialidade (a legitimidade como abonadora da dominação política) e a materialidade como momento do desdobramento da idealidade (decisões de governo que se transformam em ações de governo de efeito social geral).

Retomando as características desses três componentes estruturais da relação estatal, tentemos nos acercar agora de alguns elementos do *Estado em transição* ou momentos de revolução política das sociedades.

Para tanto, os textos de Robespierre são reveladores desses momentos de transformação, assim como os de Marx sobre a revolução europeia de 1848-1850 e sobre a Comuna de Paris em 1871, os de Lenin, com suas reflexões no período 1918-1920 e, claro, os de Zavaleta, ao estudar a Revolução de 52.

No que se refere aos estudiosos do Estado como *continuidade e reprodução*, há muitas contribuições na sociologia do Estado. Neles, as investigações sobre o processo de monopolização da coerção legítima e dos impostos de construção dos sistemas legais e judiciais, do papel do sistema escolar como reprodutor das relações de dominação, são linhas de estudo dos longos períodos de regularidade e da reprodução do Estado.

Durante o governo Morales, pude visualizar outros elementos da regularidade e da reprodução da relação da dominação estatal que devem ser exploradas mais minuciosamente, a saber: as atribuições do investimento público, o papel do Banco Central no controle dos fluxos monetários e do próprio investimento interno e os

---

[61] Pierre Bourdieu, *Cosas dichas* (Barcelona, Gedisa, 1987) [ed. bras.: *Coisas ditas*, São Paulo, Brasiliense, 2009].

regimes de contratação de obras e de contratação de dívida, ainda mais em tempos em que o Estado assume cada vez mais o protagonismo no investimento público. Em geral, trata-se de temas que podem ser incorporados à bagagem sociológica do estudo do Estado, em tempos de estabilização ou de estabilidade, como relação de dominação, como correlação de forças e como ideia dominante da sociedade.

Mas essas três dimensões ou faces da mesma ordem estatal, em momentos de mudança de forma e conteúdo social do Estado, apresentam transformações diferentes em sua profundidade e velocidade, dependendo do momento ou etapa da crise de Estado que se está atravessando.

Podemos resumir, de forma esquemática, que toda crise estatal atravessa cinco etapas históricas:

a) *Momento do desvelamento da crise de Estado*, isto é, quando o sistema político e simbólico dominante (que permitia falar de uma tolerância ou até de um acompanhamento moral dos dominados ante as classes dominantes) se quebra parcialmente, dando lugar a um bloco social politicamente dissidente com capacidade de mobilização e expansão territorial dessa dissidência convertida em irredutível.

b) Consolidando-se essa dissidência como projeto político nacional impossível de ser incorporado na ordem e no discurso dominante, dá-se início ao *empate catastrófico*. Tal fenômeno inclui a presença não só de uma força política com capacidade de mobilização nacional – para disputar em partes o controle territorial do bloco político dominante, por exemplo – como também da existência de uma proposta de poder (programa, liderança e organização com vontade de poder estatal) capaz de desdobrar o imaginário coletivo da sociedade em duas estruturas político-estatais diferenciadas e antagonizadas.

c) *Renovação ou substituição radical das elites políticas* mediante a constituição governamental de um novo bloco político que assume a responsabilidade de converter as demandas contestatárias em fatos estatais a partir do governo.

d) *Construção, reconversão ou restituição conflitiva* de um bloco de poder econômico-político-simbólico desde o Estado ou a partir dele, a fim de ajustar o ideário da sociedade mobilizada à utilização de recursos materiais do Estado.

e) *Ponto de bifurcação* ou fato político-histórico a partir do qual a crise de Estado, a luta política geradora de desordem social crescente, é resolvida mediante uma série de fatos de força que consolida de maneira duradoura um novo – ou reconstitui o velho – sistema político (correlação de forças parlamentares, alianças e procedimentos de troca de governo), o bloco de poder dominante (estrutura de propriedade e controle do excedente) e a ordem simbólica do poder estatal (ideias-força que guiam as temáticas da vida coletiva da sociedade).

No caso da Bolívia, a crise estatal se manifestou no ano 2000, com a "Guerra da Água", que reverteu uma política estatal de privatização de recursos públicos ao mesmo tempo que permitiu reconstituir núcleos territoriais de um novo bloco nacional-popular. O empate catastrófico se visibilizou a partir de 2003, quando à expansão territorial daquele bloco social mobilizado se somou a construção polimorfa de um programa de transformações estruturais à frente dos movimentos sociais constituídos, desde então, em uma vontade de poder estatal mobilizada. A substituição de elites governamentais se deu em janeiro de 2006, com a eleição do primeiro presidente indígena da história republicana – em um país de maiorias indígenas –, e a construção do novo bloco de poder econômico e da nova ordem de redistribuição de recursos prossegue até os dias de hoje. O ponto de bifurcação havia se iniciado de maneira gradual e concêntrica a partir da aprovação do novo texto constitucional pela Assembleia Constituinte e tem no *referendum* de agosto de 2008 um momento de desdobramento, sem que se possa estabelecer de maneira precisa o momento final de sua realização plena.

Levando em conta essa periodização, vamos nos deter nas características do Estado em transição nessas duas últimas etapas.

Mas quais são os pontos nodais da estatalidade quando queremos ver o Estado em tempos de transição? Em outras palavras, como juntar ao estudo dos mecanismos as formas e os meios de consagração e de legitimação duradoura de uma correlação de forças políticas? Como se converte em estável uma eventual estrutura de relações políticas diferente da até então vigente? Como, em termos mais acadêmicos, se consolida um regime de mando e de poder social tanto na esfera material como na simbólica?

É claro que nos momentos de estabilidade política e estatal esses três componentes com os quais nomeamos o Estado como correlação de forças, o Estado como máquina, o Estado como ideia, se definem como *estáveis* porque se movem em um âmbito previsível, sem antagonismos radicais nem rupturas em seus componentes internos. Portanto, sua preservação, sua transformação e sua reconversão, que são também fluxos de trabalho de poder, são em certa medida previsíveis a partir de determinados parâmetros de movimento interno das ideias dominantes e da maquinalidade administrativa da correlação de forças sociais.

Em tempo de crise estatal, ao contrário, é evidente que cada um desses componentes (a máquina, a correlação de forças e a ideia ou a imaginação política) apresenta âmbitos de antagonismo recorrente, de instabilidade e de incerteza estratégica quanto ao seu funcionamento. Em outras palavras, a forma cotidiana de reconhecer um Estado em transição é a incerteza contínua da vida política de uma sociedade, a gelatinosidade conflitiva e polarizada do sentido comum coletivo e a imprevisibilidade estratégica das hierarquias e dos mandos da sociedade a longo prazo, que podemos denominar "crise de Estado". A Bolívia é hoje, e já há oito anos, um laboratório vivo desse momento histórico de transformação acelerada e antagonizada de uma *forma estatal* a outra.

Para compreender esse momento político de crise estatal e em processo de resolução provável, algumas perguntas podem ajudar a precisar o problema.

Em primeiro lugar, qual é a coalizão social que conquistou o poder político na sociedade boliviana em consequência das eleições gerais de 2005? Qual é a diferença classista regional e étnica em relação ao antigo bloco de poder? Quais são as características, medidas e estratégias de expansão da nova base material que sustenta o novo bloco de poder?

Em segundo lugar, quais são os atuais mecanismos de estabilização do poder e de mando político do Estado? Se nos momentos de estabilidade da reprodução das relações de dominação o regime judicial, o sistema escolar, o Congresso, a relação salarial etc. são os mecanismos decisórios da continuidade da correlação de forças sociais, em um momento de crise estatal, quais são os mecanismos de reprodução e ampliação da nova correlação de forças emergentes da insurgência social, da mobilização coletiva e das eleições?

E, por último, sob quais condições é possível haver esse momento histórico a que denominaremos *ponto de bifurcação estatal* e a partir do qual já é possível falar em um processo de estabilização e de autorreprodução da correlação de forças e, portanto, de término da crise de Estado? É evidente que a chegada à estabilização estratégica do sistema estatal é um processo, mas há um momento, o *ponto de bifurcação política*, em que se verifica um processo de retroalimentação duradoura da correlação de forças, das ideias-força dominantes e da maquinalidade administrativa que expressa correlação de forças. Ou seja: o que interessa indagar são as relações do Estado em construção de sua *forma histórica*, não tanto do Estado em sua reprodução e em sua estabilização.

Provisoriamente tentarei mencionar algumas ideias a respeito desses momentos de transição estatal.

No que se refere ao primeiro ponto da nova coalizão dominante com o poder do Estado, está claro que houve, na Bolívia, uma modificação das classes sociais e de suas identidades étnicas culturais, que assumiram, primeiro, o controle do governo e, gradualmente, a modificação do poder político e o controle do excedente econômico e da estrutura do Estado. Isso é verificável a partir da origem social, da trajetória laboral e educativa e da estrutura dos capitais (econômicos, culturais e simbólicos) dos atuais governantes, que permitem falar não só de uma clássica renovação de elites no poder do Estado, mas fundamentalmente de um deslocamento radical das elites do governo e das próprias classes sociais que tomam as decisões políticas fundamentais, filtram a seleção da administração burocrática e são objeto de maior proximidade nas políticas de distribuição da riqueza pública. Foi tão radical essa alteração da condição de classe e de procedência étnica das coalizões governantes que os canais de comunicação, que antes levavam adiante transições estatais mais dialogadas (como colégios e universidades dos filhos das elites, estilos de vida compartilhados, alianças matrimoniais cruzadas, negócios articulados, lugares de residência geograficamente similares etc.), hoje não existem, acentuando diferenças e tensões entre o bloco político ascendente e o decadente. Em boa medida, isso ajuda a entender também o grau de beligerância permanente da sociedade nesta etapa de governo do presidente Evo Morales, uma vez que esses canais cotidianos tradicionais de assimilação das novas elites emergentes e de reacomodação das antigas, tão característicos das transições estatais precedentes (1952-1957 e 1982-1988), hoje não existem nem são construídos, tornando abrupta a modificação da composição classista e cultural dos setores dirigentes, sem mediações nem moderações.

Quais são as características desse novo bloco de poder dominante? É evidente que sua base material econômica constitui-se pela pequena produção mercantil tanto agrária como urbana, a mesma que caracterizou a multidão mobilizada nas grandes rebeliões sociais semi-insurrecionais de 2000 a 2003. Dentro desse bloco dirigente destacam-se camponeses indígenas com vínculos regulares com o mercado (do Chapare, vales cochabambinos, zonas de colonização no Leste, comuneiros do altiplano de La Paz, Oruro, Chuquisaca, Potosí e Tarija), e indígenas camponeses de terras baixas e dos *ayllus* andinos, assim como pequenos produtores urbanos e setores de atividade mercantil relativamente avançada – dentre os quais pode-se falar da presença de um tipo de "empresário de origem popular", que se autoidentifica mais como trabalhador do que como burguês e, sem ter recebido nada do Estado para chegar onde está, abastece o mercado interno e, em parte, os mercados externos.

Nesse primeiro círculo de decisão há que se situar também uma nova *intelligentzia* urbana, um bloco de profissionais e intelectuais produto do ingresso das classes populares no sistema universitário dos anos 1970 e que, diferentemente da intelectualidade pequeno burguesa tradicional dos anos 1960, de inclinações partidárias de esquerda, é mais afim às estruturas corporativas do sindicalismo urbano e rural e aos movimentos de bairros. Nesse meio, destaca-se uma *intelligentzia* indígena letrada que construiu, ao longo dos últimos trinta anos, um horizonte utópico indianista.

Também é possível perceber que, em torno desse núcleo, se articularam distintas personalidades, forças operárias antes submetidas a políticas de precarização do trabalho, e, com elas, um segmento empresarial industrial tradicional, parte do qual está vinculado ao mercado interno e que hoje se vê favorecido por uma série de decisões que fomentam o consumo público de produtos nacionais.

A esse bloco social acompanha e se constrói simultaneamente o que poderíamos denominar uma nova burocracia estatal, que é uma espécie de síntese de antigos funcionários do Estado, em níveis intermediários, e novos funcionários do Estado que possuem não só um capital escolar diferente como também têm utilizado certas redes sociais para se acercar dos postos administrativos, distintos dos da burocracia tradicional em termos étnicos e de classe. Claro, durante toda a etapa do Estado neoliberal, os níveis intermediários do aparato de Estado recrutavam preponderantemente profissionais provenientes de universidades privadas e estrangeiras, além daqueles formados no âmbito dos negócios, do *marketing*, da gestão empresarial etc. Tais profissionais chegavam ao Estado a partir da ativação de vínculos familiares e compromissos partidários. A nova burocracia, ao contrário, provém das universidades públicas, de profissões técnicas ou sociais, ao passo que o tipo de vínculo que aperfeiçoou sua aproximação da administração pública foram as redes sindicais, cumprindo uma espécie de filtro no recrutamento de certos níveis intermediários da burocracia estatal.

Nesse sentido, pode-se dizer que o novo bloco de poder criou, ao longo do tempo, três mecanismos de construção do Estado, de certo modo complementares: primeiro, mediante a presença direta das organizações sociais na definição das principais políticas públicas, formuladas em assembleias comunais ampliadas e congressos, e que são a base das ações do governo que impulsiona tanto a presidência como a bancada majoritária do Congresso. Em segundo lugar, por meio da presença direta de representantes dos setores sociais mobilizados em distintos níveis do aparato estatal (presidência, ministérios, diretorias, Parlamento, constituinte). Por último, por meio da lenta promoção de uma nova intelectualidade em funcionários públicos vinculados às expectativas e necessidades desse bloco de produtores.

Nesse sentido, há novas classes sociais, politicamente visibilizadas a partir de novas identidades étnicas, culturais e regionais, no controle dos principais mecanismos de decisão estatal, e há também uma substituição e ampliação das elites administrativas do Estado. O relevante desse processo de modificação da composição social do bloco no poder do Estado e dos níveis superiores da administração pública fundamenta-se no fato de que, tanto em relação à classe quanto no que diz respeito às etnias, as distâncias sociais com o antigo bloco de poder estatal são enormes. O que está acontecendo hoje na Bolívia não é, portanto, uma simples mutação de elites no poder do Estado, cujo radicalismo é diretamente proporcional à distância de classe e, em particular, cultural entre o bloco social emergente e o bloco social destituído.

Hoje, pouco ou nada há em comum – não só de suas propostas políticas, mas também de sua vida cotidiana – entre o presidente Evo Morales, o chanceler ou a presidenta da Assembleia Constituinte, com os ex-presidentes, ministros e grupos influentes do antigo bloco de poder em decadência. Talvez isso também ajude a explicar os escassos canais de comunicação entre os dois blocos, pois diferentemente do que acontecia antes, quando, apesar das diferenças políticas, as elites confrontadas compartiam um mesmo estilo de vida, redes matrimoniais, espaços familiares de educação e lazer, as classes sociais hoje confrontadas permanecem situadas em espaços social, material e objetivamente antagônicos, cujas distâncias geográficas reais não fazem mais do que materializar e aprofundar suas distâncias políticas.

É no Congresso, fundamentalmente na estrutura da divisão territorial do Estado, que se observam e se personificam essas diferenças. O antigo bloco social dominante é hoje força política minoritária e beligerante do Parlamento. Ao inaugurar a eleição de prefeitos – e a oposição política desse nível subnacional – os representantes históricos do velho regime (prefeitos de Pando, Tarija, Cochabamba) ou formados nele (prefeitos de Santa Cruz e Beni) foram relegados ao âmbito dos governos departamentais, dando lugar a uma segmentação territorial vertical diferenciada das elites estatais. Dessa maneira, o bloco de poder do velho Estado, carente de um novo projeto político geral, foi relegado ao controle de vários governos regionais, enquanto as classes sociais regionalmente mobilizadas durante os últimos oito anos hoje estão se constituindo em novo bloco de poder nacional geral dirigente.

Estamos, portanto, diante de um novo sistema político, no qual se reconfiguram cinco aspectos: as características classistas e culturais do novo bloco de poder estatal, as novas forças políticas duradouras no país, as novas gerações de lideranças, a distribuição territorial do poder estatal e, claro, o novo sistema de ideias antagonizáveis a curto e a médio prazos.

Esses pontos indicam uma estrutura de poder e de mando cujos atores são relativamente definíveis, mas em que seus âmbitos de irradiação, de alianças e da própria estabilidade representam elementos de incerteza, tanto entre os que estão no mando político do Estado como entre os que estão na oposição.

Até quando durará esse recuo regional e a carência de vontade de poder geral dessas elites conservadoras em processo de mutação discursiva? Quem será o líder da oposição com potencial para uma futura projeção nacional? Será Branco Marinkovic, será Jorge Quiroga, será Carlos Mesa? Qual será o centro político? Será o Movimento Nacionalista Revolucionário (MNR) renascido ou será a Unidade Nacional (UN)? O próprio sistema político apresenta um conjunto de modificações internas não estáveis. Inclusive o bloco dominante, hoje dirigente do processo político, também apresenta um conjunto de tendências internas que lhe dão vitalidade e força em relação a qual será a orientação prevalecente na complexa tensão entre estatismo, mais ligado à monopolização de decisões, ou ao comunitarismo, mais vinculado à democracia dos movimentos sociais etc.

Estudar mais profundamente esse fluxo da construção dos blocos de poder hoje na Bolívia é, sem dúvida, um elemento muito importante, não somente

340  ÁLVARO GARCÍA LINERA

porque sociologicamente permite uma visão da correlação de forças, mas também porque isso dá lugar a uma visibilização das tendências de forças, dos possíveis resultados e das possíveis alianças a curto prazo, na medida em que são processos políticos compressos.

## Mecanismos de estabilização do poder e de mando

No que se refere ao segundo ponto – os mecanismos de estabilização de poder e mando em momento de crise estatal em processo de resolução – é possível mencionar três aspectos.

Paradoxalmente, um âmbito importante de estabilização temporária do novo bloco de poder foi a firmeza e a fidelidade das estruturas de coerção do Estado, a saber, as Forças Armadas e Polícia Nacional. Existe aqui uma explicação sociológica: na medida em que o Estado tem como núcleo fundamental os âmbitos de coerção, são eles os que mais imediatamente também reclamam um nível de previsibilidade e de certeza que garanta a perdurabilidade do núcleo estatal primário. Portanto, depois de seis anos de instabilidade estrutural (2000-2006) e de fissuras internas no interior do núcleo coercitivo (2003), de maneira formal, houve uma adesão rápida das estruturas de coerção à nova correlação de forças do Estado, alcançada com a contundente vitória eleitoral de 54% dos votos do país.

Mas o que mais contribuiu para esse apoio das forças de coerção legítima foi o fato de que o atual governo definiu de maneira rápida um objetivo, um norte estratégico no que se refere ao papel das Forças Armadas dentro de uma democracia, coisa que não havia acontecido antes.

Desde 1982, quando as liberdades democráticas foram recuperadas, as Forças Armadas foram abandonadas em uma espécie de crise existencial institucional no que se refere à sua função em tempos de democracia. Se já não eram os centros de recrutamento de futuros governantes nem garantia de uma soberania antes oferecida pelos neoliberais nos mercados internacionais de capital, o que restava era uma caprichosa manipulação política dos mandos militares a fim de tapar erros governamentais das elites políticas.

Educadas e formadas na defesa da soberania da pátria, na defesa da sociedade e tendo colhido seus maiores reconhecimentos históricos no potenciamento do Estado, as forças de coerção legítima tiveram a ver com a maneira como a soberania foi reduzida ao valor de um cominho*, nas palavras de Jaime Paz, a defesa da sociedade se transformava em um ataque armado sistemático à sociedade (2000, 2003) e o poderio do Estado desmoronava diante das privatizações de empresas

---

\* "Cominho", em espanhol, além de tempero, significa algo que vale pouco ou nada. "Não vale um cominho" equivale a dizer, em português, "não vale um centavo", "não vale um traque". (N. T.)

que eles mesmos haviam ajudado a criar, como a Yacimentos Petrolíferos Fiscales Bolivianos (YFPB), a Corporación Boliviana de Cemento etc.

Assim, quando o presidente Evo Morales assumiu o mando do governo, reconstruindo a participação do Estado na economia e ampliando a base dos direitos sociais, acabou relançando âmbitos de soberania e de cidadania no marco de uma estrutura interestatal global mais complexa e incorporando as Forças Armadas na execução dessa expansão estatal, o que ressoa na história de potenciamentos do Estado nacional impulsionados por elas, décadas atrás. Isso resultou em um extraordinário ajuste entre forças sociais indígenas-camponesas-populares e Forças Armadas que, ao contrário do que se tentou décadas atrás sob a tutela militar, agora têm a liderança moral e intelectual de setores indígenas populares. Dessa maneira, a nacionalização de empresas e o controle do excedente econômico pelo Estado dão uma base técnico-material à soberania relativa do Estado e, portanto, à sua estabilização, que é o princípio organizador de qualquer Força Armada. E, se a isso se somar a participação das Forças Armadas na reconstrução de rodovias, na distribuição do excedente (Renda Dignidade e Bônus Juancito Pinto*) e no controle real de territórios fronteiriços (antes submetidos ao poder de caciques e máfias locais), estamos perante uma estratégia de renovada expansão territorial da presença do Estado por meio de sua estrutura coercitiva.

De certo modo, pode-se dizer que uma parte da atual capacidade de resistência do novo projeto estatal emergente às pressões conspirativas de forças políticas conservadoras externas e internas deve-se precisamente a esse ajuste histórico entre o indígeno-popular e o militar – que, ao contrário do que acontecia décadas atrás, tem como liderança organizadora os próprios indígenas.

Em que medida a nova liderança política tem a capacidade de converter essa adesão inicial em uma coesão estrutural, real e duradoura, dependerá da rapidez em interiorizar os novos papéis militares de caráter desenvolvimentista na doutrina e no espírito de corpo estatal das Forças Armadas mediante um processo interno de reformas institucionais.

Isso daria à nova estrutura estatal a solidez de um primeiro núcleo de consolidação, não o fundamental mas sim um instrumento importante. Entretanto, há experiências históricas que também revelam que os instrumentos de coerção e de fidelidade podem mostrar fissuras em momentos de tensionamento da correlação de forças. Em todo caso, a síndrome de Allende é algo de que devemos nos recordar sempre.

---

\* Programa social que oferece bolsa para incentivar as famílias a matricular e manter na escola crianças do ensino fundamental, criada com fundos da nacionalização dos hidrocarbonetos. (N. T.)

Um segundo momento de consolidação do poder e do mando do Estado em crise é, sem dúvida, o exercício do poder executor, do "Poder Executivo", principalmente a partir de seus recursos de investimento público. Talvez seja possível encontrar nisso – e em seus resultados e efeitos – os mecanismos de maior incidência imediata do novo bloco de poder na estrutura econômica e social, assim como os mecanismos de construção mais estáveis da nova situação econômica do futuro.

Quando uma sociedade passa a controlar de um a três dólares de cada quatro gerados pela principal fonte de exportações do país (no caso da Bolívia, os hidrocarbonetos), está-se, primeiro, diante de uma modificação nos mecanismos de controle e apropriação do excedente e, com isso, da estrutura econômica de poder da sociedade.

Foi justamente isso que aconteceu com os decretos de nacionalização de 1º de maio de 2006, de 2008 e com a assinatura dos contratos de produção com as empresas estrangeiras. De maneira imediata, as receitas do Estado no setor passaram de cerca de 600 milhões de dólares retidos em 2005 para 1,9 bilhão de dólares em 2007. E, dado que a totalidade do setor hidrocarbônico representa pouco mais de 20% das exportações nacionais, fica evidente que se está diante de uma substancial retenção nacional/estatal do excedente econômico que modifica de forma estrutural a relação da sociedade boliviana com o capital global.

De fato, a modificação do controle e da propriedade da indústria hidrocarbônica no país mudou drasticamente a situação econômica. Pela primeira vez em décadas a Bolívia tem superávit, o que permite financiar a administração e as políticas de investimento com capital próprio, deixando de lado o conjunto de sujeições que antes subordinavam as políticas públicas às exigências dos organismos internacionais (FMI, Banco Mundial etc.).

Ao contrário do que ocorreu em todo o período neoliberal, nesses dois últimos anos a principal fonte de investimento do país foi o próprio Estado, que duplicou sua presença, pulando de 550 milhões de dólares em 2005 para 1,1 bilhão de dólares em 2007 e aproximadamente 1,6 bilhão em 2008, o que tem permitido cumprir programas sociais vitais de redução da pobreza, além de executar uma política expansiva de investimento produtivo que permita criar uma base industrial mínima em prol de um crescimento econômico sustentável.

Hoje, com o investimento estatal, está se começando a industrializar o gás (planta de GLP em Campo Grande, planta separadora de gás na província de Chaco, termoelétrica na de Chapare); estão se relançando atividades mineiras metalúrgicas (em Huanuni, Vinto e Coro Coro, além da recuperação de minerais descartados por mineiras anteriores etc.); está se apoiando os pequenos produtores vinculados ao mercado interno por meio da Empresa Estatal de Apoio à Produção Agrícola (Emapa), a fim de garantir a soberania alimentar do país; e estão se criando fábricas para abastecer o mercado interno (de papel, papelão e outros produtos). O investimento estrangeiro, protagonista nos anos 1998-2001, já não é mais a locomotiva do capital na economia – apesar de seu desempenho ter melhorado em relação à queda de 2005. O Estado representa hoje o principal "empresário coletivo": passou da participação de 0,8% da geração produtiva de riqueza em 2005 para 7% em 2007, e sua participação na totalidade do PIB subiu de 15% para 22% em apenas dois anos. Isso trará uma geração maior de valor, um maior volume de excedente econômico em mãos do Estado e uma maior capacidade de autodeterminação sobre os modos de articular o desenvolvimento interno dos bolivianos com o desenvolvimento da economia mundial.

Mas tamanha modificação da capacidade de ação do país no contexto global não teria sido possível sem uma transformação simultânea da estrutura de poder econômico nacional e de seus blocos dirigentes. Os processos de privatização na Bolívia, como é sabido, tiveram origem na consolidação de um bloco de poder econômico dirigido por empresas petroleiras, empresários mineiros, agroexportadores e banqueiros, que se encarregaram de transferir os monopólios e excedentes públicos para umas poucas empresas privadas. Nesse processo, o Estado foi mutilado em sua capacidade de acumulação produtiva, e o resto dos setores de trabalhos vinculados ao mercado externo, jogados à marginalidade.

A pré-composição da *autodeterminação econômica do Estado*, ao contrário, internalizou e redirecionou o uso do excedente econômico a favor dos atores produtivos nacionais, configurando assim um novo bloco de poder econômico.

Em relação às correlações de forças no campo econômico, o poder do capital externo foi debilitado de forma abrupta em áreas estratégicas (hidrocarbonetos, telecomunicações), perdendo fluxos financeiros, ativos e excedentes. Em outros casos, o capital estrangeiro perdeu o controle monopólico dos preços (soja, óleo), enquanto os setores do capital local comercial e de serviços ligados ao capital externo, que faziam parte das elites empresariais intermediárias, hoje já não contam com as transferências anuais de recursos públicos, que passaram a ser dirigidos para o apoio a pequenos e médios produtores urbanos e agrícolas (Banco de Desenvolvimento Produtivo [BDP] para pequenos produtores artesanais e industriais; Emapa, com créditos para pequenos agricultores).

A nova estrutura de poder econômico que está sendo construída de maneira acelerada tem o Estado como o principal investidor e acumulador de excedentes econômicos. Atualmente, o Estado deixou de gerar 0,6% do valor agregado nacional e saltou para mais de 8%, com projeções de alcançar até 15% nos próximos anos. Além disso, possui a principal empresa produtiva do país, que controla o principal produto de exportação, a YPFB [Yacimientos Petrolíferos Fiscales Bolivianos]. Essa posição privilegiada na produção e no controle do excedente econômico nacional está permitindo ao Estado desenvolver uma estratégia de alianças produtivas com a imensa maioria de produtores de pequeno e médio porte, da cidade e do campo, para onde estão se transferindo rapidamente tecnologia, créditos, insumos e mercados (via BDP, 160 milhões de dólares; via Emapa, mais 150 milhões de dólares entre 2007 e 2008). Assim, tal aposta estratégica de fortalecimento da produção para o mercado interno e de internalização estatal do excedente econômico gerado com as vendas ao mercado externo tem permitido consolidar um bloco de poder estatal entre os pequenos e médios produtores e o Estado, bloco esse que controla 58% do PIB, o que lhe garante suficiente materialidade econômica para processar as decisões econômicas da sociedade.

Em termos estritos, pode-se dizer que, ao se descompor a força econômica do bloco monopólico de poder hidrocarbônico e ao penetrar de forma crescente a presença do Estado nas atividades mineiras e agrodindustriais – que também geram porções importantes do excedente (mineração: 1,1 bilhão de dólares em 2007; agroindústria: 550 milhões) –, a atual estrutura de poder econômico liderada pelo Estado produtor encontra na composição social indígeno-popular e de classe média letrada da administração estatal a fração social com maior capacidade de controle não de propriedade, mas sim de recursos econômicos do país. Tal extrato social, junto com os pequenos e médios proprietários produtores manufatureiros e agrícolas, constitui o comando econômico da sociedade contemporânea – o primeiro grupo como detentor do uso do excedente, o segundo como proprietário-produtor.

Isso marca um ponto de diferenciação plena da experiência revolucionária de 1952. Naquele momento, a elite dirigente do Estado, exclusivamente classe média letrada, assumiu a modernização da economia como obra exclusiva do Estado, para onde foram reinvestidos os excedentes mineiros, dando lugar à Corporação Boliviana de Fomento e outras iniciativas de criação de capitalismo estatal em todos os ramos possíveis em torno de um único nodo de acumulação. Já em sua etapa de declínio (1970-1980), a burocracia estatal começou a transferir excedentes e ativos à mineração mediana e à agroindústria, mas em um momento no qual tais esferas produtivas eram controladas pelo capital externo, o que acabou consolidando uma burguesia intermediária. Hoje, ao mesmo tempo que o Estado controla o excedente econômico e o reinveste de maneira produtiva, promove o investimento externo sob condições de controle estatal desses fluxos e rendimentos, promovendo também adiantados processos de modernização e acumulação nos setores pequenos e médios da produção urbana e rural, o que, em conjunto, gera um desenvolvimento simultâneo de vários nodos de acumulação econômica, de reinvestimento e expansão em torno da liderança geral do Estado.

Nesse sentido, pode-se dizer que a transformação nas estruturas e no poder econômico da sociedade têm avançado com uma rapidez muito maior do que a reconfiguração das estruturas de poder político do Estado, em especial das estruturas territoriais do poder político.

A consolidação formal de um novo horizonte estratégico no desempenho das instituições de coerção legítimas do Estado e a construção rápida de uma nova estrutura do poder econômico da sociedade boliviana têm, entretanto, um conjunto de lastros no interior do Estado que desaceleram a consolidação definitiva da nova composição estatal. Um desses obstáculos internos é, sem dúvida, o sistema judicial.

Ainda nas mãos das antigas forças conservadoras, o poder judiciário é a síntese suprema da corrupção como norma institucionalizada e do dogmatismo neoliberal como lógica discursiva, o que permite ainda a persistência e a reprodução de núcleos conservadores no Estado.

Mas no interior do governo também é possível encontrar exemplos de continuidade dos hábitos da velha burocracia estatal. Carente de recursos econômicos para investimento público pelos processos de privatização, a administração estatal acostumou-se a criar uma infinidade de procedimentos que delongam e anulam pelo cansaço a realização de obras públicas. Hoje, quando a liderança do investimento está no Estado, a herança dos entraves e da mentalidade dilatória de níveis intermediários da função pública retarda a expansão da nova dinâmica expansiva do novo *Modelo Econômico Nacional Produtivo*. Daí que, de fato, todas as decisões produtivas que toma o governo atual partam de iniciativa presidencial, e que boa parte do trabalho presidencial-ministerial fundamente-se em destravar e remontar ações e procedimentos ministeriais já existentes, para não construir nada que não seja a existência autorreferida da própria burocracia estatal.

Outros elementos que dificultam a consolidação do novo Estado são as rotinas e os esquemas de transmissão de conhecimentos do sistema escolar, além das estratégias matrimoniais.

Foi o professor Pierre Bourdieu quem estudou o papel das estratégias matrimoniais na reprodução da ordem social em sociedades pré-capitalistas e semicapitalistas[62]. No caso da Bolívia, as estratégias matrimoniais sempre tiveram um papel muito importante na consolidação e na ancoragem do bloco de poder dominante. Podemos estudar, ao longo do século XX, os mecanismos de reprodução das elites a partir de distintas estratégias de circulação de cônjuges entre específicas redes familiares dominantes.

---

[62] Pierre Bourdieu, *El baile de los solteros* (Barcelona, Anagrama, 2005).

É evidente, contudo, que hoje isso se rompeu por completo e ainda é muito difícil encontrar os canais de continuidade entre as antigas e as novas elites mediante tais estratégias, porque parecem dois mundos que não têm vínculos fluentes de comunicação. Dois anos e meio não são suficientes para um cenário que vai definindo estratégias matrimoniais de reprodução da nova elite e das novas classes no poder, ainda que sem um cenário de reprodução das estratégias conservadoras das elites destituídas temporariamente do poder.

O terceiro elemento em que é possível rastrear os mecanismos de estabilização do poder e do mando em tempos de crise é o sentido comum da época, as ideias-força ordenadoras da ação social cotidiana. Não sem fluxos e refluxos e, apesar da adversidade de um sistemático fluxo ideológico conservador emitido pelos meios de comunicação de massas sob propriedade das antigas classes dominantes, os temas de descolonização, pluralismo cultural, estatismo produtivo, democratização social da política e desconcentração territorial do poder se converteram em sentido comum ordenador do campo político nacional, o que indica uma vitória simbólica das forças de mudança ou, em outras palavras, a base de uma liderança moral e intelectual por parte das forças socioeconômicas emergentes.

Hoje não se pode fazer política sem uma colocação propositiva em torno desses eixos ordenadores. O que se debate – e o que distingue polaridades no campo político – não são os temas, mas os modos e a velocidade de abordá-los: pluralidade cultural em sua forma mais avançada? Pluralidade nacional em sua forma mais conservadora? Pluralidade cultural e linguística? O reconhecimento da diversidade do Estado, Estado produtor e Estado descentralizado; estes são três eixos prevalecentes de sentido comum de época. E não importa se a pessoa está no governo ou na oposição, de uma ou outra maneira ela tem que se referir aos três componentes ou simular que os assume.

Obviamente existem as contrapartes radicalizadas da exacerbação do racismo. Isso pode ser visto em Sucre e em Santa Cruz, onde alguns pequenos setores, que podem ser considerados grupos semifascistas por sua ideologia ou proceder antidemocrático, tentam construir um contradiscurso hegemônico. Entretanto, apesar disso e de a batalha pela condução ideológica duradoura da sociedade estar resolvida, pode-se dizer que há uma correspondência maior entre as transformações no âmbito do poder econômico e a transformação no âmbito do poder simbólico. O mesmo não acontece com as lutas dentro do campo político, em que a estrutura de forças ainda preserva as qualidades do momento do *empate catastrófico* de anos atrás.

Em síntese, podemos dizer que a transição estatal se apresenta como um fluxo de marchas e contramarchas flexíveis e independentes que afetam as estruturas de poder econômico (como a propriedade e o controle do excedente), a correlação de forças políticas (como representação parlamentar, como força de mobilização social, como liderança e como hábito administrativo) e a correlação de forças simbólicas (como ideias ordenadoras e reguladoras da vida em comum).

A transição estatal trata da construção de uma nova correlação de forças ou bloco dominante no controle da tomada decisões político-econômicas do país, mas ao mesmo tempo da persistência e continuidade de antigas práticas, de antigos núcleos de poder interno que reproduzem ainda partes do velho Estado tentando se reconstruir por dentro do atual.

Da mesma maneira, a transição estatal faz referência à existência de centros de mando e decisão que concentram a iniciativa e o vigor da nova ordem estatal (investimento público, sentido comum estatista-produtivista), mas também de nodos de resistência conservadora que lutam pela restituição da velha ordem.

Dentro dessa luta em fluxo, é evidente que a nova estrutura estatal pôde avançar mais rapidamente na construção de um novo bloco de poder econômico e na formação de um núcleo de discursivo simbólico. Entretanto, a arquitetura do sistema político ainda é objeto de uma intensa luta pela definição de suas hierarquias, lideranças, alianças e procedimentos.

Nesse sentido, a ideia do empate catastrófico não é utilizável hoje como era há quatro anos, porque o que temos agora não confronta (ainda) dois projetos de poder com forças de mobilização e lideranças nacionais. O que hoje tensiona o país é o confronto entre um sentido comum que prevalece como projeto nacional geral, estatal, e resistências locais, com forças de mobilização e lideranças também estritamente locais. Talvez em algum momento essas resistências locais possam se projetar como um projeto nacional alternativo.

Em tese isso pode acontecer, mas trata-se por enquanto de meras resistências locais de entrincheiramento e de defesa do poder, da riqueza e da propriedade local das elites antes destituídas do poder nacional e que agora recuaram às suas regiões. Certamente trata-se de elites com muita capacidade de mobilização regional, cujo discurso de livre mercado é medroso, amorfo e confuso, mas são elites ainda não portadoras de um novo projeto de Estado. Há empate catastrófico somente quando há dois projetos nacionais de sociedade confrontados, e o que há agora é um projeto de sociedade com resistências locais fortes de proteção da propriedade e do poder das elites destituídas no âmbito central.

Finalmente, deve-se regressar ao conceito do ponto de bifurcação. Recapitulando esse conceito do professor de física Ilya Prigogine, que estudou os sistemas afastados do ponto de equilíbrio, pode-se considerar que, a partir de certo tempo, estes podem dar lugar a uma nova ordem do sistema. Prigogine chamou esse ponto de conversão da desordem do sistema para sua estabilização de "ponto de bifurcação"[63].

No âmbito das estruturas estatais em crise ("sistemas afastados do equilíbrio"), estas se caracterizam pela instabilidade e pela confrontação política. Trata-se de

---

[63] Ilya Prigogine e John Wiley, *Self-Organization in Monequilibrium Systems* (Cambridge, Mitpress, 1989).

autênticos, generalizados e despidos momentos de luta pelo poder político. Mas, na medida em que nenhuma sociedade pode viver para sempre em um estado de luta generalizada e antagonizada pelo poder, a sociedade, mais cedo ou mais tarde, há de se inclinar pela estabilização do sistema de construção de uma ordem estatal que devolva a certeza às estruturas de dominação e condução política. A esse momento histórico específico e datável, a partir do qual o Estado se estabiliza, denominamos "ponto de bifurcação".

Tal ideia foi trabalhada, talvez em outros termos, há vinte anos, para descrever o momento excepcional de força militar e moral, de consolidação conservadora do poder de Estado quando se deu a Marcha pela Vida dos trabalhadores mineiros, contra as políticas de fechamento de minas decretada pelo governo de Paz Estenssoro.

Os mineiros fizeram um último esforço para reconstituir os Pactos de Abril. Utilizaram a mobilização de massas, e a resposta foi o cerco militar. Não houve confrontos nem mortos. A superioridade militar do governo e a inermidade política e moral dos mineiros (que vinham reclamar o pacto estatal de 1952 a um governo e a um Estado que haviam enterrado a ideia de pactos sociais) eram tamanhas que não houve necessidade de disparar um só tiro para consolidar o recuo dos trabalhadores.

A derrota dos mineiros na Marcha pela Vida, seu recuo, sem oferecer maior resistência, ao voltar para casa sem nenhuma batalha, aceitando ser realocados, marcou uma época de abandono social. Depois, o país – as classes médias, os trabalhadores, os industriários, os professores, absolutamente todos reproduziram esse momento de bifurcação, que é uma espécie de núcleo fundamental da lógica e da personalidade da correlação de forças do Estado.

Com os mesmos atores, mas com resultados diametralmente opostos, se deu o ponto de bifurcação que criou as condições para o nascimento do Estado de 1952. Naquele momento, e após sete anos de crise estatal, uma vitória eleitoral escamoteada em 1951, a insurreição de 9 de abril de 1952 foi um ponto de bifurcação do Estado nacionalista.

Então, o núcleo fundamental do novo Estado foram as milícias de operários e camponeses armados cuja estrutura sindical triunfante marcou a presença sempre belicosa da plebe em um Estado alheio mas contemporizante, até que veio o novo Estado neoliberal que pôs fim a todo pacto que não fosse o das elites políticas fechadas e endogâmicas.

Em setembro de 1986, ao contrário, os mineiros regressaram a suas casas com o cadáver do Estado de 1952, enquanto o Estado neoliberal se consolidou mediante um fato de demonstração de força militar e política que não pôde ser discutida senão catorze anos depois, em abril de 2000.

Se revíssemos os momentos de construção dos novos Estados – o nacionalista, o republicano, a comuna, o soviético –, constataríamos que qualquer Estado, sempre, teve um *ponto de bifurcação* de sua estrutura de poder.

Esse ponto de bifurcação, contudo, exibe várias características. A primeira é o fato de ser um momento de força: não é um momento de diálogo nem necessariamente violento, mas sim um momento em que se precisa exibir de maneira explícita as forças da sociedade em luta. Há de se medir as capacidades e definir a sorte definitiva e irreversível de cada um dos contendores.

Em segundo lugar, o ponto de bifurcação é um momento em que as antigas forças assumem sua condição de derrota ou em que as novas forças ascendentes assumem sua impossibilidade de triunfo e recuam. Não há espaço para equilíbrio. É um momento em que uma força social (ou um bloco de força) assume o mando reconhecido pelos que aceitam obedecer, dando lugar a uma nova complacência moral entre governantes e governados.

Em terceiro lugar, é um momento em que a política – parafraseando Foucault – é a continuação da guerra por outros meios e não o contrário; nisso Foucault tem mais razão do que Rousseau[64]. Em outras palavras, o ponto de bifurcação é um momento em que a situação de todos se dirime com base no mero desenvolvimento da correlação de forças sem mediação alguma: forças materiais, simbólicas e econômicas.

Agora a pergunta que podemos fazer é: em que momento se encerrará o ponto de bifurcação da atual transição estatal no país? De imediato pode-se dizer que estamos atravessando os momentos mais intensos desse ponto de bifurcação estatal, o que permite pensar que a curto ou médio prazo ou o novo Estado se consolida, ajustando o sistema político com a estrutura de poder econômico e simbólico da sociedade – e, então, se reacomoda gradualmente o resto –, ou as forças do novo bloco dominante recuarão, permitindo que o antigo bloco dominante, com novos rostos, novos símbolos mobilizadores e antigas relações políticas de dominação, se restabeleça.

Inicialmente se acreditava possível a construção do Estado mediante mecanismos dialógicos e pactuados e, de fato, seguimos apostando nisso e na ideia de um ponto de bifurcação de caráter democrático, por meio de aproximações sucessivas. As lógicas da razão e da história, contudo, nos fazem pensar que cada vez mais, ao contrário, se chegará a um momento de tensionamento de forças, ao ponto de bifurcação, e aí se verá o que acontece. Creio que no caso da Bolívia esse momento está mais próximo do que parece. Mas, em todo caso, o ponto de bifurcação e sua qualidade definirão a personalidade e a qualidade do novo Estado para o porvir.

*La Paz, agosto de 2008*

---

[64] Michel Foucault. *Microfísica del poder* (Madri, La Piqueta, 2005) [ed. bras.: *Microfísica do poder*, São Paulo, Graal, 2010].

Este livro foi composto em Adobe Garamond, 10,5/13,65, e impresso em papel Pólen Soft 80g/m$^2$ na gráfica Meta Brasil para a Boitempo, em junho de 2022, com tiragem de 300 exemplares.